国际减贫合作：
构建人类命运共同体

中外联合研究报告（No.5）

International Cooperation on Poverty Reduction:
Building a Community with a Shared Future for Mankind

（上 册）

中国社会科学院国家全球战略智库、国家开发银行研究院／主编

社会科学文献出版社
SOCIAL SCIENCES ACADEMIC PRESS (CHINA)

前　言

　　贫困是严重困扰人类社会进步的重大挑战和全世界面对的共同难题。新中国成立以来的减贫治理成效，不仅是中华民族几千年发展史上的辉煌篇章，也是世界发展史和减贫史上新的伟大奇迹，更是中国对世界的最重要贡献之一。科学总结中国特色扶贫开发道路的宝贵经验，对于在新的历史起点上推动我国经济社会高质量发展，为全球实现联合国2030年可持续发展议程确定的减贫目标贡献中国智慧具有重要现实意义。因此，2018年11月1日至2日，为总结中国的扶贫成就、经验及世界意义，中国政府和世界银行联合在京召开了"改革开放与中国扶贫国际论坛"。

　　在论坛上，与会嘉宾均对中国扶贫经验及世界意义给予高度评价。联合国副秘书长、联合国开发计划署署长阿奇姆·施泰纳认为，中国采取了发展与减贫并重的战略，"中国不但增加人民平均收入，实现脱贫，还提高基础设施建设、公共服务的水平，为人民提供更好的社会保障，防止返贫。中国领导人说，全面小康路上一个不能少，脱贫致富一个不能落下。这是非常重要的承诺，这样才能实现可持续发展"。新开发银行行长卡马特表示，中国推出"最后一公里"连接计划，使得道路等基础设施能连通最偏远山区。这些经验正在世界范围内推广。中国的移动支付平台为更多老百姓，尤其是农村百姓提供了发展机遇，让他们有机会实现自主脱贫。"中国非常重视教育，注重对人力资源的培养。中国不仅有减贫的决心，更重要的是有将之落实的行动与举措"。乌兹别克斯坦战略发展中心主任阿克马尔·布尔汉诺夫认为,"乌兹别克斯坦应该向中国学习,例如为低收入家庭提供保障性住房。中国几亿人脱离了贫困、过上了好日子,这个成就了不起!"来自喀麦隆的恩克洛·佛伊了解了兰考县的扶贫工作后认为,"中国的扶贫因地制宜,精准施策,取得了令世界赞叹的成就"。

同时,与会中外学者围绕中国的扶贫成就和经验及其世界意义,从中国扶贫成就与全球治理和发展、国际减贫事业的未来、落实联合国2030行动计划等角度,抽丝剥茧、条分缕析、集思广益、系统总结,纵览70载、展望新未来,形成了一道道值得重视和借鉴的靓丽思想彩虹。

中国形成了系统的、可持续的有效扶贫理论体系。新中国成立以来,中国政府始终高度重视扶贫减贫事业的发展。毛泽东、邓小平、江泽民、胡锦涛、习近平等领导人都对加强贫困治理、改善人民生活、实现共同富裕作过深邃思考和系统阐述,并创造性地将马克思主义的反贫困理论与中国革命、建设、改革的具体实际相结合,逐步探索出一条适合中国国情和社会主义制度的扶贫开发道路,形成了中国化的马克思主义扶贫减贫理论和经验。

中国的扶贫事业取得了史无前例的成就。新中国70年,中国取得的最伟大的成就之一就是贫困人口的急剧减少。1978年,以当时中国政府确定的贫困标准,即每人每年100元来计算,不足温饱的农村贫困人口为2.5亿人,占农村总人口的30.7%。1984年,扶贫标准提高到每人每年200元,贫困人口下降到1.28亿,贫困发生率降低到15.1%。2010年扶贫标准上升为1274元,农村贫困人口仍从2000年的9422万人减少到2010年的2688万人,相应地,贫困发生率从10.2%下降到2.8%。2011年中国再次将扶贫标准提高到以2010年不变价为基准的2300元,相当于人均每天1.8美元,超过了世界银行2008年规定的每天1.25美元的国际贫困标准。在新的扶贫标准下,农村贫困人口继续大幅度减少。2015年11月,中国政府发布《关于打赢脱贫攻坚战的决定》,明确脱贫攻坚总体目标。从2015年底至2018年底,农村贫困人口从5575万人减少至1660万人,贫困发生率从5.7%下降到1.7%,贫困地区农村居民人均可支配收入从7653元增长到10371元。

中国扶贫成就打破了贫困问题不可能消灭的"魔咒"。1981～2013年间，按照世界银行标准界定的全世界绝对贫困人口，即每天收入不足1.9国际美元（2011年不变价）的人口，从18.93亿减少为7.66亿，同期中国从8.78亿减少为2517万，中国对全球扶贫的贡献率为75.7%。十八大以来，中国政府更是以坚定的信心，加大加快减贫力度，通过精准扶贫方式，力争到2020年彻底消除绝对贫困。中国社会科学院副院长蔡昉指出，在更高的贫困标准下，农村贫困人口从2011年的1.22亿减少到2016年的4335万，平均每年减少1581万，打破了该领域存在的边际扶贫效果递减"规律"。联合国秘书长古特雷斯向本次论坛发来贺信并指出："我对中国在促进可持续发展诸多方面取得的进展表示欢迎，中国的经验是宝贵的财富。我看到中国正坚定地致力于同其他发展中国家开展合作，我支持中国继续发挥领导作用。"

精准扶贫思想是中国对世界减贫事业的又一理论贡献。党的十八大以来，以习近平同志为核心的党中央历史性地提出到2020年消除绝对贫困的奋斗目标，并将扶贫减贫事业放到治国理政的重要位置，明确把扶贫开发纳入"五位一体"总体布局和"四个全面"战略布局进行决策部署。2013年11月，习近平总书记到湖南省湘西州考察扶贫开发工作时第一次提出精准扶贫概念，他指出："扶贫要实事求是，因地制宜。要精准扶贫，切忌喊口号，也不要定好高骛远的目标。"[①] 自此之后，习近平总书记每到基层调研时，都把扶贫减贫作为重要内容，不断丰富发展精准扶贫的内涵要义，先后提出"精细化管理、精确化配置、精确化扶持"、"扶贫对象精准、项目安排精准、资金使用精准、措施到户精准、因村派人精准、脱贫成效精准"和"通过扶持生产和就业发展一批、通过异地搬迁安置一批、通过生态保护脱贫一批、通过教育扶贫脱贫一批、通过低保政策兜底一批"等重要思想。在党的十九大报告中，习近平总书记郑重指出："要动员全党全国全社会力量，坚持精准扶贫、精准脱贫，坚持中央统筹省负总责市县抓落实的工作机制，强化党政一

---

① 何毅亭：《以习近平同志为核心的党中央治国理政新理念新思想新战略》，人民出版社，2017，第103页。

把手负总责的责任制,坚持大扶贫格局,注重扶贫同扶志、扶智相结合,深入实施东西部扶贫协作,重点攻克深度贫困地区脱贫任务,确保到2020年我国现行标准下农村贫困人口实现脱贫,贫困县全部摘帽,解决区域性整体贫困,做到脱真贫、真脱贫。"① 以上论述充分表明,习近平精准扶贫思想不仅明确了新时代脱贫攻坚的基本方略、工作机制、重点任务和总体目标,而且为打赢脱贫攻坚战提供了行动指南和根本遵循。十八大以来,我国扶贫治理体系不断创新完善,精准扶贫理论不断丰富发展,贫困治理能力逐步提高,实现了从"大水漫灌式"的全面扶贫到"滴灌式"的精准扶贫转变。党中央国务院做出打赢脱贫攻坚战的决定并出台配套文件,中央和国家机关各部门出台100多个政策文件或实施方案,内容涉及产业扶贫、易地扶贫搬迁、劳务输出扶贫、教育扶贫、健康扶贫、金融扶贫等。2013年至2018年,六年间我国年均减贫1300多万人,累计减少贫困人口8200多万,连续六年贫困人口的收入增长高于全国农民人均收入增幅,贫困发生率从10.2%下降到1.7%,东部9省市中有8个省市全面消除了国家标准下的贫困人口。

中国已为世界减贫事业做出了重大贡献。作为世界上最大的发展中国家,70年来始终是世界减贫事业的积极倡导者和有力推动者,是全球最早实现千年发展目标中减贫目标的发展中国家。包括世界银行、联合国开发计划署等在内国际贫困治理组织和广大发展中国家,都对我国取得的减贫成就给予高度肯定,一些受贫困问题困扰的发展中国家更是迫切希望学习中国贫困治理的有效经验。联合国秘书长安东尼奥·古特雷斯曾表示,在消除贫困领域,中国无疑向世界交出了一份令人满意的答卷,中国在消除贫困过程中最重要的贡献是"中国自身取得的成就"。《纽约时报》指出,极端贫困人口的大幅减少主要应归功于中国取得的经济进步。《赫芬顿邮报》则刊文说,世界减贫成绩"最大的功劳来自中国。中国之所以能够取得如此显著的成绩,归功于经济发展,离不开

---

① 习近平:《决胜全面建成小康社会,夺取新时代中国特色社会主义伟大胜利——在中国共产党第十九次全国代表大会上的报告》,《党的十九大报告辅导读本》,人民出版社,2017,第47页。

政府在改革方面做出的努力"。以上评论表明，我国作为减贫成效最显著、探索扶贫经验突出的负责任大国，越来越受到国际社会的高度评价和充分肯定。习近平总书记指出："消除贫困是人类的共同使命。改革开放30多年来，中国走出了一条有特色的减贫道路。中国在致力于自身消除贫困的同时，积极展开南南合作，同舟共济，攻坚克难，支持和帮助广大发展中国家特别是最不发达国家消除贫困，为各国人民带来更多福祉。"① 70年来，我国在致力于解决自身贫困问题的同时，通过无偿援助、项目援建、低息贷款、培养人才等多种方式，始终支持和帮助广大发展中国家特别是最不发达国家消除贫困。我国先后向超过160个国家和国际组织提供了4000多亿元人民币援助，向世界各地派遣60多万援助人员，先后7次宣布无条件免除与中国有外交关系的最不发达国家、重债穷国、内陆发展中国家、小岛屿发展中国家等对华到期政府无息贷款债务，为120多个发展中国家落实千年发展目标提供过帮助。此外，我国自1963年参与国际医疗援助以来，共派出援外医生23000多名，医疗队的足迹遍布亚洲、非洲、拉丁美洲和大洋洲的发展中国家；中国扶贫基金会自2005年以来，在20多个国家和地区开展了人道主义紧急救援和长期发展援助项目，累计投入资金超过1.6亿元，惠及约45万人次。

中国正在为点燃世界贫困人口脱贫的希望火炬。进入新时代，我国以构建人类命运共同体的责任担当积极为世界减贫事业贡献中国方案，先后提出"设立南南合作援助基金和南南合作与发展学院"、"建立以合作共赢为核心的新型国际减贫交流合作关系"、"着力实现多元自主可持续发展"等一系列国际减贫合作新机制，这些减贫合作机制有别于西方国家设立的传统援助机制，不附加任何政治条件，而且用参与式的方式充分考虑受援国人民的现实需求，广泛得到联合国及发展中国家的积极响应和高度赞扬。此外，我国提出的"一带一路"倡议、筹建亚洲基础设施投资银行、设立丝路基金，其目的也是支持发展中国家开展基础设

---

① 《习近平出席2015减贫与发展高层论坛并发表主旨演讲》，《人民日报》，2015年10月17日。

施互联互通建设，帮助他们增强自身发展能力，更好融入全球经济链、产业链、价值链，为国际减贫事业注入新活力、增添新动力、燃起新希望。

中国将继续配合联合国2030可持续发展议程，做好世界范围内的减贫工作。习近平主席在给此次论坛发来的贺信中指出，"中国愿同各方一道，为推进世界减贫事业发展、实现联合国2030年可持续发展议程确定的减贫目标做出努力"。2015年9月25日"联合国可持续发展峰会"通过了一份由193个会员国共同达成的成果文件，即《2030年可持续发展议程》。该议程包括17项可持续发展目标和169项具体目标的纲领性文件，以消除极端贫穷、战胜不平等和不公正以及遏制气候变化为目标。《2030年可持续发展议程》把"在全世界消除一切形式的贫困"列为17项可持续发展目标之首，可见，贫困问题已成为世界发展最为棘手的难题。为配合联合国2030议程的实施，2016年4月中国退出了《落实2030年可持续发展议程中方立场文件》。该文件对中国参与联合国2030年可持续发展议程的原则、立场、实施手段等做了规定。总体原则是和平发展、合作共赢、全面协调、包容开放、自主自愿、"共同但有区别的责任"六大原则。落实途径主要有：增强各国发展能力、改善国际发展环境、优化发展伙伴关系、健全发展协调机制、完善后续评估体系。同时，中国设立南南合作援助基金等多个基金，同联合国签署了"中国－联合国和平与发展基金"协议。2019年9月外交部再次发布了《中国落实2030年可持续发展议程进展报告（2019）》，表示要加快推进2030年议程国内落实，在多个可持续发展目标上实现"早期收获"。截至2019年7月底，中国政府共与136个国家和30个国际组织签署195份合作文件，为有关国家落实2030年议程做出重要贡献。积极推进南南合作，利用中国—联合国和平与发展基金、南南合作援助基金等平台并通过双边渠道，为其他发展中国家实现可持续发展目标提供力所能及的帮助。全面落实"中非减贫惠民合作计划"，实施200个"幸福生活工程"。2018年，为发展中国家举办39期扶贫能力建设培训，受训人数达1440人。正如黄坤明同志在论坛讲话中指出，"中国愿与各方一道，秉持人类命运共同体理念，加快推进全球减贫进程，携手共建没有贫困共同繁荣的美好世界"。

  没有中国共产党，就不可能有中国减贫事业的的辉煌成就，世界减贫事业也将暗淡无光。新中国成立以来，中国政府曾面对过不少质疑。新中国成立伊始，国际上有些人曾以怀疑的眼光看中国："共产党军事上100分，政治上80分，经济上0分"。中国改革开放之初，国际上有些人自负地评论说："能让一个人口众多的民族在极短时间内来个180度大转弯，就如同让航空母舰在硬币上转圈"。但是，70年过去了，中国共产党交出了一份份无愧于历史和人民的答卷。中国共产党领导国家从落后走向进步，从连铁钉和火柴都要进口的农业社会，到世界第二大经济体、全球最大制造国和第一货物贸易大国，从用不到世界十分之一的耕地养活全球近五分之一人口，到让8亿多人摆脱贫困……中国共产党开拓进取，引领人民从贫穷走向富裕。时任世界银行行长金墉认为：中国之所以能够成功，两方面原因非常重要：一是通过改革开放大规模提高了经济增长率，二是在改革开放过程中，中国政府持之以恒的减贫努力。他说："这种成就史上罕见。我们回顾这一进程非常必要，这可以帮助中国更好地进行改革，帮助其他国家借鉴中国成功经验"。

  正是在上述这个恢宏的时代背景下，由中央宣传部、财政部、国务院扶贫办、世界银行主办，中国国际扶贫中心、国家开发银行和中国社会科学院国家全球战略智库于2018年11月1日联合承办的"改革开放与中国扶贫国际论坛"上，来自联合国、世界银行、国际货币基金组织、亚洲基础设施投资银行、金砖国家新开发银行等11个国际组织和51个国家的智库学者、政界人士、企业领袖，以及其他各方代表400余人参加论坛。中共中央政治局委员、中宣部部长黄坤明出席开幕大会，宣读习近平主席贺信并发表主旨演讲。联合国秘书长古特雷斯向论坛发来贺信。世界银行行长、联合国开发计划署署长、国际农发基金总裁等分别在开幕式上致辞。论坛举办前，与会外宾受邀赴广东深圳，贵州贵阳、毕节，宁夏永宁，河南兰考等地考察，以亲身感受中国改革开放和脱贫攻坚的巨大成就。

  为展示和记载这次盛会，作为"改革开放与中国扶贫国际论坛"的具体承办方之一和智库分论坛的主办方，国家全球战略智库将会议论文以中外联合研究报告形式结集出版。该研究报告集是近时期国际上关注中国减贫的最新成果之一，是对我们落实习总书记在大会开幕式上贺信精神的展示，更是对致力于与世界各国分享中国减贫经验的一次有益尝试。同时，也为新中国70周年华诞献上我们智库的一份真诚贺礼，祝愿我们伟大的祖国更加繁荣昌盛，祝愿我们的人民从此摆脱贫困走近小康，祝愿向往美好生活的世界各国人民日子越来越美好。

在此，感谢社会科学文献出版社为该研究报告的出版提供的大力支持和付出的辛苦，使得该项研究成果得以付梓。

中国社会科学院国家全球战略智库首席专家、研究员

王灵桂

2019年10月7日

目录
CONTENTS

上 册

主题报告

中国扶贫理念、实践及其全球贡献 …………………………… 蔡 昉 / 3

专题报告一　改革开放：中国扶贫与可持续发展的驱动力

中国特色的扶贫开发道路 …………………………… 吴国宝 / 13
中国式扶贫的历史意义与世界意义 …… 温铁军　刘亚慧　董筱丹 / 19
中国工业化与大规模减贫：40年回顾与展望 …………… 黄阳华 / 27
识别中国农村贫困 …………………… 唐 迈（Michael Dunford）/ 41
推动中国实现更加包容的增长 …… 玛吉特·莫纳（Margit Molnar）/ 53
中国精准扶贫的互联网经验 …………………………… 曲 强 / 65
柬埔寨新时代的减贫 …………………… 宋春奔（Sum Chhum Bun）/ 73
泰国减贫项目实施情况简要报告 …… 皮西·帕潘（Pisit Puapan）/ 85
斯里兰卡为减贫而实施的农业改革：借鉴中国的农业改革
　…………………………………………… 马诺伊·蒂布博图瓦瓦
　（Manoj Thibbotuwawa Rajakaruna Mudalige）/ 100

撒哈拉以南非洲的贫困：驱动因素和补救措施
……………………恩朱古纳·恩东古（Njuguna Ndung'u）/ 108
博茨瓦纳的消除贫困战略 ……乌托图恩·科雷亚（Uttum Corea）/ 118
21世纪解决撒哈拉以南非洲地区的贫困问题
………………………唐纳德·马利（Donald Mmari）/ 125
劳动力市场监管、就业与贫困：寻求共识
………………伊亚那土·伊斯兰（Iyanatul Islam）/ 135
通过应用共同评估框架，加强公共部门的社会责任
……………………德米特里·马斯洛夫（Dmitry Maslov）
尼克·泰斯（Nick Thijs）
让－马克·多科特（Jean－Marc Dochot）/ 145

专题报告二　新时代扶贫：中国的扶贫理念与创新实践

中国减贫的国际发展经验：多元目标体系与国家发展战略
…………………………………高宇宁　李轶瑶 / 159
用计量经济学评估中国财政政策对贫困的影响
………………阿克巴·胡塞诺夫（Akbar Huseynov）/ 168
菲律宾公共住房供应的参与式管理
………马里夫·巴列斯特罗斯（Marife M Ballesteros）/ 177
中国与别国的减贫对比 …………尼兰·德奥（Neelam Deo）/ 188
贫穷：尼泊尔的状况、原因、计划和成就
………………皮尤什·什雷斯塔（Piyush Shrestha）/ 191
经济转型：一种新的减贫模式
…………………乔治·博阿滕（George Boateng）/ 203
白俄罗斯减贫政策
………阿纳斯塔西娅·博布洛娃（Anastacia Bobrova）/ 210
经济发展与国家可持续发展条件下的扶贫
………………………博伊科·奥莱娜（Boiko Olena）/ 219
斐济的贫困 ………倪莱斯·刚德尔（Neelesh Gounder）/ 222
通过技能开发和社会保护解决非洲的青年贫困问题
…………亚历克西斯·哈比亚雷木叶（Alexis Habiyaremye）/ 225

实现《2030年可持续发展议程》：非洲的遥远梦想？
................马特洛恩·马鲁（Matlotleng Matlou）／235
扶贫与中非合作：经验分享与新视角
................布什拉·拉姆尼·本希达（Bouchra Rahmouni）／256

下　册

专题报告三　国际减贫合作：全球开发性金融机构助力国际减贫发展

中国扶贫资金筹集和使用：特点与展望................傅志华／265
新结构经济学视角下开发性金融的市场培育作用................徐佳君／272
跨越绝对贫困后的多维反贫困新目标................张　琦　孔　梅／281
中国通过改革开放实现减贫的经验：向斯里兰卡和南亚提供的借鉴
................阿图拉·塞纳拉（Athula Senaratne）／285
太平洋岛国关于减贫的视角
................易立亚·欧迪诺（Dr. Hiria Ottino）
................弗朗索瓦·马特尔（François MARTEL）／293
透过以埃及为重点的性别视角看融资渠道
................阿德尔·埃尔赫梅利（Adel Elhemaly）／305
秘鲁最近的减贫：趋势和驱动因素
................米格尔·哈拉米佑·巴南特（Miguel Jaramillo Baanante）／318
中非和农村扶贫模型................马马杜·法尔（Mamadou Fall）／324
乌干达可从中国获得发展启发
................西德尼·米利亚（Sidney Miria）／335
国际减贫合作：开发性金融机构在国际减贫中的作用
................沙夫卡特·卡卡海尔（Shafqat Kakakhel）／338

特别报告　"改革开放与中国扶贫国际论坛"主旨演讲辑录

金墉（世界银行行长）................／351

阿奇姆·施泰纳（联合国副秘书长） ················· / 356
吉尔伯特·洪博（国际农业发展基金总裁） ············· / 362
刘永富（中国国务院扶贫开发领导小组办公室主任） ········ / 365
金立群（亚洲基础设施投资银行行长） ················ / 369
朱鹤新（中国人民银行副行长） ···················· / 373
卡马特（新开发银行行长） ······················· / 377
谢伏瞻（中国社会科学院院长） ···················· / 381
邹加怡（中华人民共和国财政部副部长） ·············· / 385
林毅夫（北京大学新结构经济学研究院院长） ············ / 388

主题报告

中国扶贫理念、实践及其全球贡献

蔡 昉

中国社会科学院研究员、国家全球战略智库理事长

自改革开放以来,中国政府实施了专门的农村扶贫开发战略,并随着发展阶段和贫困性质的变化,与时俱进地调整对贫困对象的聚焦程度,打破了扶贫效果边际递减的迷思,取得了世界瞩目的减贫成就。

一 贫困不是社会主义

邓小平曾提出,贫穷不是社会主义。很显然,让中国人民摆脱贫困、生活水平不断改善这个初衷,从一开始就成为改革开放的基因并被贯穿始终。自党的十八大以来,中国特色社会主义进入新时代。坚持以人民为中心的发展思想作为习近平新时代中国特色社会主义经济思想的基石,把人民群众作为改革和发展的主体,也是共享的主体以及终极的受益者。

首先,最为彻底的一项农村重大改革,是废除了延续20余年的人民公社体制。随着家庭联产承包制在全国迅速推行,1982年底修订后的《中华人民共和国宪法》正式把村民委员会定性为村民自治组织;1983年,中共中央、国务院发出《关于实行政社分开、建立乡政府的通知》,要求实行政社分开,建立乡政府。相应地,在原生产大队一级建立了行政村,以生产队为基础成立了村民小组。农村村民自治制度,连同以家庭联产承包制为核心的农村基本经营制度,从根本上确立了在土地集体所有前提下农户自主配置生产要素的权利,改革成果惠及全局。

其次，限制劳动力配置的政策逐步松动，劳动力在生产活动之间、三个产业之间和城乡之间的转移障碍先后得到拆除。农村劳动力先是从单纯种植粮食作物转到多种经营，从单一的种植业转到农林牧副渔全面发展，从农业转到"离土不离乡"的乡镇企业，随后进入小城镇直至大中城市从事非农就业。正如在家庭联产承包制的推行过程中，党中央文件中"可以"这个用语起到了关键作用（如"可以包产到户"），解除体制对劳动力流动的阻碍，也表现在政策的一系列"允许"上面。例如，1983年起允许农民从事农产品的长途贩运和自销，第一次突破了就业的地域限制；1988年开始允许农民自带口粮到邻近城镇就业，第一次突破了城乡就业藩篱；到20世纪90年代初期，随着粮票等票证制度被取消，农村转移劳动力事实上被"允许"进入各级城镇居住和就业。

最后，户籍制度及围绕其形成的一系列相关体制改革渐进展开，使劳动力转移和流动的范围越来越广。这类改革主要表现在两个方面：一是国有企业和城市就业制度改革推动劳动力市场发育，二是基于居民户籍身份建立的城乡分割社会保障体系逐渐走向一体化、均等化。事后来看，前述相关改革的推进过程具有一条鲜明的逻辑主线，即通过使农村剩余劳动力和城市企业冗员能够从低效率配置中退出，分别在城乡之间、地区之间、产业之间和企业之间流动并进行重新配置，从而进入生产率更高的领域，通过要素积累和资源重新配置，把人口红利转化为高速经济增长。一项研究表明，在1978～2015年间16.7倍的劳动生产率增长中，44%来自这种劳动力资源的重新配置①。

二 改革时期减贫实践及其效果

实施专门的扶贫战略，对于实现共享和达到减贫目标是不可或缺的。以改革开放40年为背景，中国农村减贫历程可以分三个阶段来观察，包括未予宣布的实际减贫过程和明确宣示的扶贫战略实施过程。

20世纪80年代初期到80年代中期的一段时间是减贫的第一阶段。

---

① 蔡昉：《中国经济改革效应分析——劳动力重新配置的视角》，《经济研究》2017年第7期。

这个时期尚没有明确宣布的扶贫战略。对农村经济体制的全面改革，成为这一时期促进农村经济和国民经济快速发展的主要动力，农村居民整体收入增长，成为这一时期减贫的主要因素。农村基本经营制度改革极大地调动了农民生产积极性，与提高农产品价格、加速农业结构调整以及乡村工业化等一道，全面增强了农村经济的活力，也为一批人力资本禀赋较高的农村劳动力拓展就业渠道、实现脱贫致富创造了更多的机会。

1978~1985年，全国农业增加值增长了55.4%，农业劳动生产率提高了40.3%，农产品综合收购价格指数提高了66.8%。同期，伴随着各种农产品产量的迅速增长，农民人均纯收入增长了2.6倍，农民人均摄取热量从1978年的每人每天2300千卡，增加到1985年的2454千卡。同一时期，在贫困标准提高一倍的情况下，生活在绝对贫困线以下的农村人口，从2.5亿人下降到1.25亿人，占农村人口的比例下降到14.8%；贫困人口平均每年减少1786万人。

20世纪80年代中期到20世纪末这个时期，可以看作实施减贫的第二阶段，也是正式宣示的扶贫战略的开始阶段。政府成立了专门的扶贫工作机构，多渠道安排了专项资金，制定了相应的优惠政策，对传统的救济式扶贫进行了彻底改革并确定了开发式扶贫方针。通过一系列政策和措施，开展有计划、有组织、大规模的开发式扶贫。这一阶段扶贫工作可以看作针对农村特定人群的政府扶贫努力，有两个特殊经验值得特别指出来。

第一，在确定了区域开发式扶贫的总体思路后，为了集中使用扶贫资金，有效地扶持贫困人口，中央政府通过制定统一标准，确定了一批国家重点扶持贫困县。按照该标准即以县为单位1985年农民年人均纯收入低于1150元，政府于1986年确立了592个国家重点扶持贫困县，占全国县级行政单位的近1/5。此后，随着经济发展特别是贫困地区经济状况的改善，贫困县的标准也及时进行了调整。

第二，1993年国家制定并颁布实施"国家'八七'扶贫攻坚计划"。这个计划提出力争在20世纪最后七年，集中力量基本解决当时全国农村8000万农村贫困人口的温饱问题。这个规划以一种特殊努力的方式，利用中国社会较强的动员力和较高的共识度，期冀在较短的时间里达到最大的扶贫效果。在1997~1999年三年中，每年有800万贫困人口解决了温饱问题，达到进入20世纪90年代后农村减贫的最快速度，也将这一轮扶贫推向高潮。计划实施结果显示，在七年时间里农村贫困人口减少了5000万，农村贫困发生率从8.7%降低到3.4%。1986~2000年，国家重点扶持贫困县的农民人均纯收入从206元增加到1338元，全国贫困人口从1.31亿人减少到3209万人。贫困集中地区各项社会事业的发展都得到改善。例如，通过这一时期的努力，贫困地区的基础设施如交通、通信、电力、学校等拥有率指标已接近非贫困地区。随着"国家'八七'扶贫攻坚计划"完成，基本实现了预期目标，政府的扶贫战略从2001年开始进入第三阶段。

从2000年开始，农村地区的贫困发生率基本维持在同一水平，随后的十年总共减少贫困人口521万人。考虑到国家每年投入的扶贫资金在不断增加，这意味着区域开发计划已经不像以前那样具有明显的扶贫效果。由于地理、气候等自然条件以及家庭和个人能力所导致的长期贫困，成了农村贫困的主要特征——边缘化贫困。2001年，党中央、国务院制定并颁布实施了《中国农村扶贫开发纲要（2001~2010年）》。这个"纲要"的一个显著特点是扶贫到村，一个相应的实施方法被称为"整村推进扶贫战略"。从2001年开始，实施以县为基本单元、以贫困乡村为基础的工作方针，按照受生产、生活和地理环境影响的经济社会状况各项指标，在贫困县之外也确定了重点贫困村，全国共识别出14.8万个重点贫困村。这样，既瞄准了贫困的区域，又对贫困群体进行更细致的甄别，提高了精准扶贫的效率。

这一时期扶贫的整村推进效果十分显著。在实施该纲要的过程中，扶贫重点村的农户收入增长速度明显高于贫困县平均水平，也高于全国平均水平。在所有贫困村中，实施整村推进的农户收入增长比没有实施整村推进的农户收入增长高8%~9%。这期间贫困地区的各项社会事业也有了长足进步。贫困村在生产性基础设施和生活服务设施方面的改善同样显著，相关指标的提高幅度大大高于贫困县的平均水平。

随着到2010年底全国贫困人口进一步下降，并且率先实现了联合国千年发展目标中贫困人口减半的目标，国家随即开始实施《中国农村扶贫开发纲要（2011~2020年）》，将集中连片的特殊困难地区确定为扶贫攻坚的重点，为这些地区的扶贫工作提供更加有力的政策保障和资金支持。同时，国家把扶贫标准提高到国际通行标准之上，也表明政府加强了自身的扶贫责任，把更多的农村低收入人口纳入扶贫范围，对贫困地区和贫困人口给予更大的扶持力度。

党的十八大以来，中国以打一场新的攻坚战的姿态，加大力度实施脱贫攻坚工程，实施精准扶贫、精准脱贫，分类扶持贫困家庭，取得了扶贫脱贫的新成就。在更高的贫困标准下，农村贫困人口从2011年1.22亿人减少到2016年的4335万人，平均每年减少1581万，打破了这个领域的边际扶贫效果递减"规律"。2016年开始实施的第十三个五年规划确立了更为宏大的扶贫脱贫目标，即按照经物价等因素调整的现行贫困标准，2020年实现人均年收入不足4000元的农村贫困人口全部脱贫，贫困县全部摘帽，消除区域性贫困现象。实际上，2016年当年即有28个贫困县经过合法程序摘帽，实现了贫困县退出的零的突破，也是完成2020年脱贫目标的良好开端。

三 中国减贫成效的世界意义

改革开放以来，中国不仅实现了世界上最快速的经济增长，最大限度地改善了人民生活水平，也实现了世界上规模最大的扶贫、减贫。1978年，按当时中国政府确定的贫困标准即每人每年100元统计，不足温饱的农村贫困人口为2.5亿人，占农村总人口的30.7%。1984年，扶贫标准提高到每人每年200元，贫困人口下降到1.28亿，贫困发生率降低到15.1%。此后，国家开始实施扶贫开发战略，在贫困标准不断提高的同时，贫困人口持续减少。按照2010年的扶贫标准1274元统计，农村贫困人口从2000年的9422万人，减少到2010年的2688万人，相应地，贫困发生率从10.2%下降到2.8%。

2011年中央政府把国家扶贫标准大幅度提高到以2010年不变价为基准的2300元，比2009年提高了92%。这一新标准的出台，使得全国贫困人口数量或覆盖面由2010年的2688万人扩大到了1.28亿人。按照国际可比的购买力平价法，这一新的扶贫标准相当于人均每天1.8美元，超过了世界银行2008年制定的每天1.25美元的国际贫困标准。在这个新标准下，农村贫困人口继续大幅度减少。李克强总理在2018年全国人民代表大会的《政府工作报告》中指出，2012~2017年的五年中，共有6800多万农村贫困人口脱贫，按照新标准计算的贫困率从10.2%下降到3.1%。中国扶贫开发以及在整体上提前完成千年发展目标的巨大成就，得到了国际社会的一致赞誉，普遍认为中国扶贫所取得的成就深刻地影响着国际社会，既直接对全球减贫做出数量贡献，也为发展中国家甚至整个世界提供了一种可资借鉴的模式。1981~2013年期间，按照世界银行标准界定的全世界绝对贫困人口，即每天收入不足1.9国际美元（2011年不变价）的人口，从18.93亿人减少为7.66亿人，同期中国从8.78亿人减少为2517万人，这就是说，中国对全球扶贫的贡献率为75.7%。这是中国对国际扶贫和发展事业的巨大贡献，也是对人类文明和进步事业的巨大贡献。

被实践证明过的有益知识和理念，是特定类型的公共品。因此，把中国成功的实践经验或中国故事上升为中国智慧，以中国方案的形式提供给发展中国家，作为一种可能的发展道路选择，无疑应该是中国对人类做出更大贡献的主要方式。显然，最不容置疑的中国智慧体现在中国成功的减贫经验之中。

在世界各国的扶贫实践中，研究者和实践者普遍观察到一个边际效果递减的现象，甚至有人称为"规律"，也就是说随着扶贫行动的推进从而使贫困人数减少，最后那个较小规模的贫困人口，由于在地理上集中居住于生态、生产和生活条件恶劣的地区，并且具有残疾、疾病、年老、受教育程度低等劳动能力不足等人口特征，其脱贫的难度显著增大。因此，扶贫脱贫走完最后一公里的步履十分艰难，以致绝大多数发展中国家甚至很多发达国家，都未能攻克这个顽固的贫困堡垒。从改革开放以来的扶贫实践看，在中国农村贫困人口的持续减少过程中，也不断遭遇到这个边际效果递减现象。扶贫是对人的投资而不同于一般投资活动，不应该遵循物质投资领域的规律。2010~2017年期间，中央财政扶贫资金规模仍然稳定地以年均21.3%的速度增长。扶贫边际效果递减

"规律"在中国并不适用。中国扶贫减贫成就及其主要经验有：

首先，**充分发挥举国体制优势，最大程度地动员社会力量，实现全方位和全社会扶贫**。早在20世纪80年代中期，在中央政府层面就成立了常设的扶贫工作领导机构。扶贫不仅成为既定战略，得到持之以恒的实施，而且以"八七"攻坚计划以及十年农村扶贫开发纲要的形式，在每个阶段都有独特的重点任务和目标。专门的扶贫资金被纳入中央和省级政府预算，总规模不断提高。此外，城乡最低生活保障制度、社会救助等其他社会保护机制的建立，以及慈善事业的发展和对口扶贫机制的完善，与扶贫战略形成了互补关系和工作合力。改革开放以来特别是党的十八大以来，动员全党全国全社会力量，坚持精准扶贫、精准脱贫，成为一项举世瞩目的社会干预实验。

其次，**随着经济发展阶段的变化，不断调整扶贫工作重心，政策和措施更加聚焦贫困人口**。随着贫困人口从广泛分布到日益集中到脆弱区域和弱势家庭，扶贫战略也实现了相应的转变，从最初实施区域性开发扶贫战略，到识别国家级重点扶持贫困县，再到确立重点扶持贫困村并实施整村推进扶贫战略，直至为每一个贫困家庭建档立卡，帮扶措施直接精准到人。针对不同情况的边缘化贫困人口，政府分别通过扶持生产和就业、移民搬迁安置、低保政策兜底、医疗救助扶持等政策手段帮助脱贫。此外，从2000年开始实施的西部大开发战略等区域协调发展战略，从更加宏观的区域发展层面，从人力资本、基础设施、体制机制等方面消除农村贫困人口的脱贫障碍。

最后，**把每个阶段取得的经验和教训吸收到新阶段扶贫战略中，形成并不断完善工作机制**。从整体上和最终目标看，中国政府的扶贫工作历尽艰辛，成绩斐然，在探索的过程中既有成功经验也有值得吸取的教训。

根据世界银行数据，2013年全世界仍有7.66亿人每天收入不到1.9美元（2011年购买力平价），而这些穷人中的36.4%生活在人口在全球占比仅为8.4%的低收入国家中。鉴于此，2015年发布的联合国《2030年可持续发展议程》仍然把"在全世界消除一切形式的贫困"列为17项可持续发展目标之首。因此，中国的扶贫脱贫实践无疑是对人类社会发展规律的成功探索,由此形成的中国故事、中国智慧和中国方案,应该成为中国和广大发展中国家的共同精神财富。习近平主席在世界经济论坛2017年年会开幕式上的主旨演讲中,引用了国际红十字会创始人杜楠的一句话:"真正的敌人不是我们的邻国,而是饥饿、贫穷、无知、迷信和偏见。"对于今天的世界,这句话仍然具有显而易见的针对性。

专题报告一
改革开放：中国扶贫与可持续发展的驱动力

中国特色的扶贫开发道路

吴国宝

中国社会科学院农村发展研究所研究员、贫困问题研究中心主任

改革开放以来,中国在扶贫开发方面取得了举世瞩目的巨大成就,也走出了一条具有中国特色的扶贫开发道路,为人类减贫事业贡献了智慧和经验。

一 中国扶贫开发的突出特点

中国改革开放40年扶贫开发最突出的特点,就是以国家的发展进步支持和推动减贫;同时通过减贫促进和支持国家的发展进步,将扶贫融于国家的发展进程之中,又通过扶贫推动和支持国家的健康发展。国家的发展进步构成了中国减贫重要的变量,同时扶贫政策和工作的产出也服务于和支持于国家的发展进步。这既是中国扶贫开发的基本特点,也是理解中国减贫成就和经验的重要前提。离开了这个前提条件,单纯从扶贫政策与投入的角度来分析和评估中国的减贫成就和经验,必然会出现重大的偏差和错误,也无法洞悉中国扶贫开发成功的真谛。

二 中国扶贫开发的基本经验

中国改革开放40年以来取得的巨大减贫成就,既包含特定的时空因素和中国独特的政治制度与治理体系的影响,也形成了一些可与其他国家分享的经验。中国减贫经验中可复制、可分享和可持续的部分,应该成为中国未来减贫和世界减贫事业的重要知识财富。

中国减贫的基本经验是：通过发展减贫，提升贫困地区和贫困人口的自我发展能力，实行精准扶贫，坚持扶贫创新，坚持"党和政府领导、群众主体、社会参与"的基本扶贫制度，坚持持续扶贫。

1. 通过包容性发展，推动和支持减贫

中国一直以发展的方式，解决中国的贫困问题，将扶贫寓于发展之中，在发展中解决贫困问题。这是中国扶贫开发的一个主要做法，也是理解中国扶贫道路的基本方法论。

中国通过发展减贫，主要体现在通过包容性的经济发展、包容性的社会事业发展和结合生态环境改善减贫三个方面。

一是实行包容性的经济发展，使发展机会和成果惠及贫困人群。中国选择适合基于中国比较优势的经济发展方式，优先和重点发展在国际竞争中具有比较优势的劳动密集型产业，稳步发展具有亲贫作用的农业，优先和积极发展既能支撑国民经济发展又能增加就业的基础设施建设，积极推进国家的工业化和城市化，并在发展过程中主动推进区域间的协调发展和工业对农业的反哺，实现了中国国民经济的持续高速增长，并保证了经济增长在较长时期内惠及贫困和低收入人群。改革开放以来，中国非农就业人数增加了44861万人、增长了3.8倍，构成了中国农村贫困人口减少最重要的来源。40年来中国农业增加值以年均4.3%的速度增长，对国家的工业化和城市化稳步推进、农村减贫起了重要的支撑作用。

二是实行包容性的社会事业发展，提升全体人民的素质和安全保障水平。中国实行保基本、广覆盖的包容性社会事业发展战略，努力发展基础教育、基本医疗和社会保障，全面改善了全体居民的基础教育保障、基本医疗保障和基本养老保障，广泛提升了全体人民的素质和安全保障水平。在保基本、广覆盖的基础上，中国还通过瞄准贫困人群和其他脆弱人群的定向教育支持、健康支持和社会保障政策，进一步增强了社会政策的减贫效果。

三是结合生态环境改善实施扶贫。中国的生态脆弱区与农村贫困地区具有很高的重合性。中国在生态环境修复、改善中，将扶贫有机地结合进来，既改善了国家的生态环境，同时也可以改善贫困地区和相关贫困人口的生存和发展条件，为贫困人口提供了就业机会、补贴以及新的创收机会。

2. 实行开发式扶贫，不断提高贫困地区和贫困人口的自我发展能力

中国自1986年开展大规模有计划的扶贫开发以来，一直实行开发式扶贫方针，着力提高贫困地区和贫困人口的自我发展能力来减缓贫困。一方面通过实行综合的优惠政策，改善贫困地区的发展环境、物质基础设施和公共服务，增强贫困地区的竞争能力和发展能力，减少贫困导致的人口过度外流和地区发展的严重失衡；另一方面通过开发式扶贫干预，帮助贫困人口获得金融服务、技能培训、产业发展等机会，提高贫困人口的自我发展能力。

3. 实行精准扶贫，提高扶贫干预效果

自1986年开展有计划大规模扶贫以来，中国政府在政策层面一直提倡要将有限的扶贫资源有效地用来帮助真正的贫困地区和贫困户改善生产生活条件，提高自我发展能力，实行精准扶贫，并为此做出了不懈的努力和探索。

2013年以来，中国政府创新和建立起了精准扶贫、精准脱贫的政策和干预体系，较好地解决了精准扶贫、精准脱贫的落地问题。通过一系列的组织、制度和政策创新，解决了扶贫对象精准识别、精准扶贫的计划、组织、实施的治理体系和制度、扶贫资源投入和动员、对不同贫困类型的扶贫方式等影响精准扶贫政策落地的重大现实问题。

4. 根据扶贫形势和贫困特点变化，适时调整扶贫政策，创新扶贫方式

中国在扶贫过程中，根据贫困特点、扶贫形势、国家发展战略与政府财政支持能力的变化，通过试验、学习和创新，不断完善和调整扶贫战略、治理结构、资金管理和扶贫方式等，不断提高扶贫的有效性和用于扶贫资源利用的效率。

坚持扶贫创新，使中国农村扶贫开发战略和方式能够适应不断变化的扶贫形势，长期保持较高的扶贫效率。

5. 实行"党和政府领导、群众主体、社会参与"的基本扶贫制度，形成政府、市场和社会合力扶贫的格局

中国在扶贫开发过程中，坚持"党和政府领导、群众主体、社会参

与"的基本方针，充分发挥政府、市场和社会力量在减贫中的作用，形成三者互相促进合力扶贫的格局。

首先，中国坚持党和政府对扶贫开发的领导。除了制定保证社会主义市场经济有效运行的法律、制度和政策以外，政府在扶贫中的作用还包括：将扶贫置于国家改革和发展之中进行设计和调控，保证扶贫规划和政策与国家改革发展的方向一致和相互支持；建立扶贫领导和协调组织体系和帮扶工作体系，保证扶贫计划目标的有效实施；动员和安排扶贫资源，保证扶贫目标实现必要的扶贫投入；调整相关的政策或者制定必要的法规和制度，为扶贫工作的有序开展提供制度保障。

其次，以贫困群众和基层组织为主体实现脱贫。贫困人口脱贫致富的动力和不懈努力，是中国农村大规模减贫的基本力量。改革开放40年来，中国7亿多农民脱贫多数都是通过贫困农民群众的辛勤劳动和不懈努力实现的。在扶贫开发过程中，广大贫困地区基层组织，根据当地的实际情况和扶贫实践的经验教训，不断探索和完善扶贫方式，推动中国农村扶贫开发不断取得新的进步。

最后，积极动员社会力量参与扶贫。各种形式的民营企业，通过创造就业机会和贡献税收，一直在中国减贫中起着十分重要的作用。此外，社会力量在动员资源、组织和实施扶贫项目、开展扶贫创新等方面，也为中国减贫做出了重要的贡献。

6. 坚持持续扶贫

1986年以来，中国政府通过七个连续的五年国家发展规划及数个扶贫开发规划（计划），对扶贫开发保持专注的不懈努力，使各项扶贫目标和方式得以延续与不断完善。

三 中国扶贫开发的成就及其贡献

改革开放以来，中国扶贫开发取得了伟大的成就，在减少贫困人口、增进人民福祉、缩小农村地区间发展差距、增强贫困人口发展能力和信心等方面取得了巨大的进步，有力地支持了国家全面建成小康社会目标的实现。

1. 大规模减少贫困人口，推进了世界减贫的进程

按照2010年不变价格农民年人均纯收入2300元扶贫标准，40年来中国农村贫困人口减少了73993万人或者96%；按照世界银行2011年一天1.9美元购买力平价的贫困标准，1981~2015年中国农村贫困人口减少了75132万人或者99%，中国减少的贫困人口占到同期全球减少贫困人口总量的74%。

2. 显著提高了农民的生活质量，非收入贫困状况明显改善

40年来，中国通过实行国家整体发展规划和大规模瞄准贫困地区的专项扶贫开发以及精准扶贫，显著提高了农民的生活质量，使农村人口的福祉水平明显改善。其中最突出的进步在于：显著改善了包括贫困地区在内的全国农村居民的交通、通信、用电、安全饮水等物质生活条件，大幅度提高了农民的住房安全保障水平；显著改善了农村人口的教育和医疗的可获得性与服务质量；不断完善农村社会保障制度，提高了社保的覆盖面，使农户应对脆弱性的能力明显增强。

3. 有效遏制和缩小了中国农村地区间的发展差距

30多年的区域开发扶贫和国家的区域开发政策、区域协调发展规划的共同作用，使中国贫困地区的经济社会发展的主要领域实现了高于全国平均的速度进步，不仅遏制了这些地区发展的边缘化趋势，而且缩小了贫困地区与全国的发展差距，推进了全国区域的协调发展。

扶贫开发提升了贫困地区经济发展能力，缩小了贫困地区与其他地区经济发展水平之间的差距。中国贫困地区已经初步建立起来了支持地方经济社会发展的交通、能源、通信、物流等基础设施，与其他地区在基础设施可及性方面的差距明显缩小；中国贫困地区与全国其他地区在农业发展水平方面的差距有了较明显的缩小。贫困地区陆续建立了一批依托当地资源优势的主导或骨干工业企业，缩小了与全国在工业发展方面的差距。1999~2015年，贫困地区人均第二产业增加值的年增长速度比全国平均高2个百分点。2015年每个贫困县有38.2个规模以上工业企业。当然，贫困地区与其他地区差距缩小最直接的证据是贫困地区与全国平均农民收入不断缩小。按可比口径计算，1993年以来贫困县农民人均收入增长都快于全国农民平均水平，使贫困县与其他地区农民平均的收入差距缩小。在"八七"扶贫攻坚计划期间，贫困县农民人均纯收入相当于全国平均水平的比值提高了12个百分点；2001~2010年这个比值提高了3个百分点；2011~2017年这个比值提高了10个百分点。

4. 增强了贫困人口的信心和发展能力

中国在扶贫开发过程中，一直实行开发式扶贫方针，坚持扶贫与扶智及扶志相结合，重视贫困人口自我发展能力和内生动力的提升。与主要通过临时救济或社会保障脱贫相比，40年来中国绝大多数贫困人口是通过获得非农业就业机会、发展农业等生产性方式脱贫的，相对具有稳定性和可持续性，也更容易使脱贫人口增强对未来的信心。中国政府在扶贫开发过程中，比较注重教育、培训和示范的作用，这些都有助于提升贫困人口的自我发展能力和内生动力。

5. 产生了培养干部、丰富和发展社会治理经验等溢出效应

改革开放40年来中国的扶贫开发一直在占全国1/3左右的县（区）展开，不计其数的各级干部尤其是基层干部参与其中。仅精准扶贫开展以来，每年有近百万的干部参加帮扶。大量的干部到扶贫第一线工作，直接与贫困户、贫困村打交道，了解贫困户的致贫原因，帮助参谋和设计扶贫项目和脱贫方式，使参与其中的干部能够比较深入地了解和认识国情，培养踏实的工作作风，在工作过程中也锻炼了干部的能力。这些经历和锻炼会成为参与帮扶干部难得的一笔宝贵财富，也将变成提高政府部门尤其是基层组织的决策水平和管理绩效的重要推手。

此外，扶贫开发尤其是精准扶贫实践，也丰富和发展了中国农村治理的经验。中国大规模减贫，有力地推进和加快了全球减贫的进程，创造了大规模减贫和精准扶贫的中国经验和中国智慧，用事实证明了发展中国家可以依靠自己的不懈努力摆脱贫困，实现国家的振兴。

中国式扶贫的历史意义与世界意义
——基于制度致贫的理论框架与经验分析

温铁军
福建农林大学新农村发展研究院副院长

刘亚慧
中国人民大学博士研究生

董筱丹
中国人民大学副教授

中国在世界减贫事业上做出了重大贡献，为世界减贫事业贡献出"中国方案"。值得注意的是，与国外民间小规模的生活救济不同，中国是在政府的主导下，举全国之力有计划、有组织、大规模地进行扶贫①，充分彰显中国特色社会主义制度优势。对此，本文从致贫经济学理论出发，分析中国式扶贫客观存在的现实意义。致贫经济学（Economics of Getting Poor，也译为"穷人经济学"）② 是经济学者最需要努力的理论工作，也是中国领导人在 21 世纪提出"全面小康"新战略之后予以强调的理论建设③。

---

① 刘永富：《中国承诺 2020 年消灭绝对贫困》，凤凰卫视。
② 对于"Getting Poor"的翻译，作者与多位海外学者切磋，认为意译应为"致贫"。
③ 2005 年 3 月第十届全国人民代表大会第三次会议的记者招待会上，温家宝总理发表了要懂得"穷人经济学""懂得了农业，也就懂得了穷人的经济学"的论述，不仅在国内引起强烈反响，在国外也产生了广泛关注，新加坡《联合早报》、德国《世界报》等多家媒体进行了报道并给予高度评价。"穷人经济学"也被视为中国领导人在"全面小康"战略提出之后最为关注的理论建设。

一 基本概念与理论假说

1. 基本概念：制度、制度收益与制度成本

关于制度，新旧制度经济学和马克思主义政治经济学的看法基本一致，都强调制度的约束性和规则的相对稳定性，认为制度无非是约束和规范个人行为的各种规则和约束[①]。马克思认为制度就是社会经济活动中处于支配地位的个人、集团以至阶级，为维护自己的利益而依托国家政权力量建立的一系列规则和约束，并在此基础上推动制度变迁。布罗姆利指出："不管怎样定义，效率总是倚赖于制度结构。制度结构赋予成本和收益以意义并决定这些成本和收益的发生率。"经济制度决定分配关系并由此对各经济主体形成预算制约，相对于市场力量来讲，是一个更为隐蔽的先决条件。

进一步地，新制度经济学理论由制度的功能出发形成了对制度效率、成本和收益的界定和分析，制度成本主要包括制度变革过程中的界定、设计、组织等成本和制度运行过程中的组织、维持、实施等费用；交易费用理论则认为信息搜寻成本、议价成本、决策成本等构成交易费用亦即制度成本，相对地，制度收益则指制度通过降低交易成本、减少外部性和不确定性等给经济人提供的激励与约束的程度。

但这其实是从比较静态分析的视角强调的制度变迁的成本与收益。动态地看，借由一定的制度安排某些主体可能更多地占有制度变迁的收益，其他主体却更多地承担了制度变迁的成本。如果一个制度框架下制度收益与制度成本是对称的，那么不同经济主体的收益率应向社会平均收益率收敛；反之，则是制度收益与成本的分布存在着不对称，或曰存在着制度收益朝向某些主体集中而制度成本向反方向的"转嫁"。因此，本文重点关注制度收益的分配与制度成本的分担，因为人类社会在以资源资本化为实质的经济发展过程中形成的增值收益如何分配，以及该过

[①] 袁庆明：《新制度经济学》，中国发展出版社，2005。

程中发生的"负反馈"如何分摊①，是制度性致贫的核心问题。

2. 理论假说

对于全球发展内在的不均衡性的理论解释很多。其中以沃勒斯坦为代表的"世界体系理论"②者和以萨米尔·阿明为代表的"依附理论"③者进行了较为深刻的阐述，二者都认为，产业资本阶段发达国家与发展中国家的不平等交换，是资本主义核心国家对资本原始积累时期殖民掠夺这一历史过程的延续。结合历史发展，阿锐基认为20世纪70年代以来，尤其是80年代金融自由化以后世界发展的极化机制，主要显示了资本主义世界经济从物质膨胀到金融膨胀的积累循环④。

中国学者在此方面进行了更详细的探讨，比如王建对于发达国家的产业空心化、金融资本的获利机制、全球霸权维护等进行了分析⑤；王小强论述了美国资本市场泡沫化与中国出口拉动型经济增长的内在关

---

① 相对论认为，某种力量在加强的同时，也在制造抑制这种强化趋势的"负反馈"。据此，这里用"负反馈"一词来代表资源资本化过程中的各种抑制因素，比一般所言的"成本"概念包含的内容广泛得多，既包括常见的各种显性的、当期的成本，也包括隐性的或未来的成本，比如对于地球存量资源的不可逆性消耗和环境破坏、社会矛盾冲突等。

② 伊曼纽尔·沃勒斯坦认为，自人类迈入马克思所说的"资本主义文明阶段"后，几乎所有民族都渐次被核心国家整合到同一个世界经济体系中来，形成了"核心－半边缘－边缘"的结构；通过不平等的交换，半边缘和边缘区域的剩余不均等地往核心区域输送，这一过程中核心国家地位不断强化，边缘国家地位不断弱化。参见 Wallerstein, Immanuel., *World - Systems Analysis: An Introduction*. Durham, NC: Duke University Press, 2004。

③ 以萨米尔·阿明为代表的"依附理论"者认为，资本主义世界体系的"中心－外围"结构是"统治－依附"结构，外围国家在世界经济中仅仅是原材料和初级产品的供应者，本国的工业化严重依附于西方发达工业国家；外围国家实施进口替代战略又因发达国家的关税壁垒和国内保守势力的阻挠而难有成效，以致在政治上、经济上受制于人。

④ Arrighi, Giovanni., *The Long Twentieth Century*. NY and London: Verso, 1994.

⑤ 王建：《货币霸权战争——虚拟资本主义世界大变局》，新华出版社，2008。

系①；房宁等勾勒了资本主义三个发展阶段及获利机制等②。这些都有助于我们加深对世界经济运行本质的理解。

本文立足国内外现有研究，对于资本主义体系的制度变迁历程、其中因居于主导地位的国家与其他国家之间的收益-成本不对称而形成的制度性致贫陷阱做系统梳理，提出如下理论假说：

第一，这种形成于原始积累过程之中的维护核心国家向外转嫁成本以使收益增加的制度，对后来的制度变迁具有内在的路径依赖作用。

第二，在资本主义早期原始积累、中期产业资本扩张和后期金融资本全球化的三个历史阶段中，这种成本转嫁持续存在并愈益深化，加剧了发达国家和发展中国家的两极分化。

据此得出：发达国家和发展中国家之间制度收益与成本的严重不对称，是发展中国家致贫和弱势群体衡弱的制度性内因。

二 实证研究：资本主义发展进程中成本-收益不对称的不断深化与发展中国家的致贫

本文把人类进入资本主义文明的历史进程划分为三个阶段：早期殖民化促进资本原始积累、中期产业资本扩张和矛盾转移、后期金融资本全球化。

1. 资本主义早期：全球殖民化扩张支撑资本原始积累

一般认为，近代资本主义发轫于15世纪哥伦布"发现美洲新大陆"和达·伽马到达印度。但是，鲜见有人指出以下两个密切相关的"因素"。

第一，殖民扩张背后的重要原因是欧洲国家对东亚（主要是中国）的长期贸易逆差。尤其中国自宋、明人口过亿以后，依存于农村且与兼业化小农家庭经济相匹配的工商业长足发展，以丝绸、瓷器与茶叶为主的出口借助了海上航路开拓而持续增长，客观上成为欧洲"白银危机"

---

① 王小强：《启动两头在内的经济循环》，《香港传真》2008年12月26日。
② 房宁、王小东、宋强等：《全球化阴影下的中国之路》，中国社会科学出版社，1999。

（及其连带发生长期战乱）的重要原因。

第二，国家政权与资本这两个人类社会的异化物，在资本的原始积累阶段就是在对人类行使暴力犯罪的进程之中直接结合的。由于欧洲封建小城邦没有足够的剩余承担海外扩张的巨大成本，所以最先期的海外探险和殖民开拓，都是在早期民族国家君主的支持下进行的。

海外殖民扩张帮助先发的工业化国家完成资本原始积累的同时，另一重要的制度收益便是相应形成的"政治文明"：伴随殖民化扩张的大量海外财富向欧洲流入，以及欧洲贫困人口大量向殖民地移出，资本主义生产方式形成之中所引发的各种社会矛盾——比如资产阶级新贵族与原封建贵族之间、资产阶级与工人之间的矛盾等，才能够逐渐缓和，国内才能够"文明"地召开著名的"圆桌会议"①。

因此，如果发展中国家的人们要以当前的发达国家作为"赶超"目标和样板，就不得不考虑是否具有"复制"其发展历程的可能——由于制度变迁的路径依赖，发达国家依靠对外转嫁制度成本来实现增长的机制愈加深化，发展中国家要弱化这种不对称机制就越"不可能"，遑论反转！

2. 资本主义中期：产业资本扩张阶段的矛盾激化与产业转移

欧洲各中心国之间，早在资本原始积累过程中就不断爆发争夺贸易权利、殖民地、市场和工业原料的战争；延宕到20世纪初叶，进入产业资本扩张阶段的欧洲列强麇集在半岛型的狭窄大陆，也由于产业同构条件下几乎同步扩张导致生产过剩和竞争恶化，同样路径依赖般地诉诸战争。

为什么第二次世界大战之后的70多年里没有发生人类最为担忧的"第三次世界大战"？本文从以下两方面加以补充：第一，目前全世界193个有独立主权的国家中，有128个建于战后，绝大部分属于第三世界。这些国家获得民族独立之后的首要任务就是追求工业化，客观上成

---

① 形成本观点所依托的数据来源于斯坦利·L. 恩格尔曼等：《剑桥美国经济史》第一、二卷，中国人民大学出版社，2008；斯塔夫里阿诺斯：《全球通史》，北京大学出版社，2005，第436页。

为消化发达国家过剩资本和产能的"新大陆"。① 由此，也客观地引发了资本主义核心国家的结构调整及其第二次对外转嫁危机。第二，落后产业的移出使得西方国家内部的劳资矛盾和国家间矛盾都开始缓和的同期②，世界大战中的军事技术、设备创新大量转为民用，在带动西方国家的产业结构向资本、技术双密集型的方向提升的同时期，也使之得以与第三世界国家的低端产业进行不等价交换。③

3. **资本主义后期：金融资本全球化阶段的符号经济及其极化机制**

以国家强权为信用基础的金融资本，形成于17世纪后期商人利益群体与欧洲君主共同获取巨额利益的战争需求；发展于参与产业资本循环的利润分配，本身就是与资本主义的发展进程紧密联系在一起的。特别是1971年布雷顿森林体系解体之后，维护符号美元强势地位的国际政治经济新秩序由此而始——资本主义在中期阶段列强争夺产业资本利益的战争，转化为进入高级阶段的美国作为超级大国保卫美元、争夺金融资本全球化之中的超经济利益的战争。

金融资本全球化的运作机制是借助美元化机制的"从纸到纸的循环"，从产业资本"套现"——用美元购买产业资本的资源、制成品，再用美元的金融衍生品吸引支付出去的美元回流，乃至产品输出国家的产业资本的股权收益和外汇储备，都在核心国套现范围之内。

因为金融资本是成倍运用金融杠杆进行运作，其高收益一直与高风险伴生，但收益与风险仍然是不对称的。但"发达国家的金融危机，就

---

① 房宁将这一过程称为"第二次地理大发现"，参见房宁《第二次地理大发现——新殖民的起源》；房宁、王小东、宋强等著《全球化阴影下的中国之路》，中国社会科学出版社，1999，第245~262页。

② 美国在产业资本阶段曾受法西斯主义影响一度成为工业国家中流血事件最多的国家，仅1934年罢工案件1856起，雇用打手破坏罢工的公司超过2500家（美国公民自由委员会公布数据）；一次汽车工人罢工事件国民警卫队枪杀27人。参见王文《美国险些走上法西斯道路》，《环球时报》2009年4月8日，第13版。

③ 比如，信息产业的技术创新就不是缘于民间的创新力量而是因为军事需求，当军事科技突然变为民用的时候，传统的电话、电信等产业资本利益集团不得不让位于国家利益最大化的需求，才有ICT产业的兴起乃至后来的泡沫化。

是金融危机，顶多恶化成经济危机。发展中国家的金融危机，不仅每次就是经济危机，而且经常递进成社会动乱、政权颠覆、国家分裂"①。据国际货币基金组织统计，1975～1997年，世界各国发生金融危机289起，其中工业化国家73起，新兴市场国家216起，后者是前者的近3倍。②

三 中国式扶贫的历史意义与世界意义

基于历史分析和国际经验比较，我们可以看到：发展中国家的贫困不是微观意义上的贫困，而是宏观的、历史的，是在一定历史条件下全球资本运作产生的贫困。因为发展的阶段性导致了制度成本产生的必然性，面对制度收益之下的制度成本，不同国家选择了不同的道路。资本主义国家发展主要是通过将发展的成本转嫁给发展中国家来解决这一问题的，从而导致大多数发展中国家的贫困。

中国作为一个发展中国家，同样面临成本转嫁的困扰。其一，新中国成立初期利用城乡二元结构，从农村提取剩余作为城市工业的资本原始积累，伴随的是城乡二元结构和城乡二元差别。其二，将东部产业向西部转移，从而区域性地分化成一种内在结果，使中西部欠发达区域承载了东部发达区域经济发展的成本，西部作为东部原料的来源和产品的销售地，尤其是东南地区的发达伴随而来的则是西部地区的落后。其三，产业差别，过去主要是指工农差别，今天则主要意味着金融部门和其他部门的差别，以及金融资本和产业资本之间的矛盾。产业上的收入分配差别，也可称为贫富差别。

不同之处在于，相对于所有只会对外转嫁矛盾的那些国家，中国是唯一依靠内部化原始积累完成工业化的大型国家，并且尝试用自主创新的方式将这些不平衡内部化。

为实现城乡再平衡，政府于2003年将"三农"问题列为重中之重，

---

① 王小强：《投机赌博新经济》，大风出版社，2007。
② 国际货币基金组织：《世界经济展望》1998年第5、11期，转引自叶初升《国际资本形成与经济发展》，人民出版社，2004。

2005年提出新农村建设战略，2017年提出乡村振兴战略，这些举措向农村基本建设和社会文化等领域大规模投资，多年来政府对"三农"的投入一直在财政支出中占比最高。从国家大政方针来看，城乡差别再平衡已经接近于实现。

为实现区域再平衡，政府提出三大战略规划，1999年提出西部大开发，2003年提出振兴东北老工业基地，2005年提出中部崛起，2008年之后的救市投资继续平衡区域差别，等等。这些大规模投资战略贯彻下去之后，中国实现了区域发展的基本平衡。

一般情况下，贫富差别最难缓解。一是市场配置资源提高效率的同时也造成资源从弱势人群流出；发展中国家只要纳入自由市场经济体制，势所必然地发生弱势人群贫困化不可逆转的趋势。二是西方世界率先进入金融资本阶段，加剧对外转嫁制度成本，遂使全球贫富差别拉大的原因演变为"制度性致贫"为主。

针对于此，中国经验之意义，应该被归纳为制度性减贫——利用"举国体制"的优势调动一切积极力量完成消除贫困的国家战略。尽管在扶贫攻坚工作当中也有很多不足和争议，但中共十八大之后确立了2020年全面消除贫困的目标，代表国家意志的中央政府直接使用"看得见的手"，将资金、技术等相对稀缺要素重新配置回农村，同时也调动各种社会资源打赢脱贫攻坚战。这些措施从微观机制看，有悖于市场经济的原则。但从宏观调控角度看，也有化危为机的作用——既能够使贫困人口数量及其占比都有明显下降；也有效缓解了城市产业资本遭遇外需下降而引发的生产过剩危机。

综上所述，中国近半个世纪在世界减贫事业上做出的重大贡献，本来就是综合性的制度成果；确实不宜简单化地就减贫而论减贫。尤其是2003年提出"科学发展观"以来，经过10年重大调整而于2013年正式确立的"生态文明战略"，把包容性可持续长期均衡发展作为目标。在这个21世纪的国家重大战略之下而有全党全国各方面的不懈努力形成了全面减贫成就。为此，宏观与微观相结合地客观地总结这个既远见卓识又脚踏实地的国家经验，无疑对彰显中国特色社会主义制度的优势有重要的历史意义，对世界上其他发展中国家有明显的借鉴价值。

中国工业化与大规模减贫：
40 年回顾与展望

黄阳华

中国社会科学院办公厅副研究员，经济学博士

改革开放 40 年来，中国始终坚持以经济建设为中心，实现了长期高速经济增长，人民生活发生了翻天覆地的变化。1978~2017 年，中国就业人员年均增长近 1000 万人，大量农村富余劳动力向高效率、高收入的非农产业转移。全国居民年人均可支配收入从 171 元大幅增长至 25974 元，实际年均增长 8.5%。在 40 年的时间里，中国人民生活从温饱不足迈向全面小康。按照 2010 年标准，中国农村 7.4 亿人口摆脱绝对贫困，贫困发生率从 97.5% 显著下降至 3.1%，对全球减贫贡献超过 70%，创造了人类减贫史上的奇迹。过去 40 年中国在大规模减贫方面取得了举世瞩目的成绩，为近年来大力实施精准扶贫、为在 2020 年全面建成小康社会打下了坚实基础。

虽然大量文献通过跨国研究或国别案例研究，证明了经济增长是减贫和提高生活质量最为有力的手段（Bourguignon，2004；Rodrik，2007；Department for International Development，2008；Bhagwati and Panagariya，2013），但是不同发展中国家的国情不同、发展方式不同、贫困格局不同，经济增长与减贫之间的关联也存在明显差异：即便两个国家经济增长率相同，但由于贫困人口参与增长的过程和分配上的差异，减贫效果也可能迥异。这就要求深入各个国家的经济增长与减贫过程中，探究一国的人民如何参与到长期经济增长和分配的过程当中。

遵循上述思路，面对中国改革开放以来取得的大规模减贫成就，本文

关心的问题是：如何理解中国长期经济增长与大规模减贫之间的机制？在经济发展理论中，工业化是指一个经济体由工业部门发展而引发的经济结构、产业结构、区域结构、就业结构、所有制结构等方方面面的一连串变化。本文认为，中国工业化引起了长期结构变化，人民的生产生活方式也发生了深刻变化，可从中国人民参与工业化进程切入，构建起经济增长与大规模减贫之间的机制性解释。从中国工业化的阶段性变化入手，还能够为理解中国从经济高速增长转向高质量发展后，探索进一步实施精准减贫的方向。更进一步地，从长期视角提炼中国大规模减贫的经验，还对其他发展中国家制定长期的经济发展与减贫战略有一定借鉴意义。

一 嵌入于工业化进程的大规模减贫

40年来，中国成功实现了从一个农业大国向世界第一工业大国的历史性转变，工业部门在中国经济增长和对外开放中发挥了不可替代的作用。如图1所示，1978年以来，中国第二产业增长率与GDP增长率存在高度相关关系，产业周期与经济周期基本一致。因此，可将中国改革开放以来的经济增长模式，视为一种由工业化驱动的增长模式。这是理解中国经济长期增长的一个基本判断。相应地，以此为基础把握中国经济结构的变化规律具有合理性。工业化引发经济增长和结构调整，使中国人民的生产生活方式发生了巨变。这是中国实现大规模减贫所不应忽视的前提。

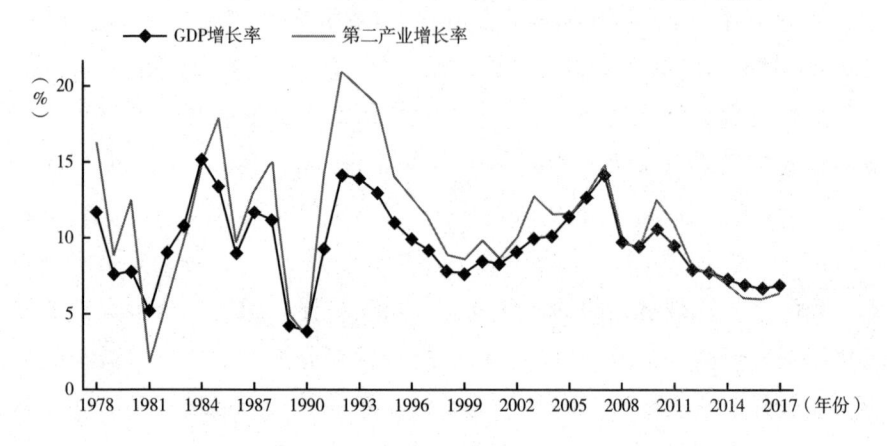

图1 1978~2017年中国GDP与第二产业增长率

资料来源：国家统计局。

(一) 就业和工资性收入增长

随着工业化的深入推进，在就业岗位和劳动报酬的双重增长作用下，大量第二产业从业人员和家庭的生活水平得以显著改善。

第一，工业部门的持续扩张，创造了大量就业机会。1978～2017年，中国第二产业就业人数占比从17.3%上升至28.1%（见图2），从不足7000万人增长至2.18亿人，新增了近1.5亿人口。考虑到每个工人的收入不仅用于个人支出，还可能用于家庭支出，按照全国总抚养比推算，工业化对减贫的间接贡献将要更大。假设各行业的总抚养比相同做近似估算，2017年中国总抚养比为39.2%，第二产业2.18亿从业人员共抚养了5.56亿人口。①

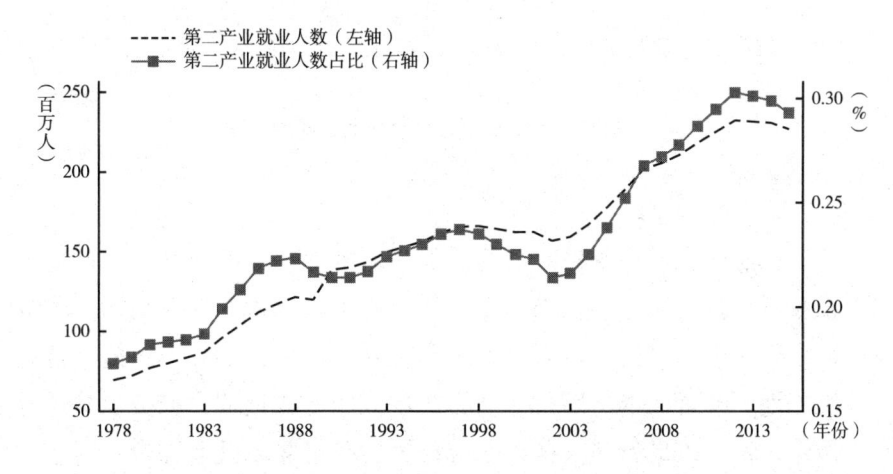

图2 中国第二产业就业人数（左轴）及在总就业人数中的比重（右轴）

资料来源：国家统计局。

第二，工业部门对减贫的贡献，不仅直接体现在创造就业上，还体现在从业人员的收入增长方面。随着中国制造业生产效率持续改进，制造业城镇职工平均工资连续多年保持快速增长，2003～2015年年均复合增长率达到14.4%（见图3），工资性收入逐渐成为中国居民的主要收

---

① 2010年，中国的总抚养比出现了转折，即从长期下降转为上升。意味着在2010年之前，第二产业抚养的总人口还要更多。

入来源。相比于一些发展中国家长期处于工业化初中期阶段，或者出现了"过早去工业化"（prematurede－industrialization）（Palma，2008；Rodrik，2016），中国工业化在创造高收入就业方面的成就，就显得尤为突出。

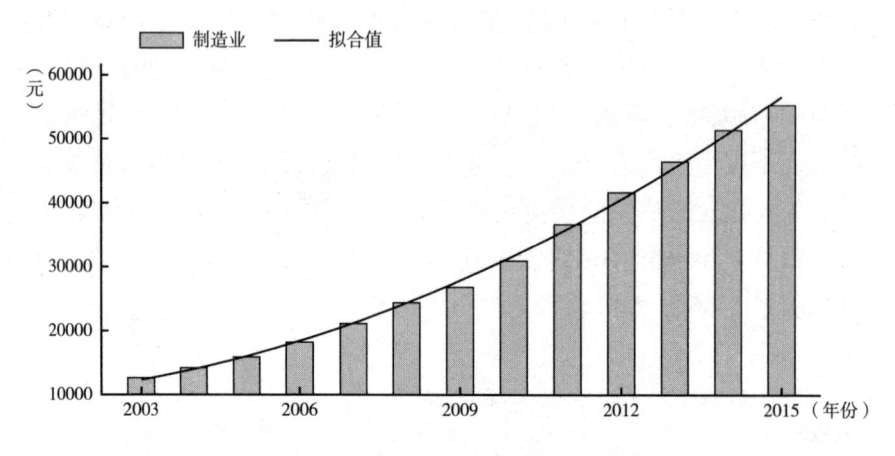

图3　2003~2015年制造业城镇职工平均工资

资料来源：国家统计局。

第三，工业化对大规模减贫的贡献，更体现在瞄准效率上。由于长期的城乡不平衡发展，中国绝大多数的贫困人口集中在农村地区。大规模扶贫必须让广大农村人口参与到工业化和经济增长中。中国的工业化充分发挥生产要素成本特别是劳动力成本低的比较优势，积极承接国际产业转移，将数以亿计的农村富余劳动力转移至非农就业岗位，对中国农村地区的大规模减贫具有直接贡献（章元等，2012）。根据国家统计局的监测调查数据，2017年全国农民工总量达到2.87亿人，即便近年来从事第二产业的农民工占比有所下降，但仍保持在50%以上的水平。不仅如此，过去十年来，中国农民工工资水平连年保持上涨，有效改善了农村家庭的生活状况。

第四，工业化驱动的经济增长，还改变政府过去依赖于工农业"剪刀差"的积累方式，工业部门逐渐成为政府主要的财税收入来源，这不仅大大减轻了农民的负担，而且增强了政府提供基础设施、公共服务和再分配缩小收入差距的能力。

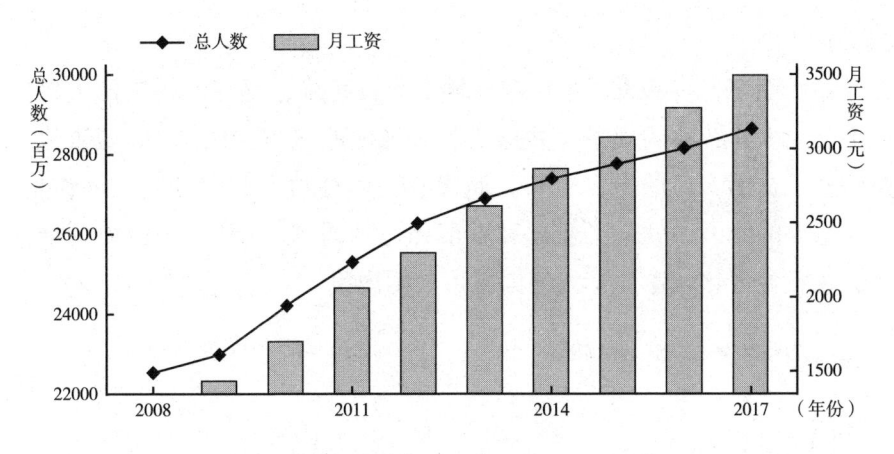

图4 农民工数量与月工资（2008～2017年）

资料来源：国家统计局。

（二）城镇化与发展机会

1978年以来，中国常住人口城镇化率年均提高1个百分点，是人类有史以来最快的城镇化速度。快速推进的城镇化使得城乡关系已由过去长期固守的城乡分割，向城乡一体化协调发展转变。以省为单位，可以发现一省的工业化水平越高，其城镇化水平也越高，表明中国的工业化和城市化是协同推进的关系（见图5）；以中、东、西部地区分，区域的工业化水平与城镇化水平也是高度相关的。一方面，各类工业园区、开发区的建设，促进了人口集聚和基础设施建设，并逐渐形成了城镇和城市。另一方面，在财政分权制度下，大量的农业用地转变为非农建设用地，地方政府在"以地生财"和"以地引资"之间谋求平衡，在微观层面协同推进工业化和城镇化（雷潇雨和龚六堂，2014）。因此，要从互动发展的视角理解工业化和城镇化的内在联系：工业发展是城镇化的重要驱动力，城市是工业化的空间载体，城市的繁荣为集中提供基础设施和公共服务带来了规模经济，更多人口得以寻找发展机会，享受城市服务。这样的城市化是人口从低效率向高效率、从少就业机会的农村向多就业机会的城市转移的过程（朱玲和何伟，2018）。已有研究表明，城镇化特别是城市劳动力市场的发展，对削减农村人口和农民工的贫困具有重要的正向效应，也有效降低了城乡收入差距和消费差距（Zhang，

2016)。

相比而言，一些发展中国家在城镇化过程中，存在农村贫困人口向城市贫困人口转移的现象，并形成了大规模的城市贫民窟，① 城镇化只是改变了贫困人口的城乡分布，而没有实际性地有效起到减贫的作用。一个重要的原因，就是工业化和城市化之间的"失联"。中国协同推进工业化和城市化，避免了大范围城市贫困现象。

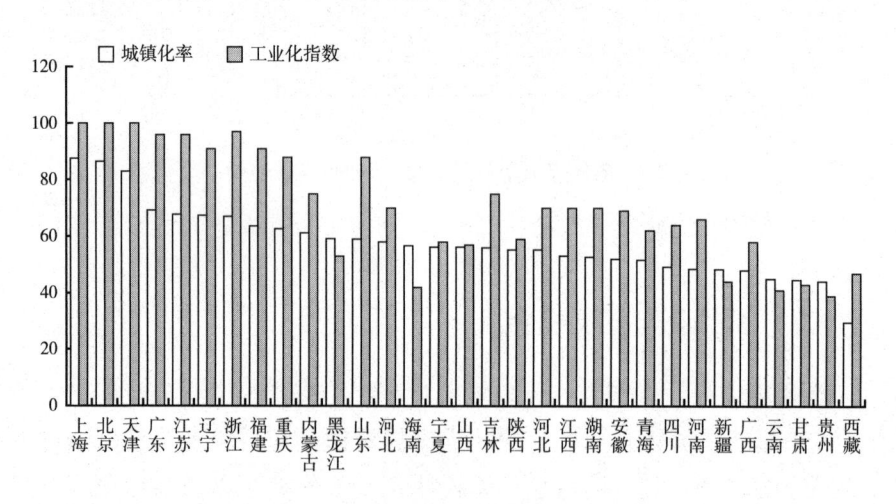

图 5 2015 年中国工业化指数与城镇化率

资料来源：工业化指数来自黄群慧和李芳芳等（2015）；城镇化率来自国家统计局。

（三）消费者主权与扶贫手段创新

居民真实生活水平的提高，不仅取决于需求侧居民实际收入的增加，还取决于供给侧生产效率和流通效率的提升，有效消除短缺。伴随着中国快速的工业化，工业产品供给量和种类显著增加，不仅极大地提升了产品的可获得性，而且重化工业化促进了基础设施发展，创新了扶贫的手段。

第一，消费品的大规模供给，对改进居民生活水平有重要促进作

---

① 根据世界银行的统计，2009 年全球约有 33.33% 的城市人口居住在贫困窟中，而该数字在 1990 年曾高达 47.4%。

用。改革开放后，中国调整长期片面强调优先发展重工业和"以钢为纲"方针，加快轻工业发展，把对纺织、食品、医药等与居民生活和消费密切相关产品的供给放在重要地位，有效满足了居民对生活必需品的需求。随着居民消费升级，中国耐用消费品的供给不断增加，电视机、冰箱、空调、洗衣机、个人计算机等家居消费品由高度依赖进口的奢侈品，经国产化后在家庭大规模普及。到20世纪末，中国总体上告别了供给短缺，买方市场逐渐形成，消费需求由消极变积极，使得工业体系更为聚焦于服务人民的消费升级。

第二，基础设施的发展对减贫的重要支撑作用，得到了学者和国际机构的高度重视（Pouliquen, 1999; Ali and Pernia, 2003）。20世纪90年代中后期以来，中国居民消费结构从"吃、穿、用"等基本消费向"住、行"等改善生活质量的消费升级，带动了对钢铁、建材、机械、电子和化工等重化工业产业的需求，中国工业化呈现重化工业化趋势，有力地支撑了道路、交通、水电煤气等传统公用基础设施的完善，也促进了信息网络等现代基础设施的升级（吕铁，2008；Huang, 2018）。这些基础设施向农村地区延伸，配套推动乡村公路、电信网络等小型基础设施的建设与完善，推动了全国城乡市场一体化程度，促进了城乡生产要素配置效率的提高，降低了物流和信息成本，为边远、贫困地区接入市场、机会、信息和知识创造了有利条件，有效带动了农村地区的生产率增长、非农产业发展和工资性收入的增长。

第三，工业发展还增加了扶贫手段。在当前中国的主要扶贫手段中，电商扶贫和光伏扶贫是两种主要方式，在一些贫困地区的脱贫事业发挥了重要作用。往前追溯，这两种扶贫手段之所以得到大规模采用，离不开中国的工业化进程。首先，1999年后中国本土电商的迅猛发展，除了企业家创新精神、巨大的国内市场、完善的基础设施外，① 离不开中国工业产品爆炸式增长：工业产品充裕、廉价、便捷可得，更容易从线下走向线上，有力地支撑了本土电商平台的崛起（Saraga and Huang,

---

① 20世纪末，中国本土电商企业（易趣、阿里巴巴）的创办，可视为中国电子商务的滥觞。

2018）。在此基础上，通过弥补农村电商的短板，推动成熟的电商平台向乡村拓展，有效释放了电商扶贫的潜力。其次，2005年后中国光伏产业链和配套产业加速完善，技术不断升级，光伏产品产量迅速跃居全球第一，使光伏产品的生产成本和发电成本加速下降，为大规模向贫困地区推广光伏扶贫模式创造了产业条件，实现了扶贫开发和新能源利用、节能减排相结合。

总之，改革开放40年来，中国工业化在大规模地创造高收入的就业机会、与城市化协同推进、有效满足消费需求升级以及创新扶贫手段等方面，直接贡献或者间接支撑了中国的大规模减贫。

二 改革开放是中国实施工业化减贫的关键

上述中国工业化对大规模减贫效果的实现，关键在于中国坚持深化改革和扩大开放，不断释放制度创新和技术创新的红利。按照发展阶段分，改革开放以来中国工业化进程，与中国减贫事业的推进存在高度相关关系。

（一）以体制改革驱动的工业化与区域性减贫（1978~1992年）

作为一个人口众多的农业大国，加上长期实行城乡二元分割体制，中国绝大多数贫困人口生活在农村地区。按照问题导向的思路，鼓励和引导农村发展多种形式的生产，是消除农村贫困的重要方式。在改革开放初期，中国通过体制"放活"开辟了一条农村工业化道路，乡镇企业和私人企业的蓬勃发展对早期减贫起到了至关重要的作用。

1978年后，中国推出了一系列"放活"政策，促进农村地区的经济发展。① 1982~1986年，连续五个中央一号文件用一系列的制度创新激发农村经济活力，包括放活农村工商业、疏通流通渠道、调整产业结构、取消统购统销、增加农业投入和调整工农城乡关系等多个方面，拓

---

① 当然，首当其冲的政策，是全国范围内推行家庭联产承包责任制，调动农民积极性，对农业生产效率的提高起到了立竿见影的效果，在短期内缓解了粮食短缺的困难。

展了农民的经济自由，使他们能够通过自己的努力减少饥饿和贫穷。这些政策包括积极发展农村社队工副业、逐步建立农村经济组织等，打破了限制农村工业化的制度束缚，"为农村非农产业发展、城市工业服务业增长及相应的人口规模扩张，打下良好的基础"（朱玲和何伟，2018）。

值得注意的是，这一时期沿海地区特别是长三角和珠三角地区的农民创新性地从事多元化的经济活动，乡镇企业异军突起，个体企业、合伙企业和私人企业如雨后春笋般涌现出来，出现了"苏南模式""温州模式""珠江模式""闽江模式"等。微观经济的放活创造了大量用工需求，乡镇企业就业人数从1978年2826.6万人增长至1986年的7939.1万人，农村个体企业就业人员从1981年的121.8万人增长至1988年的1726万人，大量人口跳出了贫困陷阱。区域经济的繁荣促进了小城镇的复兴，为后来欠发达地区农业劳动力跨城乡、跨地区流动奠定了基础。从收入结构看，在农村工业化的促进下，农民收入来源日渐丰富，工资性收入占全国农民家庭人均净收入的比重，在短期数年内实现了翻番。

通过体制放活促进区域性工业化，实现了一部分地区、一部分人先富起来，经济发展的空间是有限的，全国范围内的大规模扶贫，则依赖于更大范围扩大开放和改革发展。

（二）以扩大开放驱动的工业化与全国性减贫（1993~2011年）

1993年，中共十四大确定了建立社会主义市场经济体制的改革方向，不仅提出国家要为各种所有制经济平等参与市场竞争创造条件，而且强调鼓励和引导农业剩余劳动力逐步向非农产业转移和地区间有序流动。这就为低收入人口向高收入地区流动提供了坚实的制度保障，构建了上述工业化和城市化协同推进的模式，城市化进程本身就是劳动力"用脚投票"的减贫过程。1993年，农村劳动力迁徙出现了第一次"民工潮"，此后农村劳动力外出数量逐年增加，工资性收入成为全国农民收入增长的主要源泉。

以浦东新区开发开放为标志，中国进一步扩大对外开放促发展，特别是2001年加入世界贸易组织，中国主动融入世界经济体系，积极引入资本、技术、人才、管理经验，加快发展劳动密集型产业，对全国范围大规模的跨地区劳动力流动提供了强劲的动力。为了鼓励和引导人民追求更好的发展机会，中国在全国范围内废除了消费品配额供给制度，公安、劳动等部分放宽户籍管理、流动人口管理和劳动就业的规定，地方政府不断增加城市公共服务，特别是增加教育、培训、医疗、安全保障等有利于提高人力资本的公共服务，为劳动人口赋能。归纳起来，这些政策推动了全国商品和劳动力市场的发展。城市人口的增长又推动了农业现代化和现代服务业的发展，从而带动了整体经济效率的提升，使得大规模减贫变成现实。进城务工人员大幅增长，也为社会保障体系的有序建设和扩展创造了有利条件。

（三）新型工业化道路与精准扶贫（2012年以来）

从某种意义上说，在过去高速的工业化进程中能够寻找脱贫机会的人，基本上已经摆脱贫困。由于种种原因，剩余的贫困人口中大多数无法在传统工业化模式下"自发"实现脱贫。对于这些贫困人口，主要通过实施精准扶贫增强他们自身发展的能力。但是，这并不表示我国继续推动新型工业化对精准扶贫没有贡献。相反，在新发展理念的引领下，新型工业化对精准扶贫的作用呈现新方式。

一是协调推进工业化提升幸福感。长期以来，中国的工业化进程呈现区域发展不平衡的特征，大部分经济相对发达的东部地区基本完成工业化，而中西部大部分地区仍然处于工业化中期阶段。在更为注重区域协调发展的理念下，中西部地区的工业化水平仍有较大的提升空间。中西部地区发挥后发优势，在更高的水平上有序承接东部和国际产业转移，引导劳动力就地就业和回流，不仅可以更好地平衡劳动力的工作与家庭生活，增加对家庭的照顾，提升幸福感，而且加强对下一代的生活照顾和教育，有利于积累人力资本，阻断贫困的代际传承。

二是工业绿色转型对贫困地区的绿色发展具有重要意义，避免走"先污染、后治理"的老路。在绿色发展理念的引领下，落后地区推进工业化不再以牺牲生态环境质量为代价，以牺牲大多数人的长期利益换取少数人的一时财富增长，从而有效减少不公平现象。更为重要的是，一些落后地区的绿色资源和环境,在传统工业化模式中是被忽视或者被消耗的。但是,在绿色发展理念下,通过建立绿色生产方式和生活方式,绿色资源和环境的价值属性被重新发现,为贫困地区的人口增加资本积累、提高潜在经济增长率,为将"绿水青山"转化为"金山银山"提供了可能。

三是新模式改变农村处于"外围"的格局。在传统工业化模式下,乡村被定义为工业化提供农产品、原材料和剩余劳动力的场所,乡村的资源要素单向地向城市流动,造成乡村减贫的内生动力不足。但是,在以大数据、云计算、人工智能为代表的新一代信息技术引领下,新工业革命重新定义了产业边界,制造业服务化和服务业制造化的模式正在兴起,个性化定制、分散化生产加速城乡资源双向流动,有助于促进贫困地区创新农业生产经营模式和土地配置方式,把推动新型城镇化与实施乡村振兴战略结合起来,改变其在传统工业化模式下长期被锁定于"外围"的地位。新型工业化、信息化还为农业生产、流通方式的现代化带来技术、设备、市场和分工网络等,形成内生增长动力,使得仍然留在农村的人口也能够实现高质量发展。

概括起来,新型工业化重新定义了现代经济增长的技术、资本积累和生产组织方式。在新型信息通信基础设施的有力支撑下,传统工业化模式下处于被支配地位的农村和农业人口获得新的发展机遇,助力精准扶贫、绿色扶贫向深入推进。

三 小结与启示

从中国工业化与减贫之间的长期关系看,中国实现大规模减贫有如下几点基本经验,对其他希望在长期经济增长中消除贫困的发展中国家有一定借鉴意义。

第一,发展是第一要务,长期经济增长是减贫的首要动力。中国长期坚持以经济建设为中心,紧紧围绕社会主义初级阶段主要矛盾的解决,不断提高工业化水平,推动长期经济增长,为人民创造更高质量的就业创业机会,提供更好的公共服务。不可否认,中国在工业化进程中也存在一些负面问题,如消耗大量资源能源,生态环境受到了破坏,不平等有所加剧，等等。但是，要明确经济发展的根本目的，在于不断提高人民的生活水平。为了大规模减贫、实质性改变绝大多数中国人的生活水平，这些"负面问题"都是有必要承受的发展成本。当然，这并不意味着不去解决这些问题，而是在更高的发展阶段解决遗留问题。

第二，发挥市场在资源配置中的决定性作用，更好地发挥政府的作用。总体而言，中国的工业化是不断让市场在扩大个人发展空间中发挥日益重要的作用。同时，政府在支撑工业化、城市化发展中也扮演着不可或缺的作用，集中体现在基础设施建设、公共服务提供和完善社会安全网络方面。对于广大发展中国家而言，应该基于本国国情和发展阶段，确定长期发展战略，在此过程中正确处理政府与市场之间的关系，而不应该机械地接受一些理念，超越发展阶段设定政府的职能，阻碍国家能力的升级，消极地应对减贫问题。

第三，深化改革释放减贫的活力。中国工业化的经验表明，每一次经济发展的重大突破，都是坚持问题导向，动态破除制约工业化的体制机制障碍。从取消劳动力自由流动的限制，到打破歧视非公经济发展的思想和政策，再到推进户籍制度改革，创新城乡社会管理体制，加速外来人口市民化和基本公共服务均衡化、标准化，都是为了广大人民更为积极地参与经济发展和再分配。对广大发展中国家而言，也应该坚持问题导向，找准不同发展阶段的主要矛盾，通过深化改革为人民群众带来更多获得感，通过改革激发人民群众的首创精神。而不是植入一套不符合实际的"结构性调整政策"。

第四，不断扩大对外开放增强减贫的动力。中国工业化得以持续推进，在于中国顺应时代潮流，勇敢地张开双臂拥抱全球化，积极融入世界产业和贸易体系，不断提高利用好"两个市场、两种资源"的水平。从一定程度上说，中国的大规模减贫得益于开放型世界。在经济全球化面临不确定的今天，中国坚定维护开放型世界经济，还将在全方位对外开放中提高工业化的质量，不断满足人民对美好生活的向往。世界各国应该维护开放型世界经济，为全世界减贫事业创造良好的国际环境。

参考文献

Ali, I. and E. Pernia, *Infrastructure and Poverty Reduction – What is the Conncetion?* ERD Policy Brief Series, No. 13, 2003, Manila: Asian Development Bank, available via https://www.adb.org/sites/default/files/publication/28071/pb013.pdf.

Bhagwati, J., and A. Panagariya, *Why Growth Matters: How Economic Growth in India Reduced Poverty and the Lessons for Other Developing Countries*, New York: Public Affairs, 2013.

Bourguignon, F., "The Poverty – Growth – Inequality Triangle," paper presented at the Indian Council for Research on International Economic Relations, February 4, 2004, available via http://siteresources.worldbank.org/INTPGI/Resources/342674 – 1206111890151/15185 _ ICRIER_ paper – final.pdf.

Department for International Development, *Growth: Building Jobs and Prosperity in Developing Countries*, 2008, available via https://www.gov.uk/government/organisations/department – for – international – development.

Huang, Y., "Chinese Institutions", in Brakman, S., C. Marrewijk C., P. Morgan, N. Salike (eds.), *China in the Local and Global Economy: History, Geography, Politics and Sustainability*, London, Routledge, 2018.

Palma, J., "Deindustrialization, 'Premature' Deindustrialization and the Dutch Disease," in S. Durlauf and L. Blume (eds.), *The New Palgrave Dictionary of Economics* (Second Edition), Basingstoke: Palgrave Macmillan, 2008, pp. 401 – 410.

Pouliquen, L., *Rural Infrastructure from a World Bank Perspective: a Knowledge Management Framework*, Washington, D.C.: World Bank, 1999.

Rodrik, D., *One Economics, Many Recipes: Globalization, Institutions and Economics Growth*, Princeton Universty Press, 2007.

Rodrik, D., "Premature Deindustrialization," *Journal of Economic Growth*, vol. 21, no. 1, 2016, pp. 1 – 33.

Saraga, H., and Y. Huang, "Alibaba – Building a Social Sustainability Ecosystem for Ecommerce," *Harvard Business Publishing IMB687 – PDF – ENG*, 2018.

Zhang, Y., "Urbanization, Inequality, and Poverty in the People's Republic of China," ADBI Working Paper Series, 2016.

黄群慧、李芳芳等:《中国工业化进程报告（1995~2015）》,社会科学文献出版社,2015。

雷潇雨、龚六堂:《基于土地出让的工业化与城镇化》,《管理世界》2014年第9期。

吕铁:《中国工业结构调整与升级三十年历程和经验》,《社会科学战线》2008年第

5期。

章元、许庆、乌璟璟：《一个农业人口大国的工业化之路：中国降低农村贫困的经验》，《经济研究》2012年第11期。

朱玲、何伟：《工业化城市化进程中的乡村减贫40年》，《劳动经济研究》2018年第4期。

识别中国农村贫困

唐 迈（Michael Dunford）

英国萨塞克斯大学功勋荣誉教授、英国皇家社会科学院院士

尽管1949年中华人民共和国成立以来，中国的贫困现象显著减少，但贫困依然存在，主要集中在农村地区（见图1）。近年来，农村贫困现象持续快速减少，中国政府致力于确保到2020年所有处于贫困线以下的家庭都能够脱贫。然而，随着贫困率的下降，中国仍面临一些通过开发式扶贫和地区发展政策难以解决的问题，部分原因是因老、弱、病、残和无法正常工作而致贫的家庭越来越多，还有一部分原因是一些贫困人口居住在受扶持的主要地区之外。要解决这些问题，就要有针对性地结合传统的扶贫开发政策，为贫困县、贫困村和贫困区提供更广泛的最低生活保障和福利服务。

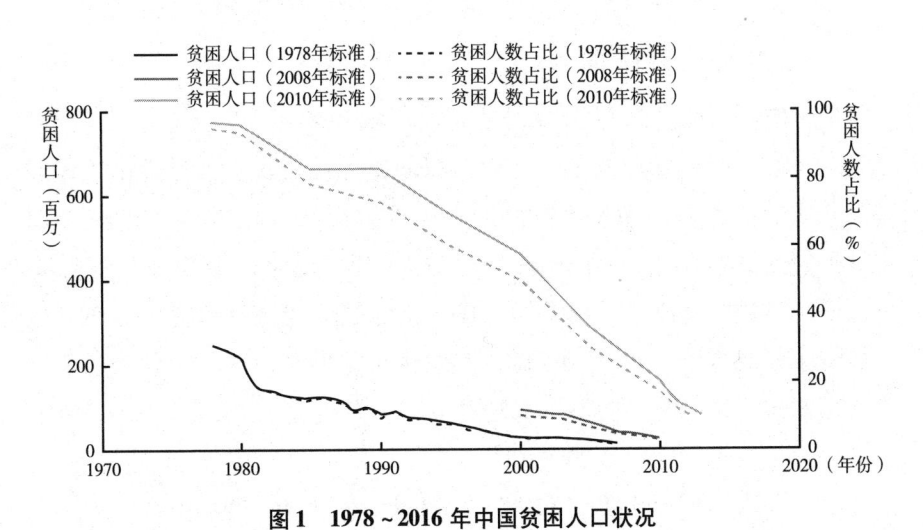

图1　1978～2016年中国贫困人口状况

资料来源：国家统计局。

表1 1981～2013年世界每日生活费1.9美元的贫困人口数量（2011年购买力平价）

单位：百万人

	1981年	1990年	1999年	2013年	1981年以来的变化
东亚和太平洋	1115.6	987.1	695.9	73.2	1042.4
中国	877.8	755.8	507.9	25.2	852.6
欧洲和中亚	—	13.3	36.8	7.7	
拉美和加勒比地区	47.0	62.5	69.3	27.8	19.2
中东和北非	—	14.4	10.6	9.5	
南亚	504.8	503.1	476.8	257.3	247.5
撒哈拉以南非洲	—	282.0	380.3	400.8	
全世界	1903.5	1866.8	1731.9	782.7	1120.8
除中国之外的世界	1025.7	1111.0	1224.0	757.5	268.2

资料来源：整理自世界银行、贫困与公平数据库。

一 研究方法及家庭调查

根据中国2017年开展的一项涵盖全国628个县的4626户农村家庭、调查个体共计13689人的入户调查，本文总结了中国贫困人口的突出特征，确定了农村收入的主要来源和家庭贫困的分类，并对减贫目标的普遍有效性进行了评估。

二 农村人口特征

中国农村人口年龄呈双峰值分布，年轻和老年人口比重相对较高，25岁至40岁人口不足（见图2）。这张图也大概反映了父母外出工作时留守儿童的存在，这些儿童被留给祖父母照顾。与此同时，15岁至24岁的年轻人中有很大一部分人没有留在家里：68%的家庭成员留在家里，13.5%的家庭成员外出求学，15.6%的家庭成员外出打工。在参加工作的家庭成员中，有36.6%的人是农民工，但19.1%的人认为这是一项临时工作；14.0%的人每年有超过6个月的时间外出打工，28.3%的人过去曾是在土地上耕作的农民。

农村人口中男性比重（52.6%）超过女性比重（46.4%），反映出对男孩的偏爱。仅有1.3%的农村人口离婚或分居，这反映了传统婚姻

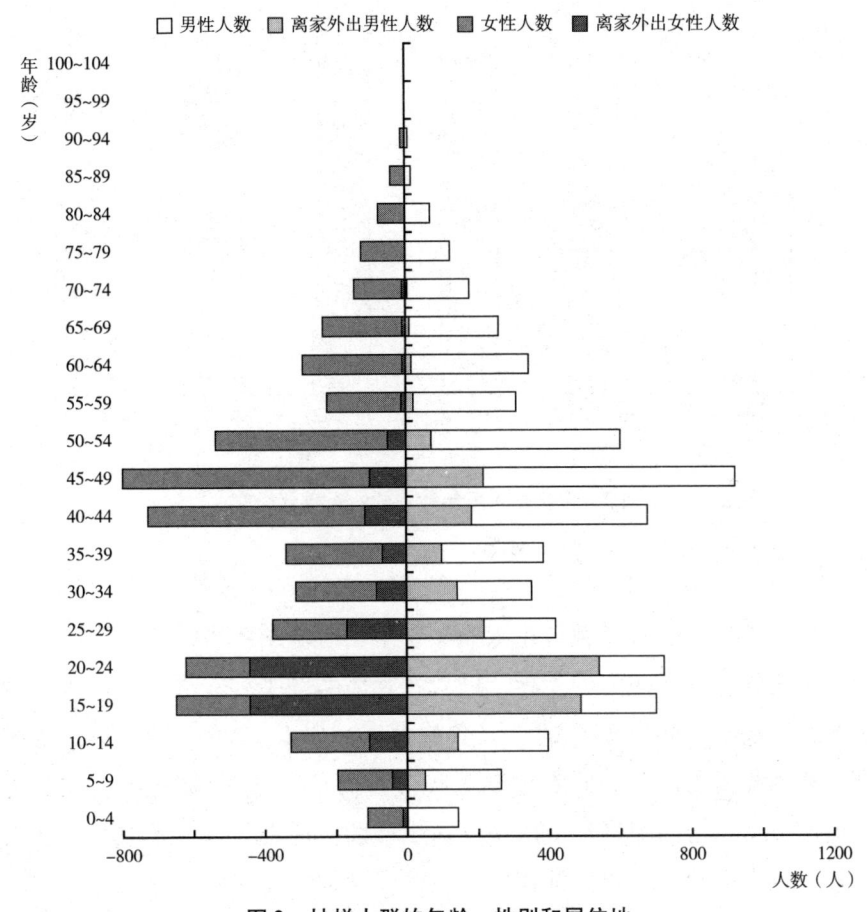

图2 抽样人群的年龄、性别和居住地

资料来源：整理自2017年家庭调查数据。

观念的强大。然而，在30岁及以上的男性中，未婚男性比例为13.8%，而未婚女性比例为1.4%。这反映出性别失衡的问题以及农村男性在寻求另一半方面遇到的困难。受访农村人口中汉族占82.1%，有16.5%的人口来自55个少数民族中的27个（藏族人口占3.5%，回族人口占2.5%，苗族人口占2.2%，彝族人口占1.8%）。29.4%的人口生活在贫困县。23.7%的汉族人口居住在贫困县，而相比之下，有63.0%的少数民族人口居住在贫困县，其中71.2%是满族、苗族、土家族、彝族和藏族。这些数字反映出，某些少数民族聚居在边远山区和生态脆弱地区的贫困县，这些地区有限的自然和人工资源是导致贫困的一个重要原因。

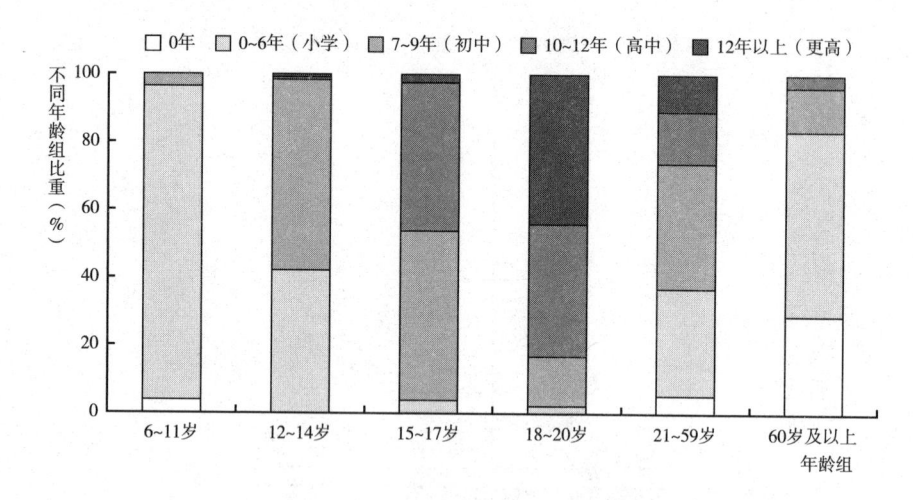

图3 按样本人口年龄划分的受教育程度

资料来源：整理自2017年家庭调查数据。

样本人口的平均受教育年限为7.8年，但从图3可以明显看出，各年龄组之间存在着很大的差异，进入教育体系的主要人群是年轻人。这一调查表明，1986年实行的《义务教育法》以及2006年的农村义务教育经费保障机制改革，对农村学生实行"两免一补"，即免学杂费、免费提供教科书，对家庭经济困难寄宿生补助生活费。近年来取得了极大成效：绝大多数适龄青年都在接受教育。这种情况同样也反映在这样一个事实当中，即18.8%的人口是学生，并且有13.6%的人口离家外出接受教育（贫穷的乡村学校被设施更加完善、教学水平更高的学校取代，学生们每周寄宿在学校中）。相反，在21岁以上，特别是60岁以上（1986年为28岁以上）的群体中，很大一部分人没有接受过或只接受过六年的义务教育。

60岁及以上的人口占14.5%。传统上，老年人依靠土地和亲人生活，但耕地一直很稀缺（中国人口占世界人口的1/5，而耕地只占世界的1/20），城市发展对耕地的需求越来越大，有时为了限制陡峭山坡上的侵蚀或出于其他生态原因，耕地会被再造林或者以其他方式停止耕种或放牧，或由于盐碱化和沙漠化（由气候变化、过度放牧或其他因素造成）而变得无法耕种或处于危险当中。应对这些压力的措施包括建立农村养老金计划等。在接受调查的人群中，44.7%的人选择了农村养老金计划。

12.8%的人健康状况不佳，2.7%的人生活无法自理。疾病的存在会带来重大的影响，因为这意味着患病的人无法正常工作，如果他们需要照顾，那么他们的亲人也无法外出打工。随着农业体制改革和人民公社的终结，中国农村合作医疗制度的经济和组织基础崩溃，随即产生了对负担得起的医疗保健的需求。从2003年6月起，由县（市）自主经营、地方和中央政府补助的新型农村合作医疗制度（以下简称"新农合"）终于落实。贫困医疗救助计划为贫困家庭提供现金援助，帮助他们购买医疗服务。73.9%的人参加了"新农合"。

三 家庭与家庭贫困

在接受调查的4626户家庭中，419户（占全部受访家庭的9%）是少数民族家庭（家庭成员中没有汉族）。家庭平均人数为2.96人。扣除住房成本的家庭平均现金收入为29835元，人均收入12610元。这些收入包括农民外出务工时的收入，尽管没有外出的家庭成员可能得不到这一收入中的大部分。

其中229户（占全部受访家庭的4.9%）家庭属于五保户（申报家庭自报户均年收入17805元，中位数为7980元），低保家庭1096户（占全部受访家庭的23.7%，平均年收入16916元，中位数为12545元）。另有158户未申报低保的家庭表示，他们曾收到了低保补助金（平均年收入18746元，中位数为12545元）。1365人（占全部受访家庭的29.5%）持有贫困卡（平均年收入15768元，中位数为10370元）。60户家庭主要靠政府提供的口粮生活（平均年收入6548元，中位数为5000元）。这里，对每一组进行方差分析，检验在零假设无差异不小于0.000的情况下，家庭现金收入对数的均值是否存在差异。

在调查的628个县中，贫困县有136个（占全部调查县的21.7%），分布范围覆盖了30个省区中的23个（贵州15个，甘肃14个，河南13个，云南12个）。不管一个家庭是否生活在贫困县或其是否持有将贫困状况分为四类的贫困卡，都被包括到本次研究当中（见图4）。对现金收入对数差异进行方差分析（选择将大致的对数正态分布作为基本分布）意

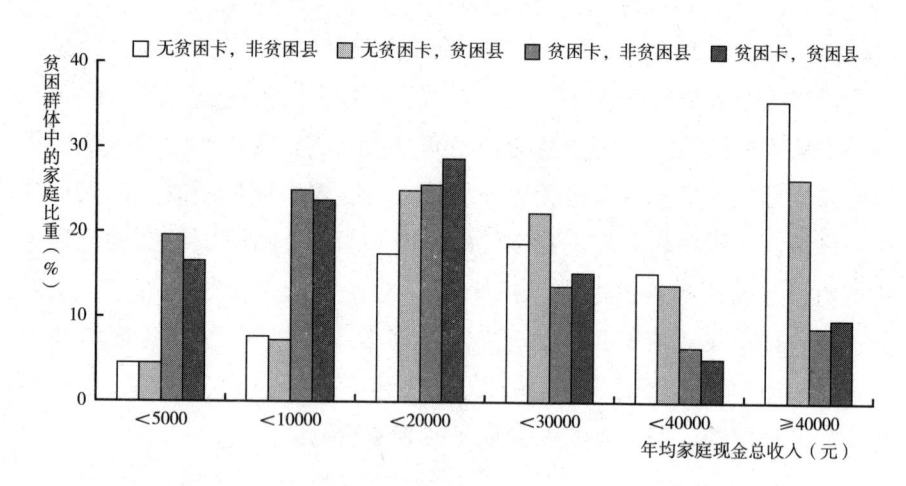

图4 按贫困程度划分的家庭现金收入分布情况

资料来源:整理自2017年家庭调查数据。

味着使用这种贫困家庭标准得出的F值为810.512,自由度为1。第二个分组是通过加入现有的贫困县分类而得出的,将五保户、低保户、持有贫困卡和主要靠政府提供口粮的家庭列为贫困家庭,其余为非贫困家庭。使用第二个标准来识别这四个组别,得出的F值为818.305。这一检测表明组别内部差异很小,组别之间差异很大,说明两个组别之间的区分确实十分有效。在四类贫困状况中,方差分析结果见表2,家庭现金收入和这一分类之间存在很强的相关性。自由度为3时,F值为275.714。这种关系是线性的,但也包含一个非线性的组成部分。

表2 方差分析

			平方和	自由度(df)	均方	组方差值(F)	双侧检验(Sig.)
扣除住房成本*后的现金收入对数	组间	汇总	718.587	3	239.529	275.714	0.000
		线性	616.689	1	616.689	709.852	0.000
		线性偏差	101.898	2	50.949	58.646	0.000
	组内		3838.17	4418	0.869		
	总计		4556.757	4421			

*按五保户、低保户、持有贫困卡的家庭、主要靠政府提供口粮的家庭等家庭类型以及地理贫困情况划分。

资料来源:整理自2017年家庭调查数据。

图 4 记录了四个组别中自行申报的现金收入的分布情况。贫困家庭（年收入少于 20000 元）在前三个组别中占据很大比重。高收入主要出现在非贫困家庭当中，但有 10% 左右的贫困家庭的现金收入超过 40000 元人民币。可以想象，这种情况是由农民工收入的申报造成的，这部分收入往往不完全属于农民工的家庭和其出身的地区。

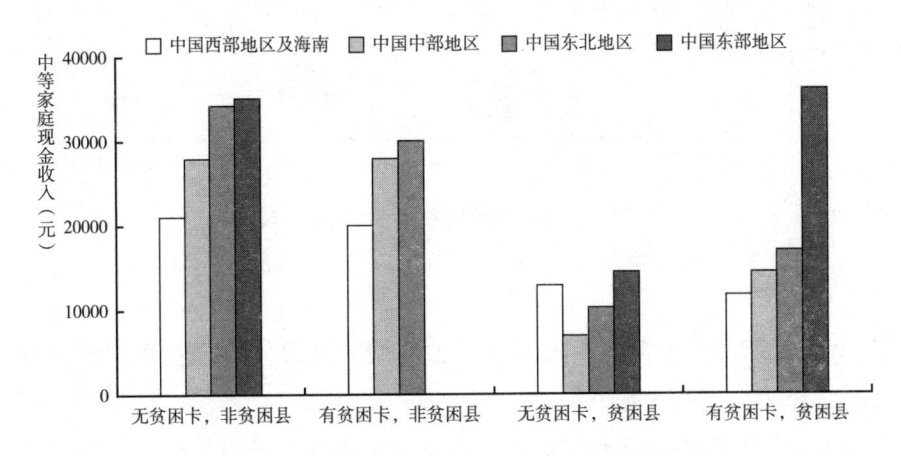

图 5　按贫困分类所得出的收入中位数的区域差异

注：该样本只包括中国东部贫困县的两户家庭，其中一户是贫困家庭。
资料来源：整理自 2017 年家庭调查数据。

受调查的中国西部地区和海南省家庭现金收入中位数为 16180 元（占 1915 户）（尽管重庆家庭现金收入中位数为 25434 元），而中部地区家庭现金收入中位数为 20000 元（占 1610 户），东北地区家庭现金收入中位数为 25000 元（占 192 户），东部地区家庭现金收入中位数为 30000 元（占 515 户）。由于分布呈偏态，因此均值会超过中位值，有时会出现较大的偏差，有些地区标准差较大（北京、浙江、福建和四川）。如图 5 所示，中国西部最贫困家庭（家庭现金收入中位数最低）位于贫困县，而中部和东北部地区的情况正好相反。

在家庭现金收入总额中，56.6% 来自农民工收入和其他非农业工作收入（如果使用的是总体申报收入而不是收入细分中提供的收入数字总和，那么这一比例为 63.7%），9.9% 来自政府补贴（如果使用的是总体申报收入而不是收入细分中提供的收入数字总和，那么这一比例为

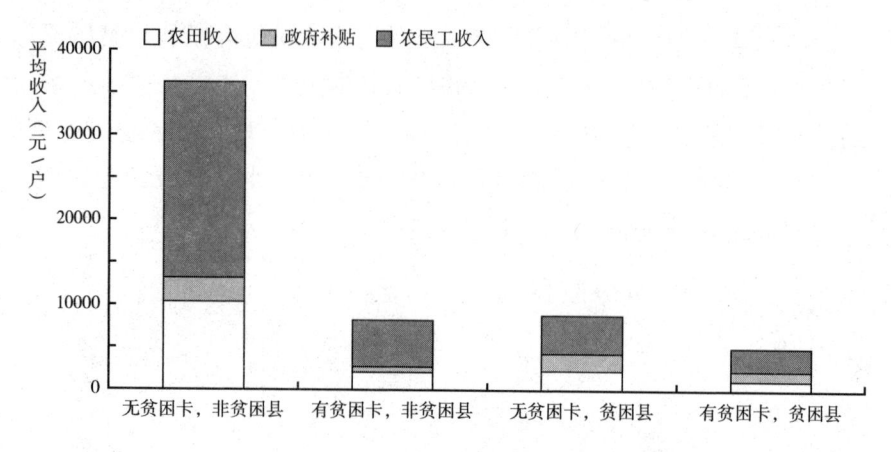

图6 按来源划分的家庭平均现金收入

资料来源：整理自2017年家庭调查数据。

11.2%），25.5%来自农业收入（如果使用的是总体申报收入而不是收入细分中提供的收入数字总和，那么这一比例为28.7%），详见图6记录的按来源划分的平均现金收入。因此，家庭收入严重依赖于农民工的收入。对于贫困县的贫困家庭来说，政府补贴在家庭收入中所占比重提高至22.6%，在非贫困县这一比重为24.2%。相应地，农业收入在贫困县和非贫困县的贫困家庭收入占比分别是26.4%和28.1%。农民工收入在贫困县的贫困家庭和非贫困县的贫困家庭收入中所占比例分别为56.8%和54.1%，而农民工收入在非贫困县的非贫困家庭收入中占比为65.4%，在贫困县的非贫困家庭收入中占比为70.4%。因此，农民工工作能力的差异在贫困和非贫困家庭的区分中发挥了重大作用。

同时，图6显示，非贫困县非贫困家庭的家庭平均收入与其他三类有着很大的差异，其中贫困县贫困家庭的家庭平均收入尤其低。最引人注目的是，图6显示了贫困县和非贫困县在赚取家庭平均收入能力方面巨大的不平等，当然，这是由于上文提到的位置偏远和资源有限所造成的（尽管我们也该记住这样一点，即贫困县的生活成本比其他地区更低，因此实际收入差异更小）。

受访家庭被问及有关食物供应的问题（49%的家庭在食物供应上完全或主要靠自给自足），他们还被问及食物供应是否充分的问题，5.2%

的家庭表示食物供应不足。这些数字表明，土地承包责任制和宅基地仍然很重要，农村家庭可以在这些土地上种植粮食用于自消费，所有农村家庭（拥有农村户口的家庭户）都有权获得土地。不能或不愿耕种土地的农民或外出务工的农民可以将他们的土地使用权转让，并获得补偿。从传统上来说，这些规定是农村福利的重要组成部分，也是农村居民重要的实物收入来源，许多农村居民不愿为了城市户口而放弃农村户口，就是因为放弃农村户口会导致这些权利的丧失，而且会导致他们必须花钱购买粮食并为住房付费。同时，有577户（12.5%）农村家庭居住在危房当中，其中贫困县的贫困户占比20.0%，非贫困县的贫困户占比17.7%，这表明许多贫困户的住房质量仍然很低。

表3 家庭债务原因在不同贫困家庭分类中所占比重（%）以及数量

家庭债务原因 \ 贫困组别	非贫困县非贫困家庭	贫困县非贫困家庭	非贫困县贫困家庭	贫困县贫困家庭	总计
大病	15.6	15.37	30.35	27.50	22.08
购房	17.5	18.05	6.11	11.54	13.07
子女结婚	6.73	5.37	4.68	5.00	5.64
子女教育	23.99	27.32	20.57	23.85	23.34
生产贷款	12.98	14.15	11.41	12.12	12.50
生活支出	14.09	12.44	17.52	14.04	14.93
社会支出	9.11	7.32	9.37	5.96	8.44
总调查数	1263	410	982	520.00	3175

资料来源：整理自2017年家庭调查数据。

在受访家庭中，有1615户（34.9%）家庭负债，平均债务为46957元，债务最高的为100万元。对于非贫困县的贫困家庭来说，平均债务为32261元；相比之下，生活在贫困县的贫困家庭负债为38677元，贫困县的其他类别家庭负债为52653元，非贫困县的非贫困家庭负债为59512元。负债的最主要原因是医疗（因医疗负债的情况占22.1%，特别是对于贫困家庭来说，这一比重达到27.5%以上）和教育（23.3%）。但对于非贫困家庭，购房、生产贷款和生活支出是家庭负债的主要原因（见表3）。

由于城市居民收入远高于农村居民，城市公共服务也优于农村，因此，城市化及（或）搬迁到距离市中心较近的地方被视为摆脱贫困的途径之一。728户（占15.7%）农村家庭已经在城市购买了住房，另有668户（占14.4%）计划在城市购房。受访农村家庭最喜欢在县城购房（477户，占10.3%），其次喜欢在地级市购房（265户，占5.7%）。3072户（占66.4%）农村家庭希望过上城市生活，主要是为了子女教育（1403户，占30.3%）、更好的生活质量（921户，占19.9%）以及更好的就业机会和收入（472户，占10.2%）。有些农村家庭渴望城市生活的原因是为了更方便地获得医疗服务。相比之下，1477户（占31.9%）农村家庭希望留在农村生活。同时3636户（占78.5%）农村家庭认为他们的子女会选择在城市生活。不出所料，在贫困家庭中，购房或计划购房的家庭要少得多，而愿意在城市居住或希望他们的子女选择在城市生活的情况同样也少得多。

3513户（占75.9%）农村家庭居住在已经实施了新农村建设的乡村，这些村庄的农民同意拆除农舍、接受补偿，搬迁到更便于为其提供服务的多层公寓居住（"让农民上楼"）。在某些情况下，行政村的建设得到了巩固。（而在其他一些情况下，农民获得了城市户口，成为城镇居民）。在810名做出回应的户主中，259户（占5.6%）表示不愿搬到多层公寓中居住，而551户居民（占11.9%）表示愿意迁往多层公寓。但绝大多数农村家庭没有对此做出回应。在贫困县，公寓住宅更具吸引力，但在农村地区这类举措相对不受欢迎，部分原因是它增加了从住处到田间地头的距离，而且现代化公寓的居住成本也更高。

只有一小部分农村家庭希望搬迁安置（164户，占3.5%；相比之下不愿搬迁安置的农村家庭有3710户，占80.1%）。735户（占15.9%）农村家庭报告称，他们所在的乡村已经实施了这类政策。仅有353户农村家庭（占所有对这一政策做出回应家庭的7.6%）报告称他们已经完成搬迁。当被问及搬迁安置后他们的收入是否有显著变化时，145户（占41.1%）表示收入增加，106户（占30.0%）称收入没有变化，40户（占11.3%）表示收入下降。更引人注目的是，在收入下降的案例中，只有2个是生活在贫困县的家庭。71户居住在贫困县的家庭收入增加或保持不变，这说明这些举措在贫困县的实施相对来说更有效。

四 结论

根据本文综合数据报告显示，中国在减少农村地区贫困方面取得了举世瞩目的进展。虽然经济的持续快速增长是取得这一成就的一个重要因素，但同样显而易见的是，中国实施了一系列扶贫政策，这些政策与国家和地区经济增长相互作用，并促进了国家和地区的经济增长，从而得以加强减贫扶持。在首次将贫困县作为目标后，中国随后又将注意力放在贫困村上，最近则开始关注更大规模的社区发展援助。然而，越来越多的注意力不仅被放在以发展为导向的扶贫上，而且被放在最低生活保障和全中国农村地区的公共服务上，这是因为农村地区的贫困往往与老龄化、疾病和无法工作有关，而且这些地区处于区域发展政策所针对的地区之外。

本文除了确定农村地区贫困和非贫困的一些主要特征之外，还确定了一些因素，这些因素在确定家庭收入以及家庭和县的分类方面发挥着重要作用。调查结果还显示一些在应对这些驱动因素时所采取措施的有效性，特别是为确保所有中国人能够接受九年义务教育所采取的成功措施，调查还涉及其他措施。

这项研究证实了中国约2.6亿"流动人口"对农村家庭收入的重要性。在许多情况下，城乡地区的一个或多个家庭成员每年都在城市求学或工作。以年轻人为主的外迁加之人的寿命的延长以及家庭规模的限制（在农村和少数民族地区不那么严格）这三个要素相互作用，导致农村地区人口的老龄化。通常，外迁者与他们的农村家庭仍然保持联系，他们的子女有时会留在农村，而来自城市务工成员的汇款通常是一个家庭收入的主要来源，正如这项研究结果所表明的那样。与此同时，年轻人的不足增加了老年人的生产生活负担。

这种情况与农村贫困中的遗留问题密切相关，并加重了这一问题的复杂性。第一，它与这样一种结果存在相关性，即家庭收入和贫困分类与从事非农工作的打工人员及其受教育程度（能够让他们获得更高质量的工作）密切相关。第二，低收入和贫困状况与患病人口和老年人口比例存在密切关系。这些群体面临的困难可以通过迅速扩大最低生活保障、加强医疗和养老保险计划来解决。然而，在许多情况下，这些群体生活在政府认定的贫困县以外，尽管这项研究应该考虑到个别村庄的贫困状况。第三，农民工收入在多大程度上会将收入汇至家中仍不清楚，这导致贫困家庭的认定工作变得复杂。中国一直试图通过公共参与和对每一户家庭的情况进行仔细评估来解决贫困家庭认定工作中面临的问题。

这项研究的一些结果显示，根据本次调查中收集的自我报告信息，减贫措施所针对的家庭和地区相当有效地得到了识别，特别是减贫措施尚未顾及的地区得到了明确的组别区分。另外，在调查中，仅有9.4%的受访者认为被认定的贫困户名不副实（25%的受访者表示对此不知情）。

最后，本研究的结果确实表明了双边扶贫方法的重要性。为了应对某些遗留的问题，很明显，为那些无法工作的家庭制定扶贫措施变得越来越重要。制定用于改善低收入群体无法负担的医疗和教育服务以及帮助这些群体获得上述服务的措施也变得越来越重要。与此同时，在平均家庭收入和中位家庭收入方面，贫困县和非贫困县之间仍然存在很大差异，而贫困对某些少数群体的不利影响仍然很大，这些少数群体集中在资源匮乏以及经常遭受自然灾害的偏远地区。将这些地区纳入更广泛的地区发展战略中，可能会使那些过去在国家一级运作的机制能够在区域规模内发挥作用，提供改善的、报酬更高的就业和经济机会。

推动中国实现更加包容的增长

玛吉特·莫纳（Margit Molnar）

经济合作与发展组织（OECD）经济部中国经济研究室主任

一 引言：显著的增长和减贫

以国际标准衡量，中国的经济增长和减贫成效都十分显著，为世界经济增长和消除贫困做出了重要贡献。尽管近年来中国经济增速已从两位数放缓至高个位数，但在2017年，中国对世界经济增长的贡献率仍约为四分之一（见图1）。这一比例高于美国，但低于2016年中国对全球经济增长三分之一的贡献。这种在经济低迷时期贡献较高的模式也表明，中国经济发挥着反周期作用：当全球经济增长乏力时，中国却在支撑全球经济增长。

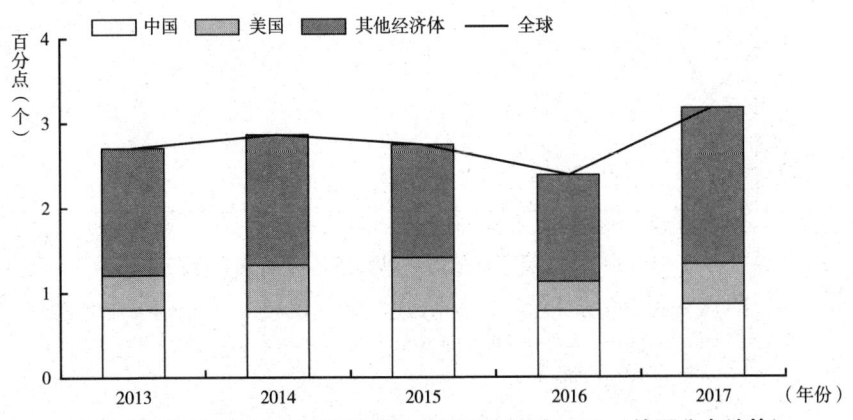

图1　2017年中国对全球经济增长的贡献率约为25%（按百分点计算）

资料来源：作者根据经济合作与发展组织经济展望数据库（OECD Economic Outlook database）所作的计算。

中国对世界范围内消除贫困的贡献同样令人瞩目：在过去30年里，有5亿人摆脱了贫困。如果以每天1.9美元（按2011年购买力平价计算）的生活水平来看，在过去的25年里，中国的减贫努力使全球贫困人口减少了40%。政府现在正在解决最贫困人口的问题，这往往是最困难的问题。

今天要重点讨论一个与此相关的问题，这一问题更多的是在经济合作与发展组织（OECD，以下简称"经合组织"）的专业范围内：包容性增长。

二 实现更具包容性的增长

如果经济增长能公平地在社会各阶层之间分配利益，并为所有人创造平等的机会，它就是包容性的。虽然帮助更多人从增长中受益的政策范围要广得多，但这里我们将重点讨论个人之间的不平等。同样，除了重新分配个人收入外，还有一些政策被用来为所有人创造平等的机会，我们将着眼于社会流动性。

以基尼系数衡量（见图2），2017年中国的个人间不平等相对较高，为46.7，尽管在过去10年左右有所下降。

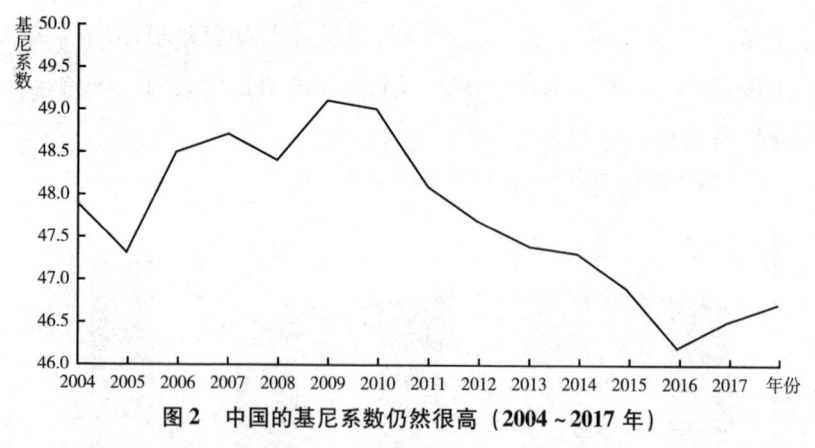

图2 中国的基尼系数仍然很高（2004～2017年）

注：这里给出的基尼系数是基于收入的，范围从0（当每个人的收入都相同时）到100（当所有收入都归一个人所有时）。基尼系数的增加表明收入分配的不平等程度更高。

资料来源：中国国家统计局。

在国际比较中，中国的基尼系数接近其他金砖国家（BRIICS）经济体，如巴西、俄罗斯、印度、印度尼西亚和南非，但远高于经合组织31

左右的平均水平（见图3）。经合组织成员国中有17个国家的基尼系数低于30，约占成员国总数的一半。这些国家主要包括斯堪的纳维亚国家和中欧较小的国家，但一些较大的国家，如法国和德国也位列其中。相比之下，墨西哥、哥斯达黎加、智利和哥伦比亚等拉美经济体的基尼系数与中国相似，甚至更高。

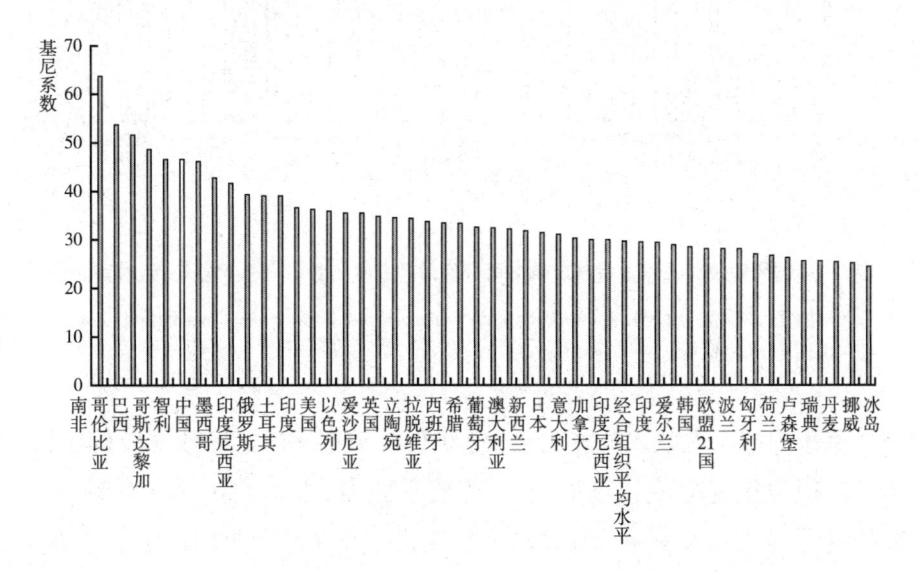

图3　中国的基尼系数远高于经合组织的平均水平（2016年或最新可用数据年份）

注：这里给出的基尼系数是基于收入的，范围从0（当每个人的收入都相同时）到100（当所有收入都归一个人所有时）。基尼系数的增加表明收入分配的不平等程度更高。

资料来源：中国国家统计局和经合组织增长数据库（OECD Going for Growth database）。

三　减少人与人之间的不平等

中国可支配收入不平等程度相对较高的一个主要原因是再分配乏力。事实上，中国的税收和转移支付制度只将税前收入的基尼系数降低了6个百分点（见图4），尽管比两年前略有下降（OECD，2017）。中国的税收和转移支付制度对再分配的影响大于墨西哥、韩国或土耳其，但远低于斯堪的纳维亚国家或其他欧洲经合组织国家，这些国家将再分配视为一个重要的政策目标。在经合组织国家，主要的再分配工具是转移支付，但其广泛的个人所得税（PIT）基础和累进税率也发挥了一定作用。

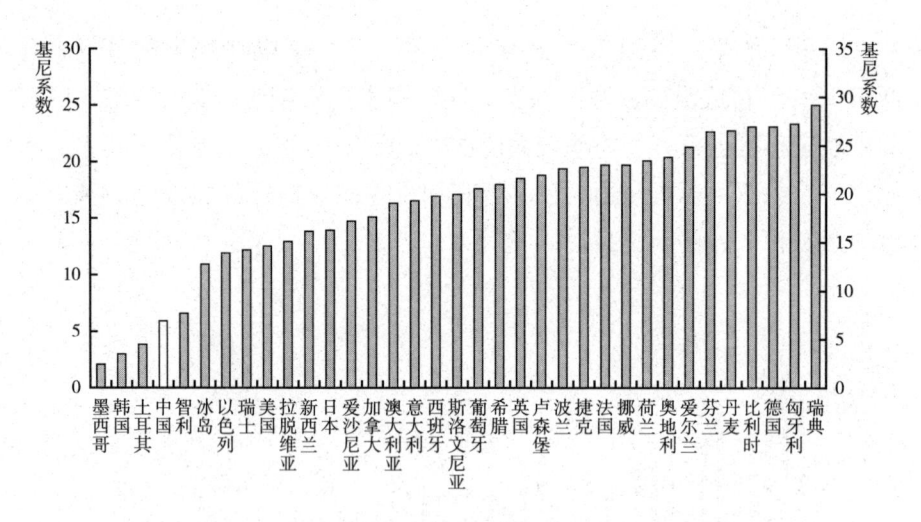

图4 中国的税收和转移支付制度调节再分配效用有限（2016年或最新可用数据年份）

资料来源：标准化世界收入不平等数据库（Standardized World Income Inequality Database），第7.1版，2018年8月。

基于中国家庭收入调查项目（CHIPs）数据库的家庭数据分析显示，个人所得税仅将总收入（2013年基尼系数为57.75）的不平等降低了0.25个百分点（Li et al., 2017）。相比之下，在经合组织国家，个人所得税带来的税收收入具有很强的再分配效应，国内生产总值（GDP）每增加1个百分点，再分配就会增加3%左右（Causa et al., 2018）。根据中国家庭收入调查项目的分析，社会保障缴款甚至是递减的（特别是医疗保险费用）。在一些经合组织成员国，雇员的社会保障缴款也出现了倒退。所得税和社会保障缴款的再分配影响有限，这并不奇怪，因为个人所得税基数很小，而且社会保障制度的计划也很有限。在养老金方面，为了提高制度的再分配效果，应该取消最低缴费标准（这样低工资者就可以根据其实际工资进行缴费，而不是根据平均工资的60%），并且至少应该提高最高缴费标准。

与经合组织国家一样，公共转移似乎是减少中国不平等的最有力手段（它们将总收入的基尼系数降低了11个百分点）。在公共转移中，大部分可以再分配的是退休津贴。相比之下，一些主要的社会援助方案，例如低保，对再分配的影响微不足道。在经合发组织国家，具有针对性的社会援助方案在再分配方面发挥了关键作用。根据经验,向劳动适龄人口提供现金支持的社会支出具有最强的再分配效应,国内生产总值每增加 1 个百分点,再分配就会增加约 4%。

经合组织的分析表明,再分配制度的规模在收入再分配中起着重要作用(Causa and Hermansen, 2017)。个税免征额很高,大大减少了应缴纳所得税的纳税人人数(见图 5)。由于个人所得税是在缴纳了 23% 的社会保障费后才纳税的,所以实际的免征额甚至比官方数据还要高。

此外,个人所得税率似乎是渐进的,最高税率为 45%,但只有在公共单位收入为全国平均水平的 14.5 倍、私营企业收入为全国平均水平的 23.5 倍的人才会支付 45% 的边际税率,这是可以忽略不计的人数。

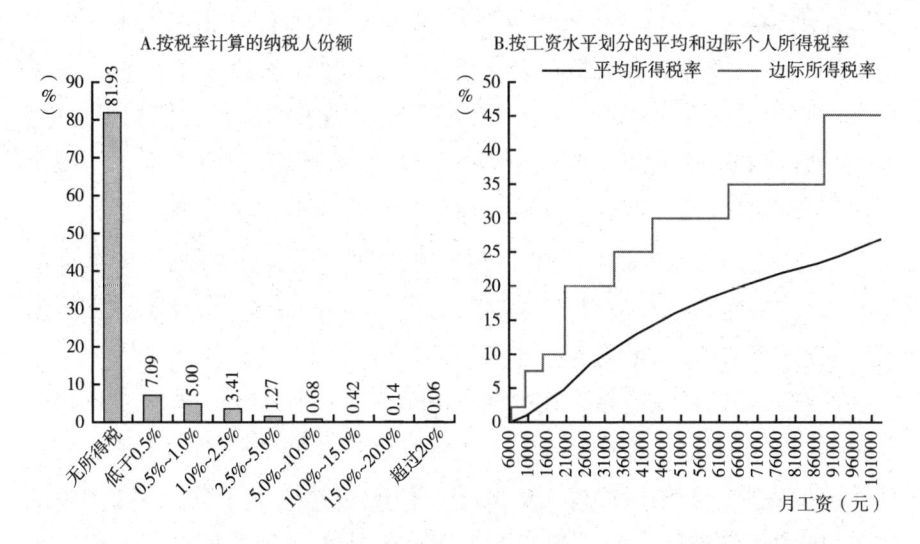

图 5　很少有人缴纳所得税,而且只有一小部分人缴纳最高边际税率

注:最新修订的个人所得税率被应用于一个家庭数据库"中国综合样本调查"(China Integrated Panel Survey),该数据库是研究收入分配的最合适的公开数据库。最新的数据是 2013 年的。

资料来源:样本 A:经合组织根据 2018 年 8 月 31 日中国第十三届全国人民代表大会常务委员会第五次会议通过的《中华人民共和国个人所得税法》和 2013 年中国综合项目调查(China Integrated Project Survey)数据库计算。样本 B:经合组织根据 2018 年 8 月 31 日第十三届全国人民代表大会常务委员会第五次会议通过的《中华人民共和国个人所得税法》计算。

自 2018 年 10 月起,个人所得税免征额上调(从 3500 元提高到 5000 元),低收入人群收入档次扩大,进一步降低了税基,从而减少了可用于再分配的资金。考虑到预防性储蓄动机仍然很高，此举对刺激消费（降息的初衷）的影响可能有限。个人所得税免征额的提高使得培养负责任的纳税人文化变得更加困难，因为现在缴纳所得税的人更少了。然而，对劳动收入的全面征税和每年计算税收债务是值得欢迎的举措。

图6描述了公共单位和私营企业、北京和成都的雇员，以及经合组织平均的和具有代表性的高税收国家德国和具有代表性的低税收国家韩国在不同收入水平上的税收和社会保障缴款情况。这些图除了显示平均所得税率和平均税收楔子外，还显示边际所得税率和个人平均净税率以及边际税率。

在经合组织国家，尽管有个税免征额，约占平均工资的2/3，但人们已经平均支付了11.5%的个人所得税（见图6.A）。相比之下，在中国，即使是收入达到全国城市公共单位或私营企业平均工资的人也不受个人所得税的约束（见图6.B）。在工资是全国平均水平两倍的情况下，中国只有公共单位的雇员缴纳所得税，平均仅为2%；而在经合组织个人所得税排名较低的韩国，这些人缴纳的税率为13%（见图6.D）。

在中国，私营企业雇员的个人所得税起征点仅为全国平均水平的250%，即使达到这个水平，所缴纳的个人所得税也不到1%。总的来说，只有1/5的收入最高人群才需缴纳所得税。

然而，应该承认的是，在中国，由于成本差异很大，地区工资差异也很大。在工资水平最高的北京，工资达全市公共单位平均水平2/3的公共单位雇员已缴纳所得税（0.3%），但工资达全国平均水平250%的职工只缴纳了7.3%。在成都这个工资并不特别高的大城市，人们开始以高于城市平均水平的工资水平缴纳个人所得税。

与经合组织国家相比，中国的所得税和社会保障缴款情况截然不同。虽然中国的平均或边际个人所得税率不但低于高个人所得税国家（如德国），而且低于低个人所得税国家（如韩国），但其平均税收楔子非常大，特别是在低收入群体，占平均收入的2/3，甚至高于德国。这与社会保障缴款的最低限额有关。然而，应该指出的是，在中国，该图仅分别指公共单位和私营企业的雇员，不包括农民和企业家。因此，实际利率大大低于法定利率。

A.税率为平均工资的67%

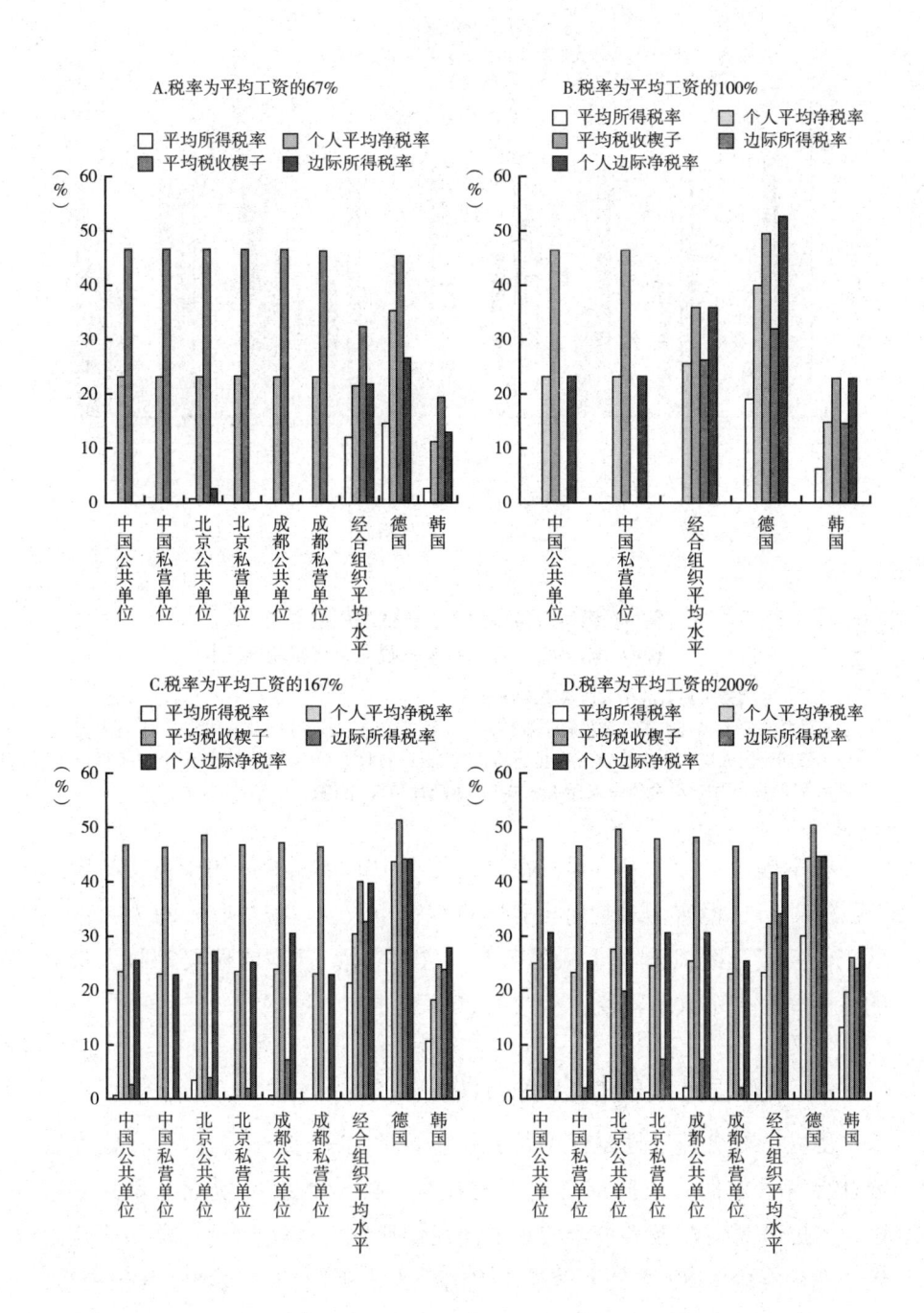

B.税率为平均工资的100%

C.税率为平均工资的167%

D.税率为平均工资的200%

E.税率为平均工资的250%

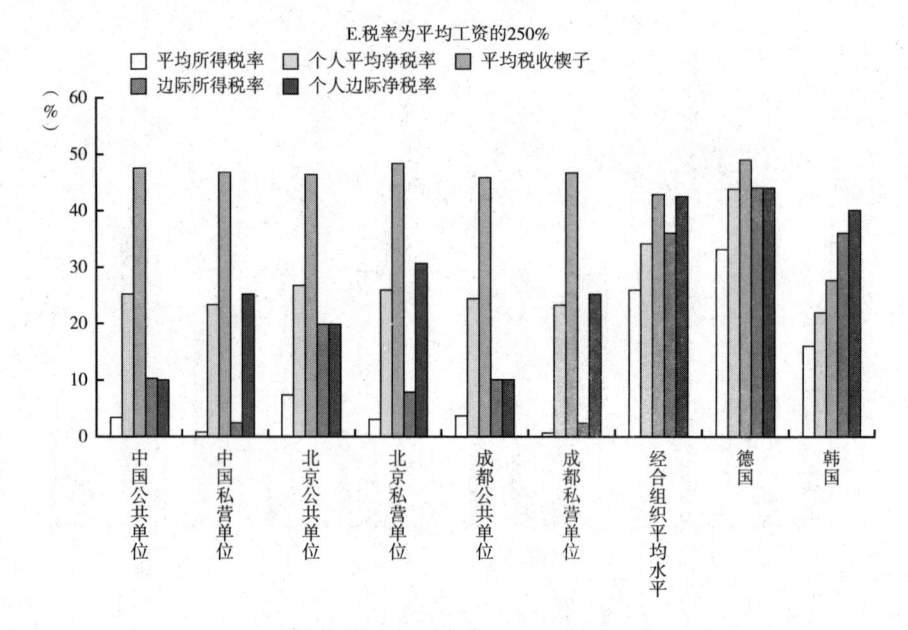

图6 缴纳所得税的人以很低的税率纳税
（2017年各收入阶层的单一收入者所得税概况）

注：根据最近修订的个人所得税率计算。
资料来源：经合组织国家税收工资数据库，以及经合组织根据2018年8月31日中国第十三届全国人民代表大会常务委员会第五次会议通过的《中华人民共和国个人所得税法》和2013年中国综合项目调查数据库和国家统计局数据计算。

在中国，尽管个人所得税在过去几年中的增长速度快于可支配收入（见图7.A），但它们对政府预算的贡献很小，仅占税收收入的7%左右，低于任何经合组织国家（见图7.B）。在美国、日本或瑞典等收入最高的一些国家，个人所得税占税收的30%或更多。

四 创造更大的社会流动性

更大的社会流动性是使增长更具包容性的一种方式，因为无论家庭或社会背景如何，人们都有更多的机会。经合组织的研究显示，在中国，家庭背景对学校教育至关重要。我们研究了中国包括大学和职业院校毕业生在内的80万名大学毕业生的个人水平数据。从家庭背景来看，农民工家庭毕业生在职业院校中所占比例高于普通高校，在普通高校中所占比例高于"211"高校（见表1）。这一比例相对稳定。与普通大学

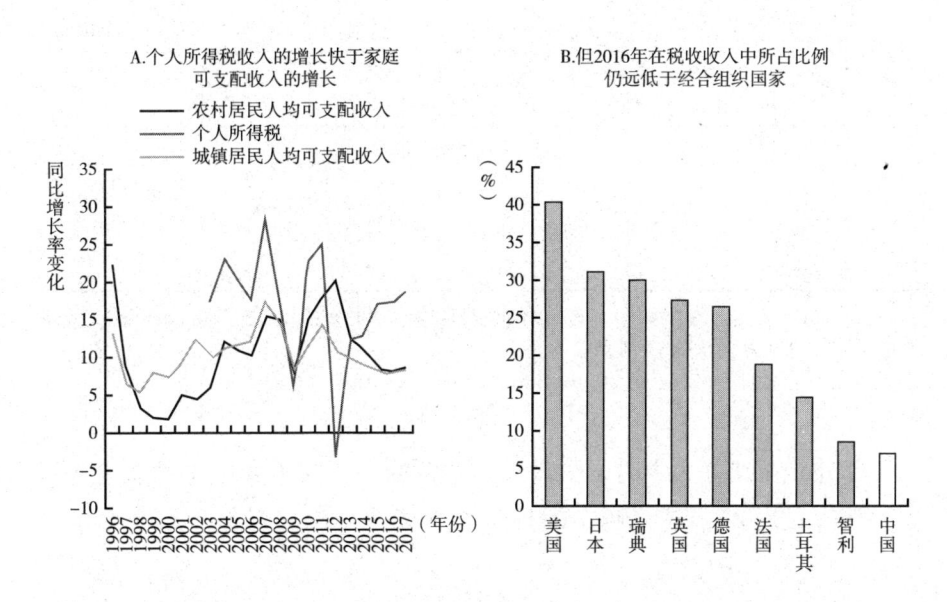

图7 个人所得税仍然是中国税收收入的一个很小的来源

资料来源：环亚经济数据有限公司（CEIC）和经合发组织收入统计数据库（OECD Revenue Statistics）。

或职业院校毕业生相比，工业和服务业工人子女在顶尖大学毕业生中的比例也有所下降。相比之下，顶尖大学的毕业生中，父母从事白领职业的比例更高。

表1 社会背景对学校教育很重要

单位：%

大学类型	工业和服务业工人	经理	农民和农民工	失业和退休	职业白领
2011届毕业生					
"211"大学	22	15	41	7	15
其他大学	24	14	42	8	12
职业院校	23	12	49	7	9
2012届毕业生					
"211"大学	22	17	39	6	16
其他大学	24	15	42	7	12
职业院校	23	12	50	7	8

续表

大学类型	工业和服务业工人	经理	农民和农民工	失业和退休	职业白领
2013 届毕业生					
"211"大学	21	16	41	5	17
其他大学	23	16	42	7	12
职业院校	23	11	50	8	8

注:"211"大学代表了约 100 所面向 21 世纪的顶尖人才培养院校,其余近 1000 所院校为非"211"大学。职业学院是高等职业院校。

资料来源:Molnar et al. (2015), based on MyCOS survey data。

此外,在选择大学时,受过大学教育的父母的子女更有可能进入顶尖大学(见表 2)。越来越多的顶尖大学毕业生的父母拥有研究生水平(硕士或更高)的教育。

表 2 家庭教育背景与进入顶尖大学间的关系(毕业生的比例)

单位:%

	家庭教育背景(父母)	"211"大学	其他大学	职业院校
2011 届毕业生	小学或更低	8	9	9
	初中	29	31	40
	高中	40	43	40
	本科学历	21	16	10
	硕士及以上学历	2	1	1
2012 届毕业生	小学或更低	8	9	9
	初中	29	34	40
	高中	35	39	39
	本科学历	25	17	11
	硕士及以上学历	3	1	1
2013 届毕业生	小学或更低	8	8	12
	初中	29	34	43
	高中	37	38	35
	本科学历	23	17	9
	硕士及以上学历	3	2	1

注:"211"大学代表了约 100 所面向 21 世纪的顶尖人才培养院校,其余近 1000 所院校为非"211"大学。职业学院是高等职业院校。

资料来源:Molnar et al. (2015), based on MyCOS survey data。

为了评估社会背景在解释工资差异方面的影响,将衡量大学毕业生(不论院校类型)工资不平等的泰尔指数分解为家庭内部和家庭之间的背景组成部分。只有 1.2% 的工资差异可以用社会背景的差异来解释。这说明,一旦人们克服了接受高等教育的障碍,家庭背景在决定工资方面就无关紧要,因此高等教育是社会向上流动的关键。

虽然家庭背景在解释工资差异时可能并不重要,正如将工资差异分解为背景内和背景间组成部分所展示的,但在收入分配的各个阶层中,家庭背景会如何变化,这一点值得研究。基于分位数回归技术的经验估计表明,父母的教育程度在工资分配的上端更为重要。这可能与未在公开竞争中公布的高工资工作以及获得好工作所需的联系有关。更好的就业咨询服务和更多有关高等院校潜在工作和雇主的信息,将有助于毕业生更好地定位和找到更好的工作。

五 总结

我们看到,在一些潜在的政策领域,改革可以让更多的人从增长中受益,让人们有更多的平等机会,也就是让增长更具包容性。这些政策领域绝不是详尽无遗的,只是为了说明可能进行的改革,以实现更大的包容性。

参考文献

Causa, O. and M. Hermansen (2017), "Income Redistribution Through Taxes and Transfers Across OECD Countries", *OECD Economics Department Working Papers*, No. 1453, OECD Publishing, Paris, http://dx.doi.org/10.1787/bc7569c6-en.

Causa, O., A. Vindics and O. Akgun (2018), "An Empirical Investigation on the Drivers of Redistribution Across OECD countries", *OECD Economics Department Working Papers*, No. 1488, OECD Publishing, Paris, https://doi.org/10.1787/18151973.

Li, S., M. Zhu and P. Zhan (2017), "Zhongguo Shehui Baozhang Zhidude Shouru Zaifenpeixiaoying", in Chinese, Redistributive effects of the social security system in China, *Shehui Baozhang Pinglun (Chinese Social Security Review)*, Vol. 1 (4).

Molnar, M., B. Wang and R. Gao (2015), "Assessing China's Skills Gap and Inequalities in Education," *OECD Economics Department Working Papers* 1220, OECD Publishing, Paris.

OECD (2018), *Going for Growth*. OECD Publishing, Paris.

OECD (2015), *OECD Economic Surveys：China*. OECD Publishing, Paris.

OECD (2017), *OECD Economic Surveys：China*. OECD Publishing, Paris.

OECD (2019), *OECD Economic Surveys：China, forthcoming*. OECD Publishing, Paris.

中国精准扶贫的互联网经验

曲 强

中国人民大学国际货币研究所研究员、所长助理

一 中国扶贫投入的历程与现状

从起步到当前扶贫攻坚阶段，中国扶贫取得了举世瞩目的巨大成就。而巨大成就背后，过去扶贫最主要是靠国家财政投入。自1980年中央财政设立第一笔专项扶贫资金，到2016年全国扶贫专项投入已超过1000亿元，其中2000~2014年中央财政专项扶贫资金年均增长11.6%。"十三五"期间扶贫专项资金投入将超过6000亿元。而其他各级政府与部门配套资金将达到数万亿元。这些资金主要用来支持：贫困地区综合治理、农技推广、交通改善、水利建设、能源建设、危房改造、贫困地区社会事业、生态建设以及异地扶贫搬迁等大型基础性政策。

但随着财政扶贫投入的逐年增加，减贫的速度却在放慢。20世纪80年代我国贫困人口每年减少1150万人，到90年代每年减少619万人，到现阶段由于解决贫困人口问题的难度明显加大，经济增长和一般性财政投入带动扶贫的效率在降低。随着传统投入边际效用的不断降低，中国开始思考引入新机制来支持扶贫发展。

二 互联网经济扶贫模式引入与发展

财政支持之后，银行、保险等传统机构以及小微信贷、农村互助基金等提供扶贫资金支持。为此国家出台了许多政策放开准入，扩大覆盖

范围，但依旧不足：农村资金外流无法解决。许多农村居民会将其储蓄转移到城市中，或者投资其他高利息产品。扶贫信贷风险大、利润低，削弱了可持续性。农村金融工作人员的专业能力有限，使得农村更多金融需求如保险、贷款、理财等难以满足。此外，农村信用体系建设落后，因为缺乏征信手段，只能看重抵押物与个人知识学历，这些是农民所缺乏的。资金来源虽多了，但难以保证信贷资金投放到真正有需要、有能力的人手中，并同时降低农民负担。

（一）互联网经济发展的背景

正因为存在上述问题，互联网金融慢慢开始进入扶贫领域。对现有"三农"金融体系形成重要补充。中国互联网发展快速，互联网商业形态已具备了给农村扶贫带来改变的基本条件。

首先，互联网基本条件已经具备。互联网在中国正在以前所未有的速度普及并在经济与生产的各个方面被广泛应用。截至2017年，中国网民规模整体已达8亿，互联网普及率达到52%。移动网络设备降低了上网门槛，使互联网和网络经济向广大农村地区普及。

同时，电商、网上理财与支付也快速发展。互联网理财综合渗透率已高达49%。截至2017年，中国网上支付的用户超过5亿人。手机支付比例达至64.7%。其中农村网上支付用户规模超亿人，农村网民网上支付使用率也接近40%。更重要的是，中国政府支持电子商务与互联网金融发展。

（二）互联网扶贫模式的优势

1. 互联网可以通过广泛连接，吸引社会闲余资金，通过市场化风险定价，引导资金投向农村。"三农"扶贫是高风险高回报的。世界银行研究指出，世界上农户和微型企业的年均投资回报率可以达到117%~847%。但由于该市场的分散性与不均匀性，风控成本高，绝对收益低，无法吸引大资金集中进入。

2. 互联网可通过大数据多维建模，甄别出具有真实借贷意愿和还款能力的客户，降低贷款风险成本，并通过市场化利益分配，覆盖风险。

尤其是电商互联网企业,在农村发展电商的同时,向其平台上的电商商家提供定向贷款,将造血和输血相结合。

3. 另一隐含优势是,互联网与传统产业不同,其扩大规模的边际成本会越来越小,体量越大越能通过大数法则降低风险发生的损失,与保险的原理一样。因此互联网投资扶贫,可允许更大前期试错,直至体量足够大后覆盖损失。

相比之下,一些传统机构虽进行精确投放,但风控的成本非常高,此外这些机构的制度设计决定了其可以容忍损失程度很小。小贷与农村互助基金等机构,虽然在了解贷款户实际信息等方面具有成本优势,但由于通常只服务某一个地区,因而可获取的资金体量小(主要靠自有资金),客户资源和数据来源也较有限,因而无法通过大金融、大数据来降低成本。

(三) 互联网经济扶贫的模式

在中国,互联网经济助力扶贫根据其业务特点,有如下几种模式。

1. 线下与线上结合的网贷模式

与普通网贷不同,农民缺乏信用和社交等相关数据,单纯靠传统大数据风控,很难了解真实情况。为此,很多"三农"网贷企业的解决方案是,线下风控与线上数据相结合的方式,先通过线下调查勘察、收集贷款人的真实信息,积累了一定程度足够多的数据后,建立大数据多因子风控模型,将风控重点转移到线上。

线下收集信息进行风控,信息真实性较好,但最大问题在于成本高。每笔涉农贷款的金额都小,一贷一查的话无法通过规模降低成本。为此,网贷企业普遍采取招募地区合作者的办法,使其成为自己当地的运营和风控节点。合作商由各地基层有一定名望和教育程度的人担任,生长工作于此,熟悉当地情况,因此获取真实信息的成本比外来金融机构要低很多。通过这一设计,解决投放的成本问题。同时,要求合作商自己先拿出一部分加盟资金作为每笔贷款的风险拨备,为贷款担保。但会将每笔贷款收益的80%给予合作商作为激励。由于农村地区过去起步较晚,农村地区的信用数据缺乏,无法满足风控建模的要求。需要先线下收集，对数据做标准化处理，才可以完善农村地区信用数据基础设施，为未来利用线上风控做准备。依靠大数据风控，准确性更高，更适合于缺乏实体抵押物的农民，可真正在成本与风险中实现平衡，解决好贷款人抵押负担的问题。

这一设计明确了合作商的权属与激励机制，即获益权（正向激励）与风控义务（负向激励），使其能有更大的动力去核实信息真实性，并保证贷款收回。翼龙贷、江西"三农"网、安徽沐金农、湖北"襄金所"等属于此模式。

2. 电商扶贫模式

电商平台基于自身平台数据而建立，"电商＋互贷款"模式是另一大方向。尤其是近年来，一些中国领导型电商开始进入扶贫领域，如：阿里、京东等推广农村电商在基层建立电商销售、体验、物流节点等。

电商企业通过其网络发布和物流网络，支持农村农户在上面开设网店，销售当地特产，帮助农民增收。中国城乡发展存在着较大不平衡，无论从渠道还是基础设施上，农村发展依旧落后。农民的销售往往要依托菜贩子、农贸市场、超市等多种渠道。收入的大部分往往到不了农民手中。而农民却要承担成本、售价、天气等各方面波动可能产生的损失。电商的出现让农民有机会直接把产品送到终端消费者手中，突破渠道和物流的限制，获得主要收益。这成为近年边远地区脱贫的一种新方式。

电商模式的推广，使得农村移动支付与金融服务也随之下乡。同时淘宝、京东等有机会获得海量的农村中小商户交易数据，从而可以掌握农村商户的行为模式、现金流和风险，因此可以直接通过其农村电商大数据来设计网络小额信贷产品。阿里旺农贷、京东白条等产品目前已经覆盖了全国17个省区市65个县的近千村庄。它们与传统城市电商小贷不同，而是线下调查与线上大数据相结合，建设县级服务中心，招募乡村推广员进行线下布局。其本质是以农村电商促农村金融，再以金融服务带动其电商发展，帮助农户解决采购、生产、加工、销售等环节融资难的问题。近年来这种做法取得了较好的成效。

3. 基于供应链的"三农"金融

主要由对供应链上下游都具有掌控能力的涉农企业发起，形成了基于供应链的互联网金融模式。面对风控问题，这些企业另辟蹊径，由直接向农户或小生产者直接贷款，转而为农业产业链各环节提供支持。比如，相对于支持单个农户，这些服务商选择为规模更大、透明性更好、稳定性更强的农资、农具生产、服务商或批发市场等环节提供融资。

如 2015 年新希望集团推出"三农"金融平台，对传统农牧业采购、加工等产业链提供服务。农药龙头企业诺普信的农泰金融也采用小额分散的贷款模式，为产业链各农资供应商提供贷款，其标额相对较大。深圳海吉星金融网，依托其旗下农产品批发市场，为农批市场商户及上下游商户提供获得业务经营所需资金。

从整体上看，基于供应链的互联网金融平台，通过瞄准链上熟悉环节、专门服务规模企业等方式，一定程度解决了信贷成本、资金安全问题。但其服务也被产业链本身所限制，适用范围有限，不直接惠及一般农户。

4. 农业众筹或类众筹模式

这也是中国互联网助农的新尝试。近几年发展很快，但规模仍小。2015 年全国仅有 2 家专业的众筹平台从事农业众筹。许多农业众筹项目还处于起步阶段。一些曾受关注的农业平台，纷纷宣布关闭。农业生产风险大，后续服务缺乏，诚信难以保证等都是问题。

整体看，在目前社会信任机制下该模式难以快速复制。但它有利于避免小范围耕地浪费，能促进集体土地多种经营，还能够带动当地旅游、餐饮等关联产业的发展，增加当地就业和收入，并满足城市消费者对个性化农产品的需求，今后将有发展潜力。

5. 公益"三农"模式

将互联网与公益结合扶贫助农的，有宜信的宜农贷。通过宜农贷平台，爱心出借人可以直接一对一地将富余资金出借给贫困贷款农户。公益助农有一定成果，但对项目可持续性、透明性以及对社会诚信有较高要求，现阶段小范围可行，推广难度依然较大。

该模式往往与当地农村小额信贷机构合作，通过小额信贷机构获得受助农户信息，发放善款，同时采用国际通行的"五户联保"等风险防范机制。本质上，是通过小额信贷机构代替其行使风控功能。由于其慈善属性,这暂时不是主流的农业扶贫模式。

对于农村数字鸿沟问题,所有互联网企业和民间组织大都采用了"代理人"模式。无论是网贷模式中的本地加盟商,还是电商模式中的村级实体网点,工作人员往往都是当地招募的,既了解当地情况,也懂得互联网、金融及电商知识。经相关培训,他们事实上承担:信用审核、代操作、知识普及等功能,成为普通农村居民和互联网企业之间的桥梁,成为一种适合发展中国家或落后地区的过渡型解决方案。

(四)互联扶贫助农的潜在风险

1. 法律层面,互联网商业扶贫具有制度不确定性。经营环境不可控,监管职责界限尚不清晰。债务纠纷、借款挪用的责任难于确定,高风险要求高利率补偿,这样的高利率是否具有足够合法性,这些都需要法制的完善。

2. 市场与经营上,"三农"整体依旧风险高、回报低。我国城乡二元体制结构下,农村长期落后,资金、信用、基础设施薄弱等问题短期内都难以解决。微观上,平台网络的技术能力风险比传统金融风险更严重。操作失误、交易程序故障、黑客攻击都会造成致命风险。经营上,互联网业务往往是面向全国的,一旦风控能力较差,大量异地的坏账难以进行控制和催收处置。

3. 市场环境,缺乏成熟的征信和信用体系,这需要机构自身从零开始建设。农户和企业缺乏信用意识和金融知识,需企业自己进行客户教育。市场上缺乏现成有效的风控机制,需企业自行研究创新。此外,农村金融市场不成熟,缺乏规避风险的手段,无法使用成熟市场中常见的期货、期权等对冲工具。

4. 从社会道德看,互联网上缺乏现实生活的监督手段,借款人、从业人甚至二者合谋骗取平台或大众投资的事情并不鲜见。由于法律监管和技术制约不足,现有道德水平难防此类事情发生。

三 未来建议

互联网商业金融助农扶贫当前仍处早期阶段,但潜力很大。未来仍需政府及社会共同支持。

1. 法律制度上需更多保障。我国现缺乏相关法律框架和顶层设计，尤其针对互联网商业扶贫仍有很多空白。其法律地位如何明确，其市场性、普惠性的顶层设计和阐释，相关的监管设计等，都亟待立法解决。

2. 协调建立统一征信数据库。互联网的优势，是能高效筹集海量资金，实现大数据精准扶贫和有效风控，不过信用数据库是其最核心的基础设施。但现阶段，无论是各政府部门、商业企业等，都各自为战建设自身数据库，这样抬高了整个行业和社会的成本。因此，当下亟须有关部门出台相关政策，建立一个统一开放的数据库，作为一种公共服务提供给所有利益攸关方。

3. 政府应给予更多政策帮扶。助农互联网企业的经营风险大，但因为其扶贫属性，不能完全通过抵押或高利率来弥补风险。因此需要一个范围广、多层次的风险分担机制。如，政府可考虑用有限的财政资金作担保，撬动更大的社会资金扶贫，降低各方的风险。过去政府资金直接投入扶贫，低效且不可持续，"单打独斗"，杠杆效应小。将财政资金作为一种保证金，为互联网商业助农的损失提供拨备，或将财政资金与互联网资金结合，构造结构性贷款产品，如 CDO、ABS 等，这样既可提高政府资金使用效率，又可以引导社会资本参与扶贫。

4. 进一步培育市场，鼓励创新。由于农业经济的复杂性，除政府支持，更需发挥市场本身的力量，加强市场抗风险和可持续发展的能力。第一，应当发展期货、期权、保险等金融工具，完善市场的风险对冲手段。第二，应当探索合理放开"三农"领域的土地承包经营权的抵押限制，增强农民获得金融资源的能力。第三，应不断开发适合"三农"的新型金融产品。

5. 要加大宣传和教育力度，完善消费者保护。当前许多打着互联网旗号的非法集资、传销等违法行为，欺骗侵害消费者利益。这些都需对消费者长期宣传教育，并完善相关的法律机制进行保护。

四　总结

互联网产业近 20 年来，在中国高速发展，一方面创造了商业奇迹，另一方面也开始与扶贫助农相结合,成为中国精准扶贫的新尝试、新经验。

中国扶贫现已进入攻坚冲刺期,未来两年通过各项措施帮助余下的3000万左右绝对贫困人口脱贫,实现全面小康。这些贫困人口往往零星分布在山区、边远地区,要做到精准高效,难度大成本高。这要求我们必须有更先进的支持模式。互联网作为当下最先进的技术与产业理念,可以让贫困人口由参与市场变为建设市场、设定规则,由追求现金盈利变为利用互联网、金融工具和资本市场来创造"三农"新价值。只有不断用先进技术和理念去改造传统产业,才能不断发现新模式、新思路,才能更好贡献于全人类扶贫事业。

柬埔寨新时代的减贫

宋春奔（Sum Chhum Bun）

柬埔寨皇家科学院副院长、柬埔寨亚洲研究中心主任

一 柬埔寨近代经济史

目前柬埔寨经济遵循一种开放的市场制度（市场经济），在过去10年经济发展迅速。2015年，柬埔寨的国内生产总值为180.5亿美元。人均收入虽然增长迅速，但与大多数邻国相比仍较低。柬埔寨最大的两个产业是纺织业和旅游业，而农业活动仍然是居住在农村地区的许多柬埔寨人的主要收入来源。服务业主要集中在贸易活动和餐饮服务方面。最近，柬埔寨报告称在近海发现了石油和天然气。

1995年，柬埔寨国内生产总值为29.2亿美元的规模，柬埔寨政府决定将经济体制从计划经济转变为目前的市场经济。之后，柬埔寨经济增长率约7%，而通货膨胀率从1994年的26%下降到1995年的6%。由于外国援助的涌入，进口有所增加，出口（特别是该国服装业的出口）也有所增加。在经济表现持续改善4年后，由于地区经济危机、内乱和政治内讧，柬埔寨经济在1997~1998年间放缓。在此期间，外国投资有所下降。此外，1998年主要农作物收成受到干旱的影响。但在1999年，也就是30年来第一个全年相对和平的年份，经济改革取得了进展，经济增长率恢复到了4%。

目前，柬埔寨的外交政策侧重于与邻国（如泰国和越南）建立友好边界，以及融入区域（东盟）和全球（世界贸易组织）贸易体系。这

个新兴经济体面临的一些障碍是需要更好的教育体系和缺乏熟练的劳动力；特别是在贫困的农村，那里的基础设施不足。尽管如此，鉴于其低工资、丰富的劳动力、接近亚洲的原材料，以及优惠的税收待遇，柬埔寨仍然吸引着投资者。

2007年，柬埔寨国内生产总值增长18.6%，服装出口增长近8%，而游客人数增长近35%。随着出口下降，2007年国内生产总值的增长主要由消费和投资推动。外国直接投资（FDI）达6亿美元（占国内生产总值的7%），略高于该国获得的政府间援助。主要由私营部门推动的国内投资占国内生产总值的23.4%。出口增长，尤其是对美国的出口增长，在2007年末开始放缓，与此同时，来自越南的竞争加剧，风险不断显现（美国经济放缓，以及取消对中国出口的保障措施等）。美国公司是柬埔寨第5大投资者，在1997~2007年间投资超过12亿美元。

柬埔寨在过去10年中经历了强劲的经济增长；2000~2010年，国内生产总值年平均增长率超过8%，自2011年以来约为7%。其中，旅游业、服装业、建筑业、房地产业和农业部门的增长最为显著。约有60万人受雇于服装和鞋类行业，其中大多数为女性。另有50万柬埔寨人从事旅游业，50万人从事建筑业。自2007年以来，旅游业继续快速增长，外国游客每年超过200万人次，2014年达到约450万人次。采矿业也吸引了一些投资者，政府还在宣传铝土矿、金、铁和宝石的开采机会。

柬埔寨仍然是亚洲最贫困的国家之一，其长期经济发展仍然面临艰巨挑战，受到地方腐败、人力资源有限、收入高度不平等和就业前景不佳等因素的制约。截至2012年，约有266万人每天生活费不足1.2美元，37%的5岁以下儿童长期营养不良。超过50%的人口年龄在25岁以下。国民缺乏教育和生产技能，特别在贫困的农村，缺乏基本的基础设施。

由于过去几年经济持续快速增长，世界银行于2016年正式将柬埔寨重新划分为中低收入国家。柬埔寨脱离低收入国家行列将使其失去外国援助的资格，并使柬政府难以找到新的融资渠道。柬埔寨政府一直在与包括亚洲开发银行、世界银行和国际货币基金组织在内的双边和多边捐助者合作，以满足该国的许多迫切需求；柬政府预算的30%以上来自援助。未来10年，柬埔寨面临的一个重大经济挑战将是形成一种经济环境，使私营部门可以创造足够多的就业机会来解决其失业问题。2017年，纺织品出口占柬埔寨出口总额的68%，在过去几年中纺织品出口在很大程度上推动了柬埔寨的经济增长。纺织行业依赖对美国和欧盟的出口，柬埔寨对其纺织生产相对优势的依赖是该国经济的一个核心弱点，尤其是因为自2011年以来，柬埔寨的经常账户赤字一直维持在其国内生产总值的9%左右。

二 柬埔寨的贫困现状

由于历史原因，很大一部分人低于使他们摆脱贫困所需的商品和服务的最低消费水平。然而，1993年和2004年调查所覆盖的全国56%地区的贫困水平（11个百分点，从39%下降到28%）已迅速下降。2004年，90%的贫困人口生活在农村地区，而在贫困人口中，接近贫困线的人口比例更大。对农村地区投入更多有针对性的关注将对降低贫困水平产生直接和重大的影响。

自1993年以来，柬埔寨的贫困水平在当时进行调查的那些地区有显著下降。这种下降主要源自广泛的经济增长。最新的调查结果表明，柬埔寨仍存在贫困问题，需要集中注意力并采取有针对性的行动，以实现减贫方面的千年发展目标（MDGs）。现在需要进行适当的指导，有效地利用资源，最大化维护弱势群体和被剥夺者的利益，使他们成为主流。

1. 贫困线

柬埔寨政府根据家庭消费数据估算了贫困发生率。在国家减贫战略（NPRS）中，粮食贫困线是根据粮食"消费篮子"估计的，最低生存营养需求量为2100千卡。还确定了考虑非粮食消费和粮食消费的绝对贫困线。以计算最低消费水平的"粮食篮子"是根据柬埔寨社会经济调查（CSES）1993/1994年的数据编制的。

绝对贫困线 = 粮食贫困线(最低粮食消费) + 最低非粮食消费

为了观察贫困伴随时间的变化，有必要通过改变"消费篮子"的价格和空间价格差异来调整贫困线。经2007年价格调整后，金边的贫困线为每人每天3092里尔（0.76美元），其他城市地区为2704里尔（0.66美元），农村地区为2367里尔（0.57美元）。

表1 柬埔寨历年贫困线标准调整

单位：换算成当前人均每日里尔

地区	1993/1994年			2004年*			2007年*		
	粮食贫困线(a)	非粮食消费(b)	绝对贫困线(c)=(a)+(b)	粮食贫困线(a)	非粮食消费(b)	绝对贫困线(c)=(a)+(b)	粮食贫困线(a)	非粮食消费(b)	绝对贫困线(c)=(a)+(b)
金边	1185	393	1578	1782	569	2351	2445	647	3092
其他城市	996	269	1265	1568	384	1952	2274	430	2704
农村	882	236	1118	1389	364	1753	1965	402	2367

注：* 按年平均价格估算。
资料来源：World Bank（2009），"Poverty Profile and Trends in Cambodia," p. 7, Table 12。

2. 国家一级和各区域的贫困趋势

由于样本量和方法的不同，对在不同年份进行的柬埔寨社会经济调查所做的贫困估计数进行比较是有局限的。然而，尽管对该国实际贫困水平进行了一些讨论，但这些贫困估计数还是显示了贫困的总趋势。据表2，1993/1994~2007年，国家一级的绝对贫困人口比率（以下简称"贫困发生率"）从39%下降到30%。在金边，生活在贫困线以下的人口在2007年下降到不足1%。在其他城市地区，贫困发生率也从约37%下降到约22%。农村的贫困发生率由同期的约43%下降到约35%。

另外，从2004年到2007年，该国粮食贫困的减少似乎有限，仅从2004年的约19.7%下降到了2007年的约18.0%。2007年，金边的粮食贫困率降至0.1%的可忽略水平。在其他城市地区，粮食贫困发生率为13%~14%。在农村地区，生活在粮食贫困线以下的人口约占20%。

表2 按区域划分的贫困发生率估计数

地区	1993年	1997年	1999年	2004年	2007年
贫困人口贫困线					
金边	11.4	11.1	9.7	4.6	0.83
其他城市	36.6	29.9	24.73	24.73	21.85
农村	43.1	40.1	40.1	39.18	34.7
柬埔寨	39	36.1	35.9	34.68	30.14
粮食贫困线					
金边	-	-	-	2.55	0.11
其他城市	-	-	-	14.15	12.73
农村	-	-	-	22.23	20.78
柬埔寨	-	-	-	19.68	17.98

资料来源：World Bank（2009），"Poverty Profile and Trends in Cambodia," p. 28, Table 11。

在巩固和发展过去成就的基础上，柬埔寨王国政府致力于通过矩形战略在2015年前实现以人类发展为导向的千年发展目标，遵循王国政府的三角战略，精心策划对优先领域及其投资和增长的关注。无论是在地理上还是在富人和穷人之间，社会和经济增长应是公平的，机会和福利应是所有人都能负担得起和可获得的，我们将利用稀缺资源，最大限度地造福全体柬埔寨人，特别是穷人，而不是把公共部门的投资留给其他人来选择。

柬埔寨经济在过去几年中经历了强劲增长。旅游业、服装业、建筑业、房地产业和农业部门是这一增长的主要贡献者。然而，该国在解决阻碍发展和加剧贫困的问题方面仍然面临许多挑战。国际社会和非政府组织继续帮助柬埔寨满足其诸多迫切需要，柬埔寨预算的30%来自外国援助。

柬埔寨在2008年的经济危机中遭受重创，其主要的经济部门服装业对美国和欧洲的出口下降了23%。结果，6万名工人失业。然而，在2009年第4季度和2010年初，情况开始好转，柬埔寨经济开始复苏。2012年前11个月，柬埔寨对美出口额达到24.9亿美元，同比增长1%。

同期，从美进口商品增长了26%，达到2.13亿美元。凸显柬埔寨经济潜力的另一个因素是，该国贫困率最近下降了一半，目前贫困率为20.5%，这意味着约有280万人还生活在贫困线以下。

三 柬埔寨政府减贫战略

1996~2000年第一个社会经济发展计划（SEDP）规定了5年中期目标。2001~2005年，第二个社会经济发展计划出台。1996~1998年，为期3年的滚动式公共投资计划（PIP）开始，且已编制好连续的公共投资计划，以更详细地说明公共部门的投资和项目建议。年度预算将与公共投资计划保持一致。2002年柬政府通过了国家减贫战略。为进一步落实2000年联合国千年首脑会议发表的《千年宣言》，2003年柬埔寨通过一个密集和包容的协商进程制定了一套柬埔寨千年发展目标（CMDGs）。柬埔寨王国政府（RGC）从2004年开始第三届任期，其第一个重大决定是通过一项全面的矩形战略，解决治理和社会经济发展问题。

柬埔寨王国政府目前正在拟订其可持续经济增长和减贫中期战略。作为这个过程的一部分，在亚洲开发银行的支持下，柬埔寨王国政府已向世界银行和货币基金组织提交了《临时减贫战略文件》（I-PRSP），该文件对参与性贫穷评估的结果做出了回应，并正在最后确定第二阶段社会经济发展计划（SEDP-II）。虽然减贫战略的主要内容正在浮出水面，但柬埔寨宏观经济政策与减贫之间的具体关系仍然很脆弱。本研究试图结合柬埔寨宏观经济结构模型，对经济政策的减贫效果进行评估，该模型涉及了由财政收支倡议、国际贸易、跨境投资和国际资本流动推动的减贫政策。

柬埔寨王国政府已决定，现在应该将工作重点放在未来5年的优先事项和必须实现的战略目标上，并采取重要的战略和行动，以有选择、有说服力和连贯一致的方式利用稀缺资源，达到最高成效。因此，2006~2010年国家战略发展计划（NSDP）包含了柬埔寨王国的优先目标和迅速减贫的战略，以及其他柬埔寨千年发展目标和社会经济发展目标，以造福全体柬埔寨人民。该发展计划结合了柬埔寨国家减贫战略（NPRS）

和柬埔寨千年发展目标,并将实现这些目标作为优先事项,旨在使不同部门的战略和规划周期符合总体的长期发展愿景,并指导外国发展伙伴(EDPs)协调其努力,实现比当前更好的援助效益和更高的"净资源"转移率。柬埔寨的国家战略发展计划实施了"矩形战略"(Rectangular Strategy),以实现其预期目标。

柬埔寨国家战略发展计划(2006~2010年)是根据柬埔寨王国政府的全面矩形战略制定的,综合了柬埔寨千年发展目标、国家减贫战略、国家人口政策等各项政策文件,并在各利益攸关方之间进行了广泛磋商。它为实现千年发展目标中增长、就业、公平和效率提供了框架和指南,并为未来的公平发展、支持穷人和农村地区的发展提供了指导。这将使柬埔寨走上一条有保障且可持续的增长道路。该发展计划列出了未来五年的愿景、目标、战略和优先行动,并基于优先程度向不同部门做出均衡、现实可行的拨款。这一发展计划的实施将受到密切和定期的监测,以便每年做出调整。柬埔寨政府认识到,必须通过深思熟虑的改革来建立和强化适当的管理机构及程序,以确保可持续发展,这一点至关重要。

毫无疑问,在过去十多年里,柬政府在各方面都取得了进展,尤其在内政方面出现了显著的积极变化。主要亮点有:

- 国内和平与安全程度大幅恢复并提升;
- 民主在国家和地方两级扎根;
- 依法治国和社会秩序建设取得重大进展;
- 个人自由和言论自由大幅增强;
- 宏观经济平稳较快发展;
- 财政纪律和管理稳步加强并得到完善;
- 柬埔寨融入地区和世界的步伐加快;
- 贫困水平显著降低;
- 各项社会发展指标得到重大改善,如扩大小学教育,降低婴儿和五岁以下儿童的死亡率,显著减少传染病、艾滋病,提高城市用水安全和完善农村地区卫生设施,减少许多领域的性别差异等。

不过,目前取得的进展还掩盖了以下几个重要方面,需要通过国家战略发展计划解决：

－贫困人口占总人口比重为34.7%，在农村地区这一比例更高。

－经济增长和其他所有的进步并不一定是因为高度关注而促成的（尽管政府制定的积极和进步的宏观经济与社会政策所创造的有利条件发挥了重要作用），而是由于投资或支出促成的（虽然这些投资或支出额度不高或目的不明确，但却促进了柬埔寨从零开始实现增长）。因此，现在应该以更加积极的方式引导增长。

－柬埔寨经济增长一直存在部门间不平衡的问题，因此很容易受到外部冲击。这种增长必须不断扩大和深化，才能长期保持下去。

－从空间角度讲，柬埔寨经济增长主要以城市为基础，这凸显出未来应该对农村予以更大的关注。

－治理层面的改革没有取得应有的进展。

柬埔寨采用了"绝对贫困线"这一定义。2013年，柬埔寨规划部（MOP）出台了新的贫困线标准。对贫困线的修正包括（i）根据每人每天2200卡路里计算的粮食贫困线（从2100卡路里增至2200卡路里）；（ii）金边、其他城市和农村地区的非粮食贫困标准单独制定。贫困线是根据柬埔寨社会经济调查（CSES）计算得出的，最新数据来自2009年的柬埔寨社会经济调查。柬埔寨全国贫困率已实现大幅下降，2012年达至18.9%。减贫的关键原因包括贫困人口向贫困线以上流动、大米价格和产量上涨以及对农村基础设施的投资。展望未来，由于贫困人口易受冲击、未来大米价格上涨的可能性较低以及教育水平较低，要实现进一步的减贫率将会是一项挑战。

国家战略发展计划（2014~2018年）提出了以下社会保障建议：

社会保障：扩大国家社会保障战略（NSPS）——对穷人和弱势群体予以社会保护、实施现金转移支付（与孕妇保健和儿童保健/教育相关）、开展公共工程（创造就业）、加强营养（用微量元素提升食物营养水平）、设立医疗公平基金、提供学校膳食和奖学金等。

八项福利计划：社会福利和家庭福利、儿童福利及青少年自新、残疾人士福利、老年人福利、为前国家公务员提供服务、为退伍老兵提供服务、全民社会保障、建设制度能力并加强伙伴关系等。

四 柬埔寨减贫进展

1. 问题

1993年《和平条约》签署后不久,柬埔寨就走上了经济发展的道路,并在新的千禧年加快了发展步伐。柬埔寨是冲突后从低收入农业国家成功转型,实现了显著经济增长的国家之一,目前柬埔寨已经接近摆脱"最不发达国家"的地位,大多数千年发展目标也已经取得了重大进展。然而,柬埔寨政府认为其不应对当前的成就感到自满,正如国家战略发展计划(2014~2018年)所述,柬埔寨将继续实施改善人民生活的经济和社会政策。鉴于当前全球对不平等加剧的关注,柬埔寨也将努力解决这一问题。

大部分上述柬埔寨千年发展目标(CMDG 1)已经得到实现,下一节将对此进行说明。本文不会对柬埔寨千年发展目标进行评估,这是柬埔寨政府规划部的工作。本文的内容是关于促进减贫,并最终消除贫困。实现千年发展目标只是不断追求人类福祉之路上的一个目标,为了造福人类,所有目标都必须如期实现。

本文的研究重点是扶贫。关注扶贫基于以下前提:
- 扶贫和减少不平等是经济发展的必然要求;
- 扶贫和减少不平等是社会需要;
- 扶贫和减少不平等是政治需要;
- 扶贫和减少不平等对实现可持续发展至关重要。

首先,最重要的是,必须记住国家贫困率是根据一种方法确定的,该方法根据满足基本需要(即每个成年人每天消耗的粮食少于2200卡路里)的现金数额划定了贫困线。大多数人都同意这一标准,这是一个非常有限的最低标准,也是目前作为中等收入国家的柬埔寨应该寻求在短期内消除的一种贫困形式。然而,还存在这样一种情况,即为减贫提供动力的、充满活力且快速的经济增长在帮助极度贫困的人民方面效果较差,这些极度贫困的人口往往生活在边远地区或社会边缘,这意味着消除他们的贫困需要采取专门的行动和倡议。

其次,虽然柬埔寨在减少贫困人口方面做得非常出色,但仍有太多人生活在贫困线以下。2014年柬埔寨社会经济调查显示，柬埔寨逾50%的人口（尽管并不贫困）非常容易陷入贫困，而且20%的收入冲击将会使贫困人口比例增加一倍。在当今这个不确定、高度相互关联和相互依存的世界上，一场严重的环境事件或全球经济衰退可能会使数十年的减贫努力付诸东流。因此，建立非贫困家庭的反贫困能力同样至关重要。

最后，虽然我们一直都知道贫困不仅仅关乎收入，但直至最近几年，我们才有了从多个层面衡量贫困的工具。牛津大学贫困与人类发展研究所利用反映教育、健康和生活水平的多维贫困指数（MPI）工具包进行的分析发现，2014年，柬埔寨约33%的贫困人口是多维贫困人口。这远远高于以收入为基础的衡量标准，他们的分析还表明，柬埔寨减贫速度要慢得多。

所有这些对政策制定者来说都是一项更加艰巨的任务。它要求政府、发展伙伴和其他利益攸关方同时应对这三个不同但又相互关联的贫困挑战：第一，通过有针对性的地区和基于群体的干预，完成消除极度贫困的最后一英里；第二，通过完善社会保障以及确保人们有机会通过进入充满活力的劳动力市场实现个人成就，从而增强新兴中低收入群体抵御风险的能力；第三，可能也是最具挑战性的是，从多个层面解决贫困问题。为此，一个良好的起点将是设计并采用一个符合柬埔寨需要的多维贫困指数框架，并在此基础上开展工作，改善关键公共服务的可及性和质量。

2. 贫困总体趋势

根据柬埔寨社会经济调查数据计算的贫困率趋势表明，柬埔寨制定的在20世纪90年代初至2015年间将处于贫困线以下的人口比例减半（即把人口贫困率降至约19.5%）的目标已经在2012年得以实现，尽管自2012年以来柬埔寨划定了更加严格的贫困线。2012年柬埔寨贫困率为18.9%。这是一项明确的成就（见图1）。

农村贫困率从2007年的53.2%稳步下降到2012年的20%；2008年和2009年大幅下降，此后逐渐下降。这与总体趋势相似。正如所料，75%的人口一直居住在农村地区。其他城市地区的贫困率也有类似的下

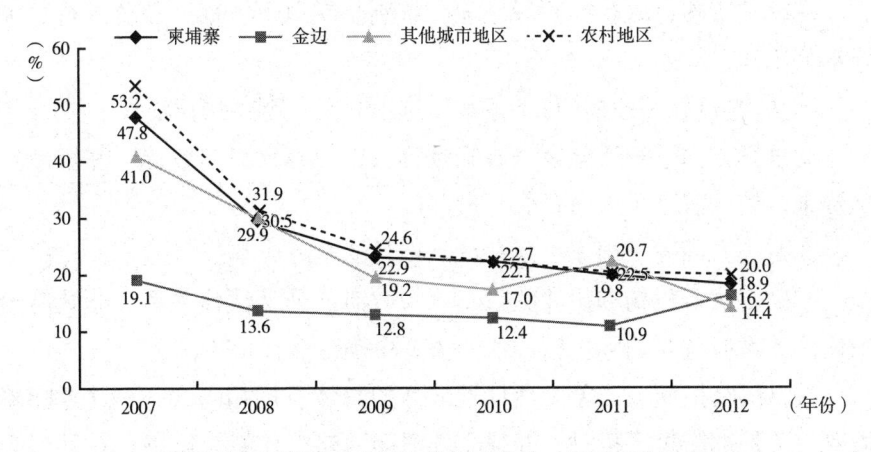

图1 按区域划分的柬埔寨贫困率趋势（2007～2012年）

资料来源：根据柬埔寨社会经济调查数据计算。

降，不过2011年出现了一些调整，但2012年得到纠正。2011年之前，金边的贫困率一直在逐步下降，但2012年出现了小幅调整。这些数据表明，贫困率下降的趋势得益于农村地区人民生活水平的显著改善。与此同时，城市贫困现象不能再受到忽视。

五 结论

减贫以及最终消除贫困将需要采取一种推动工人从低生产率转向高生产率的经济增长模式。本文的分析表明，需要将柬埔寨各个经济部门的规模扩大，使其经济更加多样化，并实现垂直整合（农业、服装、食品加工、旅游及其他），届时人民的工作技能将需要得到各个层面的提高，以有效从事新形式的经济活动。与此同时，一项重要的倡议是促进城市化和快速工业化，向广大人民提供便捷的服务。最后，关于提高营养水平、饮水安全和卫生水平等方面的倡议对于人民的健康成长至关重要。

虽然实现减贫没有"灵丹妙药"，但本文指出，应该推动经济增长向更加多样和包容的方向发展，推动机构和市场更加透明和公平，并高度重视人的能力建设。本文的分析表明，虽然启动整个减贫进程的时间范围可能在未来5年，即2018～2023年，但只有在提出建议的基础上，减贫进程才可能会开始加速。

在减贫工作进入执行阶段之前,特别是在以下方面,需要进行更加详细的工作:

①法律方面——在执行上述某些选项时需要哪些法律法规。

②预算方面——重新审查国家预算,以便筹集更多资源,并重新分配资金,使之有利于人力资源开发部门。

③财务方面——国家项目和试点项目的实际成本。

④确定执行机构和伙伴关系——在政府、公私伙伴关系、非政府组织伙伴关系以及与国际机构的伙伴关系中确定责任。

⑤将减贫措施与国家发展计划战略的总体目标相吻合——这意味着需要与关键部门进行接触,并建立部门间战略工作组来解决存在部门交叉的问题。

泰国减贫项目实施情况简要报告

皮西·帕潘（Pisit Puapan）
泰国财政部财政政策办公室高级顾问

一 近期经济形势与展望

2018年第二季度，泰国经济增长4.6%，第一季度增长4.9%（见图1），主要受私人消费和总投资增速加快、出口持续强劲增长以及政府消费增长的推动。

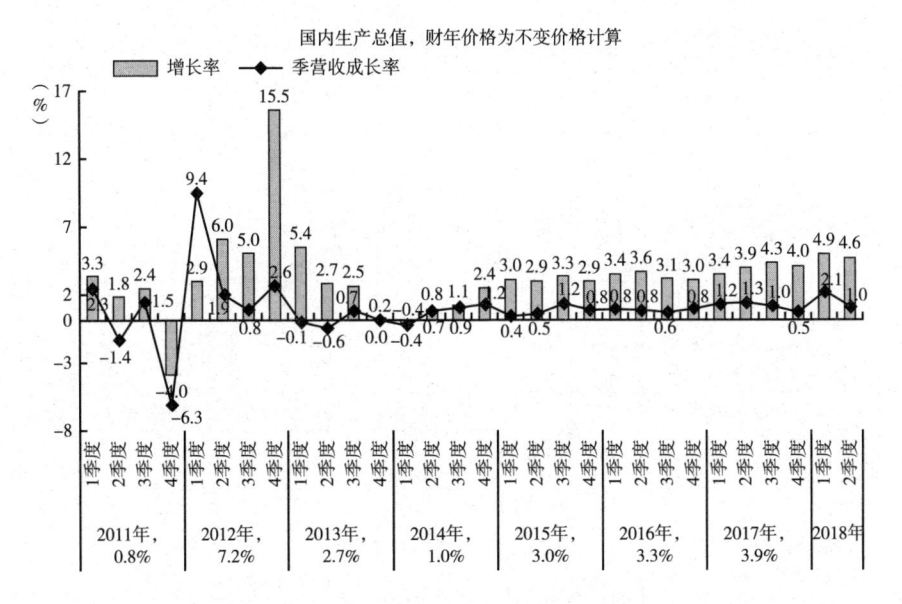

图1 泰国国内生产总值预测（2012~2018年）

资料来源：泰国财政部。

生产方面，主要生产领域扩大，出口增长强劲，内需改善。

农业发展增速加快，得益于充足的水资源和良好的天气条件支撑，泰国农业收入四个季度来首次实现增长。

泰国制造业增长3.1%，出口占总产量30%至60%的工业和内向型工业制造业生产指数分别增长7.0%和1.9%。与此同时，出口导向型产业逆势增长1.4%。

酒店和餐饮业增长9.4%，与此同时，游客数量和收入也在增长。泰国酒店平均入住率为71.40%，高于去年同期的67.46%。

泰国批发零售贸易增长7.2%，批发和零售贸易均有增长，与出口、旅游等领域的有力增长和内需加快同步。

表1 泰国2016~2018年生产领域部分行业GDP增长率变化

单位：%

增长率 (占GDP的比重)		2016年	2017年	2017年				2018年		2018年
				一季度	二季度	三季度	四季度	一季度	二季度	至今
实际GDP增长	增长率	3.3	3.9	3.4	3.9	4.3	4.0	4.9	4.6	
	季营收成长率（季调整）			1.2	1.3	1.0	0.5	2.1	1.0	
供给侧										
农业 (占6.3%)	增长率	-2.5	6.2	6.0	15.9	9.7	-1.3	6.5	10.5	8.3
	季营收成长率			3.2	7.7	-4.6	-7.0	11.5	10.3	-
制造业 (占27.7%)	增长率	2.3	2.6	1.9	1.0	4.2	3.4	3.8	3.1	3.5
	季营收成长率			-0.3	0.6	2.9	0.1	0.4	0.0	-
批发及零售业 (占15.2%)	增长率	5.3	6.3	5.9	6.0	6.4	6.9	7.0	7.2	7.1
	季营收成长率			1.2	1.0	2.3	2.1	1.5	1.5	-
交通和通信 (占10.3%)	增长率	4.1	7.3	5.3	7.8	7.4	8.8	7.5	7.0	7.2
	季营收成长率			3.1	2.5	1.0	2.2	1.3	1.9	-
房地产 (占8.2%)	增长率	3.2	4.6	3.8	4.2	4.7	5.8	4.9	3.2	4.0
	季营收成长率			0.9	0.7	1.1	2.8	0.1	-0.5	-

续表

增长率 （占GDP的比重）		2016年	2017年	2017年				2018年		2018年 至今
				一季度	二季度	三季度	四季度	一季度	二季度	
酒店和餐厅 （占5.8%）	增长率	9.9	8.5	5.1	7.0	6.9	15.3	12.8	9.4	11.1
	季营收 成长率			7.7	2.9	1.5	2.9	3.6	0.2	-
建设 （占2.8%）	增长率	8.6	-2.3	3.2	-5.7	-1.6	-5.3	1.2	2.0	1.6
	季营收 成长率			-2.9	-5.6	1.9	0.9	3.3	-2.4	-

资料来源：泰国财政部。

在支出方面，私人消费和总投资加速增长，出口继续强劲增长以及政府消费增加支持了经济增长。

泰国居民消费支出增长4.5%，较上一季度3.7%的增速有所加快，随着整体收入的扩大，首期购车五年计划（the first-car buyer scheme）结束后，不利影响降低，由于低通胀和利率、支持低收入群体的措施以及消费者信心的改善，泰国经济创下13个季度的最高水平。

民间投资继续增长3.2%，机械设备投资继续增长。这是由于制造业生产的改善，从而提高了技能利用率，并鼓励新的投资来扩大生产能力。

泰国出口（按美元计价）继续保持12.3%的高速增长。不含黄金的出口增长11.9%。随着主要贸易伙伴经济的持续复苏和世界市场大宗商品价格的不断上涨，制造业产品和农产品出口价值不断增加。

表2 泰国2016~2018年支出领域部分行业GDP增长率变化

单位：%

增长率 （占GDP的比重）		2016年	2017年	2017年				2018年		2018年 至今
				一季度	二季度	三季度	四季度	一季度	二季度	
实际GDP增长	增长率	3.3	3.9	3.4	3.9	4.3	4.0	4.9	4.6	
	季营收 成长率 （季调整）			1.2	1.3	1.0	0.5	2.1	1.0	
需求侧										

续表

增长率 （占 GDP 的比重）		2016 年	2017 年	2017 年				2018 年		2018 年
				一季度	二季度	三季度	四季度	一季度	二季度	至今
个人消费 （占 50.8%）	增长率	3.0	3.2	3.1	2.9	3.4	3.4	3.7	4.5	4.1
	季营收成长率			1.2	1.3	0.2	0.8	1.4	1.8	-
公共消费 （占 15.0%）	增长率	2.2	0.5	-0.7	0.4	1.8	0.2	1.9	1.4	1.6
	季营收成长率			-2.0	-1.3	-1.4	4.7	-0.6	-1.1	-
个人投资 （占 17.6%）	增长率	0.5	1.7	-1.1	3.0	2.5	2.4	3.1	3.2	3.2
	季营收成长率			-0.5	0.9	-0.6	2.3	0.5	1.3	-
公共投资 （占 6.2%）	增长率	9.5	-1.2	10.0	-6.9	-1.6	-6.0	4.0	4.9	4.4
	季营收成长率			-2.1	-11.6	3.5	4.6	6.9	-7.2	-
出口货物和服务 （占 77.5%）	增长率	2.8	5.5	2.7	5.1	6.9	7.4	6.0	6.4	6.2
	季营收成长率			2.7	1.5	1.9	1.2	1.1	1.9	-
进口货物和服务 （占 67.1%）	增长率	-1.0	6.8	5.9	7.2	6.5	7.5	8.7	7.5	8.1
	季营收成长率			1.1	1.9	1.1	3.0	2.6	0.9	-

资料来源：泰国财政部。

预计 2018 年泰国经济将增长 4.5%（或在 4.2% 至 4.8% 的区间内）。

出口和旅游业是泰国经济 2018 年的主要驱动力，与许多贸易伙伴的经济强劲增长相一致。货物出口预期增长 9.7%，出境旅游人数预计达到 3950 万人。

此外，通过利用泰国中央政府、国有企业投资项目和预算外开支（1500 亿泰铢），公共开支将是另一个支撑因素。公共投资增长 7.9%（或 7.6%~8.2%），公共消费增长 2.9%（或 2.6%~3.2%）。

此外，许多公共基础设施项目的进展，包括东部经济走廊（EEC）建设和公私伙伴关系（PPP）项目等，将安抚企业信心和促进私人投资，预计增长 3.9%（或 3.6%~4.2%）。

对于私人消费，泰国财政政策办公室（FPO）预测从非农业收入的良好趋势来看，增长 3.8%（或 3.5%～4.1%），这是由于许多涉及出口部门的企业收入不断增长，而农业收入正因若干农产品的良好生产而得到改善。此外，低收入人群的社会福利政策（第一和第二阶段）将是支持低收入人群消费的另一个因素。

表3　泰国 2018 年经济预测

单位：%

年度增长率	2015 年	2016 年	2017 年	2018 年预计
实际 GDP	3.0	3.3	3.9	4.5
－实际私人消费	2.3	3.0	3.2	3.8
－实际公共消费	2.5	2.2	0.5	2.9
－实际私人投资	－2.1	0.5	1.7	3.9
－实际公共投资	28.4	9.5	－1.2	7.9
－实际出口货物和服务	1.6	2.8	5.5	6.3
－实际进口货物和服务	0.1	－1.0	6.8	7.2
贸易平衡（亿美元）	268	365	319	249
－出口货物（美元）	－5.6	0.1	9.7	9.7
－进口货物（美元）	－10.6	－5.1	14.4	14.9
－经常账户（亿美元）	321	482	493	443
－经常账户（占 GDP 比重）	8.0	11.7	10.8	8.8
总体通货膨胀率	－0.9	0.2	0.7	1.2
核心通货膨胀率	1.0	0.7	0.6	0.7

注：数据采集截至 2018 年 7 月。

资料来源：泰国财政部财政政策办公室。

二　2019 年及中期经济展望

财政政策办公室预测，泰国 2019 年的国内生产总值增速将高于 2018 年。然而，泰国 2019 年国内生产总值的官方预测将由财政政策办公室于 2018 年 10 月公布。

从中期来看，泰国需要加强国内经济，注重私人投资，而不是依赖出口和外国旅游业等外部需求。2018 年，不仅公共支出和旅游业将成为泰国经济增长的主要驱动力，政府还将促进私人投资成为经济增长的主要驱动力之一。由于私人投资占国内生产总值的比重一直在持续下降

（从 1993 年占国内生产总值的 39%，下降到 2017 年占国内生产总值的 18%），财政部发布了提升国家长期竞争力和生产力的政策，如推动私营部门投资东部经济走廊（EEC）未来 10 个目标产业（s 曲线产业），使之成为泰国中期可持续国内生产总值增长的新引擎。此外，全国电子支付将促进泰国的经济发展，因为它提供了现金支付的另一种选择，并缩减了不必要的成本，如维护现金和运输成本。

实施大型基础设施建设，主要公共基础设施投资项目对财政收支和财政状况的影响不断加大，预计项目支出也将相应增加。截至 2018 年 8 月 15 日，《2016 年交通行动计划》（20 个项目）和《2017 年交通行动计划》（36 个项目）共有 21 个项目进入建设阶段。

这些项目预算总额达 7259.11 亿泰铢，具体分为：

（1）2016 年交通行动计划中的 14 个项目，总投资 7055.01 亿泰铢，包括芭堤雅-罗勇玛达普港口城际高速公路、挽巴茵-呵叻城际高速公路、佛统府-春蓬双轨铁路等；

（2）《2017 年交通行动计划》7 个项目，总投资 204.1 亿泰铢；

另外，东部经济走廊规划重点基础设施投资项目，截至 2018 年 3 月 27 日，内阁已经批准建设连接三个主要机场（唐穆昂-素万那普米-塔帕）的高铁，总投资为 2245.44 亿泰铢，目前正处于招标阶段，预计将于 2018 年底前签署。与此同时，飞机保养、维修及大修和林查班（LCB）港口项目第三期工程预计将于今年下半年开始进入建设阶段。

此外，《2018 年交通行动计划》下有 9 个项目，总投资为 4893.66 亿泰铢。大多数项目正在由私人政策委员会和内阁审议。预计该项目将于 2018 年底通过审批，并于明年年中开始施工。因此，预期这一进展将支持全面投资继续扩大。

三 财政态势

2018 财年前 10 个月（2017 年 10 月~2018 年 7 月）财政收支情况：政府已经获得了 20217.94 亿泰铢的收入，政府预算支出为 25496.02 亿泰铢。为了填补这一赤字，政府已经借款 4107.88 亿泰铢。因此，截至 2018 年 7 月底，泰国国库储备为 4048.36 亿泰铢。

表4 政府财政收支现金基础报告：2018 财年前 10 个月

单位：百万泰铢

	前 10 个月		增幅	
	2018 年	2017 年	数额	占比（%）
1. 收入	2021794	1899677	122117	6.4
2. 支出	2549602	2514229	35373	1.4
3. 预算平衡	527808	614552	86744	14.1
4. 非预算平衡	1902	20010	18108	90.5
5. 现款结存(3＋4)	529710	634562	104852	16.5
6. 赤字财政	410788	451681	40893	9.1
7. 融资后现金余额	118922	182881	63959	35
8. 财政储备	404836	258419	146417	56.7

资料来源：泰国总审计署和财政政策办公室。

政府 2018 财年前 10 个月（2017 年 10 月～2018 年 7 月）净收益 20273.75 亿泰铢，比预期高 3.4%，比去年同期增长 6.3%。主要原因是其他部门收入和国有企业汇出资金分别超收 252.41 亿和 252.2 亿泰铢，增幅分别为 17.5% 和 20.8%。特别是石油税、汽车税、烟草税的征收明显高于预期目标。

表5 泰国政府 2018 财年政府收入状况

单位：百万泰铢

收入资料	政府收入：2018 财年（2017 年 10 月至 2018 年 7 月）						
	2018 财年	2017 财年	与 2017 财年相比		2018 财年预算目标	与 2018 财年预算相比	
			差额	占比（%）		差额	占比（%）
1. 部门收入	1493860	1403496	90364	6.4	1497225	(3365)	(0.2)
2. 特许部门	468470	465850	2620	0.6	476869	(8399)	(1.8)
3. 海关收入	90130	86793	3337	3.8	92600	(2470)	(2.7)
三部门收入	2052460	1956139	96321	4.9	2066694	(14234)	(0.7)
4. 国有企业	146319	142806	3513	2.5	121099	25220	20.8
5. 其他机构	169647	150466	19181	12.7	144406	25241	17.5
5.1 其他政府机构	162634	141892	20742	14.6	138103	24531	17.8
5.2 职能部门	7013	8574	(1561)	(18.2)	6303	710	11.3
总收入	2368426	2249411	119015	5.3	2332199	36227	1.6

续表

收入资料	2018 财年	2017 财年	与 2017 财年相比		2018 财年预算目标	与 2018 财年预算相比	
			差额	占比(%)		差额	占比(%)
扣除	275383	278817	(3434)	(1.2)	307747	(32364)	(10.5)
总收入(扣除之后)	2093043	1970594	122449	6.2	2024452	68591	3.4
当地政府组织	65668	62683	2985	4.8	64330	1338	2.1
净总收入	2027375	1907911	119464	6.3	1960122	67253	3.4

注：数据采集截至 2018 年 7 月 10 日。

差额：(1) 出口退税部门收入 2.40498 亿泰铢；(2) 海关税收 0.10913 亿泰铢；(3) 增值税的省级分配政府机构 0.14027 亿泰铢；(4) 出口任务补偿 0.09945 亿泰铢；

资料来源：部门收入，特需部门；海关收入，职能部门；当地政府组织，泰国财政政策办公室。

四　公共卫生和养恤金制度目前和今后的财政支出

目前主要聚焦于改革公共卫生和养老金制度的计划，具体为养老金制度改革计划。

为了提高泰国养老金制度的效率和可持续性，政府已经着手进行的养老金制度改革计划如下。

养老金公共支出预测

公务员退休金、高龄津贴及对政府退休基金、社会保障基金及国民储蓄基金的供款

2018年　3950亿泰铢
- 公务员退休金
- 高龄津贴
- 政府退休基金
- 社会保障基金
- 国民储备基金

* 2018财政年度养老金公共支出，3950亿泰铢（占GDP的2.4%或预算总额的14%）

2021年　4840亿泰铢
- 公务员退休金
- 高龄津贴
- 政府退休基金
- 社会保障基金
- 国民储备基金

* 2021年，这一数字将增加到4840亿泰铢（占GDP的2.5%或总预算的15%）

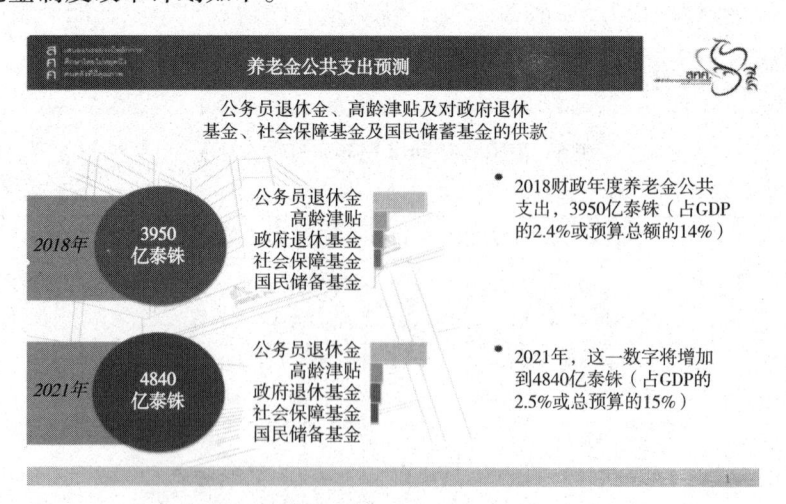

图 2　泰国养老金公共支出预测（2018～2021 年）

资料来源：泰国财政政策办公室。

国家养老保险委员会的设立：泰国的公共养老金体系高度分散，养老金福利、融资和各项计划的监管各不相同。为此，泰国财政部提出成

立全国养老保险委员会,协调各养老保险计划,制定国家养老保险政策,确保健全养老保险制度。该委员会将由总理担任主席,成员包括财政部、劳工部、社会发展和人力安全部、内政部和预算局等有关机构的代表以及养老金问题专家。内阁已原则上批准了设立全国养老保险委员会的法律,目前正在立法进程中。

国家养老基金的设立:财政部提出了设立国家养老基金的计划,这是一个强制性的公积金,以便加强对未来退休人员的退休储蓄。尽管泰国有多支柱的养老金制度,但一些工人群体在年老时容易陷入贫困,尤其是那些仅依赖社会保障基金养老金的人。由于社会保障制度的基本保障,退休后的收入水平将非常低,仅为职工工资的20%左右,不足以支付退休后50%左右的费用水平。因此,设立该基金将有助于将正式工人退休后的收入从退休前收入的20%增加到50%。

设立国家养老基金有三个主要目标。第一,国家养老基金的目标是确保退休后的收入至少达到工人最新工资的50%。第二,由于基金的定向缴款特点,我们希望基金能够在财政上自给自足。第三,预计国家养老基金将增加长期国内储蓄,第一年约640亿泰铢,到第10年将增加到1.78万亿泰铢。国家养老基金的目的是补充而不是取代现有的公积金。

国家养老基金的参加者在60岁时将得到这项福利,他们将从该基金领取20年养恤金或一次性付款。福利总额等于他们个人账户的余额。因此,参与者将把退休后的正式员工收入从退休前收入的20%提高到50%。此外,参与者还将享受捐款、投资回报和养老金福利免税。

社会保障办公室(劳动保障部下设)计划提高社会保障基金的可持续性,将最低应计养恤金领取年龄从55岁提高到60岁,并提高老年福利金的缴费率。目前,社会保障办公室正在起草《社会保障法》修正案。

五 泰国财政收入的动员

泰国需要大幅提高税收占GDP的比例,并在未来几年实现税收体系的现代化,有两个主要原因。第一,政府为未来几年启动了雄心勃勃的发展议程（比如泰国《国家20年战略》和第十二个五年计划），这需要大量增加基础设施和社会转移方面的支出，以及在若干方面对政府业务进行现代化和精简。第二，人口老龄化将增加对公共卫生保健和养老金支出的需求，这些都需要资金。

令人担忧的是，由于个人和企业所得税的大幅降低，泰国的税收收入在过去5年里的下降幅度约占GDP的2%，从18.4%降到了16.4%（即下降金额占总税收的10%以上）。这一趋势亟须扭转。第十二个五年计划的目标是到2021年将税收占GDP的比重提高到19%；然而，它并没有提供关于如何实现这种收入级别的变更的任何细节，并且政府存在一种错误的信念，即认为只能通过管理改进来实现这一目标。

因此，没有一个全面的收入战略来确保收入确实会以预期的数量增长。泰国迫切需要增加收入来为发展议程提供资金，并解决未来支出中与老龄化有关的增长问题。

国际货币基金组织提出，泰国应采取中期收入战略（MTRS），进行全面的税制改革，以实现为雄心勃勃的发展议程提供资金所需的收入水平变化。除了调动必要的收入，该战略还将有助于支持该议程的其他几个目标，包括促进经济增长、改善收入分配和处理环境问题。中期收入战略将需要强有力的政治承诺和领导，以及一个由专家和分析师组成的强大团队，以提供信息并管理进程。

新成立的财政委员会应率先采用中期收入战略。考虑到该委员会由副总理担任主席，财政部长担任副主席，财政委员会可以为泰国的中期收入战略提供政治支持，而财政部长可以负责具体制定、管理和运作该委员会；并与财政理事会机构和税收征管机构密切协调。

这种做法将为税制改革提供最高水平的政治支持，这是成功实现所期望的更高税收占GDP比率的先决条件。在制定中期收入战略（例如使用本报告所提供的草案）时，咨询中期收入战略内外的相关者是至关重要的；在中期收入战略启用前及实施期间与市民的沟通也是重要的。必要时监测其进展并实时更新将是重要的。因此，中期收入战略可以成为一个关键的战略，以帮助财政委员会推进中期财政责任法和统一管理的财政政策。

对税务部门的高层政治支持，对中期收入战略能否成功推行，以达到营收水平的转变，亦至为重要。这应采取以下形式：支持立法改革的颁布，提供足够的资金，克服各部门目前在改变其组织结构和人员部署方面的灵活性。虽然高级别的政治支持对所有税收机构的改革议程都是至关重要的，但对目前占政府收入绝大部分并将在今后一段时期继续占绝大部分的税收部门来说尤其重要。

六 为泰国制定中期收入战略

（一）设定更高的收入水平目标和其他目标

泰国需要调动收入的原因是中期的一项雄心勃勃的发展议程，以及老龄化社会成本的上升。《20年国家战略》反映了泰国在经济增长、不平等、环境可持续性和公共行政质量方面的雄心壮志。第十二个五年计划认识到，实现这些目标将需要在基础设施、教育、技术、区域发展和社会转让方面进行重大投资。该草案考虑在2023年额外支出占泰国GDP 2.5%的资金，以实现这些目标。预计到2023年，人口老龄化将额外需要约占GDP 0.5%的医疗和养老金公共支出。为了满足这些支出需求，税收占GDP的比例需要在2023年从基线预测的17%上升到中期收入战略方案的20%。尽管政策改革可以减缓此后几年与老龄化相关的公共支出的增长，但预计这些支出将持续增长，直到2030年，届时所需的税收占GDP的比例应达到21%（即比基准水平高出GDP的4%）。这一目标应该是可行的，因为经验估计表明，泰国目前只征收其最大可实现税收的46%（考虑到发展水平和经济结构，以及泰国的税收能力）。

泰国必将实施中期收入战略的税收政策和税收管理改革，以便不仅达到所需的收入水平，而且促进与增长、不平等、环境可持续性和良好管理有关的更广泛发展目标。

（二）设计一套完整的税制改革方案

中期收入战略的收入目标只能通过税收政策和税收管理措施的结合

来实现。如果迅速实施重大改革，税收管理措施在中期（到2023年）可创造GDP的1.2%。随着一些改革措施逐步生效，中期税收政策改革将占GDP的1.8%左右，长期来看（2030年）将占GDP的1%。

1. 税收政策。税收政策改革以三大原则为指导。首先，它们将通过改革个人所得税（PIT）和财产税，使泰国的整体税收体系更具进步性。其次，它们将通过减少污染和鼓励环保来促进环境的可持续性。最后，它们旨在增强企业之间的中立性，以支持系统的效率。更具体地说：

（1）个人所得税和财产税。中期收入战略建议大幅增加纳税人的人数，方法是降低个人所得税豁免门槛，以及重组个人所得税收费表。这一渐进式改革将成为新税法的一部分，并于2021年实施。它的收入占GDP的0.8%。此外，随着时间的推移，房产税和遗产税的起征点将逐步降低，而上市股票的资本利得税的免征将被取消。到2030年，财政收入将占GDP的0.2%。

（2）CIT改革。CIT的收入受到两个因素的侵蚀：跨国公司的利润转移和大量的税收优惠。作为营业税现代化的一部分，这两个税种都被削减在中期收入战略中：(i)通过有针对性的反避税规定来解决利润转移问题（2020年出台的反避税规定，占GDP的0.1%）；(ii)逐步取消税收优惠，为企业提供更加公平的竞争环境，2023年税收优惠占GDP的0.1%，2030年税收优惠占GDP的0.4%。

（3）碳排放税。这将扩大能源相关税基，从2020年开始将煤炭和天然气纳入税基。适度的碳排放税将有助于减少二氧化碳的排放，并将逐步增加税收，到2023年将占GDP的0.2%，到2030年将占GDP的0.7%。

（4）增值税。2022年增值税税率提高1个百分点，将相当于GDP的0.5%左右。

2. 收入管理。中期收入战略管理的组成部分旨在实现两个重要的政府目标：一是通过提高纳税人的合规程度来提高税收占GDP的比例；二是通过降低纳税人的合规成本来改善泰国的商业环境。这两个目标将通过下列改革来实现：

（1）合规改进策略。有证据表明，由于纳税人不遵守税法，政府每年损失大量收入。为了提高合规和增加收入,税务部将为那些纳税人部门(如大型企业、中小企业、高财富个人)、行业(如电子商务、旅游)和问题(如非正规经济)制定专门的合规改进策略,这些部门因不合规而带来的收入风险最大。税务部将成立一个合规风险管理委员会,由一名顾问领导,由各部门的高级官员和全职员工组成,负责监督策略的设计和实施。

(2)降低法规遵循成本的策略。还有证据表明,泰国纳税人在遵守税收制度方面面临的成本明显高于其他东盟国家,这使得泰国企业的竞争力低于其地区竞争对手,泰国的投资吸引力也较低。为改善这一情况,各税务机构将与私营部门代表协商,制定一项减少遵守成本的战略,内容如下:确定纳税人遵守成本最高的立法规定和行政程序,以及包括一套拟议的立法改革和行政改革,以减少成本和促进遵守。

(3)制度改革。为了支持执行提高遵守情况战略和减少遵守情况成本战略,各税收机构将实行一套补充的体制改革,以解决税收管理的最普遍障碍。这包括赋予税收机构更大的立法权(特别是第三方报告其与纳税人交易的大量信息的权力),改革核心管理流程,加快引进数字技术和先进分析技术,为各机构改变组织结构提供更大的灵活性(包括数据管理和分析单元的创建),以及重新部署工作人员。改革还将通过促进各收入机构之间的信息交流和联合遵守活动,寻求在行政方面实现更大的效率和协同作用。

3. 法律框架。泰国的税收法律框架将进行改革,以支持落实中期收入战略下的各项政策和行政措施,并将进行现代化,以确保其相关性和有效性。为此,我们将采取两方面的措施:

(1)《税收法典》(Revenue Code)的临时修正案和其他立法修改,以消除税收政策和税收管理方面的主要法律障碍,支持实现中期收入目标所需的税收政策和行政改革。

(2)到2021年全面修订《税收法典》,实现全面现代化:一是提高税收确定性;二是制定税收征管法和程序法,保证税收征管权与保护纳税人的保障和治理安排相平衡;三是为实现中期收入目标,执行所有其他必要的税收政策改革。

（三）承诺政治及公众的支持及中期收入战略的管理

新委任的中期公共财政管理委员会，是制定及推行中期收入战略的最佳选择。新的《财政责任法》设立了政府财政和财政政策委员会，由副总理担任主席，财政部长担任副主席。财政部的财政政策办公室担任秘书处。委员会的一项重要任务是编制中期财政框架（MTFF），作为执行政府财政计划的总计划。该委员会应是中期收入战略的领导实体，以补充千年发展目标，并支持国家经济和社会发展计划。可以设立由财政部领导并向财政委员会负责的特别税制改革委员会，指导和管理中期收入战略的制定和实施。它将领导整个政府的工作，组织制定策略，与市民沟通，并监察中期收入战略的实施情况。

（四）确保实现目标的外部支持

中央和税务机构在制订和执行全面改革，包括一系列立法改革和新的组织办法方面具有相当丰富的经验。不过，制定、推行和监察中期收入战略的要求，可能会暴露公共财政管理制度和税务管理实务各方面的弱点。在这方面，一些领域需要有针对性的能力发展，例如收入预测、税收支出和税收差距分析、数据管理和分析、纳税人合规风险管理、立法设计和起草。

七 贫困问题 - 登记低收入者

泰国减贫历程是被广泛引用的发展成功案例之一，泰国实现了持续强劲的增长和令人印象深刻的减贫。然而，社会不公继续带来重大挑战，同时也存在许多领域的脆弱性。在泰国的各个地区和地区内部仍然存在广泛的家庭收入和消费差异，贫困地区仍然存在于东北部、北部和南部腹地。

为了解决这些问题，政府福利项目已经开始登记，以解决长期贫困问题，并通过提供足够的财政手段和实物福利来支持低收入者，从而提高他们的生活水平。有了平等的机会和更好的生活水平，合格的申请人将能够增加他们的收入并摆脱贫困。从长远来看，这将缓解社会问题，缩小经济不平等。

登记工作于 2017 年 4 月 3 日至 5 月 15 日通过专业金融机构（泰国农业和农业合作社银行、泰国政府储蓄银行、泰国汇商银行）和 76 个省的地方政府办公室进行。所有注册人员必须通过 26 个部门的资格审批程序（年龄、籍贯、收入、储蓄和资产的审核）。登记在册人员 14178869 人，符合享受国家福利条件的人员 11443356 人。为低收入者发放福利卡，已向符合条件的人员发放了约 90% 的福利卡。

此外，政府还启动了"生活质量发展"项目，鼓励持有国家福利卡的低收入者参与该项目。报名参加"生活质量发展"项目的申请人，可获得职业培训及就业机会。他们还将获得其他福利，并将获得额外的 100~200 泰铢的福利卡。

低收入者登记项目的数据库可以帮助改善社会转移的目标。该数据库将通过从国家角度对低收入人群进行个人数据分类，从而建立一个必要的，行之有效的扶贫目标系统，包括年龄、职业、储蓄、住房和住所，以及工作能力，这可以在设计社会转移时进一步加以利用，因为我们已经知道其家庭情况的关键特征，包括个人信息，这样我们就可以把资金分配给最需要的人。社会援助转移的对象将不同于过去的普遍转移，因为有针对性的社会援助方案将根据个人/群体的特点和地区而设计不同。这种转移将得到有效分配，并集中于某些人口次群体，往往是低收入家庭。

该计划旨在让国家机构和当地学者合作，提高人民的生活水平，以符合政府制定的 20 年国家发展战略的目标。

此外，政府还启动了综合福利管理数据库和数据分析平台项目。本项目的目标是建立一个中央数据库，以显示人们的福利信息。该数据库将被分析和用于减少预算拨款的冗余。领导该项目的主要机构有：国家经济和社会发展委员会办公室、财政政策办公室和国家电子与计算机技术中心（NECTEC）。

斯里兰卡为减贫而实施的农业改革：借鉴中国的农业改革

马诺伊·蒂布博图瓦瓦（Manoj Thibbotuwawa Rajakaruna Mudalige）
斯里兰卡政策研究院研究员

一 背景

2015年，斯里兰卡与联合国192个成员国承诺致力于《2030年可持续发展议程》和17项可持续发展目标。可持续发展目标1（SDG-1）是到2030年消除极端贫困，并至少将各种形式和水平的贫困减少一半。斯里兰卡成功实施和实现可持续发展目标的潜力体现在其最近的表现上，特别是在医疗、教育和扶贫方面。此外，斯里兰卡是人类发展水平较高的国家，2015年人类发展指数（HDI）为0.766（排名73）。① 这表明斯里兰卡的社会发展拥有坚实的基础。为斯里兰卡可持续发展提供坚实基础的另一个重要因素是，2009年该国结束了长达30年的冲突，进入了一段和平繁荣的时期。

尽管如此，特别是在农业占主导地位的农村地区，减贫事业仍存在很大的发展差距。农业包含国内消费和出口导向两个部分，鉴于其在提供收入、就业、外汇、粮食和原材料等方面的作用，仍然是斯里兰卡经

---

① UNDP (2016), *Human Development Report 2016*: *Human Development for Everyone*. Available at http://hdr.undp.org/sites/default/files/2016_human_development_report.pdf.

济的一个重要部门。农业部门还通过与其他经济部门的前后联系,刺激其他经济部门的增长。① 因此,放弃农业部门不可能实现有利于穷人的经济转型。本文在总结斯里兰卡减贫成就的基础上,重点分析了本国实施农业改革的必要性和能够从中国吸取的经验教训,总结了斯里兰卡农业从业者持续贫困的原因。

二 减贫成就

斯里兰卡过去十年在减少贫困方面取得了相当大的进展,国家和地方各级以及不同人口群体的贫困发生率都在下降。全国贫困线以下人口比例从 2006/2007 年的 15.2% 下降到 2016 年的 4.1%。贫困的减少也反映在部门和省一级。农村地区的贫困发生率占全国的 80%,农村贫困趋势与国家贫困趋势密切相关,而房地产部门的贫困人口指数(历来是贫困发生率最高的部门)在过去十年中,从 32% 大幅下降到 8.8%。城市地区的贫困发生率仍然远低于全国平均水平。②

另外,斯里兰卡确实在保障医疗、教育、电力、饮水安全以及卫生等基本服务的提供方面取得了重大进展。2016 年,斯里兰卡家庭通电率达到 99.3%。③ 2016 年,安全饮用水普及率为 88.8%,卫生设施改善率为 91.7%。④ 世界银行全球金融指数数据⑤报告称,斯里兰卡有 82.7% 的成年人与金融机构有接触(或拥有银行账户),83% 的女性以及 40% 最贫困人口中的 80% 与金融机构有接触。这表明,与南亚其他国家相比,斯里兰卡获得资金的程度要高得多。

---

① IPS (2015), State of the Economy (SOE) Report, Institute of Policy Studies of Sri Lanka, Colombo.
② DCS Household Income and Expenditure Final Reports 2006/07, 2009/10, 2012/13, and 2016, available at http://www.statistics.gov.lk/page.asp? page = Income%20and%20Expenditure.
③ CBSL (2018), Central Bank Annual Report 2017.
④ DCS (2018),'Household Income and Expenditure Survey 2016 – Final Report' Department of Census and Statistics, Colombo. Available at http://www.statistics.gov.lk/HIES/HIES2016/HIES2016_ FinalReport.pdf.
⑤ World Bank (2015), Little Data Book on Financial Inclusion – 15.

有效的社会保障制度是减少贫困和减轻斯里兰卡民众易受冲击程度的一个关键因素。总的来说，大约34%的斯里兰卡人口从社会援助方案和社会保险方案中受益，其家庭成员也成为这些方案的间接受益人。在过去7年里，斯里兰卡经济活动不断扩大，失业率下降至5%以下，加上政府不断为农村基础设施发展拨款，这些都有助于提高穷人的收入。此外，斯里兰卡于20世纪40年代实行的普遍免费教育和免费医疗政策在确保其人民，特别是穷人和弱势群体获得教育和卫生设施方面发挥了关键作用。

三 持续的农业贫困问题

尽管斯里兰卡过去20年里在减贫方面取得了一定成绩，但减贫情况仍然存在着显著的地理差异。科伦坡的贫困人口指数为0.9%，基利诺奇贫困人口指数为18.2%，即使在贫困水平有所下降的地区，也存在大量贫困人口。这些贫困人口中有很大一部分是农村人，大多数依靠农业为生。对人口普查和统计局（DCS）家庭收入和支出调查（HIES）数据的深入分析表明，斯里兰卡最穷的人生活在以"农业或非农业劳动力"以及"熟练的农业工人"为主的家庭当中。[1] 此外，主要以农业为基础的脆弱人口中有相当大的比例集中在略高于贫困线的水平，面临着由于自然灾害（例如洪水、干旱和滑坡）等各种冲击而陷入贫困的危险。

斯里兰卡国内农业部门的特点是规模小。许多农民没有从农业中获得足够的收入，贫困现象在这一群体中普遍存在，其中约87%的穷人生活在农村地区。[2] 此外，几乎一半的农村贫困人口是从事小规模农业活动的农民。[3] 农业部门必须对减贫努力做出最大贡献，因为大多数穷人生活在以农业为主要经济活动的农村，并以种植业为生。生产力低下、多样性不足以及在国内和出口市场上缺乏竞争力是造成农村农业部门贫

---

[1] http://www.ips.lk/talkingeconomics/2016/06/03/can-sri-lanka-eradicate-poverty-and-reduce-income-inequality-by-2030/.

[2] http://www.statistics.gov.lk/poverty/PovertyIndicators2012_13.pdf.

[3] http://www.ifad.org/operations/projects/regions/pi/factsheets/srilanka.pdf.

困的主要原因。①

由于农业与贫困发生率之间的这种明显联系,多年来减贫一直是农业发展的首要任务。虽然这些政策措施在斯里兰卡已经存在了将近70年,但它们对减轻农业贫困的贡献微乎其微。②

四 斯里兰卡的农业改革

在1815年英国殖民统治开始之前,斯里兰卡是一个自给自足的经济体,包括一个农业部门和很少的国际贸易。由于英国的兴趣是建立由大型种植园组成的出口型农业部门,因此当时的政府根据1840年的《官地条例》发动了一场征地运动。③ 在这些征收的土地上建立大型种植园导致"种植业"的范围急剧增加,"种植业"更加以出口为导向,而被忽视的"国内农业部门"停滞不前,主要生产家庭生活用品,只有很少的市场盈余。此外,在推广廉价的进口粮食之后,国内粮食价格不断走低,进一步使国内粮食生产的作用边缘化。随着种植业部门出口收入的增加,斯里兰卡的国内生产总值加速增长,而国内农业部门对国内生产总值的贡献逐渐减少。

随着1993年《土地开发条例》的发布,这种模式出现了第一个变化。该条例提出修建大型灌溉工程,以恢复干旱地区的耕地,并发展国内农业部门。通过这些项目,已开发的土地从其他地区转让给无土地者,以便在该国湿润地区的无土地者之间分配土地,并促进国内粮食生产——特别是主要主食大米的生产。因此,斯里兰卡国内粮食生产部门开始出现增长,同时,从20世纪30年代初至40年代中期以大米为主的

---

① IPS (2015), State of the Economy (SOE) Report, Institute of Policy Studies of Sri Lanka, Colombo.
② Samaratunga, P., et al. (2012), "Agricultural Pricing and Public Procurement Policies in South Asia," *Briefing Paper*, No. 10, GDN Agriculture Policy Series, Global Development Network, New Delhi.
③ IPS (2004), State of the Economy (SOE) Report, Institute of Policy Studies of Sri Lanka, Colombo.

进口粮食价格高涨也为斯里兰卡国内粮食生产部门的发展提供了支持。①

自1948年斯里兰卡独立以来，由于持续的土地开发和大米的支持性价格，斯里兰卡国内粮食生产部门的增长势头有所增强。通过对灌溉工程和土地安置进行大量公共投资，以扩大干旱地区农业发展的政策持续了半个多世纪，从独立之前一直到20世纪80年代末加速马哈威利发展项目（AMDP）的收尾。大约45%的农业用地拥有了灌溉设施（通过复杂的河流引水系统将湿润地区剩余的水源引入干旱地区）。与此同时，斯里兰卡还引入了包括高产品种（HYVs）、无机肥料、农业机械和农用化学品在内的绿色改良技术，从而显著提升了粮食作物的生产率。斯里兰卡政府在农业设施的研究和推广方面予以投资，并为公共和私营公司购买进口肥料提供补贴。②

特别是从20世纪60年代以来，进口食品价格不断上涨，这为国内粮食生产进一步提供了动力。然而，斯里兰卡政府在这些年里采取的农业政策战略更关注进口替代和进口限制，并定期对国内粮食作物提供价格上的支持，这进一步支持了国内粮食生产行业的发展，但却未能帮助该国减轻粮食进口的负担。1977年的一项经济改革方案终止了进口替代发展战略，将重点放在贸易自由化和粮食出口方面。自那时以来，这一政策一直在持续，改变了斯里兰卡国内农业部门的相对价格结构，并在粮食生产和消费方面带来了巨大的变化。

五　中国改革的经验教训

大幅度增加粮食供应和出口收入本身是一项艰巨的挑战，需要对目前的政策结构进行某些改革，以便提出一些创新性的解决办法。斯里兰卡与中国在同一时期启动了贸易自由化和开放进程，但目前在农业发展

---

① Samaratunga, P., (2011). "Achieving Economic Efficiency and Equitable Distribution of Land Use Through Reforms and/or Market Discipline." In Kelegama S., Gunewardena, D. (eds), *Economic and Social Development under a Market Economy Regime in Sri Lanka*, Buddhadasa Hewavitharana Felicitation, Vijitha Yapa, Colombo.

② IPS (2016), State of the Economy (SOE) Report, Institute of Policy Studies of Sri Lanka, Colombo.

和减贫方面远远落后于中国。因此,斯里兰卡可以从中国的经验中学到很多,斯里兰卡还有很长的路要走。

中国的政策制定者首先创造了有利的环境,包括市场经济所需的激励体系和制度框架,然后通过减少政府采购和扩大私人贸易及市场的作用,慢慢开放市场。① 这是一种降低风险的机制,以应对开放可能带来的负面影响。中国改革进程中采取的新措施,主要是通过在选定的实验区进行试验和实地测试(摸着石头过河),然后在全国范围内实施,并引入下一项改革措施,这增加了改革成功的可能性。② 然而,斯里兰卡农业改革基本上都是全国性的,没有事先进行试验,导致投资回报较低。

此外,中国新的土地改革政策及其带来的效率和生产率的提高,是促使成千上万农民脱贫的主要因素。在这项政策改革之前,在国有土地上进行集体劳作是政府治理国家的主要政治举措之一。现在农民甚至可以将土地使用权出租给私人公司,有时他们甚至可以将土地使用权作为贷款抵押。不受限制地获得土地发挥了一项重要的福利作用,它限制了无土地者的数目,为大部分农村人口提供了生存条件,并帮助广泛分配由农业价格和市场改革带来的好处。③ 然而在斯里兰卡,通过重新修订过时的所有权法规,并消除土地交易限制,将土地所有权合理化,以更好地利用土地资源这一提议长期以来一直存在,但并未取得多大的成功。

中国政府通过增加农业研发投入实现了高回报率,并对公共和私营部门在研发方面的投资进行了合理管理。在通过公共研究机构的技术商业化促进公共企业部门发展的同时,在世界贸易组织完善的知识产权制

---

① Fan, S. and Gulati, A., "The Dragon and the Elephant: Learning from Agricultural and Rural Reforms in China and India", *Economic & Political Weekly*, June 28, 2008.

② Chen, Fu, Liming Wang and John Davis (1999), *Land Reform in Rural China since the Mid - 1980s*, Sustainable Development Department of Food and Agriculture Organization (FAO), Rome.

③ https://borgenproject.org/decreasing-rural-poverty-in-china/.

度下，鼓励了私人研究和专利活动。然而，斯里兰卡近几十年来在农业研究方面的进展似乎很缓慢。一个主要原因是缺乏研究投资以及人才的流失。农业研发支出占农业收入的比例从 2000 年的 0.5% 大幅下降至 2009 年的 0.3%。公共农业研发投资从 2000 年的 35 亿卢比（合 2011 年购买力平价 9040 万美元）降至 2009 年的 24 亿卢比（按购买力平价计算合 6180 万美元），下降了 1/3。农业研发的主要份额仍然由公共资金支付，此外还有一些来自当地和国际的研究资助。①

20 世纪 70 年代末，中国实现了粮食自给自足，基本粮食产量实现了惊人的增长，这极大地促进了自 80 年代以来农业生产向畜牧、渔业和园艺等非粮食产品的多样化。此外，中国逐渐放弃了偏向大米和小麦的政策，鼓励农民实现生产多样化。② 然而在斯里兰卡，面向国内和出口导向的农业部门一直集中在少数作物产品的生产上，多年来并没有显示出多少发展活力。劳动力外流、市场导向不足和市场效率低下、与土地市场有关的问题以及对于农业生产多样化的不良政策导向，这些都是斯里兰卡推动农业多样化的主要限制因素。

斯里兰卡的灌溉农业部门目前面临两大问题：灌溉用水利用率低以及灌溉用水预算负担增加。因此，过去的用水管理办法显然不能在今后继续运用，因为今后的政策主旨是提高生产率以及水资源的可持续性。③ 关于如何在水资源有限的情况下实现农业生产的大幅增长，斯里兰卡可以从中国获得许多鉴诫，包括制定政策和制度，鼓励各级水资源管理体系更好地管理水源、节约用水，并为鼓励节约水资源以及推广节水农业技术提供正确的激励措施。

最重要的是，中国具备实施改革的政治意愿，其决策更快速，落实

---

① IPS (2016), State of the Economy (SOE) Report, Institute of Policy Studies of Sri Lanka, Colombo.

② Fan, S. and Gulati, A., "The Dragon and the Elephant: Learning from Agricultural and Rural Reforms in China and India," *Economic & Political Weekly*, June 28, 2008.

③ IPS (2016), State of the Economy (SOE) Report, Institute of Policy Studies of Sri Lanka, Colombo.

更有效。而在斯里兰卡，实施政治改革的政治意愿不足，政策制定困难重重，官僚程序冗余复杂，政策落实缓慢低效。

六 结论

农业是斯里兰卡经济的关键部门之一，对国内生产总值、就业和收入都有重要贡献。虽然农业部门的重要性已得到充分认识，但目前的问题是做出政治决策，以实现可持续增长，同时减轻现有的限制和未来的挑战。中国在斯里兰卡十年来一直在努力进行的大部分农业改革中取得了巨大的成就。斯里兰卡可以借鉴中国农业改革的经验，扬长避短，实现国家目标和人民的愿望。

自独立以来，斯里兰卡的农业在许多方面都发生了变化。特别值得注意的是，斯里兰卡农业将重点放在除水稻之外的农作物上，与此同时减少了许多作物品种的种植。由于农业的相对作用随经济发展而改变，因此不能把多年来该国农业劳动力就业比例的下降和农业对国内生产总值贡献的降低看作问题。然而，在实现该部门的主要目标方面仍然存在长期未解决的问题，而且这些问题在农业人口贫困和粮食不安全发生率较高的情况下是显而易见的。显著提高农业生产率，从而提高粮食供应和出口收入本身就是一项艰巨的挑战，需要对当前的政策结构进行某些改革，以便产生一些具有创新性的解决方案。

在斯里兰卡目前的自由经济环境中，农业政策应着眼于将传统的自给型农业转变为生产率最大化的农业。应优先考虑实现从传统低价值农业到现代高价值农业的广泛转变，同时通过政策改革持续提高生产率和竞争力，这将使农业部门进入明显更高的发展轨道上来。在进行土地等生产要素改革，以提高农业生产率和效率的同时，应该在私营部门的参与下，以改善生计、推动农村发展，实现粮食安全和消除农业人口贫困为重点，实现农业研发、技术和推广体系的现代化。

撒哈拉以南非洲的贫困：
驱动因素和补救措施

恩朱古纳·恩东古（Njuguna Ndung'u）
非洲经济研究联合会执行所长

一 引言

在撒哈拉以南非洲国家，肆虐的贫困问题和消除贫困的措施仍然是政策循环中最紧迫的挑战。贫困被确定为几乎所有撒哈拉以南非洲国家在独立时必须消除的一个主要发展问题，且至今仍然是这些国家面临的一个主要挑战。尽管自1990年以来在消除贫困方面取得了相当大的进展并做出了很大的努力，但贫困仍然困扰着撒哈拉以南非洲地区（SSA）国家越来越多的人口。根据世界银行（2016年）的数据，贫困率从1990年的57%左右下降到2017年的41%左右；与此同时，贫困人口从1990年的2.8亿左右增加到2017年的3.9亿多。目前在国际和区域一级为消除贫困而采取的行动包括联合国《2030年议程》下的可持续发展目标（SDGs）和非洲联盟《2063年议程》下的非洲大陆倡议。

可持续发展目标是联合国大会制定的17项全球目标的集合，旨在到2030年消除极端贫困。17个目标中的目标1除了旨在消除极端贫困外，还提出要采取一种全面的减贫办法，包括根据国家定义确定相对贫困的目标，并确保摆脱贫困的人不会再次陷入贫困。该目标还设想了加强生计恢复力的措施，包括建立社会保障制度，以便减轻特别容易受经济和政治危机、自然灾害和暴力影响的穷人的负担。然而，非洲面临的独特挑战将使该区域难以克服贫困，因此需要采取更加协调一致的措施和干预。具体来说，非洲人口的高增长率、深度贫困、不断加剧的高度不平等、经济增长发生地与贫困人口所在地之间的不匹配以及糟糕的数据质量，使得该地区更难在降低贫困人口数量方面取得令人印象深刻的进展（Chandy，2016）。但除此之外，非洲将市场和政治治理割裂的薄弱机构一直是减贫的一个主要障碍。

非洲联盟《2063年议程》是非洲未来50年社会经济转型的战略框架。《2063年议程》得到了所有非洲国家政府的完全支持。除了阐明非洲转型的路线图外，它还寻求加速执行过去和现有的促进增长和可持续发展的大陆倡议，如《拉各斯行动计划》《阿布贾条约》《非洲基础设施发展规划》（PIDA）、区域一体化倡议等。《2063年议程》的目标之一是消除贫困，促进包容性增长和发展。

这份简短的说明旨在简要讨论撒哈拉以南非洲的贫困趋势和目前的贫困状况，查明贫困的主要原因，评估以前旨在减少贫困的战略以及这些战略取得成功的程度。该说明还强调了非洲经济研究所在这方面所做的努力。接下来会进行结论。

二 贫困状况趋势

贫困是一种多层面的社会现象，要全面了解其趋势，就需要采取相应的货币和非货币措施。在这方面的研究侧重于贫困的货币和非货币措施，以便全面了解撒哈拉以南非洲的贫困情况。

（一）减少贫困的货币措施

尽管数据方面的挑战使得长期的跨区域及国家的贫困估计数的比较成为问题，但世界银行利用现有的数据，定期提供区域贫困估计数【每个地区生活在预先确定的收入门槛（贫困线）以下的人口比例和生活在同一门槛以下的绝对人数】（World Bank，2016）。根据这些估计（见表1），所有区域的贫困都在随着时间的推移而减少。撒哈拉以南非洲贫困人口比例从1990年的57%下降到2017年的41%。然而，非洲贫困人口大幅增加，从1990年的2.8亿左右增至2017年的3.9亿左右（见World Bank 2018；Bicaba，2015）。与此形成对比的是，其他地区的贫困人口比例和贫困人口数量在同一时期都有所下降。非洲贫困人口的增加主要归因于不平等、人口快速增长、增长地区与贫困地区之间的不匹配以及非洲贫困的实际深度（Chandy，2016）。

表1 用重新估计的贫困线评估全球贫困水平

地区	1990年	1999年	2011年	2017年*
每日低于1.90美元的人口比例(2011年购买力平价)				
东亚及太平洋地区	60.6	37.5	8.5	3.7
欧洲及中亚	1.9	7.8	2.4	2.2
拉丁美洲和加勒比	17.8	13.9	5.9	4.9
南亚	50.6	41.8	22.2	14.7
撒哈拉以南非洲	56.8	58.0	44.4	41.0
世界	37.1	34.3	14.1	10.7
百万人每天低于1.90美元(2011年购买力平价)				
东亚及太平洋地区	995.5	689.1	137.1	73.9
欧洲及中亚	8.8	36.8	11.4	10.4
拉丁美洲和加勒比	78.2	71.1	35.3	30.1
南亚	574.6	568.0	361.7	249.1
撒哈拉以南非洲	287.6	374.6	393.6	390.2
世界	1958.6	1751.5	983.3	768.5

资料来源：世界银行PovcalNet数据库（2015年）和世界银行（2016年、2018年）
*1.90美元（2013年购买力平价）。

根据世界银行（2016年）的数据，尽管城乡差距已经缩小，但脆弱经济体的减贫速度较慢，农村地区的贫困程度仍然要严重得多。这表明，非洲国家和农村地区的脆弱性在很大程度上加剧了非洲的贫困。撒哈拉以南非洲地区还面临一系列挑战，包括环境退化、粮食不安全、气候条件不断变化、自然和人为灾害、价格和贸易条件波动、高失业率、艾滋病毒/艾滋病和其他疾病，所有这些都是造成持续高贫困水平的原因（参见AU - SPF，2008；United Nations，2015；Bicaba，et al.，2015）。

（二）减少贫困的非货币措施

贫困是多维的，超越了传统的单一指标。单一指标忽略了贫困的许多重要方面。实证研究表明，仅使用货币手段可能具有误导性，需要辅之以非货币措施。除了收入和消费不足外，贫困还与健康、营养和文化水平不足有关，也与社会关系不足、缺乏安全感、自卑和无力感有关（Channing, et al., 2016）。这种解决贫困问题的新方法似乎补充了这一领域的研究，并提供了适当的政策设计。

随着时间的推移，撒哈拉以南非洲国家在减贫的非货币措施方面取得了令人瞩目的进步，但挑战依然存在。尽管情况有所改善，但与世界上大多数其他地区相比，撒哈拉以南非洲地区的极端贫困程度仍然很高。从1965年到2013年，撒哈拉以南非洲地区5岁以下儿童的死亡率总体上持续下降，下降了60%以上（Channing, et al., 2016）。查宁（Channing）等人的研究（2016年）也表明，估计的孕产妇死亡率在1990~2013年间几乎减半。自1990年以来，新生儿的预期寿命延长了6年，5岁以下儿童的慢性营养不良患病率下降了6个百分点，降至39%（World Bank, 2016）。正如查宁等人（2016年）所述，"过去20年来，撒哈拉以南非洲地区在减少儿童营养不良方面表现出色。这是一个重要的指标，因为它关系到家庭在儿童早期提供身体成长和发展所需的各种因素的综合能力的提高"。尽管取得了这些令人印象深刻的进展，但撒哈拉以南非洲地区的表现仍然不如世界其他地区。例如，2012年，撒哈拉以南非洲地区5岁以下儿童的死亡率几乎是东亚地区的两倍（Channing, et al., 2016）。

另一个取得显著进步的领域是教育。在过去的25年里，人们把主要精力放在努力将初等教育普及到所有人身上，一些国家取得了比其他国家更为突出的成就。然而，重要的是要注意到，为了使教育具有变革性，中等教育可能更为重要（Channing, et al., 2016）。在撒哈拉以南非洲地区，中学入学率仍然很低，女性入学率也低于男性，但在过去20年里，这两种情况都有持续改善。此外，与1995年相比，成人识字率上升了4个百分点，性别差距正在缩小（World Bank, 2016；Channing, et al., 2016）。尽管入学率有所提高，但学生的学习成绩仍然很差，最近的证据表明教育质量在下降。因此，尽管入学率有所提高，但撒哈拉以南非洲超过2/5的成年人仍是文盲，这并不令人意外。从1990年至今，特别是农村地区的饮用水和卫生设施也有所改善。但是，与世界其他地区类似，在获得这些服务方面可能存在巨大差异，在城市地区提供的服务通常要好得多。

三 撒哈拉以南非洲贫困的驱动因素

有几个因素导致了撒哈拉以南非洲地区的高度贫困。在本节中，我们要概述在非洲国家造成贫困的一些共同因素。贫困的主要原因之一是撒哈拉以南非洲国家经济增长缓慢。鉴于撒哈拉以南非洲地区许多国家的收入水平很低，经济增长是大幅度减少货币贫困和促进改善非货币贫困的必要条件。然而，增长可能无法有效地转化为大多数人口生活条件的改善。尽管撒哈拉以南非洲地区的经济增长与减贫之间存在着显著的相关性，但增长质量对减贫至关重要。自1995年以来，撒哈拉以南非洲地区经历了强劲的经济增长，平均年增长率为4.5%。但是，经济增长没有达到可以转化为实质性减贫的临界水平。此外，撒哈拉以南非洲地区的增长发生在大多数穷人没有参与的部门，导致经济增长对减贫的影响较低，不平等加剧。农业是非洲大部分地区民众就业和维持生计的主要来源，因为大多数人口居住在农村地区，并在农村地区谋生，但最近的增长并没有得到农业生产率增长的支持（Senbet and Simbanegavi，2017）。由于撒哈拉以南非洲国家高度依赖农业，因此"农业增长对贫困的参与效应平均约为其他部门增长的1.6~3倍"（Christiaensen and Demery，2007，p. 77）。

撒哈拉以南非洲地区贫困的另一个驱动因素是高度的不平等。在当今世界上最不平等的10个国家中，有7个在非洲。但排除这些国家并控制国家一级的收入，非洲的不平等水平似乎与其他发展中国家相当（World Bank，2016；Channing，et al.，2016）。根据世界银行2016年的数据，尽管非洲经历了两个10年的增长，且自然资源在增长中发挥了重要作用，但没有证据表明该地区国家内部的不平等在系统性地加剧。然而，这可能是因为家庭调查未能捕捉到拥有高净值的个人，他们的数量和财富在这段时间内都有所增加。空间不平等（城乡差异和区域差异）在许多国家的总体不平等中占很大比例（World Bank，2016）。教育和职业方面的代际流动性有限,加剧了这种不平等。增长本身如果不解决不平等问题,就不会带来可持续的减贫。

造成贫困水平升高的第三个因素是导致高抚养比的高人口增长。尽管开展了许多预防和教育活动,但撒哈拉以南非洲地区的人口增长仍然很快。尚迪(Chandy, 2015)指出,非洲人口年增长率约为2.6%,国内生产总值年增长率约为4%,人均年增长率约为1.4%。发展的成功和经济的增长赶不上人口的高速增长。其结果是,尽管贫困人口比例下降,但仍有越来越多的人生活在贫困中。

第四个因素是战争和危机,这些因素正困扰着撒哈拉以南非洲地区的一些国家。撒哈拉以南非洲地区"脆弱国家"的比例很高。在2013年全球20起与战争有关的冲突中,有11起发生在撒哈拉以南非洲地区。在撒哈拉以南非洲地区的"危机国家",农业生产通常停滞不前,许多人逃离或被迫离开家园,依赖外部援助。

其他因素包括气候变化和气候条件、疾病等。近几十年来,撒哈拉以南非洲大陆越来越受到气候变化的影响,毁灭性的洪水和严重的干旱导致农作物歉收。其后果是撒哈拉以南非洲地区的国家经常发生饥饿危机和饥荒。艾滋病毒/艾滋病、疟疾、埃博拉等疾病也与该地区的贫困密切相关。

四 非洲经济研究所对了解非洲贫困的贡献

1998年,非洲经济研究所(AERC)实施了第一个关于撒哈拉以南非洲贫困、收入分配和劳动力市场问题的重大合作研究项目。该项目分多个阶段,覆盖了次大陆的所有地理区域。该项目是非洲经济研究所对非洲决策者缺乏制定健全政策所需的信息和知识的具体回应,这些政策旨在消除贫困,或至少大幅减少贫困。该项目在整个非洲大陆培养了一批有能力衡量和分析特定非洲国家的贫困和不平等的关键研究人员,并开发了衡量该区域贫困的新方法。事实上,在21世纪头十年,当世界银行和国际货币基金组织要求各国设计和实施减贫战略文件(PRSP)作为发展援助的条件时,在非洲经济研究所项目下接受培训的研究人员提供了所需的技能。此外,作为该项目的一个直接成果,非洲经济研究所设立了一个新的专题研究小组，研究贫困、不平等及相关问题。该专题小组产生的若干研究成果，为该区域的政策制定提供了支持。

虽然非洲经济研究所的研究有助于为该区域减贫政策提供信息，同时也在这方面取得了重大进展，但挑战依然存在。特别是，非洲仍然是发展中世界最贫穷和最不平等的地区。减少非洲贫困和不平等的政策杠杆仍然难以捉摸。布吉尼翁（2004年）认为，这些杠杆存在于特定政策背景下的增长和分配之间的相互作用中（见图1），也就是说，要理解增长和不平等如何在特定国家相互影响，以及这反过来又如何影响贫困。从下图1可以看出，增长和不平等可以单独影响贫困（两个因果箭头），也可以同时影响贫困（再次是两个箭头）。然而，图1中没有认识到贫困也会影响增长和分配。减贫政策可能有利于经济增长和社会公平。换句话说，在某些情况下，可通过减贫战略来实现可持续增长。

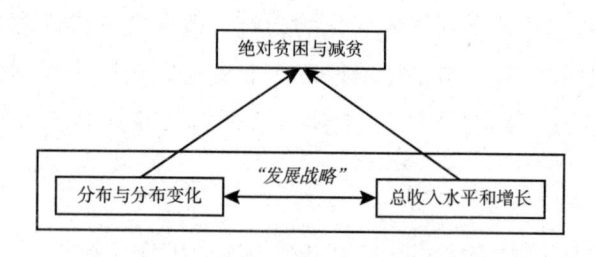

图1　贫困与收入增长的关系

资料来源：François Bourguignon, 2004, p. 4。

五　以前和现在的减贫战略

撒哈拉以南非洲地区政府采取了各种策略，试图减少贫困。在本节中，我们将讨论撒哈拉以南非洲地区几个国家共同采用的一些策略。

- **促进增长的政策和举措**

许多非洲国家奉行高经济增长率战略，通过分配从中获得的利益来减少贫困。该战略认为，快速经济增长不仅是解决贫困问题的关键，而且是解决失业、健康状况不佳、经济剥削和不平等问题的关键。在20

世纪60年代和70年代，该战略经常得到其他措施的补充，包括加强国家在经济和价格管制方面的作用和参与。价格管制的目的是保护消费者不受高价剥削。尽管各国政府采取了主动行动，但贫穷状况还是随着时间的推移而恶化。所达到的增长率往往不足以对减贫产生更大的影响。此外，增长发生在非穷人所属的部门，这些部门往往加剧了不平等，对减贫的影响较小。这一战略随着时间的推移而发展，重点放在有利于穷人的增长和目前的包容性增长上。

- **结构调整政策与减贫**

撒哈拉以南非洲地区政府在20世纪60年代和70年代采取的许多控制措施对整体经济活力和扩张产生了相当大的负面影响。它们未能为经济创造必要条件，以吸收日益增加的失业人数或提高在正规和非正规部门就业者的购买力。工资和价格控制以及政府对经济的过度参与增加了效率低下，对投资者起到了抑制作用。因此，在捐助界、世界银行和国际货币基金组织（IMF）的鼓励和压力下，20世纪80年代通过了结构调整计划（SAPs），作为一项有望在经济增长方面创造新步伐的战略。人们的预期是，结构调整计划最初将在短期内导致增长放缓和更多的贫困，但一旦增长恢复，穷人将在长期内受益。哈基米切尔（Hadjimichael）等人（1995年）发现，尽管总体情况相当惨淡，但在撒哈拉以南地区经济体中，具有持续调整者的经济体在表现上存在广泛差异，宏观经济失衡程度低的国家比其他国家做得更好。在这期间，持续的调整者实现了人均收入的正增长和通货膨胀的减少，而实施不当政策的国家则相反。

- **减贫战略文件进程**

对结构调整计划的主要批评是其政策未考虑发展所需的社会层面。减贫战略是为纠正这一状况而采取的重要步骤。减贫战略文件是所有主要利益攸关方，特别是穷人，在各级进行广泛和深入磋商的产物。若干非洲国家采纳了减贫战略文件。然而，森贝内的一项研究（Sembene，2015）发现，在包括撒哈拉以南非洲在内的许多地区采用减贫战略文件，并没有对贫困产生多大影响。也许弱点来自既定政策和方案的执行过程。

·社会转移计划

一些非洲国家已经采用了各种社会转移方案,并将其本土化,以适应它们在消除贫困和改善社会弱势群体福利方面的目标。社会转移可直接用于人力资本投资(提供粮食、技能和服务)或间接用于人力资本投资(提供现金,使家庭能够投资于自己的发展)。同时,它也有助于降低抵御冲击的脆弱性(Browne,2015;World Bank,2018)。多年来,社会转移的使用在全球范围内呈上升趋势,并已成为一种有效的工具,帮助处于边缘地位、资源贫乏和营养不良的家庭和个人。随着可持续发展目标1的实施,许多国家正在加紧利用它,不仅是为了增加获得基本服务的机会,而且是为了支持那些受到各种冲击(气候、政治和社会冲击)影响的人。然而,为了对家庭福利产生积极影响,福利的规模被认为是关键因素(FAO,2015;World Bank,2018)。发展中国家正在实施粮食或现金转移等社会保护工具,以确保社会弱势成员的最低粮食安全水平(Slater,et al.,2014)。

六 结论

自20世纪90年代以来,随着该地区经济增长的改善,撒哈拉以南非洲地区经历了贫困(货币和非货币)的下降。然而,撒哈拉以南非洲地区的贫困下降速度比其他地区慢得多。此外,随着时间的推移,虽然穷人在人口中所占比例在下降,但该地区的穷人人数却在增加。因此,贫困和减贫仍然是撒哈拉以南非洲地区面临的主要挑战。在撒哈拉以南非洲地区,导致当前贫困状况的主要原因是经济增长率不足以对减贫产生重大影响,也没有改善穷人所属部门的经济增长。其他因素包括高度不平等、高人口增长率、战争和危机、导致外部气候冲击周期的气候变化、疾病和腐败等。之前用以解决贫穷问题的战略虽然取得了一些成功,但效果并不理想。目前正在采取的减贫和减少不平等的战略包括高质量的经济增长战略,这种增长战略具有包容性,并通过现金转移方案等计划,以弱势人口为目标。

参考文献

AU – SPF (2008). *Social Policy Framework for Africa.* Addis Ababa: Africa Union.

Bicaba, Z. , Brixiová, Z. and M Ncube. (2015), "Eliminating Extreme Poverty in Africa: Trends, Policies and the Role of International Organizations," Working Paper No. 223, May 2015.

Browne, E. (2015). Social protection: Topic guide, Birmingham, UK: GSDRC, University of Birmingham.

Chandy, Laurence (2016). Why is the Number of Poor People in Africa Increasing when Africa's Economies are Growing? Brookings Institution.

Channing A. , McKay, A. and F. Tarp eds. (2016) Growth and Poverty in Sub – Saharan Africa, Oxford University Press.

FAO (2015). Nutrition and Social Protection. Rome: Food and Agriculture Organization of the United Nations.

Hadjimicheal, M. T. , D. Ghura (1995), "Public Policies and Private Savings and Investment in Sub – Saharan Africa: An Empirical Investigation," Washington D. C.

McKay, A. , Pirttilä, J. and F. Tarp (2015), "Ghana: Poverty Reduction Over Thirty Years" WIDER Working Paper 2015/052, June 2015.

Sembene, D. , (2015), "Poverty, Growth, and Inequality in Sub – Saharan Africa: Did the Walk Match the Talk under the PRSP Approach?", IMF Working Paper, WP/15/122.

Slater, R. , Holmes , R. , Mathers, N. (2014). Food and Nutrition (in –) Security and Social Protection. *OECD Development Cooperation Working Papers* No. 15, OECD Publishing.

United Nations (2015). The Millennium Development Goals Report. New York: United Nations.

World Bank (2016). Poverty in a Rising Africa : Africa Poverty Report. Washington DC: International Bank for Reconstruction and Development / The World Bank.

World Bank (2018). The State of Social Safety Nets. Washington, DC: World Bank.

博茨瓦纳的消除贫困战略

乌托图恩·科雷亚（Uttum Corea）
博茨瓦纳国家战略办公室主任

一 引言

博茨瓦纳政府和中国一样，把消除贫困作为国家发展战略的优先事项。博茨瓦纳政府通过健全的宏观经济管理、创造就业机会、企业发展、赋予公民权利和吸引外国直接投资，刺激拥有深厚基础的经济增长，进而消除贫困。

二 博茨瓦纳的人口结构

博茨瓦纳占地 582000 平方千米，拥有 2024904 人口。如下表 1 所示，2011 年，32.5% 的人口年龄在 15 岁以下，65 岁以上人口占总人口的 5.0%。自 1991 年以来，该国的人口增长率一直在下降，到 2001 年的 10 年间，该国的人口增长率仅为每年 2.4%，从 2001 年到 2011 年的 10 年间，该国的人口年均增长率仅为 1.9%。人口增长率下降的促成因素包括艾滋病毒/艾滋病、生育率下降、女性对经济活动的参与程度上升、识字率提高以及可以获得更好的医疗保健服务。

该国大部分人口集中在该国东部，那里的气候更为适宜。人口密度呈上升趋势，市区、城镇和城中村人口密度均高于农村。博茨瓦纳的大多数家庭居住在城市和城中村。2011 年，城市和城区人口比例为 64.1%。

表1 人口统计学指标：1971～2011年

单位：人，%

人口特征	1971年人口普查	1981年人口普查	1991年人口普查	2001年人口普查	2011年人口普查
统计人数	574094	941027	1326796	1680863	2024904
男性	262121	443104	634400	813583	989128
女性	311973	497923	692396	867280	1035776
非博茨瓦纳人	10861	15677	29557	60716	111846
博茨瓦纳海外国民	45735	42069	38606	28210	23032
其中：男性（每1000人占比）	36.7	32.6	27.9	16.8	11.8
其中：女性（每1000人占比）	9.1	9.4	10.7	11.4	11.2
人口分布					
0～4岁	17.6	18.8	14.6	11.6	11.7
5～14岁	29.9	28.8	28.6	25	20.8
15～64岁	46.9	47.6	51.8	58.2	62.4
15～49岁	39.4	40.8	45.5	52	54.6
65岁以上	5.6	5.1	4.9	5	5
15～49岁女性比例（占女性总数的百分比）	42.8	42.9	46.5	52.4	54.4
抚养比率（每100人）	113	110	93	72	60.2
儿童妇女比（每1000人）	759	819	602	430.1	421.2
性别比（每100名女性所对应的男性数量）	84	89	92	93.8	95.5
城市百分比	9	17.7	45.7	54.2	64.1
人口密度	1	1.6	2.3	2.9	3.5
出生率、死亡率和生育率					
粗出生率（每1000人）	45.3	47.7	39.3	28.9	25.7
粗死亡率（每1000人）	13.7	13.9	11.5	12.4	6.25
自然增长率（每年百分比）	3.1	3.4	2.7	1.7	1.9
一般生育率（每1000名15～49岁妇女）	189	210	161	107	92.2
平均生育年龄	30.5	30.6	30	30.3	20
总生育率（每个妇女的生育率）	6.5	6.6	4.2	3.3	2.8
每1000名婴儿死亡率	97	71	48	56	17
每1000名儿童的死亡率	56	35	16	19	11
每1000人5岁以下儿童的死亡率	152	105	63	74	28.1

续表

人口特征	1971年人口普查	1981年人口普查	1991年人口普查	2001年人口普查	2011年人口普查
预期寿命					
初生婴儿预期寿命（年）	55.5	56.5	65.3	55.7	68
男性	52.5	52.3	63.3	52	66
女性	58.6	59.7	67.1	57.4	70
平均年龄（岁）	23.4	22.7	23	24.8	26.2
男性	22.6	22	22.4	24.2	25.2
女性	24.1	23.4	23.5	25.3	26.8
中位年龄（岁）	15	15.3	16.8	20.1	23
男性	13.5	15	16	19.4	22
女性	16.7	16.5	17.4	20.8	24

资料来源：博茨瓦纳统计局，1971年、1981年、2001年和2011年人口普查数据。

三 博茨瓦纳经济格局

博茨瓦纳于1966年取得民族独立后，从世界上最贫穷的国家之一转型为中等偏上收入国家。20世纪70年代发现的钻石矿、有利的宏观经济政策、通过各种国家发展计划（NDP）制定的合理发展规划、审慎的金融管理和良好的领导，使这一切成为可能。

采矿业，主要是钻石开采，是博茨瓦纳国内生产总值（GDP）的主要贡献者。金融服务业和旅游业等其他行业也取得了相当大的发展和增长。事实上，就其对GDP的贡献而言，旅游业现在仅次于矿业。

表2 2016~2020年博兹瓦纳各行业的实际GDP增长率

单位：%

	2016年	2017年	2018年	2019年	2020年
百分比变化					
1. 农业	0.5	2.1	1.3	1.7	1.5
2. 采矿业	-3.5	-11.2	3.1	3.1	2.5
3. 制造业	1.6	1.9	2.2	1.9	2.0

续表

	2016 年	2017 年	2018 年	2019 年	2020 年
4. 水电	95.2	-19.5	14.2	11.8	3.5
5. 建筑业	4.2	3.5	3.9	4.3	4.7
6. 贸易、酒店和餐厅	13.5	7.3	6.9	5.9	8.4
7. 交通与通信	6.6	4.7	5.4	4.4	4.5
8. 金融与商务服务	3.3	5.0	4.8	4.9	4.9
9. 普通政府	2.4	2.2	3.0	3.0	3.0
10. 社会及个人服务业	3.5	2.8	3.3	3.2	3.1
总增加值	4.9	2.2	4.5	4.2	4.8
调整项目（含税减补贴）	0.0	3.8	4.3	4.0	4.5
GDP 总额	4.3	2.4	4.5	4.2	4.8
不含矿业增加值的 GDP	5.5	4.2	4.6	4.4	5.0

资料来源：博茨瓦纳统计局实际数据和博茨瓦纳财政和发展规划部（MFED）预测数据。

博茨瓦纳将钻石收入用于再投资，用于发展其他经济部门。在提供医疗、教育和基础设施服务方面的投资都推动了显著的社会和经济转型。然而，历史上对可耗竭自然资源的依赖和对可再生自然资源可持续管理的有限关注，使政府在继续实现经济增长方面面临压力。

四　博茨瓦纳的社会经济状况

根据博茨瓦纳多主题的家庭调查（BMTHS 2015/2016），生活在博茨瓦纳贫困基准线（PDL）以下的人口比例从 2002/2003 年的 30.6% 下降到 2009/2010 年的 19.3%，并在 2015/2016 年下降至 16.3%。生活在赤贫状态或每天低于 1.90 美元的人所占比例从 2002/2003 年的 23.4% 下降到同期的 6.4% 和 5.3%。虽然这些统计数据显示出良好的进展，但这些比例仍然相对较高，需要大幅降低。

过去 10 年中，收入分配（可支配收入基尼系数）开始有所改善。简言之，1984/1985 年、1994/1995 年、2002/2003 年和 2009/2010 年的基尼系数分别为 0.55、0.54、0.57 和 0.61，表明不平等正在减少。然而，像博茨瓦纳这样的中高收入国家的不平等程度却很高。

失业率呈下降趋势，从 1995/1996 年的 21.5% 降至 2015/2016 年的 17.7%。失业对妇女和青年的影响最大（BMTHS 2015/2016）。下表 3

显示,就对整体正式就业的贡献而言,制造业是第二大吸纳劳动力的正式部门,平均雇用 11.2% 的劳动力,仅次于商业,后者雇用 20.4%。2009~2015 年间,建筑、金融和商业服务、运输、采矿、教育、农业、社区服务、水电行业就业人数分别占总就业人数的 8.1%、7.1%、4.6%、4.2%、3.5%、2.3%、2.1% 和 1.5%(博茨瓦纳统计局)。

表3 2009~2015年按子行业分列的国家和私营部门对总正式就业的贡献率

单位:%

	2009年	2010年	2011年	2012年	2013年	2014年	2015年	平均值
采矿业	3.3	3.3	3.5	3.3	3.6	6.0	6.1	4.2
建筑业	6.9	7.0	6.9	7.0	7.0	11.2	10.8	8.1
商业(贸易、酒店和餐厅)	19.3	19.4	19.2	19.2	19.6	23.2	23.2	20.4
金融和商业服务	8.2	8.2	8.2	8.3	8.3	4.3	4.3	7.1
制造业	11.2	10.9	10.9	10.9	11.0	17.6	6.1	11.2
农业	1.9	1.9	1.9	1.9	1.9	3.1	3.2	2.3
水电	0.9	1.0	1.2	1.2	1.4	2.2	2.3	1.5
运输	3.9	3.9	3.8	3.9	4.0	6.4	6.4	4.6
社区服务	2.0	2.1	2.1	2.1	2.2	2.0	2.1	2.1
教育	3.1	3.0	3.0	3.0	3.0	4.9	4.8	3.5
占正式就业总额的比重	60.8	60.7	60.8	61.1	61.6	80.8	69.1	65

资料来源:博茨瓦纳统计局。

五 实现增长和消除贫困

尽管博茨瓦纳迈入了中高收入国家的行列,但仍然面临贫困、收入不平等和失业问题。为此,政府在第 10 个国家发展计划(NDP10)期间做出了大胆的政策决定,从减贫转向消除贫困。制订了一个全面的消除贫困方案,旨在通过解决贫穷的各个方面,包括政策环境、体制框架和建立可持续的经济赋权项目,改善博茨瓦纳的生计。预计该方案将有助于实现粮食和经济安全以及弱势个人或家庭的可持续生计。

政府还加强了妇女和青年赋权倡议,努力解决妇女和青年持续失业问题。这些举措包括青年发展基金(Youth Development Fund)、国家服务计划(National Service Programme)和进修金计划(Internship

Programme）等。

这些方案或举措的实施，通过提高受益者的收入水平，多年来大大降低了博茨瓦纳的贫困水平。农业收入，包括补贴，对博茨瓦纳的减贫做出了重大贡献。推动这种快速减贫的其他因素的贡献百分比如图1所示。

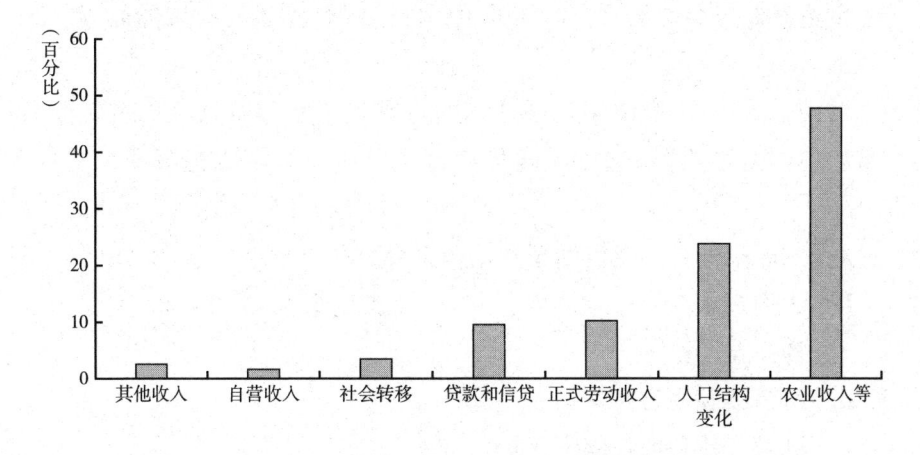

图1 各领域对减贫的贡献（百分比）

根据世界银行（博茨瓦纳贫困评估，2015）汇编的一份报告，博茨瓦纳将其国内生产总值的 4.4% 用于社会保护方案，是非洲为数不多的几个完全利用自身资源资助社会保护方案的国家之一。因此，只要社会方案中的扶贫水平显著提高，博茨瓦纳每年用于社会援助的总额将足以完全根除消费差距和消除贫穷。为此目的，博茨瓦纳在世界银行的协助下，正在建立社会方案受益人登记册（Register for Social Programmes Beneficiaries），以更有针对性和更富成效的方式避免双重支薪的做法。

虽然博茨瓦纳的总体贫困水平有所下降，但消除贫困和收入不平等仍然是国家"2036年愿景"（National Vision 2036）和第11个国家发展计划（National Development Plan 11）的核心。

"2036年愿景"是在2016年9月博茨瓦纳庆祝独立50周年的同时推出的，为该国确定未来20年的路线图提供了机会。"2036年愿景"有一个包罗万象的主题，即"实现人人共享的繁荣"，提供了一条包容性的发展道路，而这将通过扩大国内经济来实现，同时赋予博茨瓦纳人有意义地参与国家发展的权利。博茨瓦纳渴望到2036年成为一个德治、宽容和包容的国家，为所有人提供发展机会。

目前博茨瓦纳第11个国家发展计划面临的主要挑战是，博茨瓦纳如何将经济持续高速增长的目标与创造就业机会和增加收入平等结合起来。为了实现这些目标，该国必须瞄准制造业、服务业、旅游业和农业等在创造就业机会方面潜力巨大的关键部门（特别是在有可能促进农基工业的领域）。

博茨瓦纳第11个国家发展计划的主题是"实现可持续创造就业和减贫的包容性增长"。这一主题将通过执行六项国家优先事项来实现，即：

a）发展多样化的经济增长和出口来源；

b）人力资本开发；

c）社会发展；

d）可持续利用自然资源；

e）巩固善政和加强国家安全；

f）实施有效的监测和评价制度。

21世纪解决撒哈拉以南非洲地区的贫困问题

唐纳德·马利（Donald Mmari）

坦桑尼亚扶贫研究所所长

一 引言

过去30年，包括中国在内的许多东亚和南亚国家成功地实现了经济转型，大幅降低了贫困水平。撒哈拉以南非洲国家（SSA）在这方面做得并不好。虽然各国政府为减少贫穷做出了许多努力，非洲各经济体最近一段时期的经济增长率很高，但只取得了有限的成果。2000~2010年间[①]，撒哈拉以南非洲国家的年平均增长率为4.8%。虽然2015年和2016年的增长率大幅下降，但仍有上升趋势，预计从2019年起将达到3.6%以上。

尽管萨利·马丁（Sali Martin）和平科夫斯基（Pinkovskiy）乐观地估计[②]，非洲所有国家的贫困水平都在稳步下降，但到2012年，非洲平均贫困水平仅下降到43%，低于1990年估计的56%。根据世界银行（World Bank）的数据，在每天生活费不足1.9美元的7.36亿极端贫困人口中，有一半生活在撒哈拉以南非洲国家。世界银行的预测进一步表明，尽管世界其他地区的极端贫困人口数量正在下降，但撒哈拉以南非

---

① World Bank, Africa Development Indicators 2012/13.
② Xavier Sali Martin and Maxim Pinkovskiy, 2010, African Poverty is Falling Much Faster than You Think, National Bureau of Economic Research, Working paper 15775 on http://www.nber.org/papers/w155775, February 2010.

洲国家的极端贫困人口数量将上升，到2030年将占全球极端贫困人口的九成。① 全球财富分布数据也表明，非洲的主要挑战依然存在。根据世界银行关于各国财富变化的报告，2014年低收入国家财富仅占全球财富的1%，与1995年基本持平，不过在这段时间里，低收入国家的人口比例从6%上升到了8%。盖茨基金会和华盛顿大学联合发布的2018年《目标守卫者数据报告》显示，到2050年，东南亚和大洋洲的贫困率将降至0.5%，南亚的贫困率将降至1%，与此相比，2017年非洲的贫困率为38%②，预计将于2050年降至22%。经济负增长③、人口快速增长、暴力、政治不稳定和性别不平等阻碍了快速的贫困情况改善。

东亚和东南亚经济、知识基础和社会经济结构的转变表明，伴随有效的社会经济转变而加速的增长是解决南亚贫困陷阱的关键动力。全球发展框架——《可持续发展目标》和非洲联盟《2063年议程》明确认识到这一事实。

在本文中，我以坦桑尼亚为例，简要回顾了20世纪90年代以来的减贫努力，以及这些努力的演变过程和减贫成果。随后，我概述了导致减贫战略效率低下的主要全球趋势。最后，我提出了撒哈拉以南非洲国家如何在21世纪加速转型和减贫。

二 20世纪90年代以来坦桑尼亚消除贫困努力的演变

20世纪90年代中期是许多撒哈拉以南非洲国家摆脱20世纪80年代中期严重经济危机之前的结构调整和改革方案的转折点。例如，20世纪90年代后半期，坦桑尼亚编制了两份相互关联的政策和战略文件，即《国家减贫战略》（NPES）和《坦桑尼亚2025年远景规划》。《国家减贫战略》的目标是为指导消除贫困行动提供一个框架，到2010年将

---

① https://blogs.worldbank.org/opendata/number-extremely-poor-people-continues-rise-sub-saharan-africa.
② Bill & Melinda Gates Foundation, 2018, Goal Keepers Data Report: The Stories Behind the Data 2018, Bill and Melinda gates Foundation and IHME/Washington University.
③ World Bank, ibid.

绝对贫困人数减少50%，到2015年将绝对贫困彻底消除。实现这些目标的途径主要是通过协调消除贫困，为消除贫困创造有利条件，包括促进经济增长、赋予穷人和处于边缘地位的社会群体权利等。《坦桑尼亚2025年远景规划》为长期发展方向提供了框架。坦桑尼亚在20世纪90年代中期拟订该远景规划文件是因为，越来越多的人担心三年周期的短期复苏方案不能提供长期发展的方向或前景。该远景规划文件的目标是到2025年将坦桑尼亚从低生产率农业基地转变为高生产率农业和半工业化中等收入国家。

  大约在同一时期，以国际货币基金组织和世界银行为首的国际社会发起了重债穷国（HIPC）计划。重债穷国计划于1996年启动，以确保穷国的债务负担不会超出其可控水平。这项计划与减贫有关，因此为了有资格获得债务减免，必须为每个国家编写减贫战略文件（PRSPs）。从减贫战略文件中产生的减贫战略（PRS）被认为是引导国家努力实现广泛商定的目标和具体投入与产出的工具，是宏观经济和结构改革的重要组成部分。该计划的重点是减少收入贫困，提高人类能力、生存和社会福祉，并包含极端的脆弱性。坦桑尼亚援助战略（TAS）也是作为一个改革进程而制定的，目的是恢复当地的所有权和领导地位，以及在设计和执行发展方案方面的伙伴关系。它为政府与发展伙伴之间重新建立关系奠定了基础。20世纪90年代，由于税收收入下滑和腐败现象日益严重，发展伙伴之间关系紧张。坦桑尼亚援助战略还旨在协调筹资和执行发展方案的程序，以便提高效力、效率、透明度和责任制。

  由于减贫战略是一项为期三年的策略，因此最后一个实施周期为2002/2003财政年度。对减贫战略的全面审查产生了一项新战略，即国家发展和扶贫战略（NSGRP），其斯瓦希里语首字母缩写为"MKUKUTA"。《〈国家发展与扶贫战略〉I》（MKUKUTAI）（2005/2006～2009/2010）旨在通过三组综合干预措施减少贫困，即经济增长和收入减贫、提高生活质量和社会福祉以及良好的治理和问责制。虽然以前的减贫框架认识到经济增长和良好治理各方面的重要性，但MKUKUTA在这些框架之间建立了更明确的联系，并将成果目标纳入其中。《〈国家发展与扶贫战略〉II》（MKUKUTAII）在2010/2011年至2014/2015年间跟进。《〈国家发展与扶贫战略〉II》是围绕着与其前身类似的集成构建的,但更侧重于提高经济增长和生产力,促进有利于穷人的干预和瓶颈解决机制,促进财富创造以及私营部门参与。

尽管《〈国家发展与扶贫战略〉I》和《〈国家发展与扶贫战略〉II》两项政策在各个成果领域都取得了进展,包括在实施这些战略期间经济增长平均持续保持在6%以上的良好表现,但2011/2012年度的家庭预算调查(HBS)显示,28.2%的坦桑尼亚人仍然生活在贫困线以下。在农村地区,33.3%的人口仍然生活在贫困线以下。虽然由于方法上的原因,无法与以前的家庭预算调查进行直接比较,但报告的贫困下降与经济增长的良好表现并不相称。表1显示了不同年份家庭预算调查报告的贫困率(占总人数的百分比)。除达累斯萨拉姆(Dar es Salaam)地区外,贫困人口的下降普遍缓慢。

表1　不同年份家庭预算调查报告的贫困率

年份	1991年2月	2000年1月	2006年7月	2011年12月
农村	40.8	38.7	37.6	33.3
市区(达累斯萨拉姆除外)	28.7	25.8	24.1	21.7
达累斯萨拉姆	28.1	17.6	16.4	4.2

资料来源:坦桑尼亚国家统计局。

2015年下半年,随着第一个五年发展规划(2011/2012年至2015/2016年)的审查,对《〈国家发展与扶贫战略〉II》进行了审查,从而引出了第二个五年发展规划(2016/2017年至2020/2021年)。五年发展规划(FYDPs)的制定者认识到,通过对关键基础设施的公共投资促进良好运转的机构和市场、良好治理和经济效率的重要性。该规划将重点放在制造业增长和工业主导的转型、基础设施投资、农业转型、人力资本开发以及进一步加强旅游、贸易和金融服务等方面。有效落实第二财政年度计划以及《可持续发展目标》和非洲联盟《2063年议程》等相关国际承诺,对加速减贫至关重要。但是,这种发展蓝图的成功实施取决于许多因素和全球经济的动力,我将在下一节概述这些因素和动力。

三　全球动态的变化可能影响减贫战略

随着世界新经济大国的出现，新兴工业化国家与北方发达经济体之间对资源、市场和投资的竞争加剧，撒哈拉以南非洲国家将意识到，要在出口市场上竞争、吸引投资、弥合知识和技术差距、维持增长势头将更加困难，但并非不可能。撒哈拉以南非洲国家将需要新一轮明智的产业政策，以及在基础设施、教育、技能和技术学习以及将技术转化为生产力方面的大规模投资①。撒哈拉以南非洲国家的这种巨大需求是由许多相互加强的因素决定的，但在本文中，我只概述了四个我认为非常相关的因素。

第一，撒哈拉以南非洲国家最近的经济增长并没有伴随着快速的结构转型和就业增长。越来越多的工人处于低生产率和低工资的就业环境中，这表现在非正式部门的增长和农村与城市地区劳动力从农业向非正式就业的转移②。制造业本身并没有对许多撒哈拉以南非洲国家的经济增长做出重大贡献。相反，撒哈拉以南非洲国家似乎正在去工业化，其表现是制造业产出增加，同时制造业增加值（MVA）所占的比例降低。2017年东非共同体（EAC）工业竞争力报告证实了这一趋势，显示东非国家制造业增加值增速低于GDP增速，制造业占GDP的比重从2000年的9.8%下降到2015年的8.4%。

第二，发达国家的工业部门，特别是制造业也在发生非常迅速的变化。约翰·佩奇（John Page）等人最近的研究表明，制造业占GDP的比例在所有人均收入水平上都在下降。这种新趋势是由制造技术的急剧发展和制造的服务化所驱动的。③ 欧洲大学研究所（European University

---

① Independent Development Evaluation, African Development Bank, 2016, Towards Private Sector Led Growth: Lessons of Experience, Evaluation Synthesis Report, African Development Bank Group, Abidjan, October 2016.

② Edwin, P., 2016, "Factors Influencing Youth Unemployment in Tanzania," Masters' Thesis. Dar es Salaam: Open University of Tanzania.

③ Page, J. and Tarp, F. (eds.), 2018, The Practice of Industrial Policy: Government - Business Coordination and Africa and East Asia. Oxford, Oxford University Press.

Institute）伯纳德·霍克曼（Bernard Hoekman）最近进行的一项研究显示，由于基于信息技术的产品数字化和制造业的服务化，对任何人均收入水平而言，如今的服务业都比过去更为重要。① 随着市场增加值（MVA）在物流、供应链管理、金融、保险、营销和配送等服务业中所占的比重越来越大，服务业的生产力效率将显著影响制造业的生产率和竞争力。

第三，非洲正在经历人口结构的转变，这反映在青年人口的增长上。与此同时，商品超级周期似乎已经结束，这种情况可能会使社会保障和服务机构的财政能力受到压力，无法在年轻人进入劳动力市场之前满足他们的社会和经济需要。一项重大挑战将是提供教育和技能的能力，使之成为具有竞争力和生产力的必要条件。中国、越南和其他东南亚国家的经验表明，在工业增长的早期阶段，纺织和食品生产等劳动密集型产业帮助创造了知识积累和技术转让的基础，这些基础将在随后推动创新、经济增长和创造就业。然而，即使有中国工资上涨、向高科技和资本密集型制造业转型的先例，撒哈拉以南非洲国家的经验也表明，它们未必能增强自然资源和大量年轻劳动力的优势，发展劳动力密集型产业，在全球市场上展开竞争。这在很大程度上取决于非洲青年的技能密集程度和服务部门的生产力。必须指出，所有全球商品和服务生产者都在努力保持或在全球市场上具有竞争力。这意味着创新前沿的领导者和落后者都有类似的激励机制，因此创新和生产率差距可能会进一步扩大。

第四，贸易的日益重要性和全球价值链的主导地位给撒哈拉以南非洲国家生产商带来了重大挑战。全球化使生产的地理变化以及全球市场上高效率和低工资生产者的复杂一体化成为可能。虽然信息和通信技术的发展降低了贸易成本，但全球贸易体制的变化和高价值产品在全球价值链中领先企业之间的日益集中，可能会提高撒哈拉以南非洲国家新企

---

① Hoekman, B. at a presentation titled "Services Trade Policy, Regulations, and Institutions", made to the AERC Senior Policy Seminar, 12–13th March, 2017 in Kampala, Uganda.

业和生产商的准入壁垒。只要全球价值链治理仍然偏向于发达经济体的买家，打破这些壁垒就需要战略性产业政策和倡导全球贸易架构改革，以允许撒哈拉以南非洲国家的生产商打破壁垒，参与竞争。

四　加快转变和减贫

尽管非洲国家制定了不同的政策和战略，撒哈拉以南非洲国家的贫困状况持续存在，转型进程缓慢。这表明，尽管撒哈拉以南非洲国家有加快发展和减贫的愿景，但正如上文所述，撒哈拉以南非洲国家面临着巨大的挑战。尽管社会发展的结果各不相同，但撒哈拉以南非洲国家中很少有国家保持高增长势头。例如，博茨瓦纳已达到中上收入水平，不过其有限的经济多样化使其容易受到大宗商品价格冲击。埃塞俄比亚、坦桑尼亚和卢旺达被誉为撒哈拉以南非洲发展最快的几个国家。尽管有这些成功的例子，但这些国家仍然表现出缓慢的结构转型，加上非正式性的增加和"过早"的去工业化；改变人口结构，却没有对技能开发、技术和创新等关键领域进行相应投资；以及基础设施缺口较大等。这些不足可能影响经济增长带来的收益，阻碍撒哈拉以南非洲国家实现发展愿景，导致财富持续集中在发达国家，并加剧全球不平等。

虽然撒哈拉以南非洲国家并非完全同质，但它们有一些共同的特点。第一，它们的大部分人口生活在农村地区，依赖农业和相关生计。第二，工业发展缓慢，在市场增加值和制造业就业中所占的比例较小。第三，它们被不断增长的非正式部门所主导，主要是低生产率的贸易和服务等部门。因此，为了加快撒哈拉以南非洲国家的转型和持续减贫，需要调整政策和战略，采取积极的产业政策方针，确保充分重视三个相互关联的领域，即农业和农村转型、逆转过早的去工业化战略、转变非正式经济等。下面将简要讨论这些问题。

农业和农村转型

一个主要的担忧是，撒哈拉以南非洲国家大多数人的生计来自农业，包括农作物、牲畜和渔业。例如，坦桑尼亚最近的劳动力调查估计，67%的劳动力就业于农业领域。然而，过去的经济增长并没有使农业生产者受益，因为普遍的低生产力、与市场有关的限制、有限和高成本的资金以及不利于创新和吸收新技术的低下技能。因此，需要采取行动，通过对农业综合企业发展采取全面办法，并将农村经济转变为高生产力的经济活动，从而改变农业领域。第一，必须通过扩大采用改进的耕作方法、技术和创新来投资提高农场水平的生产力；投资农村基础设施，特别是公路（和铁路建设）、电力、小规模和社区灌溉；并通过促进农村融资，特别是以长期和低成本农业发展融资的形式。第二，加强农业市场，使其有效并为占撒哈拉以南非洲国家农村生产者大多数的小农所利用。这需要在包括与农业加工联系在内的综合农业生产系统中积极促进大规模和小规模农民团体之间的联系；通过投资于可承担的储存和加工设施，以尽量减少收获后的损失，促进市场联系；扶助有效的生产者和市场组织，以最大限度地发挥纵向和横向协调效益，如规模经济、知识溢出和议价能力。第三，为农村经济多元化创造机遇。在提高生产力、改造农业的同时，政府应为农村非农活动创造机会。通过促进增加值和商业活动，把农业作为多样化进程的一个重要推动力。必须支持企业发展，通过农工服务和贸易服务促进多样化和向价值链上游移动。必须调整政策和资源，以支持对农业加工设施的公共和私人投资；为农村青年提供业务和技术培训；整合针对农村企业的特别融资和奖励方案，并扩大推动农村基础设施发展的创造就业的公共工程方案。

逆转过早的去工业化战略

事实证明，任何经济体都必须进行结构改革和经济多样化，以促进增长和建立对冲击的适应能力。刘易斯（Lewis）在1955年提出的结构变化理论中提出，长期以来，这种转变的核心是从低生产率/初级生产转向生产率更高、更现代化的制造业部门，然后转向面向服务的活动。[①]这一转变的基础是科学、技术和创新推动农业和工业生产率的提高。根据《2015~2016年全球竞争力报告》，许多撒哈拉以南非洲国家在技术准备和创新指数方面排名非常低，与东南亚"四小龙"形成鲜明对比。这意味着，近年来农业在GDP中所占比重的结构性变化和下降，并不

---

① Lewis, A., (1955), *The Theory of Economic Growth*, London and New York: Routledge.

一定是由生产率的显著提高所推动的。其他因素，例如日益增加的非正式非农业活动，青年向城市和城市周边地区迁移，基础制造业、建筑业和相关服务业的增长解释了这一变化。

为了实现有效和可持续的结构转型，工业化将成为初级产品增值的根本支柱，为进一步向知识密集型部门转型和创造就业机会创造知识基础。促进撒哈拉以南非洲国家快速工业化的政策举措将包括：第一，促进资源型工业化和技术创新扩散。这就需要在预算和对农业工业的政策激励以及对初级生产和自然资源（包括矿物、金属和以氢碳为基础的工业）的增值方面给予高度优先。第二，在经济特区（SEZs）的支持下，通过集群发展聚集和集中工业企业。第三，采取有利于工业化的贸易政策管理，允许战略性产业通过选择性和战略性保护逐步发展成熟为竞争性产业，同时确保不允许外国联合企业威胁新生制造业的生存。第四，加大对硬、软基础设施的公共投资，以缩小差距，包括战略性行业的半熟练劳动力。

转变非正式经济

虽然撒哈拉以南非洲国家的劳动力继续增长，但结构性改革并没有为正规部门通过就业吸收劳动力铺平道路。联合国非洲经委会－非洲大学联合会最近的一份报告显示，全球金融和经济危机的影响阻碍了非洲的经济增长，增加了失业和贫困率[1]。这种情况导致非正式经济活动作为就业机会和收入来源的重要性日益突出。几个撒哈拉以南非洲国家的数据显示，就业机会的增长集中在非正式部门，其中最重要的增长来源是非农业自营就业部门。2/3 以上的劳动力受雇于生产率低下的非正式经济，从事弱势就业。[2] 因此，为了减少贫穷和脆弱程度，提高非正式企业生产力和收入的干预措施对于提高生产力是必不可少的。这些干预措施将首先包括制定政策和资助措施，通过提高非正式企业获得资源和

---

[1] UNECA–AUC, 2010. The Economic Report on Africa 2010: Promoting High Level Sustainable Growth to Reduce Unemployment in Africa.

[2] ILO, 2012, Africa's Regional Response to the Youth Employment Crisis: Regional Report, Geneva, ILO.; Haji, M., 2015, Youth Employment in Tanzania: Taking Stock of Evidence and Knowledge Gaps, MasterCard Foundation and IDRC, Ottawa.

市场的机会,以及提高其法律特性和权利,来提高它们的生产力水平。其次,实施降低风险、降低经营成本、消除不利于非正式企业的制度性偏见的措施,例如改革法律和监管框架,以便利和简化商业登记和税收。再次,促进信息获取和技能发展。小型非正式企业需要关于市场、技术和商业技能的资料,这些资料可以由公共机构或由国家资助的以市场为基础的机构更有效地提供。最后,撒哈拉以南非洲国家各国政府必须实行政治管理和发展管理,以满足正式和非正式部门的各种需求。公共机构必须与非正式企业经营者接触,以便更好地了解它们的多样性和面临的挑战,并提供解决办法,使它们能够更有效地参与到增长和发展进程中。

五 总结

撒哈拉以南非洲国家在过去 20 年的经济增长率相当高,尽管一些国家在 2015 年和 2016 年大宗商品价格大幅下跌引发的近期经济危机中遭遇了经济下滑。尽管增长势头强劲,但与南亚和东亚国家相比,撒哈拉以南非洲国家在降低贫困率方面却有待加强。这种矛盾的情况可以用缓慢的结构转变、关键部门的普遍生产力差距和人口挑战来解释。认识到这些挑战以及全球化的动态性和对资源、市场、技术和投资资本的激烈竞争,撒哈拉以南非洲国家需要做出更大的努力和制定战略产业政策,以转变农业,加速战略工业化,支持生产力增长和非正式部门的逐步升级。要实现到 2030 年消除一切形式极端贫困的全球目标,维护全球和平与正义,就必须在全球财富分配、技术差距、国际贸易秩序、国际合作和国际减贫集体努力方面改变现有的不平衡。

劳动力市场监管、就业与贫困：寻求共识*

伊亚那土·伊斯兰（Iyanatul Islam）

澳大利亚格里菲斯大学格里菲斯亚洲研究院教授

一 引言

减少贫穷方面的国际合作，需要对政策和机构领域的工作内容有共同的了解。人们普遍认识到，创造生产性和持久的工作是实现可持续减贫的主要途径。这一主张反映在千年发展目标和可持续发展目标中。关于劳动力市场监管在加强或削弱就业与贫困之间的关系方面所发挥的具体作用，人们的共识较少。

劳动力市场法规（如就业保障立法和最低工资）对就业和贫困有何影响？20世纪90年代初，著名劳动经济学家理查德·弗里曼（Richard Freeman）辩称，在这个问题上缺乏全球共识。例如，他指出了世界银行支持的所谓"扭曲主义"观点，并将其与国际劳工组织（ILO）倡导的所谓"制度主义"观点进行了对比。①

1990年，世界银行在其极具影响力的关于贫困的报告《世界发展报告》（WDR）中指出，有两个关键因素可导致可持续的减贫。"首先要促进穷人最丰富的资产——劳动力的有效利用。第二个要素是给穷人提供基本社会服务"。报告指出，"最有效利用劳动力"的最佳方式之一是

---

* 本文将劳动力市场规则和劳动力市场制度这两个术语互换使用。
① Freeman, R. (1993): "Labour Market Institutions: Help or Hindrance to Economic Development," Proceedings of the World Bank Annual Conference on Economic Development 1992, Washington D.C.: World Bank.

将劳动力市场干预最小化，干预措施的目的是"提高福利和减少剥削"，但自相矛盾的是，它们造成了不利于就业的后果和减贫目标的扭曲，因为干预措施提高了劳动力成本，减少了劳动力需求，减少了大多数穷人的劳动收入（WDR, 1990：63）。①

弗里曼（1993年）认为，国际劳工组织在1991年的一份报告中试图反驳这一观点。报告称，"从长期来看，压制自由劳资关系会损害经济发展前景，有必要重新规范劳动力市场"（ILO：65）。②

然而，到20世纪90年代中期，有一些证据表明，"扭曲主义"观点和"制度主义"观点之间的分歧正在弥合。例如，1995年的《世界发展报告》探讨了"在保持和提高劳动力市场效率的同时，国内劳动力市场政策能做些什么，以建立更公平的收入分配、更大的就业保障和更高的工作场所标准"。③ 2013年的《世界发展报告》指出，监管过少和过多都不利于工人的福利。④ 2019年《世界发展报告》重新审视了"不断变化的工作世界"，认为人们需要重新考虑劳动力市场监管在发展中国家的运作方式。因此，人们继续就劳动力市场机构在经济发展中所起的作用寻求协商一致的意见。

本文重新考虑劳动力市场制度的两个具体方面及其对就业和贫困的影响。第一，关于最低工资对就业的影响，尤其是在发展中国家和新兴经济体，目前最可靠的证据是什么？第二，按照有影响力的《营商环境报告》（Doing Business）所确定的路线，改善商业环境以促进就业和减少贫困的措施，是否一定意味着必须大幅削弱甚至废除劳动力市场监管？在进行这一讨论时，该报告强调了一个具体国家（格鲁吉亚）的情

---

① World Development Report (1990) Poverty, New York：Oxford University Press. One Should Also Note the 1994 OECD Study on Jobs which Called for Greater Labour Market Flexibility in the OECD. See OECD (1994) *The OECD Jobs Study*, Paris.
② ILO (1991) World Labour Report, ILO：Geneva.
③ World Development Report (1995) Workers in An Integrating World, World Bank, New York：Oxford University Press.
④ World Development Report (2013) Jobs, World Bank, New York：Oxford University Press.

况，格鲁吉亚因其亲商业的规章制度和世界上解除管制最多的劳动力市场之一而引起全球关注。根据这一具体国家的说明，本文将得出结论，亲商业的规章制度和高度灵活的劳动力市场的结合不幸地并没有产生令人满意的就业和减贫结果。如果能够就这一主张达成共识，那么这将是朝着加强国际减贫合作的正确方向迈出的一步。

二 最低工资、就业和贫困

最低工资会导致失业或至少限制就业机会吗？最近一项对新兴经济体最低工资就业关系的元分析得出了一个微妙的结论。首先，参考表1，它显示了在14个新兴经济体的多样化样本中，最低工资占平均工资的比例。样本的最低工资/平均工资比率，即所谓的"凯茨指数"（Kaitz index），为0.47。经合组织为经合组织和非经合组织国家的混合样本收集的最新（2017年）凯茨指数也非常相似——见图1。

表1 新兴经济体最低工资就业率对照

国家	最低工资/平均工资	就业率
南非	0.3	0.43
中国	0.33	0.69
印度	0.4	0.5
印度尼西亚	0.69	0.63
菲律宾	0.87	0.59
泰国	0.65	0.71
波兰	0.4	0.5
俄罗斯	0.18	0.65
土耳其	0.38	0.46
阿根廷	0.59	0.56
巴西	0.45	0.59
智利	0.45	0.56
哥伦比亚	0.6	0.63
墨西哥	0.28	0.57
平均	0.47	0.58

资料来源：摘自Stijn Broecke, Alessia Forti & Marieke Vandeweyer（2017）."The Effect of Minimum Wages on Employment in Emerging Economies: A Survey and Meta-analysis," *Oxford Development Studies*, 45: 3, pp. 366–391。

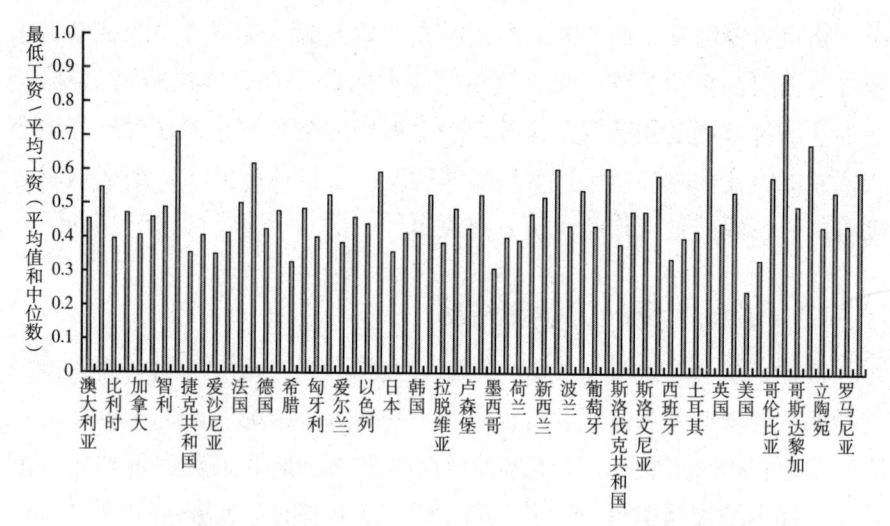

图 1　经合组织 2017 年最低工资与平均工资比率（平均值和中位数）

资料来源：OECD，Stat。

粗略地查看表 1 就会发现，有可能同时存在高最低工资和高于平均水平的就业率（即高于 58% 的样本平均水平），在这方面，哥伦比亚、印度尼西亚和泰国的情况最为显著。对上述 14 个经济体的样本进行更严谨的元分析，得出以下结论。

基于 14 个大型新兴经济体的证据，定性（调查）综述（涵盖 95 项研究）和弹性及偏相关的元分析（分别涵盖 28 项和 56 项研究）都表明，最低工资对就业几乎没有可检测到的影响。虽然提高最低工资对弱势群体的负面影响似乎更大，但平均而言，影响往往较小。这些发现与越来越多的共识非常一致，即在更发达的经济体，最低工资对就业的影响……

结果似乎表明，与更发达国家一样，定期和适度提高最低工资不太可能对新兴经济体的就业产生重大负面影响。①

---

① Stijn Broecke, Alessia Forti & Marieke Vandeweyer（2017）. "The Effect of Minimum Wages on Employment in Emerging Economies: A Survey and Meta-analysis," *Oxford Development Studies*, 45: 3, p. 384. 该研究还指出，这一领域的许多实证调查存在"负面报告偏差"，即有报告负面结果的倾向（最低工资降低就业）。无论如何，至少有 70% 的评估结果在统计上是不显著的。从 746 个估计值中得出的"弹性"的平均值为 0.047，也就是说，最低工资提高 10% 最多可能减少 4.7% 的总就业。

值得注意的是，这一元分析的结果与 2013 年《世界发展报告》的调查结果一致，该报告指出，"……对（劳工法规）对就业水平影响的大多数估计往往微不足道"（WDR，2013：261）。[1] 即使最低工资对就业有适度和消极的影响，但最低工资能够减轻低工资的发生率从而减少工作贫困的可能性可以抵消这种影响。

欧洲委员会对 14 个经合组织国家的评估做出了以下乐观的评价。

有证据表明，通过法定最低工资水平或集体商定的最低工资水平，管理良好的最低工资政策可以有效地提高低收入工人的工资水平，而不会对就业率产生负面影响。[2]

当然，最低工资政策必须与诸如教育和技能政策、积极的劳动力市场方案和一般的社会保护措施等补充措施结合起来，以解决低工资就业问题。然而，欧洲委员会的评估，加上上述对最低工资与就业关系的元分析，与低收入和中等收入经济体的情况高度相关，这些经济体的典型特征是低收入和工作贫困发生率很高。减少工作贫困虽然本身是可取的，但也可以通过扩大国内市场的规模来促进总需求，并成为创造就业的新来源。

有人仍然认为，对于严重依赖外国直接投资（FDI）的发展中国家来说，总体而言，最低工资是有问题的。最低工资高可能会阻碍外国直接投资，而外国直接投资通常是由投资于低工资劳动力市场的动机所驱动的。这一推理的问题是，它不符合学术文献中的一项主要发现，即外国直接投资创造了一种"工资溢价"，即跨国公司的附属公司支付的工资明显高于其国内同行，同时促进了就业和生产力。[3] 因此，外国公司不太可能受到最低工资立法的阻碍。

---

[1] World Bank (2013), World Development Report (2013). New York: Oxford University Press.

[2] Knight, A. et al. (2016). "Low Pay and In-work Poverty: Preventative Measures and Preventative Approaches," European Commission, May, p. 5.

[3] Hale, G. and Xu, M. (2016). "FDI Effects on the Labour Market of Host Countries," Federal Reserve Bank of San Francisco, WP No. 25, September.

三 亲商业法规、就业和贫困：对劳动力市场机构的影响

改善商业环境的措施往往被视为促进强劲增长、创造私营部门主导的就业、减少贫困和维持平等主义社会的一种方式。世界银行（WB）极具影响力的《2018年营商环境报告》就亲商法规对就业和贫困的影响提出了强有力的主张。作者的结论是以营商环境衡量，商业监管较好的经济体也往往是创造更多就业机会的经济体……在失业问题上，监管不那么精简的经济体平均失业率更高……平均而言，商业监管较好的经济体贫困水平较低。①

有利于商业发展的法规带来了多方面的好处。连续不断的《营商环境报告》激励世界各国政府进行各种改革，使私营部门能够发挥其作为就业和财富创造来源的应有作用。

然而，人们有可能对有利于企业的监管力量抱有过高的期望，相信能借此开辟一条通往共同繁荣的道路。但是可持续的就业机会增加和减贫是多种复杂力量的产物。改善商业环境的程序改革为私营部门的繁荣创造了有利条件，但不能确保这些有利条件足以克服阻碍创造就业和减贫目标实现的深层结构性障碍。因此，如果对企业有利的程序改革不能产生广泛的就业和社会红利，它们就可能导致无法实现的期望。

或许，在解释亲企业监管在经济和社会转型中的作用时，最成问题的地方在于，此类监管与高度灵活的劳动力市场需求之间存在着一种隐性（有时是显性）联系。《营商环境报告》所采用的准则包括就业弹性的重要性，虽然考虑到工作要求，但更大的就业弹性被认为是有益的。后者主要涉及劳动力市场的性别方面，并以产假规定和缺乏性别歧视来表述。在过去，《营商环境报告》会给予就业弹性较大的经济体系较高的排名。虽然报告的附录中有关于劳动力市场条例的数据，但这种做法已不再得到支持。

对就业灵活性的强调——虽然似乎是一个合理的前提——在需要有一个有利于商业的气氛和需要培养精心设计的劳动力市场机构之间制造了紧张。它为亲企业的监管要求削弱劳动力市场机构的观点提供了佐

---

① World Bank (2018), *Doing Business 2018*, Washington D. C., pp. 7-8.

证。这种观点可能适得其反,并具有误导性。一旦劳动力市场机构被解散,重建它们可能是一个漫长而富有挑战性的过程。与此同时,普通工人也会承受高昂代价,比如工作场所的高死亡率、低收入工人的高发病率以及普遍不令人满意的就业结果。

四 劳动力市场机构、就业和贫困:具体国家的说明及其全球影响

关于劳动力市场机构对就业和贫困的影响的全球辩论也可以在具体国家的背景下加以说明。格鲁吉亚是南高加索地区一个苏联解体后的中低收入国家,它的例子从微观上反映了这样一种观点:在改善商业环境和放松对劳动力市场的管制方面,力度过大、过于匆忙,未必会带来高就业和社会红利。

2005~2006年,当时的格鲁吉亚政府进行了一系列全面改革,将其转变为"……世界上最自由的经济体之一"。① 特别是到2017年,格鲁吉亚成为世界银行营商环境排名前十的唯一中等收入国家(见图2)。这与经合组织的就业保护立法指数(EPL)——见图3——所衡量的全球最放松管制的劳动力市场之一形成了对比。

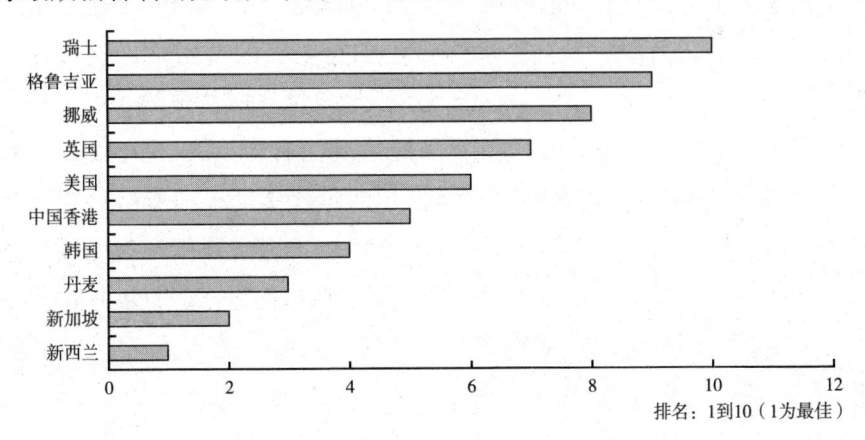

图2 营商环境:2018年排名前十位国家

资料来源:World Bank, *Doing Business*, 2018。

---

① European Parliament (2017). *Georgia: European Engagement in An Unstable Environment*, *Briefing*, February, European Parliamentary Research Service.

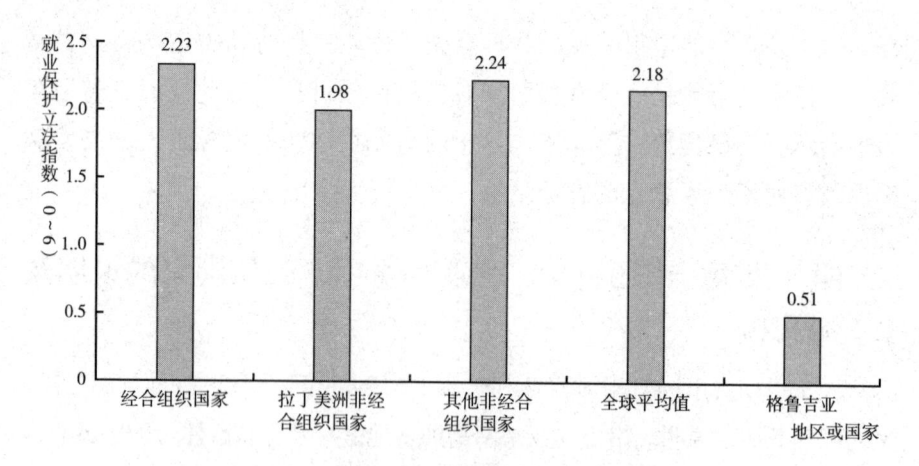

```
就
业
保
护   2.5 ┐  2.23
立                                      2.24
法   2.0 ┤ ┌──┐          1.98          ┌──┐          2.18
指            │   │         ┌──┐         │   │         ┌──┐
数   1.5 ┤ │   │         │   │         │   │         │   │
（        │   │         │   │         │   │         │   │
0    1.0 ┤ │   │         │   │         │   │         │   │
~        │   │         │   │         │   │         │   │
6    0.5 ┤ │   │         │   │         │   │         │   │                    0.51
）        │   │         │   │         │   │         │   │                   ┌──┐
      0 ┴─┴──┴─────┴──┴─────┴──┴─────┴──┴─────┴──┴──
         经合组织国家  拉丁美洲非经   其他非经合    全球平均值   格鲁吉亚
                     合组织国家     组织国家                地区或国家
```

图3 经合组织就业保护立法指数分布

注：就业保护立法指数（0~6），数据截至2013年，0 = 限制最少；6 = 限制最多。
资料来源：作者的估计是根据经合组织确定的与雇用和解雇有关的三个核心领域的简单平均就业保护立法指数。格鲁吉亚的就业保护立法指数来自 Mueller（2012：2）."Employment Protection Legislation（EPL）of Georgia：A Review Based on ILO Standards, OECD Indicators and Comparative Labor Law," Cornell University ILR School, December。

这些重大的制度变革的结果是什么？格鲁吉亚以稳定的步伐增长。这个国家吸引了大量的外国投资。以国际标准衡量，其极端贫困是很低的。不幸的是，当从一系列劳动力市场和更全面的贫困指标进行评估时，结果令人失望。失业率——仍然顽固地停留在两位数的水平上——实际上在就业保护立法指数大幅下降之后反而有所上升（见图4）。青年失业率超过30%。21世纪第一个十年的年代中期，随着格鲁吉亚劳动力市场放松管制，工作场所的死亡人数大幅上升。以国家贫困线为基础的贫困率——约为22%，据一些数据估计，2015~2017年间贫困率有所增加。[1] 2016年的一项调查显示，50%的格鲁吉亚人陷入财务困境。[2] 该国人口不断减少，对未来的经济增长构成严重威胁。[3]

---

[1] UNICEF（2018）."The Welfare Monitoring Survey：Summary," June, Tbilisi, p.11.
[2] National Bank of Georgia（2016）."Financial Literacy and Financial Inclusion Survey," November.
[3] Temblon, M., Fengler, W. and Kruse, A.（2018）."Georgia's Destiny Will be Shaped by Its Demography," Brookings, May 9.

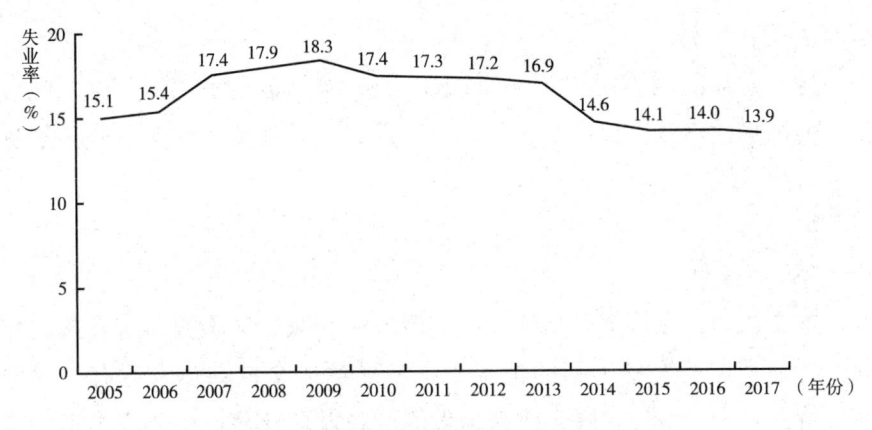

图4 2005~2017年格鲁吉亚失业率

注：就业保护立法指数在2006年引入新劳工法例后，就业率在2006年至2007年间大幅下跌。

资料来源：格鲁吉亚国家统计局。

一些知名的国际公司对格鲁吉亚管理其劳动力市场法规的方式，尤其是对最低工资的忽视，表达了保留意见。因此，在2015年8月，阿迪达斯、新百伦、耐克和彪马——它们都是总部位于美国的公平劳工协会（Fair Labour Association）的成员——向格鲁吉亚劳工、卫生和社会事务部长请愿。它们"强烈鼓励"格鲁吉亚政府：

"……建立一个有意义的最低工资标准，以及其他对工人的基本保护措施，如有效的劳动检查。法定最低工资应与工人及其工会、民间社会、雇主协会和供应商协商。为确认其意图，我们鼓励政府批准国际劳工组织关于设定最低工资的第26号和第131号公约。"①

格鲁吉亚的困境也许最能从一项富有洞察力的研究的以下评论中得到体现：

"格鲁吉亚一直是改革的典范。在短短几年的时间里，格鲁吉亚已经为……跻身世界银行全球营商环境报告榜首确立了坚实的记录。然而，尽管格鲁吉亚经济增长势头强劲，但仍远未成为一个繁荣的中产阶级社会。如果格鲁吉亚人想知道原因……企业的发展迅速，却没有带来

---

① Fair Labor Association (2015), "Legal Minimum Wages for Private Sector Workers in Georgia," 25 August, Washington D.C..

更高的福利红利……

这一明显的困惑说明了一个现实……尽管政策可以在一夜之间改变,但结构性瓶颈需要数年时间才能克服,而发展成果的实现则需要更长的时间。"①

五　结语

本文认为,在理解劳动法规在创造就业和减少贫困方面所发挥的作用,特别是在发展中国家的情况下,需要达成全球共识。曾有一段时间,特别是在20世纪90年代初,人们可以发现支持放松劳动力市场管制的所谓"扭曲主义"观点凸显了强大劳动力市场机制的重要性且为了保护工资和工作条件的所谓"制度主义"观点之间存在明显分歧。

本文指出,自那时以来,辩论的状态变得更加平衡和折中。人们很容易同意,过多的劳动法规不利于就业,不利于穷人的福利。与此同时,本文认为,有充分的证据表明,从就业和贫困的角度来看,放松劳动力市场管制的好处被夸大了。可以强调一个具体国家(格鲁吉亚)的经验来加强这一观点,格鲁吉亚的经验从微观上反映了一个全球信息,即在了解劳动力市场规章对创造就业和减少贫穷的影响时需要采取平衡和细致入微的策略。

---

① Temblon, M., Fengler, W. and Kruse, A. (2018). "Georgia's Destiny Will be Shaped by Its Demography", Brookings, May 9.

通过应用共同评估框架,加强公共部门的社会责任

德米特里·马斯洛夫(Dmitry Maslov)

俄罗斯总统国家经济与公共管理学院(RANEPA)伊凡诺沃分校研究员

尼克·泰斯(Nick Thijs)

比利时安特卫普大学公共行政改革专家

让-马克·多科特(Jean-Marc Dochot)

比利时蒙斯大学公共部门质量专家

一 引言

联合国《2030年可持续发展议程》及其17个雄心勃勃的可持续发展目标(SDGs)始于可持续发展目标1——消除世界各地各种形式的贫困——使企业界把重点放在长期生存能力和为所有人的可持续未来投资上。对社会和环境的影响正成为衡量任何组织绩效的一个关键指标。它对可持续发展的贡献被称为"社会责任"。

社会责任的概念起源于私营部门。关于实现可持续发展目标,有各种指导方针和工具。许多方法历史悠久,都是在联合国2030年议程之前制定的。欧洲逾30000个机构采用的综合管理架构欧洲质量管理基金会(EFQM)管理模式第一版于1992年推出。2004年,欧洲质量管理基金会与最近成立的联合国全球契约合作,制定了"企业社会责任框架",并于2013年构成了新的"欧洲质量管理基金会可持续发展框架"。该模式为组织提供了一个框架,以支持将企业可持续发展原则有效地转化为实践。国际标准ISO 26000:2010"社会责任指南"是世界上第一个关于社会责任的自愿标准,它就如何以一种对环境、

社会和经济负责的方式运作提供了指南。2016年，国际标准化组织（ISO）制定了指南，解释了可持续发展目标和ISO 26000之间的主要联系。因此，第一个可持续发展目标（消除贫困）与ISO 26000的第6.4.4.2条紧密相连，其核心主题"劳工惯例"规定："一个组织应支付至少足以满足工人及其家庭需要的工资，同时，应考虑到该国的一般工资水平、生活费用、社会保障福利及其他社会群体的相对生活水平。"

私营部门积极利用社会责任，以取得比较优势和较佳表现，同时，公营部门的主要目标一向是对其决定和活动对社会和环境的影响负责。公共部门组织必须采取负责任的行为，以便发展其所在社区（地方、国家和国际）的经济、社会和环境组成部分。公共管理实践表明，公共部门广泛采用商业方法和工具。在整个欧洲实践的主要例子之一是欧洲通用评估框架（CAF）模型——一种全面质量管理（TQM）模型，灵感来自专为公共部门组织设计并自2000年以来积极发展的欧洲质量管理基金会EFQM管理模式。

二　通用评估框架简介

通用评估框架模型是负责公共管理的欧盟部长之间合作的结果。欧洲公共行政学会（EIPA）的通用评估框架资源中心负责进一步发展通用评估框架方法和协调整个欧洲通用评估框架用户网络。

通用评估框架是一个易于使用的工具，以协助公营机构引入素质管理思想。综合自我评核架构的概念与主要的全面品质管理模式（尤其是全面品质管理）相似，但却是专为公营机构而设。在通用评估框架用户中，有来自教育、社会服务、医疗、交通和基础设施、警察甚至教堂等领域的组织。但是，联邦政府机构以及地方和地区行政机构是中央政府宣称拥有主权最多的地区。

该模型的前提是：组织绩效、公民/客户、人员和社会方面的优异成绩是通过领导推动战略和规划、人员、伙伴关系、资源和流程实现的。它同时从不同的角度看待组织；组织绩效分析的整体方法。

作为一个通用工具，通用评估框架包括9个标准，28个子标准和评分系统。通用评估框架模型的结构如图1所示。通用评估框架模型的进一步描述见通用评估框架-2013手册①。

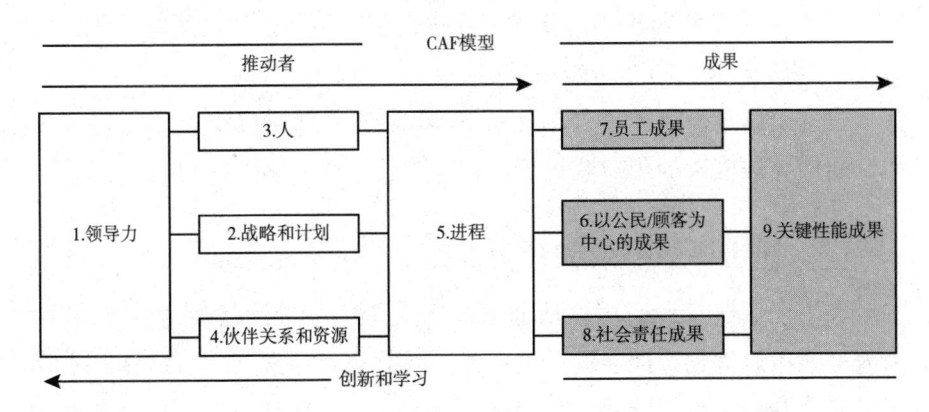

```
                         CAF模型
        推动者                                成果
┌─────┐   ┌─────────┐                ┌─────────┐
│     │──│  3.人   │──┐          ┌──│ 7.员工成果│──┐
│     │   └─────────┘  │          │  └─────────┘   │
│1.领导力│ ┌─────────┐  │ ┌─────┐ │  ┌──────────┐  │ ┌──────────┐
│     │──│2.战略和计划│──│5.进程│─│──│6.以公民/顾客│──│9.关键性能成果│
│     │   └─────────┘  │ └─────┘ │  │为中心的成果│  │          │
│     │ ┌──────────┐   │          │  └──────────┘  │ └──────────┘
│     │──│4.伙伴关系 │──┘          └──│8.社会责任成果│──┘
└─────┘  │  和资源  │                 └──────────┘
         └──────────┘
◄──────────────── 创新和学习 ────────────────
```

图1　CAP模型

这种九箱结构确定了任何组织分析中需要考虑的主要方面。标准1~5处理组织的管理实践：所谓的推动者。这些决定了组织做什么，以及它如何完成任务来达到预期的结果。在标准6~9中，在公民/顾客、人员、社会责任和关键绩效领域取得的成果是通过感知和绩效测量来衡量的。每个标准被进一步分解为子标准列表。28个子标准确定了评估一个组织时需要考虑的主要问题，并通过示例来说明，这些示例更详细地解释了子标准的内容，并建议了需要处理的领域，以便探索管理部门如何满足子标准中表达的需求。这些例子代表了来自欧洲各地的许多良好实践。并不是所有这些都与每个组织相关，但是很多都可以作为自我评估时的关注点。将评估推动者和成果标准的结论整合到管理实践中，构成了一个不断创新和学习的循环，伴随着组织走向卓越。

通用评估框架模型的目标是促进组织内部的全面改善过程，并有5个主要目的：

1. 将公共行政引入卓越文化和全面质量管理原则；
2. 逐步引导其进入成熟的 PDCA（计划、执行、检查、行动）

---

① CAF brochure is available online on the EIPA CAF webpage：https：//www.eipa.eu/portfolio/european-caf-resource-centre.

周期;

3. 协助公营机构进行自我评估,以便做出诊断及界定改善措施;

4. 在公营及私营机构的质素管理中,担当不同模式之间的桥梁;

5. 促进公营机构之间的相互学习。

自推出以来,欧洲内外已有近 3000 家公共部门组织使用了这一模型,通用评估框架的用户数量还在继续增长。

三 通用评估框架和社会责任

通用评估框架(通用评估框架 2013)的实际版本对社会责任有两个关键参考。首先,社会责任是卓越原则的八大要素之一。这些基本要素最初由欧洲质量管理基金会定义,并反映到公共部门,以整合全面质量管理的原则和公共部门的理念,并开始从官僚的公共组织向面向全面质量的公共组织转变:

· 原则 1:成果导向

· 原则 2:以公民/客户为中心

· 原则 3:领导和目标的一致性

· 原则 4:按过程和事实进行管理

· 原则 5:人的发展和参与

· 原则 6:不断学习,不断创新,不断提高

· 原则 7:伙伴关系发展

· 原则 8:社会责任

这些原则建立在通用评估框架外部反馈(PEF)程序的基础上,形成了帮助组织走向卓越的各级全面质量管理成熟度量表。

社会责任原则是指公共机构必须承担社会责任,尊重生态的可持续性,并尽力满足本地及国际社会的主要期望和要求。根据全面质量管理的成熟度水平,组织的社会责任水平可以定义为:

· "零"级:没有证据表明考虑到社会责任的重要性。

· "启动"级别:组织意识到其对社会(社会和环境)的影响。

示例:组织将其使命与企业社会责任区分开来。

· 事业单位的责任;该组织根据社会、经济和生态问题以及对媒体

的影响确定了影响的领域。

"实现"层面：本组织积极参与与社会责任及生态可持续性有关的活动。示例：该机构就社会问题进行互惠互利的项目；该组织已开始实施对社会、经济和生态问题以及对媒体产生影响的倡议。

"成熟"水平：组织达到或超过本地及全球社会的主要期望和要求。例如：管理层对企业社会责任的相关问题有明确的愿景，员工也有相同的愿景；组织将这一愿景纳入策略和行动计划；本组织致力于推广机会和发展措施，与社会合作推行互惠互利的计划；该组织在一些领域对企业社会责任和生态可持续性进行了测量，并对结果进行了讨论。

社会责任原则部分体现在通用评估框架的三个准则："领导力"、"战略与规划"、"伙伴关系与资源"和结果的第七个准则"人的成果"。而社会责任问题在可持续发展道路上的重要性通过其直接融入通用评估框架模型的结构得到了证明：通用评估框架的第8条准则是"社会责任成果"。

公共机构的主要使命，总是致力于满足社会的需要和期望。这可能包括本组织对生活质素、保护环境、保存全球资源、平等就业机会、道德行为、参与社区活动，以及对本地发展的贡献。在通用评估框架逻辑中，社会责任的主要特征转化为组织的意志，一方面，将社会和环境方面纳入其决策考虑（标准2），另一方面，能够对其决定和活动对社会和环境的影响做出反应。

一个组织对其所在社区（地区、国家或全球）的表现及其对环境的影响已成为衡量其整体表现的一个关键组成部分。致力于履行社会责任的机构会：

1. 提高其在全国公民中的声誉和形象；

2. 提高吸引和留住工作人员的能力，并保持工作人员的积极性和承诺；

3. 改善与公司、其他公共机构、媒体、供应商、市民/客户及所属社区的关系。

这些措施包括感知的定性/定量措施（分标准8.1）和定量指标（分标准8.2）。它们可能与：

- 组织的道德、民主及参与行为；
- 环境可持续性；
- 生活质量；
- 作为组织行为影响的经济影响。

四 通用评估框架社会责任的自我评估

对每个组织来说，使用通用评估框架模型都是一个学习过程。基于通用评估框架方法的关键方法是自我评估，它可以为改进活动指明方向；衡量自己的进步；通过对推动者和结果的高分来确定良好实践；协助机构寻找合适的合作伙伴，并互相学习。以下10步实施计划（见图2）帮助组织以最有效的方式使用通用评估框架。可以在通用评估框架手册中找到详细的自我评估程序指南、评分板和工具。

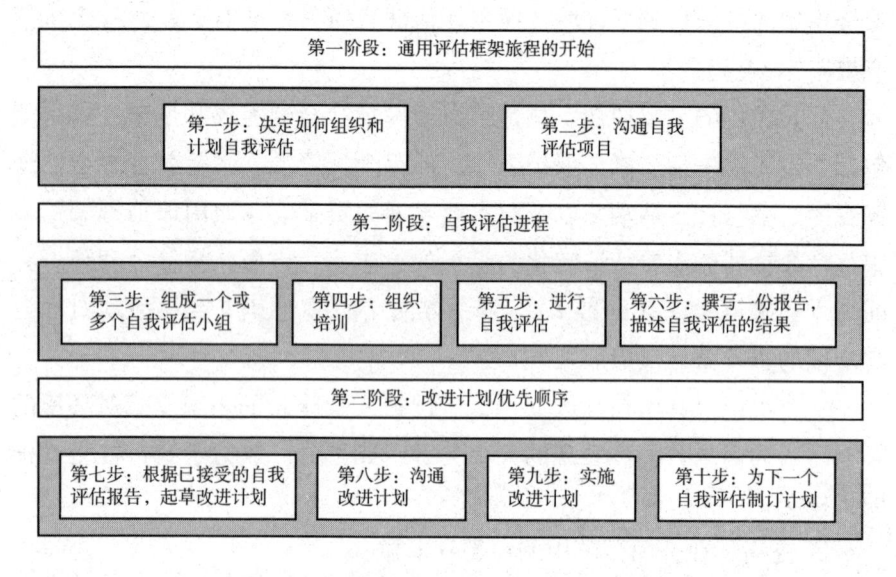

图 2 组织实施通用评估框架的 10 个步骤

基于通用评估框架模型结构的准则8"社会责任"下的自我评价：准则分解为子准则；子准则确定了评估组织时需要考虑的主要问题。来自"成果"部分的标准通过感知和性能度量进行评估。每个子准则都由示例和好的实践来说明，这些示例和实践更详细地解释了子准则的内容，并建议了可能要处理的领域。

自我评估小组考虑组织在社会责任方面所取得的成就，方法是根据第8.1子准则"认知测量"和第8.2子准则"表现测量"的结果。

感知测量的重点是社区对组织在地方、国家或国际层面的表现的感知。透过不同的渠道，包括调查、报告、公开记者会、非政府机构、公民服务组织、相关者和社区的直接回应等，我们都可以获得这种认知。这种看法表明了社会和环境战略的有效性。它包括对生活质量的影响的看法，对环境问题的方法和成果等。

以下示例可以作为自我评估时的注意事项：

· 公众知悉本组织的工作表现对市民/顾客生活质素的影响（例如健康教育，体育及文化活动的支援，参与人道主义行动，对弱势社群采取的具体行动，向公众开放的文化活动等）。

· 对地方、区域、国家或国际一级对社会的经济影响的看法（例如在社区内创造/吸引小型商业活动，开辟公共道路或公共交通，同时为现有的经济行动者提供服务）。

· 认识处理环境问题的方法（例如认识生态足迹，能源管理，减少电力和水的消耗，防止噪声和空气污染，通过公共交通促进流动，处理可能有毒的废物）。

社会责任成效的表现衡量，重点是组织用以监察、了解、预测和改善其社会责任表现的措施。社会责任成效应该清楚地表明本组织在社会问题上的方法的有效性。社会责任成效可以考虑道德行为、预防健康风险的措施和结果、交换知识的措施、保存资源和减少环境影响的措施等。

表明社会责任的例子：

· 为公民/客户和员工预防健康风险和事故的项目（预防项目的数量和类型、戒烟援助、健康食品教育、受益人的数量以及这些项目的成本/质量之间的关系）。

· 组织保存及维持资源的活动（例如有具社会责任感的供应商、遵守环保标准的程度、使用可循环再生物料、使用环保运输方式、减少滋扰、威胁及噪声、减少公用资源的使用，例如水、电、天然气）。

- 与有关当局、团体及社区代表保持良好关系。
- 支持国际发展项目和员工参与慈善活动。

五 SORAF：社会责任评估框架[①]

通用评估框架专家和国家记者积极地将通用评估框架方法应用于不同的部门和领域。社会责任评估框架就是一个很好的例子，该框架于2014年由比利时联邦公共服务人员和组织开发，并于2016年概念化。社会责任评估框架是一种自我评估工具，旨在发展公共部门的社会责任并评估其对社会的影响。社会责任评估框架回答了以下问题：

- 公共部门的社会责任是什么？
- 如何将社会责任融入决策过程，以及组织文化、战略和管理计划。
- 如何落实和评估公共部门的社会责任。

社会责任评估框架参照 ISO 26000 所订明的七个社会责任主题，协助确定本组织对其相关者的影响及影响范围：

1. 组织管理：社会责任是否已纳入组织的愿景、策略及规划，作为组织的主要表现指标？

2. 人权：本组织在多大程度上特别注意社会运动、寻求庇护者、青年失业和低收入领取养老金者等危险情况？

3. 劳工实务：组织是否为雇员提供最佳的工作环境？供应商的雇员的工作环境如何？

4. 环境：本组织在减少能源消耗方面实施了什么措施？如何改进？

5. 公平运作措施：打击贪污的措施有哪些？如何管理公共物品？公共物品是公共物品与私有财产之间的一个新概念。这可以包括自然资源，如水和森林。这也可以是由公共当局收回的废弃建筑物，并委托由民间社会代表和公共当局组成的管理委员会，用于社会和文化目的。

[①] SORAF brochure is available online on the publicquality webpage：http：//www.publicquality.be.

6. 公民问题：最关键的方面之一是所有人都能免费获得信息，不将那些没有互联网接入的人排除在外。

7. 社区参与和发展：通过发展鼓励当地企业，例如缩短供应链。

每个主题或核心主题被细分为 42 个行动领域。

综上所述，社会责任评估框架深化了将社会责任纳入公共组织工作的诊断。社会责任评估框架尤其通过扩大所审议的问题和纳入本组织的影响范围来实现这一点。

虽然致力于成为所有类型的私营或公营机构的标准，但 ISO 26000 标准在公共机构的应用有限。在这方面，社会责任评估框架的目的是：

1. 将公共服务行政的任务扩大到社会责任的不同方面，同时考虑所采用的国际标准；

2. 将社会责任纳入公共机构的策略（透过制订一份以社会责任为重点的机构管治行动计划）；

3. 使公共部门社会责任的执行和评价专业化；

4. 提供一个简单的工具，以加强社会责任，致力于公共服务，由公共部门开发（免费）；

5. 使公共部门的工作人员认识到公共服务任务中包括社会责任，并使他们参与社会责任行动；

6. 促进公共机构之间的社会责任比较及最佳实践交流；

7. 在收集需要和期望时，加强公共机构和相关者之间的交流；

8. 将社会责任的原则融入公共机构的运作中：问责制、透明度、道德行为、确认利益相关者的利益，特别是在向利益相关者提交报告时。

大多数社会责任评估框架区域出现在所有通用评估框架标准中，但发展得更深入（见图 3）：治理与领导力的关系（标准 1），通用评估框架模型的策略和规划（标准 2），与雇员有关的劳工实务（标准 3），雇员人权（标准 3）和公民人权（标准 6），在设计过程中，尤其要考虑到环境因素，包括与董事和公共市场有关的腐败行为的可信性（标准 5）。关于公民/客户的问题见标准 6。社区参与和发展最初是通用评估框架模型标准 8 处理的对象。

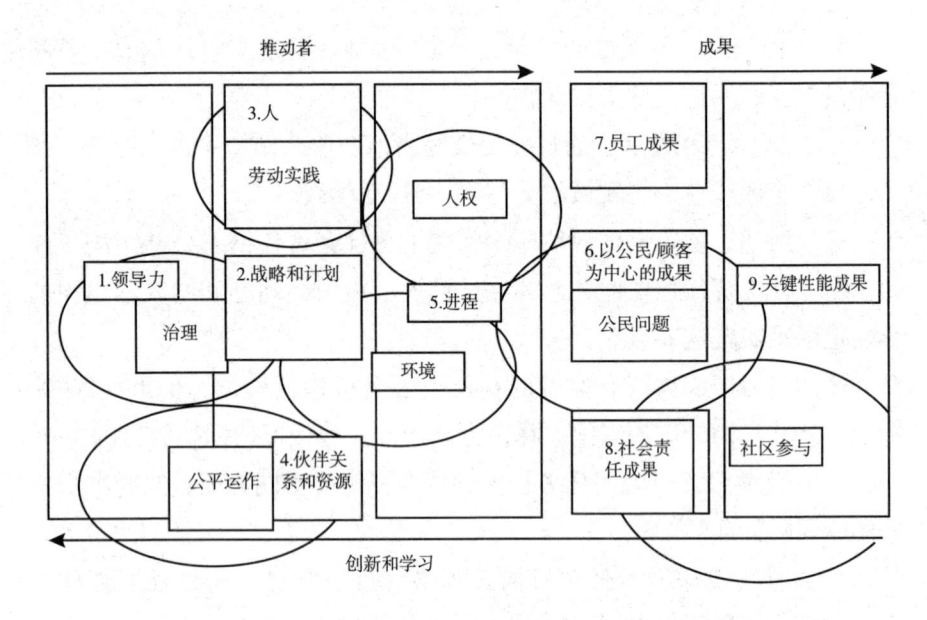

图3　社会责任评估框架、通用评估框架和ISO 26000条款

社会责任评估框架和通用评估框架作为两种自我评价工具，被认为是为了能够独立和互补地使用。它们不应该被认为是在互相竞争。如果组织考虑深化这一领域，通用评估框架诊断可导致与标准8相关的行动建议，即实施社会责任评估框架。以类似的方式，它可以考虑根据标准5实施ISO 9001认证。如果组织打算致力于卓越之路和参与式方法，执行社会责任评估框架可以首先引导组织使用通用评估框架。

六　总结

与之前版本的通用评估框架2006相比，唯一改变的标准是标准8"社会成果"。2013年通用评估框架会议引入了一个新的术语——"社会责任"，并更新了准则的名称。社会责任结果成为通用评估框架标准的一部分。目前，欧洲通用评估框架工作组正在开发该模型的新版本——通用评估框架2020。毫无疑问，新的通用评估框架将应对公共行政改革的主要现代挑战，并反映联合国2030年议程。因此，这将是一个值得推广的实现可持续发展目标的优秀模式。

参考文献

ZEFQM Framework for Sustainability. – Brussels: EFQM, 2013.

ISO 26000: 2010 – Guidance on Social Responsibility

ISO 26000 and SDGs. – Geneva: ISO, 2016.

Improving Public Organisations through Self-Assessment. CAF Education. – Maastricht: European CAF Resource Centre. EIPA, 2012. – 108 p.

Common Assessment Framework Good Practice Book. IQUAL Improving Quality of Public Administration through the Application of the CAF Model / Adv. Dmitry Maslov. – Regional Centre for Public Administration Reform of UNDP Bratislava Regional Centre, June 2011. – 62 p.

Staes P., Thijs N., Stoffels A. and Geldof S. Five Years of CAF 2006: From Adolescence to Maturity – What next? A Study on the Use, the Support and the Future of the Common Assessment Framework. EIPA, Maastricht, 2011. – 160 p.

Staes P., Thijs N., Claessens D. CAF Improvement Identification, Prioritisation and Implementation. – Maastricht: CAF Resource Centre European Institute of Public Administration, EIPA, 2016. – 250 p.

CAF 2013. Improving Public Organisations through Self-Assessment. Maastricht: European CAF Resource Centre. EIPA, 2012. – 78 p.

CAF External Feedback. Improving Public Organisations through Self-Assessment / Maastricht: European CAF Resource Centre. EIPA, 2013. – 60 p.

Dochot J. -M. et al., Social Responsibility Assessment Framework (SORAF). – Brussels: Federal Public Service Personnel and Organisation, 2016. – 88p. http://www.publicqualty.be.

CAF Vision note 2016. – Bratislava: EUPAN DG's meeting, 2016.

专题报告二
新时代扶贫:中国的扶贫
理念与创新实践

中国减贫的国际发展经验：多元目标体系与国家发展战略

高宇宁
清华大学公共管理学院国际发展与全球治理研究所副所长
李轶瑶
清华大学公共管理学院博士研究生

一 中国减少绝对贫困：实践与成就

1986年起中国开始实施有计划、有组织、大规模的扶贫开发，设立了扶贫开发专门机构划定国家级贫困县和省级贫困县，制定与中国国情和发展阶段相适应的扶贫开发方针。1994年中国正式颁布实施减贫的专项规划"国家'八七'扶贫攻坚计划"，首次明确用七年时间（指1994~2000年），要使剩下的8000万人摆脱绝对贫困。2001年颁布并实施了《中国农村扶贫开发纲要（2001~2010年）》，明确提出到2010年尽快解决剩余贫困人口的温饱问题，进一步改善贫困地区的生产生活条件，巩固扶贫成果。2011年中国制定《中国农村扶贫开发纲要（2011~2020年）》。2013年中国又进一步提出"精准扶贫"的战略，力争2020年全面建成小康社会，全部贫困人口实现脱贫。

1978年改革开放之初，中国人均国民总收入（Gross National Income, GNI）处于300美元以下，属于低收入国家；到1998年，人均GNI突破800美元，达到下中等收入国家水平；2009年人均GNI为3650美元，接近上中等收入国家人均收入水平（2009年的下界为3946美元）。按照中国国家2010年贫困线标准，1978年中国贫困人口为7.7亿人；2017年贫困人口为3046万人，过去40年有7亿以上的人口摆脱了贫困。过去五年间，全国农村贫困人口累计减少6853万人。

中国是发展中国家最早实现了极端贫困人口（指人均每日支出不足1.25美元）比例减半目标的国家之一，由1990年的60.2%下降至2010年的7.9%。中国极端贫困人口占世界的比例也从1990年的37.6%下降到2010年的12.9%，之后进一步下降到2015年的7.5%。2011年，联合国秘书长潘基文对中国在千年发展目标方面的表现给予如此评价："中国是实现联合国千年发展目标的'No.1'国家，特别是在减贫方面进步巨大，为全球做出了很大贡献。东亚的贫困率到2015年有望降至不到5%，而这个成果在很大程度上归功于中国经济的巨大发展。"①

表1 中国、印度极端贫困人口占世界比重（1981~2015年）

年份	低于1美元		低于1.25美元	
	中国	印度	中国	印度
1981	47.6	19.3	43.6	22.0
1987	33.6	23.2	34.1	24.9
1990	38.3	21.7	37.6	24.0
1996	25.5	23.9	26.5	26.4
1999	26.4	23.6	26.4	26.4
2002	22.4	25.3	22.3	28.3
2005	12.1	30.3	15.1	33.2
2008	12.1		13.4	
2010	11.5	27.7	12.9	33.0
2015			7.5	31.4

资料来源：World Bank, World Development Indicator。

按照世界银行每人每日1.9美元标准（2011年不变价的购买力平价水平），中国总体贫困发生率从1990年的66.6%，到2002年降至

---

① 刘坤喆：《"有一个远大梦想，做一名世界公民"——本报记者专访联合国秘书长潘基文》，《中国青年报》，2011年10月28日。

31.9%，在发展中国家率先实现联合国千年发展目标，到 2015 年又进一步降至 0.7%，贫困人口总数从 1990 年的 7 亿多人口下降到 2015 年的不足 1000 万人口，基本上提前消除以国际贫困线为标准的贫困人口。中国贫困人口占世界比重从 1981 年的 46.4% 减少至 3.28%。同期，世界贫困人口从 1990 年的 19.03 亿下降到 2015 年的 7.36 亿人，减少了 11.67 亿人。世界贫困发生率从 1990 年的 35.9% 降至 2015 年的 10.0%，中国对全球减贫的贡献率高达 64%。

2015 年 9 月在联合国成立 70 周年之际，世界银行行长金墉对中国的减贫成就这样评价，"在过去的 25 年里，中国在消除极端贫困方面发挥了人类历史上最大的作用，中国在消除贫困方面是世界上最有经验的国家。"总体而言，中国的减贫行动在过去几十年间成就巨大，获得了国际社会的一致认同和高度评价。

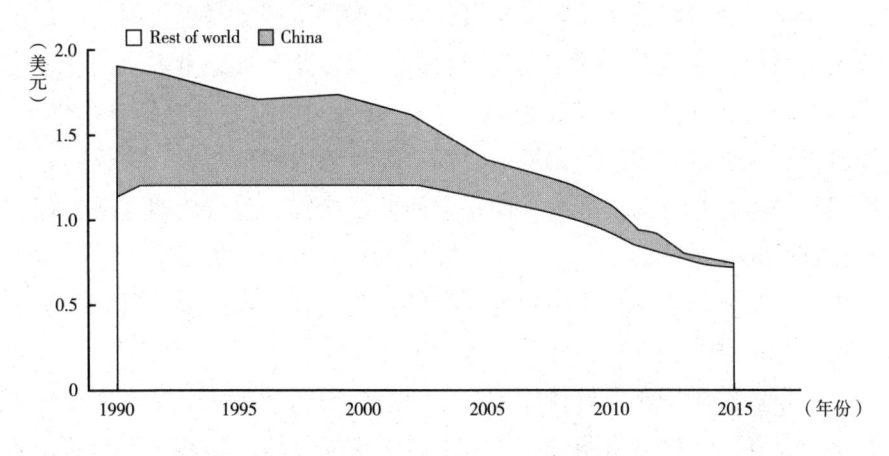

图 1　每人每日 1.9 美元标准以下贫困人口量

资料来源："The Chinese Century is Well under Way," *Economist*, Oct. 27th, 2018。

二　减少绝对贫困的战略基础：多维度发展目标

印度经济学家班纳吉和法国经济学家迪弗洛在二人合著的《贫穷的本质》一书中总结了导致贫困的四个主要方面原因，包括动荡的社会局势、恶劣的自然环境、落后的教育水平以及社会救助机制的缺位。从这个意义上来说，减贫战略本身也必须是超越单纯的提高经济收入的多维度多元目标的发展战略。联合国千年发展目标（MDG）是以消除贫困、关注弱势群体、实现人类发展为主旨，以关注人的生存和发展权利为重点，以整合经济、社会、环境三个维度可持续发展为前提，属于典型的多维度发展目标框架。中国政府提出的全面建设小康社会目标就是联合国千年发展目标的中国化。联合国千年发展目标与中国提倡的注重平衡发展、以人为本的小康社会不谋而合。中国的小康发展模式和联合国千年发展目标都是"以人为本"，在概念上都重视以人为本的目标与目的，代表了"人民的议程"，且其所关注的发展都将给人们的生活带来直观且可量化的变化。

联合国千年发展目标不仅为中国设计发展目标提供了极其宝贵的国际经验和国际借鉴，使中国与国际社会的人类发展同步、同行，而且使中国成为国际社会实现联合国千年发展目标的最重要支持者和最大贡献者，为世界达到联合国千年发展目标要求提供了坚实基础。中国实现小康社会将促进实现联合国千年发展目标的国际化目标，中国全面建设小康社会将对世界实现千年发展目标做出更大的贡献。目标具有多维性、关联性和互补性：多维性即发展目标所涉及的内容不是单一指标而是多维指标，不是单方面发展指标而是全面发展指标；关联性即这些目标和指标都是相互关联的，一个目标的实现关联和带动其他目标；互补性即小康社会目标与实现千年发展目标的结合和互补；国内发展目标与国际发展目标的结合和互补。

根据联合国千年发展目标数据库的指标情况来看，中国表现较好的指标也是在多个维度有所分布。除了经济指标中的劳动参与率和就业人口贫困率之外，在教育方面中国的青年人口识字率由于九年义务教育的普及排名一直非常靠前。初等教育性别平等水平也在2000年之后在160多个样本国家中排名前20%①，部分年份还达到前10%的水平。在健康方面，中国的1岁以下婴儿麻疹免疫率在2009年之后一直在194个样本

---

① 关于指标3.1，中国在可获得数据的约160个国家中排名在2002年最为靠前（9/169），此后排名开始下降，在2008年前后保持在30名左右。

国家中排名第一①。与优生优育相关的生育服务专业医护人员参与率也一直都在前20%的水平②。

表2 中国在联合国千年发展目标中长期处于全球前20位的指标

1）经济	2）教育	3）健康
1. B 劳动参与率	2. A 青年人口（15~24岁）识字率	4. A 婴儿麻疹免疫率
1. B 就业人口贫困率	3. A 初等教育性别平等指数	5. A 生育服务专业医护人员参与率

资料来源：作者根据联合国统计司（http://mdgs.un.org/unsd/mdg/Data.aspx）数据进行计算。

此外，《联合国千年发展目标报告2007》还指出，"5岁以下儿童体重不足发生率1990~2005年间减少了五分之一。东亚进步最大，超过了千年发展目标的具体目标，这主要归因于中国营养水平的提高"。2008年该报告又进一步指出："在东亚，特别是中国，1990~2005年间已成功将体重不足的儿童比例减少了一半以上。"而2011年的报告中进一步指出，"在与饥饿作斗争的过程中，地区内部之间存在差距，东亚地区自1990年以来的强劲增长主要是由于中国的发展"。

在经济、教育和健康指标之外，《联合国千年发展目标报告2009》还专门指出，"在东亚，贫民窟居民比例急剧下降，很大程度上归因于中国增加使用改善的供水和卫生设施"，"在2000~2005年间，人造林的种植面积每年大约增加280万公顷——这主要归功于中国大规模的植树造林计划"。此外，中国还通过不断提高抵御自然灾害风险的能力来降低生存风险。例如2010年的报告中指出，"减少灾害风险的投资能产

① 此处关于指标4.A的1岁以下婴儿麻疹免疫率的排名，2009年之后一直排名第一，但回看数据后发现数据库的数值为整数，即2009~2013年中国的数值均为99，同时每年还有30个左右国家也是99，即并列第一。此数据与WB中MDG数据库的数据一致，都没有保留小数位。特此说明。

② 此处关于5.A指标由卫生技术人员接生的新生儿百分比的数据，由于有数据的国家数量在30~0之间，因此排名一直在前20%的表述不够准确，从2010年开始中国数据在可获得的国家中排名开始位于前20%，此后到2013年间在21%~14%间波动。

生长期效益，从1969年至2000年，中国花了31.5亿美元用于减少洪水造成的影响，由此避免了估计120亿美元的损失。"

由此可见，中国在经济、教育、卫生、环境多个维度的发展带来的是对于贫困情况全方位的改善，也只有这样的多维度的发展才使得减少绝对贫困在中国成为一个持续不断的、可持续的进程。

三 减少绝对贫困的保障机制：国家发展规划

中国政府能够将不同维度、互相关联的发展目标进行整合并转化为切实可行的政策设计与行动，一个重要前提条件是具备基本的国家能力。对于发展型国家而言，通常通过对发展的谋划、引领和指导来推动经济社会发展，而国民经济和社会发展五年规（计）划以其全面性、长远、纲领性成为我国发展规划体系的龙头和主体[1]。随着中国从计划经济转型社会主义市场经济，这一体制也逐渐完成了从侧重经济增长的指令性"计划"向以公共事务治理为主要目标的战略性、纲领性"规划"的转型。五年规划在不断自我调适的政策过程中实现对各种治理方式的重新组合[2]，并通过收集信息、形成共识，以不断提高将国家意志与战略目标转化为政策设计和集体行动的能力。

而这种周期性、渐进性的战略决策调整有赖于国家发展理念、发展模式与发展目标的转变。从"九五"计划首次明确提出经济与社会协调发展，"十五"计划开始组织发展规划纲要实施中期评估，"十一五"规划开始增加"约束性"与"预期性"指标类型，再到"十二五"规划坚持把加快转变经济发展方式作为主线，人的全面发展不再作为衡量经济效率的标准，而是与社会全面进步一同成为发展和规划的最终目的。正是五年规划方向与可持续发展理念的不断契合，以及政府通过对发展规划职能的再定位不断提升自我适应能力和对资源的整合、调动能力，为中国减少绝对贫困这一目标实施提供了坚实可靠且具有高度连续

---

[1] 杨永恒：《发展规划理论、方法和实践》，清华大学出版社，2012。
[2] 韩博天、奥利佛·麦尔敦、石磊：《规划：中国政策过程的核心机制》，《开放时代》2013年第6期，第8~31页。

性的保障机制。

"十五"时期我国提出发展巩固"八七"扶贫攻坚成果,从根本上改变贫困地区面貌,是一项长期而艰巨的任务,要坚持开发式扶贫,多方面增加扶贫资金投入。"十一五"时期国家扶贫工作目标是:基本解决农村贫困人口的温饱问题,并逐步增加他们的收入,基本完成14.8万个贫困村的整体推进扶贫规划;提高对农村贫困地区基础设施和基本社会服务等公共物品的供给能力。"十二五"时期中国现行标准下农村贫困人口从2010年的1.66亿人减少到2015年底6000万人左右,累计解决10068万农村人口和1521万农村学校师生的饮水安全问题,全国通过发展旅游脱贫人数达1000万以上①。

除此以外,中国还制定了一系列专项发展规划,如《中国农村扶贫开发纲要》《国家粮食安全中长期规划纲要》《中国卫生事业发展规划等》,将千年发展目标作为约束性指标全面融入国家规划②。中国实际上用"十五"到"十二五"三个连续的国家发展规(计)划覆盖了千年发展目标的执行期,通过不断调整的发展目标,实现了从理念引导到机制保障的完整体系,确保了千年发展目标高质量的实现。

表3 联合国千年发展目标(MDG)与中国五年规划阶段对照

联合国千年发展目标 2000~2015年		
目标准备阶段 2000~2003年	目标调整阶段 2003~2008年	目标实现阶段 2008~2015年
中国国民经济与社会发展规划纲要		
"十五"计划 2000~2005年	"十一五"规划 2005~2010年	"十二五"规划 2010~2015年

四 从减少绝对贫困到减少相对贫困:未来发展目标

从减少绝对贫困人口的标准来说,无论是《中国农村扶贫开发纲要

---

① 资料来源:中央政府门户网站,http://www.gov.cn/xinwen/2015 - 12/25/content_ 5028015.htm。
② 联合国:《中国实施千年发展目标报告(2000~2015)》,2015年7月。

(2011~2020年)》还是全面建成小康社会的"精准扶贫"战略所针对的都是中国2010年贫困线,即2010年不变价人均年收入2100元,考虑价格变动后这个标准到2017年约相当于当年价3200元人民币的年收入,这个标准仅相当于全国农村人均可支配收入13432元的23.8%,标准仍然不高。

到2017年,中国的人均GNI为8690美元,已经超过上中等收入国家的中位水平。因此,从这个意义上来看,中国的相对贫困线标准也应当逐渐从1.9美元的低收入国家标准,逐渐提高到下中等收入国家3.2美元的相对贫困线标准之后逐渐提高到上中等收入国家的5.5美元的贫困线标准,甚至在中长期水平上逐渐考虑当前高收入国家的21.7美元的相对贫困线标准。

实际上,如果以当前上中等收入经济体5.5美元相对贫困线标准来看,1990年中国几乎全部人口的日消费水平均在该标准之下,到2002年该比例下降到80.7%,到2010年仍有一半以上的人口处于该标准之下。到2017年中国日消费在5.5美元之下的人口依然有23%,这说明中国未来在跨入高收入国家门槛之前相对减贫的任务依旧十分沉重。

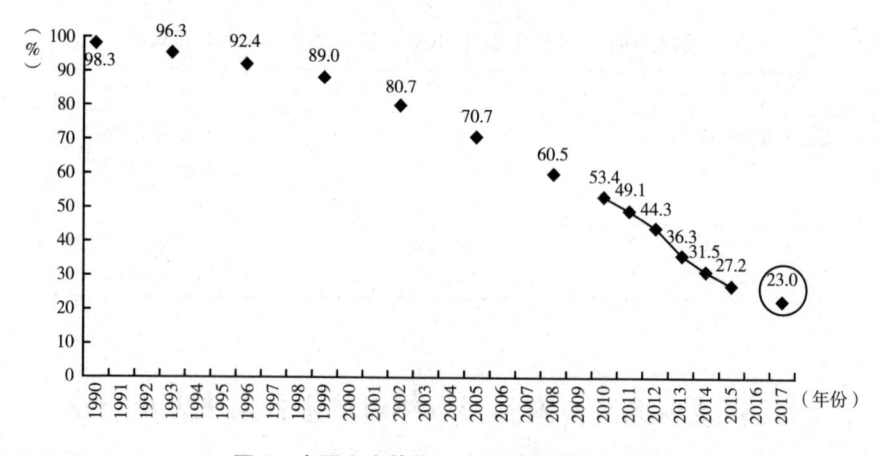

图2 中国上中等收入线相对贫困发生率

资料来源:世界银行,世界发展指标数据库。

参照世界银行的这些相对贫困标准,中国在2020年全面建成小康社会消除绝对贫困人口之后,应当开始参照国际减贫标准谋划到2050

年建设社会主义现代化强国过程中的新的消除相对贫困的"三步走"战略：第一步到2025年"十四五"末期，基本消除3.2美元标准下的相对贫困人口；第二步到2035年基本消除5.5美元标准下的相对贫困人口，实现社会主义现代化；第三步到2050年将21.7美元标准下的相对贫困人口比例控制在较低水平，实现中等发达程度的经济水平。

为此，中国需要在"十四五"和"十五五"两个五年规划时期，继续将国家发展目标与联合国可持续发展目标协调统一，设定新的行动计划和保障措施，为全球减少相对贫困的行动和实现可持续发展目标做出贡献。

用计量经济学评估中国财政政策对贫困的影响

阿克巴·胡塞诺夫(Akbar Huseynov)
阿塞拜疆科学院经济研究所研究员,阿塞拜疆旅游管理大学经济师、讲师

一 贫困的概念及常见的现代方法

关于贫穷存在多个不同的定义。字典给出的字面意思是一个人没有办法生活得很好,或生活得不舒适。贫困也指缺乏生活所需的机会。19世纪末,英国把贫困定义为以收入和消费支出为基础的情况。这一构成使货币成为研究贫困的起点,贫困是用个人或家庭的收入或消费支出来衡量的。起初,只考虑维持生命所需的粮食开支,而在后来的研究中,诸如接受基本教育和获得医疗服务、衣服或住房等非粮食需要无法得到满足的问题也被列入了贫困的定义。

贫困的定义通常是基于收入的。但阿马蒂亚·森(Amartya Sen)认为,将贫困与收入单独挂钩是不对的。有一种经济方法,通过将贫困与发展问题联系起来,为解决贫困问题提供更广阔的前景。在他看来,贫困不仅是低收入的一种现象,更是商品以及社会排斥的一种现象。社会因素以及生物、文化、经济、历史和思想背景是了解贫困原因和解决贫困问题的必要条件。阿马蒂亚·森认为,人们应将贫困定义为阻碍人们过上符合其美好生活观的生活的挑战。因此,个人的福利不仅应以其拥有的商品和收入或获得的福利来评价,还应以其能做什么和不能做什么来评价,这意味着不能只以金钱来衡量。

从过去到现在,贫穷意义及人们对贫穷的看法随着经济、社会和政治形态的影响而改变。在16世纪的欧洲,资本主义开始出现,生活方

式和贫困的概念都不同于早期社会的贫困。盖雷梅克（Geremek）的著作中描述了贫困趋势。他指出交通、贸易和制造业行业受波动影响，就业具有不规律性，一方面是由于农业商品化所引起的农业结构波动所引起的需求波动，另一方面是由于农村人口无法在农村生活。盖雷梅克在他的研究中也提到，只有一个忠诚的社区，这个群体没有引起社会的骚乱。因为这里对贫穷的看法是，乞讨和赡养费是社会秩序的一部分，富人应为穷人提供慈善，并拯救他们的灵魂。17世纪，人们对贫困的认识又发生了变化，人们开始认识到穷人不再是劳动力，也不应再是被浪费的生产要素。

在19世纪，贫穷在社会上并不被视为一种社会风险，更不被认为是一个国家层面的问题。这种情况在阿塞拜疆仍然存在，公共行政的连续性、统计记录的保存和税收等都与社会风险有关，国家无法大规模地集中任务。然而，20世纪出现的福利国家在改变贫困方面发挥了重要作用。福利国家是欧洲在20世纪30年代至60年代，于特定历史条件下产生的，其目的不仅是缓和社会矛盾和再分配的基本风险，更是改写国家与公民之间的社会契约。福利国家的意义超越了社会政策。社会政策本身就意味着对社会风险的公共管理。在此背景下，福利国家与国家提出的社会救助计划不同。在现代文明中，人们面临贫困、无家可归、身体残疾、暴力和突然死亡，但他们并不总是面临失业或核辐射的挑战。

20世纪70年代以后，由于全球化、去工业化、灵活生产、人口老龄化、妇女社会经济地位的变化以及家庭结构的变化，人们对福利国家的认识开始发生变化。随着现代贫困的出现，社会公民权利在贫困背景下首次被提上了议程。在此背景下，围绕将73项基本收入作为公民权利给予公众的基本收入政策，人们展开了争论，为那些能够生存下去的人提供收入并将其作为一项涉及定期现金转移支付的政策加以执行，已开始变得越来越重要。托马斯·潘恩（Thomas Paine）于1791年出版的著作《人权》（Rights of Man）中提出了为穷人提供现金的建议。潘恩主张将提供基本现金收入作为一项公民权利，而不是作为对穷人的慈善。因此，无法找到体面工作的人不必在依赖他人的同情和痛苦之间作出选择，借此潘恩定义了国家对个人的责任。另一个关于20世纪现金收入支持政策的建议是米尔顿·弗里德曼（Milton Friedman）的负所得税。目前，贫困已成为一种社会和政治现象，各国都制定了社会和经济议程，并为解决贫困问题展开了不同的努力。贫困已成为发达国家的主要问题，而不仅是欠发达国家和发展中国家的问题，贫困同样是20世纪80年代以后伴随世界经济全球化出现的问题。2008年的全球危机更凸显了这个问题。

二 财政政策对收入分配影响的实证研究

经济理论证明，现有的关于预算支出对经济增长的潜在影响的实证研究在财政政策中占有很大的比重。尽管财政政策工具对收入分配的影响略小，但宏观经济指标中的三个关键领域之一很可能是质量和结果。相关研究面临的主要问题是，难以在国家或区域一级取得长期收入分配的数据。到目前为止，人们已经从不同的角度对不同类型的预算支出和收入分配之间的关系进行了研究。计量经济学的调查结果如表1所示。

表1 财政政策对收入分配影响的实证研究

研究员	研究地点和时间范围	使用的计量经济模型的类型	结果
德文（Devin）	美国，1949~1976年	时间序列，正常最小二乘方（OLS）	在收入分配方面，预算支出对劳动力因素有正向影响
古斯塔夫松和约翰森（Gustafsson və Johanson）	16个经合组织国家，1966~1994年	平板，正常最小二乘方	预算数额对收入有积极影响，同时对社会保障转移没有重大影响
西尔韦斯特（Silvestr）	全球50个国家，1970~1990年	平板，正常最小二乘方	教育成本对收入分配有正向影响。与较弱的发达国家相比，经合组织国家的影响更大
布韦（Bouvet）	货币联盟中的13个国家，1977~2003年	平板，正常最小二乘方	社会转移将有效地消除欧洲的区域差异
阿丰索（Afonso）	26个经合组织国家，1995~2000年	数据存储分析	在教育质量较高的国家，社会支出对收入分配的影响更大

续表

研究员	研究地点和时间范围	使用的计量经济模型的类型	结果
贝尔托拉（Bertola）	全球14个国家，1995~2005年	平板，正常最小二乘方	以转移支付形式出现的社会保障支出，除退休福利外，能够克服收入分配方面的不平等
尼胡伊斯（Nihuyes）	24个欧洲联盟国家，1993~2006年	平板，高斯混合模型（GMM）	失业救济和月度奖学金对收入分配有正向影响
穆尼洛－加洛和罗卡·萨加雷斯（Muynelo-Gallo və Roca Sagalez）	43个中等和高收入国家，1972~2006年	平板，正常最小二乘方 OLS－FE－RE	当前预算支出的增加有利于经济增长和收入的公平分配。国家投资支出改善了收入分配
马丁内斯·巴斯克斯（Martinez-Vazquez）	全球79个国家，1970~2009年	平板，高斯混合模型（GMM）	社会福利、教育、医疗和住宿支出对收入分配有正向影响。
沃和其他人（Voo və others）	全球48个国家，1980~2010年	平板，SUR－FE	社会福利与收入不平等呈负相关关系
科雷奥·卡罗（Correo-Caro）	中国和全球其他33个国家，1980~2013年	平板，4－高斯混合模型（GMM）	一般预算支出的增长对收入分享有消极影响。相反，税收有积极的影响。
萨洛蒂和特雷克罗西（Salotti və Trecrosi）	经合组织国家，在40年的不同时期	平板数据，FE－RE－GMM	国家消费支出、教育和医疗支出对收入分配具有重要影响

资料来源：作者整理。

就实证研究而言，基尼系数的比例、劳动和资本收入、贫困率（全国平均收入水平的60%及以下），20%的中低收入者在社会中所占的份额应用于该研究。为了确定分享者的准确性，需要仔细选择控制指标。应将人口增长率和城镇化率作为人口结构指标的模型，将人均收入和对外贸易、人均教育、预算平衡作为有效的公共财政体系指标，国家的政治稳定和腐败经常被用作经济发展控制变量的指标。

表1清楚地显示，虽然西尔韦斯特、萨洛蒂和特雷克罗西的研究对预算分配产生了积极的影响，但阿丰索的研究表明教育质量可以提高财政政策的有效性。调查结果在分析国家经济占比与收入除以预算总支出的关系方面给出了不同的结果（Bouvet，Bertola，Voo，Martinez-Vazquez et al.）。

实验研究通常在平板数据分析中根据时间变化进行。此外，简单的统计调查也包括许多关于影响国家收入分配因素的小型研究（Coumard 等人）。在分析 1990~2000 年经合组织国家初始和后续收入分配的差异后，他们认为，转移支付是减少所得税不平等的一个更有效的工具，包括家庭和寻求庇护者之间最累进的转移和最倒退的转移——每月补助金。戈尼（Goni）和其他人在拉丁美洲和西欧国家也发现了类似的结果。在第二组国家中，国别群体的安置政策更为有效。库伯鲁（Cuberu）和霍拉拉（Holara）表示，1995~2008 年，中美洲国家社会支出的重新分配高于税收，社会保障费用是递减的，教育和医疗卫生支出是渐进的。雷诺兹（Reynolds）和斯莫伦斯基（Smolenski）声称，美国的公共财政体系起到了减少收入分配差距的作用，但这种影响的来源是免税的预算成本。拉斯蒂克（Lustik）等人试图在国家经济份额和财政收入之间没有任何关系的情况下，展示相关性和利率。拉斯蒂克在拉丁美洲的六个国家也采用了同样的方法，它们减少了转移成本的不平等，以及教育和医疗支出对转移支付的影响。保卢斯（Paulus）和其他人的报告表明，在欧洲大陆的五个国家（德国、英国、比利时、意大利和希腊），住宿、教育和医疗服务的比例平均下降了 5.8%。

实证研究中反映的另一个重要问题是库兹涅茨（Kuznets）假设的检验。苏斯列韦达（Suzleveda）、马丁内斯-巴斯克斯、萨奇基（Sachki）和萨洛蒂的研究提供了证据，说明收入分配在经济发展的最早期和逐步化解收入分配不平等的下一阶段的过程，发达国家和新兴经济体收入分配存在动态差异，在评估时应予以考虑。

三 税收收入再分配与收入再分配互动关系研究面临的困难

关于税收负担和收入分配的研究主要由马布罗卡（Musgrabica）、克泽扎尼亚卡（Krzezaniyaka）、克吉格（Kirkge）、哈伯格（Harberger）、彭奇马纳（Penchmana）和波尔尼雪奇（Polynskie）完成。他们对相关税率对美国整体收入分配的影响进行了一些研究。经济研究员潘奇曼（Penchman）（他的合伙人是奥克纳）得出的结论是，税收系统有一个相当平衡的组织结构，对其收入部门没有显著影响。在他的研究中，波林斯基（Polinski）试图澄清税收负担和收入分配之间关系的时间。

所有这些研究人员都还没有达到社会在研究这两个指标之间的具体关系或相互作用机制方面的满意程度。对于研究人员来说，最大困难是缺乏准确的信息和对结果的及时披露。

在研究过程中，如果指标计算不足（往往是由于收入的再分配），研究人员往往会在非排他的基础上夸大税收负担。在哈伯格三角（Harberger Triangle）中，被"夸大"的税收负担被理解为财富的损失。这个三角形的一边显示了在市场价格上涨时，用于收入支出的税率的变化。三角关系的另一方对由于生产下降和间接就业减少而造成的收入税收"负担的负担"有一定的认识。

所有这些研究结果均表明，学者们在探讨税收负担对发达国家和发展中国家收入再分配的影响方面取得的进展仍很有限。我们可以放心地说，洛伦兹曲线系数的逐年变化，以及与之相关的基尼系数，似乎仍然无法解释这个问题的成因。

四 预算支出对中国贫困的影响

有时有一些因素可以确保收入的公平分配，这应该是每个国家的主要目标之一。近年来，欠发达国家或发展中国家最紧迫的经济问题之一都是减少贫困，这并非巧合。

80年代以后，中国把减少贫困作为主要目标之一。近年来，中国国力的增强、社会福利水平的提高、大量新增就业岗位及其对就业的重大影响，都可以从一些国家计划的成功实施中看到。由于国家计划的成功实施，中国的减贫进程在世界银行排名中名列前茅，以2011年购买力平价及每日生活费在1.90美元或以下的人口比例计算，中国的贫困率从1981年的88%下降到了2012年的6.5%，超过5亿人摆脱了极端贫困。盖洛普（Gallup）的独立研究显示，中国的贫困率从2007年的26%下降到了2012年的7%，世界银行的研究表明，2014年中国生活在国际贫困线以下的人口比例继续下降至4.1%。截至2018年,生活在国家贫困线以下的贫困人口约3000万人,约占中国总人口的2%,中国有望到2020年彻底消除贫困。

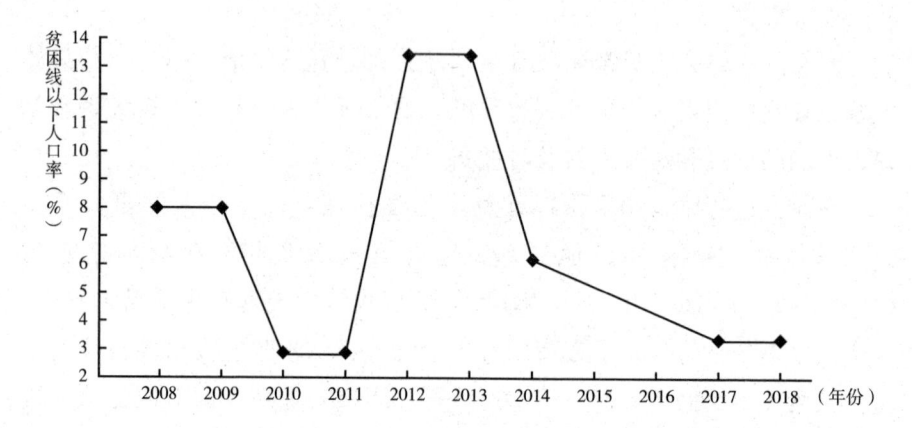

图1 中国贫困线以下人口(目前中国贫困线为每人每年收入3300元人民币)

资料来源:Indexmundi, CIA World Factbook。

计量经济学分析表明,预算支出、国民收入与贫困水平之间存在着紧密的联系(见表2)。政府预算的变动对贫困水平以下人口的影响是按直接(通过回归方程)和间接(以产量比率衡量)两种方式来衡量的。

表2 中国预算支出、一般收入与贫困水平关系的计量经济学分析

	预算支出(十亿美元)	人口总收入(十亿美元)	ln预算超支	ln人口总收入	R平方	统计量(Darbin-Watson)
贫困人口数量(十亿)	-0.180				0.958	1.922
贫困人口数量(十亿)		-0.065			0.977	1.844
ln(贫困人口数量)			-0.680		0.982	1.681
ln(贫困人口数量)				-0.975	0.996	1.781
人口总收入(十亿)	0.184				0.997	2.047
ln(人口总收入)			0.7		0.997	2.239
贫困人数(间接)	-0.245					
贫困人数(间接)				-0.676		

资料来源:作者整理。

五　总结

计算结果表明，阿塞拜疆国预算支出增长 10 亿美元，使 18 万人摆脱了贫困。每增加 10 亿美元的总收入，贫困人口就会减少 65 万。根据弹性测量的结果，预算开支增加 1% 将使穷人的数目减少 0.68%，使穷人的总收入增加 1%，即预算开支增加 0.975%。间接计算结果表明，政府支出每增加 10 亿美元，贫困人口就会减少 17.5 万人。预算支出增加 1% 的弹性水平，就会使穷人的数目减少 0.676%。

参考文献

Alam, Murthi, Yemtsov and others. 2005. Growth, Poverty, and Inequality: Eastern Europe and the Former Soviet Union. World Bank, Washington, D.C..

Christiaensen, L. P., Lanjouw, J. Luoto, and D. Stifel. 2008. — The Reliability of Small Area Estimation Prediction Methods to Track Poverty, paper presented at the WIDER Conference on Frontiers of Poverty Analysis in Helsinki, 26 – 27 September, 2008.

Deaton, A., and S. Zaidi. 2002. — Guidelines for Constructing Consumption Aggregates for Welfare Analysis. World Bank LSMS Working Paper #135. Washington, D.C..

Ferreira, Francisco. 1999. — Economic Transition and the Distributions of Income and Wealth. *Economics of Transition* 7 (2): 377 – 410.

Foster, J., J. Greer, and E. Thorbecke. 1984. — A Class of Decomposable Poverty Measures. *Econometrica* 52 (3): 761 – 766.

Ivaschenko, Aleksiy. 2002. — Growth and Inequality: Evidence from Transitional Eeconomies. In Theory and Policy Implications (2003): 155 – 98. CESifo Seminar Series. Cambridge and London: MIT Press.

Lastrapes, W. D. and Todd B. Potts. (2006). Durable Goods and the Forward – Looking Theory of Consumption: Estimates Implied by the Dynamic Effects of Money. *Journal of Economic Dynamics and Control*, 30: 1409 – 1430. Milanovic, Branko. 1998. Income, Inequality and Poverty during the Transition from Planned to Market Economy. World Bank, Washington, D.C..

Milanovic, Branko. 1999. — Explaining the Increase in Inequality during Transition. *Economics of Transition* 7 (2): 299 – 341.

Otlin, J. 2008. — The Causes of Poverty: Thinking Critically about a Key Economic

Issues. *Social Education* 72 (2).

Ravallion, M. 1994. — Poverty Comparisons: A Guide to Concepts and Methods. LSMS Working Paper No. 88. World Bank, Washington, D. C.

Van Der Hoeven, R. , and A. Shorrocks. 2003. *Perspectives on Growth and Poverty*. United Nations University Press. New York.

VanDoorslaer, E. and others. 2006. — Effect of Payments for Health Care on Poverty Estimates in 11 Countries in Asia: An Analysis of Household Survey Data. *The Lancet* 368: 1357 - 64.

Yemtsov, A. , R. Cnoblach, and C. Mete. 2006. — Returns to Education in ECA. World Bank, Washington, D. C. .

菲律宾公共住房供应的参与式管理

马里夫·巴列斯特罗斯（Marife M Ballesteros）

菲律宾发展研究所副所长

一 引言

自 20 世纪 70 年代末参与式治理概念被首次提出以来，参与式治理的适应性已显著增强。它现在正在社会和生态环境中得到广泛的应用，并影响了政治和经济学科的研究。参与式治理通常被视为通过促进公民赋权和增强公民对公共部门问责项目，直接让利益攸关方参与治理的战略。因此，参与性治理也被称为"人民伙伴关系"或"桥梁伙伴关系"。20 世纪 90 年代，经济学家创造了"共同生产"一词，将参与式治理描述为"将不属于同一组织的个人的投入转化为商品和服务的生产过程"（Ostrom, E., 1996, p.1073）。一个典型的例子是在客户（或公民）将他们的投入（例如时间、知识、劳动力等）提供到生产过程中，政府提供公共服务。

发展中国家的证据表明，在小学教育、城市基础设施和税收仲裁等部门，通过共同生产方式提供公共服务的效果比在没有受影响社区参与的情况下，由政府单独提供投入要好（Watson, G., 1995; Ostrom, E., 1996; Silvestre, H., et al., 2016）。具体来说，在官僚主义根深蒂固的经济体中（例如，稀缺的人力、有限的预算、官僚主义的惰性和党派政治等），政府对"客户"的反应能力的提高可以改善公共机构的能力。

在菲律宾，参与式治理已在国家和地方各级政府制度化。在这篇论文中，我们研究了参与式治理是如何应用于高度城市化城市的公共住房供应的。第二节概述了菲律宾参与式治理的制度化。第三节介绍了通过设立地方住房委员会参与住房管理的情况。本文还特别研究了马尼拉地区住房委员会的动态。

二 菲律宾参与式治理概述

1987年，随着菲律宾政治制度的改变，该国发展参与式治理的法律基础已经确立。1987年的菲律宾《宪法》概述了在私营部门参与较多的民主进程中进行改革的必要性。① 1991年颁布的菲律宾地方政府法（LGC）（共和国法7160号）进一步推动了菲律宾参与式治理的议程。菲律宾地方政府法规定了一种分散的管理制度，在这种制度下，地方政府单位在管理其选民方面享有自治权。权力下放的一项执行原则是"私营部门和社区参与地方管理，特别是提供基本服务，作为可持续发展的备选战略"[LGC Sec 3 (1)]。

这些法律为在国家和地方一级实现更多的公民参与创造了新的途径。菲律宾地方政府法还为将公共机构转变为与社会和社区团结一致的机构提供了基础。菲律宾中央政府的一项主要计划是基层参与式预算（原自下而上预算，BUB）。自下而上预算于2012年推出，旨在通过地方政府单位（LGUs）使地方民间社会组织（CSOs）和基层社区能够参与国家预算进程。它的目的是使国家政府预算编制过程更能适应当地的需要。民间社会组织和地方政府单位合作确定了由国家政府资助的优先减贫项目。各城市召集地方扶贫行动小组（LPRATs），由地方行政长官担任组长，成员由民间社会组织和地方政府单位代表组成。地方扶贫行动小组的任务是制订一项地方减贫行动计划，其中包括直接满足贫困和边缘化群体需求的项目。这一战略建立了一些项目，有效地改善了社区人民包括穷人的生活（Manasan, 2017）。此外，自下而上预算的执行增加了社区成员之间的社会资本（定义为信任水平）和社区与地方官员之间的社会资本（Manasan, 2017）。

---

① 私营部门是指以公司、企业、非政府组织、人民团体等为代表的私营组织。

在国家以下一级，地方政府单位已开始组织地方特别机构，以促进民间社会参与地方治理。国家政府鼓励外勤人员组织这些机构，并允许外勤人员成立法律没有授权的其他机构（如有必要）。表1描述了这些特殊机构。

虽然法律规定地方政府单位具有组织这些特别机构的灵活性。此外，虽然一些地方政府单位组织了这些特殊的机构，但是在不同的地方政府单位中，实现方式是不同的。在某些情况下，由于缺乏民间社会的代表，这些机构无法发挥作用；没有有效的参与，或当地官员没有做出有效反应（UNDP，2007；Manasan，2011；Manasan，2016）。然而，在这些特别机构有效运作的领域，它们已产生了显著的成果。

在当地特别机构的项目中，值得注意的是新比斯开省（Nueva Vizcaya）的遗产树项目，一项由省政府和土地使用者参与的项目（包括非正式的定居者）。该项目把以前裸露的高地和分水岭改造成公共的林场和种植园，使该省的贫困水平从1996年的52%大幅下降到2001年的10.2%（Salvador 2002 in LGU Position paper；Agbayani，2005）。巴拉望市的图巴塔哈礁和普林塞萨港的地下河公园通过社区参与保护和维持该地区的生计，现已被联合国教科文组织列为世界遗产。尽管地方政府单位缺乏资源（人力、财力和技术），但仍达成了这些令人瞩目的成果（Legaspi，1998）。地方政府单位的主要战略是与当地的家庭、非政府组织和群众组织建立伙伴关系。

由地方学校委员会（LSB）发起的另一项倡议是设立巴朗盖学校委员会（barangay school boards）或学校理事会，允许社区和志愿人员最大限度地参与当地公立学校的管理。① 该项目效仿Synergeia教育项目，旨在实现地方领导人、教师和家长的共同愿景、明确的责任分配和问责制。② 巴朗盖学校委员会负责制定纪律和学生福利政策；制订并实施学校改进计划（SIP）；监控和评估学校改进计划；并向SDS和社区报告学

---

① 巴朗盖是菲律宾最小的政治单位。
② Synergeia是一个由致力于提高基础教育质量的个人、机构和组织组成的联盟。学校理事会于2018年10月11日通过，详见http：//www.synergeia.org.ph。

校改进计划的进展情况。该项目通过与当地政府和民间社会组织的有效合作，展示了当地社区管理当地公立学校系统的意愿和能力。该项目始于菲律宾吕宋岛以南的那加市（Naga City），该市（截至2015年）人口19.3万，自那加市启动该项目以来，其他城市也开始效仿。如今，大约有250个地方政府接受了协同计划。

固体废物管理也是联合生产活动取得良好成果的一个领域。菲律宾中部城市伊洛伊洛市是启动综合管理系统的城市之一，该市人口4234619人（截至2015年）。伊洛伊洛市已经启动了各种减少废物处理的试点项目，并成为第一个分离塑料垃圾的城市。现在，水泥工业不再废弃，而是重新启用。该市与一个由150名地方拾荒者组成的协会建立了合作关系。该协会除了提供收集可回收物的固定收入之外，还提供各种福利，比如提升工作安全和职业健康的措施。这座城市也在巴朗盖的家庭和机构实行垃圾隔离和回收利用。

地方住房委员会（LHB）是最近加入地方特别机构的。与其他特殊委员会不同，创建地方住房委员会不需要《城市发展住房法》（UDHA）或地方政府法规（LGC）。这意味着早期的法律没有正式规定住房方面的参与性治理。2008年，国家和地方政府才开始关注这一问题。

表1 促进参与性管理的地方特别机构

倡议	描述
地方发展委员会（LDC）	地方发展委员会的任务是协助相关的Sanggunian[①]确定经济和社会发展方向，并协调其领土范围内的发展努力。它的任务还包括制订一项全面的多部门发展计划，由Sanggunian批准。成立了一个地方发展委员会，直至区、乡（Barangay，巴朗盖）一级。在市/地方政府一级，它由地方开展活动的非政府组织的代表组成，这些非政府组织的代表数量应不少于组织完备的理事会成员和国会议员或其代表的四分之一。其他成员包括：领导委员会的市长、所有巴朗盖酋长和Sanggunian拨款委员会主席。

[①] Sanggunian是由民选议员组成、副市长领导的地方立法机构。

续表

倡议	描述
地方学校委员会（LSB）	地方学校委员会的主要职能是拨出特别教育基金（SEF）[①]，以配合地方公立学校的补充需要。它还担任Sanggunian有关教育事务的咨询委员会，并建议在Sanggunian的立法所涉地区内更改公立学校的名称。 它由省长/市长和校监作为联合主席领导，成员包括：Sanggunian教育委员会主席、当地财务主管、the pederasyonngmgaSangguniangkabataan in the Sanggunian的代表、正式选举产生的地方家长教师联合会主席、教师组织正式选出的代表，以及当地公立学校非学术人员的正式选举代表。
地方卫生委员会	地方卫生委员会是有关卫生事项的咨询机构，与地方卫生机构就人事选拔和晋升、投标和奖励、申诉和投诉、人事纪律、预算审查、业务审查和其他类似职能等事项进行联系。它由担任主席的省长/市长以及其他地方官员组成；还包括一个涉及卫生服务的私营部门或非政府组织代表，以及一个卫生署代表。
地方和平与秩序委员会（LPOC）	地方和平与秩序委员会是一个地方特别机构，其任务是协助维持和平、秩序和公共安全，处理犯罪和叛乱活动，并遏制非法赌博活动。每个省、市和直辖市都有权创建和平与秩序委员会。同样，每个巴朗盖都被授权设立巴朗盖和平与秩序委员会（BPOC），其是和平与秩序委员会的执行机构。委员会由省长和市长担任主席，代表来自内政和地方政府部（DILG）、国防部（DND）、司法部（DOJ）、社会福利和发展部（DSWD）、国家统计署（NSC）、人权委员会（CHR）、国家和平委员会、毒品委员会（DDB）、菲律宾武装部队（AFP）和菲律宾警察，这些代表由各自机构负责人任命，在适用的情况下，还会由主席任命3名私营部门代表。
固体废物管理委员会	该委员会领导实施城市/自治区的固体废物管理计划。它由来自非政府组织、废物回收行业和制造业的代表组成。
地方房屋委员会（LHB）	地方房屋委员会由地方政府单位组织，制定、发展和实施有关弱势和边缘化部门的住房政策和计划，尤其关注它们在公正和人道的驱逐及拆除方面的权利。委员会是由市长领导，还包括来自地方政府单位的代表，来自国家政府机构和民间社会（如非政府组织和人民团体）的代表。人民团体（POs）城市或自治区的贫困和边缘化居民的合法协会。

三 住房参与式治理的制度化：地方住房委员会

筹建地方住房委员会的必要性是什么？菲律宾是东亚和太平洋地区城市化速度最快的国家之一，44.2%的菲律宾人口居住在城市和其他城市地区（世界银行，2017）。到2030年，城市人口占总人口的比例预计

---

① 特别教育基金是与不动产税同时征收的基金。它是由市/自治区地方政府就不动产估值和税款加征的1%的税收。

将增至47.2%（菲律宾统计局，2016）①。住房仍然是一个关键挑战；贫民窟社区激增，预计到2022年底，该国的住房需求将达到679万套。

住房问题在人口密度为每平方公里14500人的大都会马尼拉最为突出。据估算，非正规定居家庭的人口占城市总人口的15%。② 特别是，由于未经处理的废水和垃圾的持续倾倒，沿河流、小溪、运河等的非正规定居点在马尼拉湾流域造成了严重的环境和生态退化。

2008年，最高法院授权马尼拉湾地区的地方政府单位和监督国家的政府机构"清理、修复和保护马尼拉湾水域"（G. R. No. 171947-48）。③ 这就需要重新安置位于马尼拉湾及其支流周围的非正规定居家庭。马尼拉湾区及其周围的流域包括三个行政区——马尼拉大都会、吕宋岛中部和塔加洛南部地区，由178个城市和自治区组成。超过600人生活在盆地地区，其中52%居住在马尼拉大都会。马尼拉大都会的问题会影响到菲律宾的其他地区，因为菲律宾超过70%的国内生产总值来自该地区。

根据裁决，内政和地方政府部负责监督地方政府的表现。同年，内政和地方政府部发表了一份备忘录（2008年第207号行政命令），将在危险地区驱逐非正规定居者并拆除住所的职能从城市贫困问题总统委员会转移到地方政府单位（LGUs）。为履行这项职能，地方政府单位被要求设立地方住房委员会或类似机构，来负责这项任务。虽然在2008年前，一些城市设立了地方住房委员会，但它们的职能完全是由地方政府单位及其政治领导层决定的。第207号行政命令仍然是将这些机构制度

---

① 菲律宾统计局（PSA）2018年。城市人口预测基于中等生育率假设。
② 这一估计基于对非正规定居家庭的更广泛定义，包括居住在以下地区的家庭：(1) 未经业主同意的地段，(2) 河岸、铁路、桥下等危险区域，(3) 被指定用于政府基础设施项目的区域，(4) 保护区/森林区，除了原住民，(5) 优先发展领域（如果适用的话），(6) 其他非供人类居住的政府/公共土地或设施。
③ 马尼拉湾最高法院的执行令是一项具有里程碑意义的环境保护决定。这是一项有利于由有关公民代表的请愿者做出的决定，他们就马尼拉湾不断恶化的状况向负责保护人民享有平衡和健康生态权利的13个国家政府机构提出申诉。该决定授权这些机构清理、修复和保护马尼拉湾，并将其水域恢复和保持在SB级（B级海水），使其适合游泳、潜水和其他形式的接触式娱乐活动。

化的明确信号,并使它们在不同城市至少有一个统一且合法的职能。为直接授权建立地方住房委员会,内政和地方政府部还发布了编号为2008-143的备忘录通知,要求城市和一级至三级自治区建立地方住房委员会。第二份备忘录详细说明了地方住房委员会职能的另一个方面,例如其组成部分和主要职能。

内政和地方政府部通知中规定的地方住房委员会的职能涉及监督拆迁,包括与受影响家庭协商,遵守法律规定的搬迁前指导方针。最终,地方住房委员会是某一特定自治区中唯一一个获得颁发合格证书(CoC)的合法性的机构,而合格证书是着手重新安置非正规定居者所必需的文件。

但是,地方住房委员会执行内政和地方政府部通知的情况,在地方政府单位间差别很大。一些地方政府单位采取了一种渐进的策略,规定如下:(1)地方住房委员会职能包括制订和实施当地住房计划;(2)民间社会和人民团体在委员会中具有较大的代表权;(3)为地方住房委员会提供预算。不过,大多数地方政府单位采取了保守的做法,即仅将地方住房委员会视为一个拆迁机构,人民团体和非政府组织的代表权有限,通常比地方政府单位的代表权更少(见表2)。

对于那些采取保守做法的地方政府单位来说,地方住房委员会是一个工具,可为在公共和政府的土地上实施驱逐和拆迁提供法律依据。如上文所述,地方住房委员会有权通过批准合格证书来确认拆迁令符合协商性、人道性和公正拆迁法的规定。合格证书类似于私人土地上的驱逐令,为地方政府单位的拆迁行动提供法律依据。地方政府单位合格证书主要适用于公共土地和政府土地。[1] 通过地方住房委员会,地方政府单位不必处理烦琐的法庭程序。只需多数票通过,即可签署合格证书。有些情况下,只要地方住房委员会的大多数成员签署了合格证书,就不需要民间社会和人民团体的签署。在目前大多数地方住房委员会的构成和结构下,没有实现真正的参与式治理。

---

[1] 对于私人土地,土地所有者必须向正规法院提起诉讼,对私人土地上的非法定居者发布驱逐令。

相反，在那些较进步的地方住房委员会的城市/自治区中，暴力强拆案件较少，自愿拆除是首选方案（见表3）。还有更好的地方公共住房项目（拥有更多的城市或人民计划住房项目），比传统的公共住房计划（通过房地产开发商完成）更具备可持续性。直接涉及社区的社区住房项目使家庭拥有该项目的所有权，同时在社区内建立社会资本，因为它们共同参与了70%的过程。

表2 马尼拉大都会主要城市地方住房委员会的功能

城市名称	地方住房委员会的存在	活跃的地方住房委员会	已批准的当地住房计划（LSP）	符合性得分（百分比）
加洛坎市	是	3	3	60
拉斯皮纳斯市	是	4	3	70
马卡蒂市	是	3	1	40
马拉邦市	是	4	3	70
曼达卢永市	是	3	3	60
马尼拉市	是	2	1	30
马里基纳市	是	3	1	40
文珍俞巴市	是	5	3	80
纳沃塔斯市	是	4	3	70
及帕拉纳圭市	是	5	4	90
帕赛市	是	1	3	40
巴石市	是	3	5	80
奎松市	是	5	5	100
圣胡安市	是	4	4	80
塔吉格城	是	3	1	40
瓦伦苏埃拉市	是	3	5	80

注：分数0~5分。5分表示100%符合；0分表示没有地方住房委员会或没有采取任何行动。总体符合性评分是指超过100%符合性的总分。

资料来源：作者的评估基于内政和地方政府部BLGS数据、访谈和案例分析。

活跃的地方住房委员会有下列特点：（1）定期开会；（2）完全代表民间社会和人民团体；（3）具有年度预算拨款。

获批的当地住房计划的存在意味着：（1）具有非正规定居家庭数据

库；（2）有社会保障住房项目；（3）当地住房计划由 Sanggunian（或立法机构）采纳；（4）具有年度预算拨款。

表3　具有较进步地方住房委员会的城市的住房项目/计划

城市	地方住房委员会功能	住房政策、项目或计划
奎松市	高	·人民住房计划＝CMP；直销计划 ·城市公共住房与住房融资 ·社会化住房基金＝来自社会化住房税和闲置土地税的年度资金 ·采用反职业侵占法律 ·转向自愿搬迁
巴石市	高于平均值	·城市公共住房 ·向搬迁家庭提供持续基本服务支持的近城市安置 ·其他住房计划：区域改善计划、社区抵押计划（CMP）、BalikProbinsya 融资 ·社会化住房基金＝实施社会化住房税的年度资金来源 ·转向自愿搬迁 ·沿水路中的非正规定居者家庭显著减少 50%；该地区开发了道路和公园。恢复了水体的地役权。

注：社区抵押计划＝抵押贷款融资计划，是一项国家政府计划，旨在帮助贫困和无家可归公民的合法组织协会在社区所有权的概念下购买和开发一块土地。直销计划＝一项由当地发起的计划，帮助非正规定居者家庭（ISF）通过直接向市政府付款的方式获得他们所占有的土地。

四　结论：加强地方住房委员会

通过设立地方住房委员会，住房部门的参与性管理已经正规化。地方住房委员会为地方政府提供了一个渠道，让社区参与到提供住房服务中来，尤其是向边缘群体提供住房服务。目前，尽管一些城市已经将地方住房委员会的职能扩大到包括当地住房规划，但地方住房委员会的活动和计划主要集中在非正规定居家庭的搬迁和安置上。特别是，社区和民间社会在非正规定居家庭搬迁中的参与，推动了更多的自愿搬迁，从而减少了拆迁期间的暴力行为。此外，它还建立了符合家庭和社区需要的社会住房项目。在地方住房委员会持续运作的城市，地方政府在解决棚户区问题方面更有成效。

地方住房委员会正走在建设住房参与式治理的正确轨道上。但是，有必要进一步加强地方住房委员会，使其得到更广泛的采纳和利用，而不是依赖于政治领导。菲律宾为公众参与制定了强有力的制度设计，但实际进程的制度化程度却非常低，无法在权力结构中实现实质的自治。其中一个关键因素是，菲律宾民间社会团体在公开审议和互动方面的作用较为薄弱，这限制了代表的合法性、一致性和与政府机构接触时的必要整合。此外，还需要在涉及公共服务不同方面的政府机构内建立协调机制。必须指出的是，对于参与式工作方法，社会资本的发展必须分三个层次进行，社区内部、政府内部以及政府与社区之间。目前，国会正在讨论如何使地方住房委员会的职能系统化，以便赋予地方住房委员会更多的职能和权力，规划和实施地方住房项目，并在委员会中为民众提供更多话语权。

参考文献

Agbayani, Rodolfo (2005). "The Nueva Ecija Experience. Trans. Nat/. Acad. Sci. Tech," *Philippines* 27：239 – 241 (2005).

_____ (n. d) Devolving Environment and Natural Resources (ENR) Governance. Position paper by LGUs presented in Philippine Development Forum

Manasan, Rosario (2017) Assessment of the BUB Program：Improving Access of Local Communities to Basic Services and Strengthening of Social Capital. Discussion Paper Series 2017 – 53. Manila：Philippine Institute for Development Studies.

Ostrom, Elinor (1996)："Crossing the Great Divide：Coproduction, Synergy, and Development," *World Development* 24 (6)；pp. 1073 – 1087.

Perla E. Legaspi, "The Role of LGUs in the Management of Fisheries/Aquatic Resources：Some Policy Issues and Proposal," in Proserpina D. Tapales, Jocelyn Cuaresma and Whilhelmina L. Cabo, eds. , *Local Government in the Philippines*：*A Book of Readings* (Quezon City：National College of Public Administration and Governance, 1998), p. 620

Philippine Statistics Authority. Poverty Statistics (released June 30, 2017) https：//psa. gov. ph/poverty – press – releases；Accessed Oct 6 2018.

_____. 2010 Census – Based Population Projections) (released date August 9, 2016) https：//psa. gov. ph/statistics/census/projected – population；Accessed Oct 6, 2018.

Salvador, Alma Ocampo (2002). "Environmental Governance in the Philippines," in Philippine Governance Report (Metro Manila: United Nations Development Programme, Ateneo School of Government, and Ateneo Center for Social Policy and Public Affairs, 2002), p. 72.

UNDP (2007). Local Democracy in the Philippines: Representation in Decentralized Governance.

World Bank (WB). (2017), Philippines Urbanization Review: Fostering Competitive, Sustainable, and Inclusive Cities. Washington, D. C.: WB.

中国与别国的减贫对比

尼兰·德奥（Neelam Deo）
印度全球关系委员会董事

最近，在中国北京召开了一次庆祝减贫工作成功进展40周年的会议。在赞扬中国所做努力的同时，专家们也确实认识到了减贫工作因地制宜的重要性。

2018年11月1日至2日，中国政府在北京召开了"改革开放与中国扶贫国际论坛"，此次会议也是为了纪念邓小平（1904~1997）推行改革开放40周年而召开的。通过改革开放，中国有超过7亿人摆脱了极端贫困。所以，这次论坛的组织者，中国国家开发银行、中国社会科学院国家全球战略智库（CASS）和中国国际扶贫中心在会上高度认可并回顾了这项成就。

为彰显这次会议的国际影响力，主办方在开幕式上播放了联合国秘书长的致辞，随后，世界银行行长金墉（Jim Yong Kim）发表了主题演讲。其他著名发言人包括亚洲基础设施投资银行（AIIB）行长金立群和新开发银行（NDB）行长瓦曼·卡马特（K. V. Kamath）。

我有机会参加这次大会的一个分论坛，重点讨论了中国的减贫经验以及其他发展中国家正在进行的减贫努力。

我所在分论坛的讨论主题是"新时代扶贫：中国的扶贫理念与创新实践"，这个标题有些长甚至有点令人困惑。几乎所有受邀的小组成员都来自非洲和亚洲国家，而没有发达国家的代表，这也许是因为发达国家在近几十年来一直没有忍受过极端贫困。包括我在内的受邀者重点关注了中国在农业、教育和卫生方面的改革，对中国的成就（人类历史上前所未有）表示钦佩。

中国与会者将中国的成就归功于中国共产党，特别是现任主席习近平的智慧。他们解释了中国政府目前的"精准扶贫"战略，该战略要求精准定位仍然处于贫困状态的乡县，甚至个人，并致力于使其脱贫。该战略有望使中国提前十年实现可持续发展目标——到2020年彻底消除贫困。

我谈到印度政府在消除贫困方面发挥的重要作用，印度政府在2018年将贫困线以下人口压低到总人口的20%以下。但随着时间的推移，印度政府也开始针对民间社会、公司和宗教组织的其他利益相关者和非印度居民（NRIs）制订各领域计划，包括健康、教育、赋予妇女权力和创造就业机会等。

印度历届政府都提出了通过立法，为贫困人口提供食品、教育、住房和清洁水，并且与不同的参与者合作，通过应用新技术来改进再分配体系。

午间膳食计划（Mid－day Meal Scheme）是合作减贫的一个范例。该计划作为一个民生项目由时任泰米尔纳德邦部长拉马钱德兰（M. G. Ramachandran）于20世纪70年代首次发起。午间膳食计划成功地改善了儿童，特别是女孩的健康和教育水平。此外，该计划还通过提高女孩结婚的年龄并降低生育率来帮助降低人口增长率。

从那时起，这个理念开始在印度全国范围内扩展：AkshayPatra基金会开始参与到这一努力中。他们首先致力于改进定位和交付流程。然后，他们与印度29个邦中的12个邦的当地机构合作，将覆盖范围扩大到约200万儿童。

另一个例子是改革印度最古老的减贫措施之一——公共分配制度，在该制度框架下，印度历届政府都试图以高补贴率向贫困家庭提供粮食。不幸的是，实际上只有一小部分福利切实落到了贫困人口手中，营养不良率仍然居高不下，尤其是妇女和儿童。在就提供实物福利（食品）还是直接转移支付（货币）进行长期辩论之后，现任印度政府正在利用金融科技为所有人开设银行账户（Jan Dhan）并使用唯一识别码（Aadhaar）通过移动电话（Mobile）转移支付（JAM）。

政府正在越来越多地参与印度公司的减贫工作。印度政府呼吁超过5000家大型公司将3%的净利润用于慈善项目，并关注健康、教育和技术等领域。2013年印度政府通过的"企业社会责任法案"使福利计划（许多公司已经参与其中）得以正式化和扩大化。

同样，在教育部门，宗教组织发挥着重要作用，并经常得到政府的财政支持。这同样适用于印度所有宗教代表所管理的学校。

参与论坛的其他外国专家谈到了他们本国政府为减少贫困所做的努力。来自饱受战争蹂躏的国家的发言者强调了为减贫创造和平环境的重要性。

一位非洲专家谈到了欠发达经济体因开放贸易而导致的"过早去工业化"现象，这种现象使大量消费品涌入本国。他解释说，这摧毁了小规模的本地制造业，进而减少了就业机会。使用廉价进口替代基本消费品正在导致大量家庭再次陷入贫困。而仅在几年前，这些贫困家庭还在奋力设法摆脱贫困。

许多发言者强调创造就业机会的迫切需要。发展中国家拥有庞大且快速增长的年轻人口。这些年轻人所获的教育比他们的父母多，不愿意从事农业工作，也无法在城市中找到工作。这是加剧社会动荡的一个因素。

虽然印度的减贫步伐相对缓慢，但这是一个更广泛的过程，涉及政府和众多利益攸关方。

贫穷：尼泊尔的状况、原因、计划和成就

皮尤什·什雷斯塔（Piyush Shrestha）

尼泊尔特里布文大学讲师

一 引言

贫困是一个多方面的概念，可能包括社会、经济和政治因素。绝对贫困、极端贫困或赤贫是指完全缺乏满足衣、食、住等基本个人需求的手段。

·绝对贫困——家庭收入低于维持基本生活水准（食物、住所、住房）的必要水平。可以参考绝对贫困程度来比较不同国家之间以及同一国家随时间推移的贫困程度。

·相对贫困——家庭收入低于国民收入中位数的一定比例。例如，相对贫困的阈值可以设定为收入中位数的 50%（或 60%）。

尼泊尔采用绝对贫困线（根据每人每天 2124 千卡的食物需求）并发放非食物津贴。尼泊尔几乎没有相对贫困的概念（世界银行）。

二 尼泊尔目前的贫困状况

尼泊尔是世界上最不发达的国家之一。根据 2011 年人口普查的初步结果，尼泊尔全国 2640 万人口中有 82.9% 的人居住在农村地区。农业是尼泊尔经济的支柱，占 GDP（国内生产总值）的三分之一。2015/2016 财年国民账户初步估计实际 GDP 增长率（基本价格）为 0.77%，低于 2014/2015 财年的 2.32%。人均 GDP 和人均 GNI 预计分别为 752 美元和 766 美元。尽管 2011 年人口增长率下降，但过去十年人口年均增长

率超过2%，导致人口基数在扩大，抚养比率也在增高。根据"尼泊尔生活水准调查2010/2011"，大约25.2%的人口仍然生活在贫困线以下。2011年，尼泊尔国民识字率为65.9%，虽然这一数值已经因人力资源的充分利用而提高，但仍然很低。考虑到这一挑战，尼泊尔政府正在努力改善尼泊尔人民的生活质量（CBS，2016）。

根据联合国开发计划署《2014年人类发展报告》，在人类发展方面，尼泊尔在187个国家中排名第145位。近年来，资金的稳定流动和其他减贫努力已经降低了尼泊尔的贫困率，但进展一直非常缓慢。牛津大学最近的一项研究发现，尼泊尔正在以比印度更快的速度减贫。牛津大学贫困与人类发展研究中心主任萨比娜·阿丽吉尔（Sabina Alkire）博士表示，"尽管收入相对较低，但尼泊尔和孟加拉国在减贫方面的成功凸显了社会政策投资与民间社会积极参与的有效性"（Global South Development Magazing，2017）。

表1　尼泊尔贫困状况基本统计

人均国民总收入（Atlas方法，以美元计价，2016年）	837.0
人口总数（2014年）	28982771
农村人口（2014年）	22990673.0
农村贫困人口（百万，近似值，2014年）	6299444.4

资料来源：作者整理。

1. 尼泊尔减贫计划、目标和战略

第一个五年计划（1956~1961年）没有包括减贫的相关规划，重视农业、健康、教育、交通、通信、土地改革等。但是，该发展计划高度关注经济增长。第一个五年计划（1956~1961）为经济开发拨款5.76亿卢比。优先考虑交通和通信，对该方面的拨款占总预算支出的比重超36%。包括村庄发展和灌溉在内的农业是这一五年计划的第二个优先事项，约占总预算支出的20%。该计划也侧重于收集统计数据，但并未得到大力支持，最终实际支出约为3.829亿卢比（计划预算额的2/3）。在大多数情况下，该计划的目标被大量遗漏。例如，虽然目标是建设大约1450公里的高速公路，但实际仅建成了约565公里。同期人均收入增加了 11%，人均消费增加了 8%。

第二个三年计划（1962~1965 年）也侧重于农业、基础设施和经济增长。交通和通信再次备受重视，对该方面的拨款约占总预算支出的 39%。工业、旅游和社会服务是该计划的第二优先事项。

第三个五年计划（1965~1970 年）增加了当地全国评议会的参与。另外，该计划还侧重于运输、通信、工业和农业发展。该计划总支出超过 16 亿卢比。

在第四个五年计划（1970~1975 年）中，交通和通信再次成为重中之重，对该方面的拨款占总预算支出的 41.2%，其次是农业，占总预算支出的 26%。虽然第三和第四个五年计划提升了全国评议会在发展过程中的参与度，但尼泊尔中央政府依然承担了大部分责任。

第五个五年计划（1975~1980 年）拟定支出超过 88 亿卢比。尽管没有设定具体目标，但这个五年计划首次强调了贫困问题。第五个五年计划的重点是农业发展，致力于增加粮食、甘蔗和烟草等经济作物的产量。工业生产和社会服务的增加也被列为目标。此次计划将控制人口增长视为一个优先事项。最低需求计划（MNP）是在第五个五年计划（1974~1978 年）的第一年被引入的，以提供一定的基本最低需求来提升人民的生活水平，旨在促进"社区的社会和经济发展，特别是对于那些社会地位低下且所受服务不周的人口"。

在第六个五年计划（1980~1985 年）期间，尼泊尔国家计划委员会首次承认，最贫困的人口面临着社会不公。逐步减少贫困和失业率是该计划的目标之一，但尼政府没有给予高度重视。目前，在减贫方面尼政府没有任何特殊成就。

第七个五年计划（1985~1990 年）确定了满足基本需求的具体目标。强调了食品、衣服、燃木、饮用水、初级保健、卫生、初级和技能教育以及最低限度的农村交通设施。回归村庄运动是为了自我赋权，但成效并不令人满意。

第八个五年计划（1992~1997 年）也将减贫设定为主要目标。该计划制订了关于减贫的新方案。农业视角计划是作为国家发展计划引入的。另外，该计划还提供了技能培训，以增强国民能力。尼泊尔根据各种职业和技能培训方案共培训了 22973 人。为各地区从事无尊严职业的 125 名妇女（由于文盲和贫困）提供了配备住宿设施的技能培训，并为每人配置一套缝纫机。为帮助废除 Dang、Bardia、Kailali 和 Kanchanpur 地区的奴隶劳工制度，自 1995/1996 财政年度开始，尼泊尔政府在为妇女提供技能发展培训后，向每名妇女发放缝纫机，同时在全国 10 个劳动局设立了就业信息中心。据估计，在第八个五年计划结束时，尼泊尔总人口的 42% 仍然低于贫困线。随着经济高速增长的实现以及尼政府部门和其他扶贫专项计划的实施，尼泊尔的目标是在未来 20 年内将生活在贫困线以下的人口减少到 10%（NPC，2016）。

第九个五年计划（1998～2002 年）将减贫作为其唯一目标，并打算在以下基础上减贫：

（1）持续和广泛的增长；

（2）发展农村基础设施和社会优先领域；

（3）针对贫困人口的具体计划。

该计划承认负责任的民主制度和以市场为导向的经济结构，将社会和生态责任视为持续增长的必需条件。除了第九个五年计划之外，尼泊尔政府对减贫的承诺进一步体现于 2001 年制定的一项临时减贫战略，该战略借鉴了这项研究的结果以及公众咨询和焦点小组的讨论。尼泊尔政府将制定一项全面的减贫战略，并将其完全纳入第十个五年计划（2003～2007 年）（ADB，2002）。

表 2　关于贫困和人类发展指数的目标和进展（第九个计划）

标题	目标	进展
贫困人口(百分比)	32.0	38.0
15 岁以上人口的识字率(百分比)	70.0	49.2
小学入学率(百分比)	90.0	80.4
儿童死亡率(每 1000 名活产)	61.5	64.2
产妇死亡率(100000)	400.0	415.0
总生育率(百分比)	4.2	4.1
平均寿命(年)	59.7	61.9
使用饮用水的人口(百分比)	100.0	71.6

资料来源：National Planning Commission，2002。

第十个五年计划（2002～2007年）的主要目标是通过尽可能调动政府、地方机构、非政府部门、私营部门和民间社会的相互参与来减贫，以扩大经济机会，并开辟新的就业机会，通过赋权、人类发展、安全和有针对性的项目等扩大妇女、达利特人（Dalits）、偏远地区人口和贫穷落后群体获得经济成就的途径，从而提高整体经济、人文和社会指标（NPC，2002）。

第十个五年计划的宏观战略是通过大幅度、可持续和更广泛的经济增长来创造经济机会的基础，进而，通过控制人口增长率和强调善治来创造一个公平的机会分配系统，以实现扶贫的既定目标。尼泊尔政府致力于实现联合国千年发展目标（MDG）。第十个五年计划的主要重点是实现联合国千年发展目标。

表3 尼泊尔实现联合国千年发展目标的状况和2005年的状况

目的/目标	状况			联合国千年发展目标
	1990年	2000年	2005年	2015年
目的1:消除极端贫困和饥饿				
目标-1 消除半数贫困				
a. 人口低于1美元/天(购买力平价)标准的人口占比(%)	33.5	N/A	24.1	17
b. 处于贫困线以下的人口占比(%)	42	38	31	21
目标-2 消除半数饥饿				
a. 低于最低膳食能量消耗水平的人口占比(%)	49	47	N/A	25
b. 年龄为6个～59个月且体重过轻的儿童人口占比(%)	57	53	N/A	29
c. 年龄为6个～59个月且发育不良的儿童人口占比(%)	60	55	N/A	30

资料来源：NPC/UN Country Team of Nepal, 2005; Nepal Demographic and Health Survey (Preliminary findings) 2006。

第11个过渡计划（2007～2010年）的主要目标是支持和平建设，改善该国当前失业、贫困和不平等现象，让公众切实感受到改变。

第12个过渡计划（2011～2013年）的目标是提高所有尼泊尔人民的生活水平，将贫困人口占比减少到21%，并通过可持续经济增长实现联合国千年发展目标,创造有尊严和有收益的就业机会,减少经济不平等,实现区域平衡,消除社会排斥。该计划的主要目标是通过以就业为中心,包容性和公平的经济增长支持减贫和建立可持续和平,使人们感受到生活质量的改善。在政府、私营和社区/合作社部门的共同努力下,实现以就业为中心,以扶贫为导向,可持续和广泛的经济增长是第12个减贫中期计划的主要战略。

第13个三年计划是尼泊尔国家计划委员会(NPC)制订的总体国家发展计划。这是第三个过渡计划(2013~2016年),因为长期的政治过渡导致该国无法制订完整的五年计划。该计划的主要战略是提高人民的生活水平,目标是将贫困线以下的人口从现有的占总人口24%减少到18%(NPC,2013)。

表4 尼泊尔2015/2016财年的目标

序号	2015/2016财年的状况	2012/2013财年的状况	目标
1	年平均经济增长率(%)	3.6	6.0
2	年平均农业增长率(%)	1.3	4.5
3	年平均非农业部门增长率(%)	5.0	6.7
4	就业年平均增长率(%)	2.9	3.2
5	出生时预期寿命(以年为单位)	69.1	71.0
6	人口(百万)	27.2	28.3
7	人口增长率(%)	1.35	1.35
8	产妇死亡率(每100000)	229.0	134.0
9	获得饮用水的人口(%)	85.0	96.25
10	获得卫生设施的人口(%)	62.0	90.5
11	小学净入学率(1~5年级)(%)	95.3	100.0
12	拥有道路连通性的地区总部数量	73.0	75.0*
13	手机和电话覆盖密度(每100)	71.5	100
14	发电装机容量(兆瓦)	758.0**	1426
15	获得电力的人口(%)	67.3	87.0
16	灌溉(公顷)	1311000	1487275
17	森林覆盖面积(%)	39.6	40.0
18	公路运输总长度(千米)	25133	28133

资料来源:作者整理。

2. 实现第13个三年计划目标的策略

(1)通过增加私营部门、政府部门和合作部门对发展进程的贡献,实现包容性，基础广泛和可持续的经济增长。

(2) 发展有形基础设施。

(3) 增加获得社会服务的机会，提高这些服务的使用率和质量。

(4) 加强公共和其他部门的治理水平。

(5) 在社会和经济方面赋予目标群体和目标部门权力。

(6) 实施支持适应气候变化的发展计划。

(7) 实现目标的优先事项，确定了以下优先领域。

·发展水电和其他能源

·提高农业部门的生产力、多样化和商业化

·发展基础教育、卫生、饮用水和卫生部门

·促进良好治理

·发展道路和其他有形基础设施

·发展旅游业、工业和贸易部门

·保护自然资源和环境

第14个三年计划（2016~2019年）通过高经济增长率以及引导就业和公平分配，实现经济和社会转型的目标。

尼泊尔减少贫困的第14个三年计划采取的主要战略是，强调社会发展、社会保障和社会保护，通过经济社会和治理改革促进善政，高效和负责任地实现人类发展的高度和可持续的改革，促进公共财政、清洁透明和人民友好的公共服务，促进人权。这些策略的基础是提供优质服务并提升人们的生活品质。

表5 第14个计划中的定量目标与减贫有关

序号	指标	2015/2016财年的状况	目标
1	年平均经济增长率(%)	0.77	7.2
2	通货膨胀率	9.5	7.5
3	人口低于贫困线	21.6	17
4	人均国内生产总值(千)	79.37	116.50
5	人类发展指数	0.54	0.57

资料来源：尼泊尔国家计划委员会（NPC），2073。

三 尼泊尔贫困的原因

人们经常孤立地认为贫困只是一个经济和增长问题,这被视为尼泊尔贫困的主要原因。尼泊尔的投资和生产情况非常糟糕。经济市场以进口为基础。在尼泊尔,一切物资都是从邻国和大国进口的。

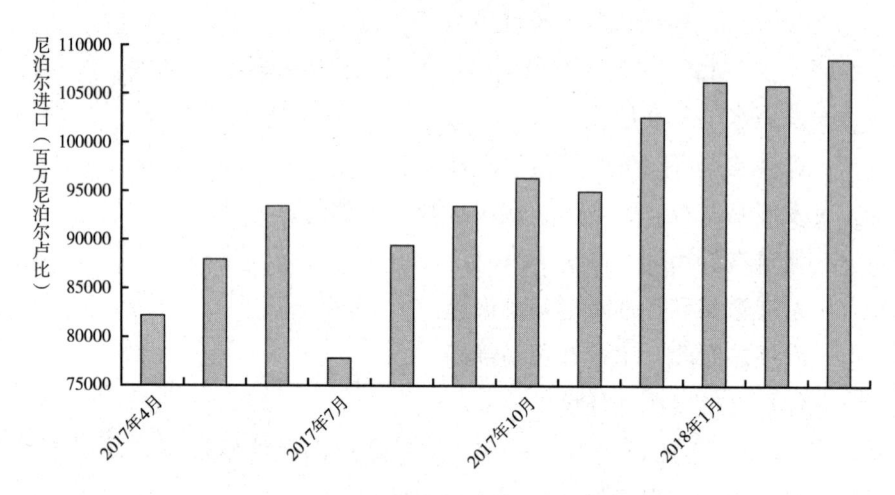

图1 尼泊尔进口状况

资料来源:交易经济学网站(Tradingeconomics)尼泊尔国家银行。

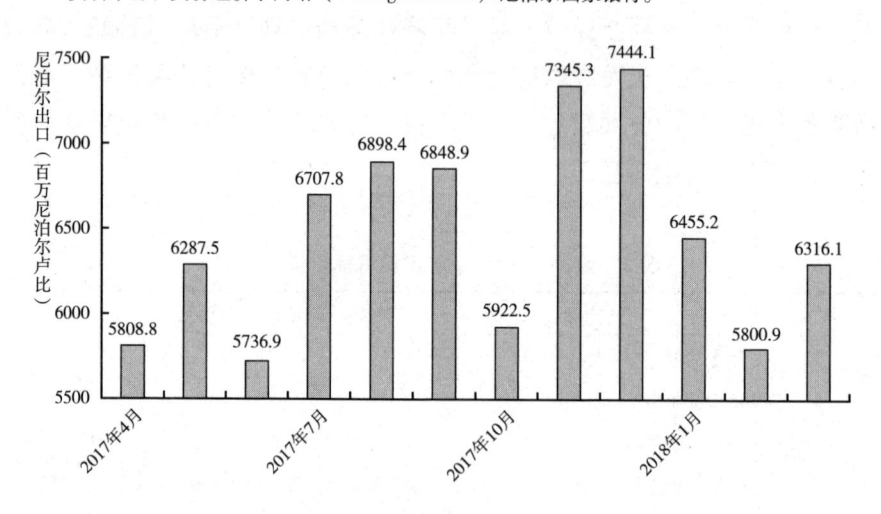

图2 尼泊尔出口状况

资料来源:交易经济学网站(Tradingeconomics)尼泊尔国家银行。

图1和图2显示，到2018年，尼泊尔进口1090亿卢比，而出口仅为63.17亿卢比，显示尼泊尔贸易逆差巨大。除此之外的后果是依赖其他国家（特别是对印度）和穷人越来越多。

· 贫困是一个政治问题，可以由技术专家和专业顾问解决，贫困的解决应该以人权为基础。否则，它将仍然是尼泊尔的一个长期问题。

· 尼泊尔的封建土地制度也是加剧尼泊尔贫困的重要原因之一。少数人在尼泊尔拥有大片土地，大部分人拥有的土地面积很小。最糟糕的是，24.4%的家庭在尼泊尔没有任何土地。土地细碎化是一种快速加剧的现象，对工人的剥削也很激烈。20世纪90年代后的民主政府采取了一些措施来平均分配土地，但由于缺乏政治意愿（也可能是迫于来自封建精英的压力），他们所有的计划都被中止了（GSDM，2017）。

· 人口增长率高和经济发展程度低是尼泊尔贫困的两大根源。尼泊尔的许多政府部门已批准各种方案以控制人口增长；然而，尼泊尔人口每年增长2.24%。如果这种增长模式继续下去，尼泊尔的人口将在近33年内翻一番，达到近五千万。而尼泊尔的经济增长率却很低。例如，尼泊尔过去几十年的平均GDP增长率不到4%（GSDM，2017）。

· 失业率和就业不足率上升也是尼泊尔贫困危机加剧的原因之一。尼泊尔中央统计局最近的统计数据显示，4.7%适龄劳动力人口失业，其中近47%的人就业不足。个体户人数略有增加，但对减贫没有显著贡献。由于绝对贫困和失业，成千上万的青年被迫放弃他们的理想。每年有数千名学生获得大学学位，但政府无法为他们提供合适的工作。

· 国民收入分配集中在城市和极少数高收入人群。收入分配的不平等严重扩大了富人和穷人之间的差距。同样，在国民经济本身没有内部整合的时代，全球化的触角也在尼泊尔市场蔓延。全球化的实际影响将在未来显现，但许多迹象表明，到目前为止，全球化确实破坏了尼泊尔经济（GSDM，2017）。

· 包括地震、山体滑坡、洪水在内的自然灾害已成为降低尼泊尔人民生活水平的重要原因。2015年7.8级地震导致尼泊尔约9000人死亡，并使许多人无家可归。每年，尼泊尔特莱地区的粮食问题都会恶化。

四 尼泊尔的扶贫方法

·以国家为中心的扶贫方法：农业视角计划，扶贫支持项目，扶贫基金（PAF），Bisheshwor 扶贫计划，农村综合发展计划，协调计划，支持计划、监测计划等。

·以非政府组织/国际非政府组织为中心的扶贫方法：技能开发培训，建立储蓄和信贷团体，为当地村庄提供技术和财政支持，社区发展。

·以社区为中心的扶贫方法：组建社区团体，确定他们的问题并寻求可行的解决方案，例如小额信贷等。国家和非政府部门也为加强这些活动提供支持。

·以市场为中心的扶贫方法：金融或公司机构投资于多个部门并提供就业机会。有些金融或公司机构还为农民或小型工业运营商提供便利的信贷服务（GSDM，2017）。

五 尼泊尔的千年发展目标、可持续发展目标和贫困

2000 年 9 月，联合国通过了千年发展目标（MDGs）——这是一项到 2015 年减少贫困和推进其他社会发展目标的国际承诺。尼泊尔是致力于实现这些目标的 189 个国家之一。从那时起，尼泊尔将其国家政策、战略和计划与实现千年发展目标保持一致。

尼泊尔在实现千年发展目标期间（2000~2015 年），在减少赤贫和饥饿方面取得了值得称道的进展。极端贫困率从 1990 年的 33.5% 下降到 2013 年的 16.4%，从而实现了到 2015 年贫困率减半的目标。

可持续发展是过去 25 年来的全球议程。联合国的千年发展目标（MDGs）宣言为 2030 年实现可持续发展目标（SDG）奠定了基础。2012 年 6 月在里约热内卢举行的联合国可持续发展大会和 2014 年 9 月举行的联合国大会（UNGA）为可持续发展目标奠定了坚实基础，最终在 2015 年 9 月举行的联合国大会上，与会国就可持续发展目标达成一致。尼泊尔作为联合国成员，致力于推动这项全球倡议。

过去二十年中，尼泊尔在减贫和人类发展方面取得了重大进展——

绝对贫困每年下降一个百分点，人类发展指数每年提高一个基点。然而，尼泊尔的绝对贫困率仍高达 21.6%，为南亚最高；尼泊尔处于人类发展地位中等国家的最底层。尼泊尔计划到 2030 年成为中等收入国家。

拟议的 2030 年可持续发展目标是将极端贫困人口占比减少至 5% 以下，将贫困差距缩小到 2.8%，将人均收入提高到 2500 美元，并将社会保障预算提高到占尼泊尔总预算的 15%。

六 结论

尼泊尔正在与绝对贫困做斗争，并且，与其他国家相比，已经颇有成就。目前，占尼泊尔总人口 25.2% 的贫困人口依然处于贫困线下。第五个五年计划（1975～1980 年）强调了贫困问题，且该问题在尼泊尔的第九个五年计划（1998～2002 年）中受到高度关注。尼泊尔也是实现联合国千年发展目标的国家之一，并致力于到 2030 年实现可持续发展目标。尼泊尔贫困背后的一些主要原因是投资和增长不良，政治不稳定，失业和就业不足，收入分配不公等。尼泊尔减贫的主要成就依赖于尼泊尔的汇款和旅游业的收益。尼泊尔政府也高度重视农业部门，以尽量减少农村地区的贫困。

参考文献

http：//www.country – data.com/cgi – bin/query/r – 9107.html.

http：//www.yourarticlelibrary.com/india – 2/five – year – plan/five – year – plans – with – objectives – and – achievements/65106.

https：//www.imf.org/external/pubs/ft/scr/2006/cr06366.pdf.

Uematsu, H. (2016). Trends and Drivers of Poverty Reduction. Policy Research Working Paper, 2 – 4.

Nepal Planning Commission. (2016). Nepal and the Millenium Development Goals. Kathmandu, Nepal：Nepal Planning Commission；Nepal Government.

ADB. (3, 2002).

https：//www.adb.org/sites/default/files/publication/27926/poverty – analysis.pdf. Retrieved 10 01, 2018, from www.adb.org：https：//www.google.com/.

CBS. (2016). 2015 Statistical Year Book Nepal. Kathmandu: Center Bureau of Stastics.

Global South Development Magazing. (December 23, 2017), Poverty in Nepal: Causes and Consequences – GSDM. Retrieved October 2, 2018, from https://www.gsdmagazine.org/poverty-in-nepal-causes-consequences/: https://www.google.com/

GSDM. (December 23, 2017), Poverty in Nepal: Causes and Consequences – GSDM. Retrieved October 2, 2017, from www.gsdmagazine.org: https://www.google.com/

NPC. (2002). Tenth Plan (2002 – 2007), Kathmandu, Nepal: National Planning Commission.

NPC. (October 1, 2013). Nepal Three Year Interim Plan Approach Paper, 2013/14 – 2015/16_ English. Nepal: National Planning Commission.

NPC. (December 3, 2016).

https://www.npc.gov.np/images/category/ninth_ eng_ 2.pdf. Retrieved 10 01, 2018, from www.npc.gov.np: https://www.google.com/.

经济转型：一种新的减贫模式

乔治·博阿滕（George Boateng）
非洲经济转型中心研究分析师

"拯救地球，摆脱贫困，推动经济增长——这是同一场战斗。"

——潘基文

贫困是指大部分人口无法满足其基本需求的状况。最早的贫困定义指无法获得足够的食物和其他必需品。但随着时间的推移，许多政策制定者和发展专家使用不同的标准来定义贫困。最近，我们倾向于通过多维视角使用各种指标看待贫困，包括个人的社会经济福祉。联合国将贫穷定义为缺乏选择和机会，违反人的尊严。他们将极端贫困定义为每天收入低于1.25美元。减贫需要详细了解收入不平等，包容性增长和发展，以及如何分配经济增长带来的好处。这需要明确行动的目的；各国需要共同努力，而不是采取各自互相帮助的形式消除贫困。我特别赞同潘基文观点中的一个方面，他强调推动经济增长以消除贫困。

贫穷是一种世界范围的现象，但主要集中在撒哈拉以南的非洲和亚洲地区。根据世界贫困时钟（2018年）的一份新报告，尼日利亚每分钟增加6名极端贫困人口，为世界上最高。该报告显示，尼日利亚约有8700万人生活在赤贫之中，而印度的这一数字为7300万。它还指出，截至2018年底，非洲可能仍有320万人生活在极端贫困中。在世界上18个国家中，极端贫困人口数量增加的国家中有14个在非洲。然而，这并不能说明全部情况。经济合作与发展组织（OECD，简称经合组织）

报告说，当前经合组织国家内收入不平等达到过去半个世纪以来的最高水平。总人口中最富裕的10%的平均收入约为经合组织国家总人口中最贫穷的10%的9倍，较30年前增长了7倍。只有在土耳其、智利和墨西哥，这种不平等现象有所缓和。报告还称，在中国和印度等新兴经济体中，持续的强劲经济增长已帮助数百万人摆脱了极端贫困。但增长带来的好处并未均匀分布，收入不平等进一步加剧。在充满活力的新兴经济体中，只有巴西收入不平等大幅减少，但其国内的贫富差距水平仍然是经合组织国家平均贫富差距水平的5倍。

自1990年以来，由于宏观经济管理改革、商业环境改善和商品价格上涨，撒哈拉以南非洲的大多数经济体都出现了一定程度的增长。但是，这种增长并没有转化为生产性就业，这在青年人口迅速增长的地区是一个主要问题。根据联合国的统计，撒哈拉以南非洲拥有世界上最年轻的人口，其中超过五分之二的居民年龄在25岁以下。该地区的劳动年龄人口估计将从2015年的5.22亿增加到2030年的6亿，增加15%。为非洲大量青年创造就业机会是一个社会经济问题，至关重要。贫困的危险具有地方性，需要通过有凝聚力的治理过程和政策实施来彻底分析并解决。

一 非洲经济转型中心的6大支柱可以成为国家转型项目的基础

非洲经济转型中心（ACET）成立于2008年，旨在通过采用转型方法摆脱贫困和不平等的束缚，帮助非洲各国政府做出战略决策，促进经济发展。非洲经济转型中心建议将经济转型作为解决非洲减贫问题的一种方式。我们认为经济转型是一个过程，可以缩小撒哈拉以南非洲国家与工业化国家在关键领域的差距。这些关键领域包括技术能力、生产力、经济多样性、出口竞争力、人均收入和正规部门就业。非洲经济转型中心在"非洲转型报告"（ATR，2014）中对此进行了广泛讨论。在此，我仅强调这份报告的一些亮点。这份报告名为"深度增长"，强调了将商品价格上涨和宏观经济改革推动的经济增长转变为结构性增长的需求，从而促进就业、福利改善和可持续发展。一切都是为了减贫。该报告呼吁非洲各国政府与私营部门合作，促进生产和出口多样化，在全球范围内提高竞争力，提高整体经济生产力，提高生产技术和国家技术能力，同时促进人类福祉成果，从而促进经济转型。

只有将经济转型作为国家项目才能实现经济转型，中国的经济转型就是一个很好的例子。各国必须在政府内部协调，制订并实施连贯且符合现实的计划。这些计划必须向内且向前。这些计划必须引领改革，以下6大支柱可以成为国家转型项目的支柱。第一，各国需要牢牢抓住宏观经济和汇率管理，采取财政和货币政策，确保对通货膨胀、工资、利率和汇率产生积极影响，以确保国内生产总值、就业和出口的快速增长。第二，非洲国家必须规划和管理公共支出。国家必须平衡短期消费和长期投资，使财政支出与整体转型计划保持一致。第三，公共采购流程必须物有所值。可用资源与非洲转型所需资源之间的差距很大。因此，非洲国家必须杜绝低效的采购流程，杜绝公共资源浪费，低效的采购过程会使一些人从中牟得私利，扩大不平等差距并加剧贫困。公共资源必须用于公共利益。第四，港口和海关管理的效率需要提高。简化海关手续可以加快清算时间，有利于提升本国在全球价值链中的地位。第五，精简商业和其他法规将鼓励创业和创新，特别是对于蓬勃发展的青年人口而言。这可以为政府和相关公司节省资金。没有数据，政策就无法有效运作，因此，第六是加强统计数据。国家必须提供及时和高质量的社会和经济数据，以制订计划，监测实施情况，并在必要时改变方向。这些统计数据有助于私营部门做出投资决策，并且加强公民对政府的监督。

大多数非洲国家的经济都以农业为基础。据估计，撒哈拉以南非洲国家65%的劳动力在农业部门就业，该部门产出占地区国内生产总值的32%左右。和发达国家的情况一样，发展农业有可能促进经济转型；发展农业可以增加农村地区的收入。发展农业还可以增加进口机械和工业投入所需的出口和外汇。农业发展如果成功，还可以将劳动力从农业释放到制造业和其他经济部门。促进经济转型的自然出发点是通过有效的农业产业政策将农业部门与制造业联系起来。农业产业政策对经济转型和扶贫都很重要，因为它会影响对物质、人力资本和技术的投资，并促进有效的生产组织的形成。在非洲经济转型中心于2014年编写了第一份"非洲转型报告"之后，鉴于转型农业部门在非洲减贫水平方面的问题，非洲经济转型中心又编写了第二份报告。2018年，"非洲转型报告"（ATR 2017）获得英国《展望》杂志（Prospect）颁发的国际嘉奖。"非洲转型报告"旨在将农业和工业战略结合在一起，突出了农业在减贫方面可以做出的巨大贡献。该报告提供了实现这一目标的实用示例、经验和建议。

非洲经济转型中心对非洲农业改造的愿景着眼于在一代人的时间内创造一个现代化、有竞争且可持续的农业部门，保证粮食安全，使越来越多的农民过上中产阶级生活，并推动非洲经济转型。越来越多的非洲政府开始从转型视角来看待农业。这反映在非洲联盟2003年发表的《马普托宣言》（关于农业和粮食保障）和2014年发表的《马拉博宣言》（关于加速非洲农业增长和转型），以及相关的"非洲农业综合发展计划"（CAADP）中。必须从两个主要过程来看待农业转型；第一，通过提高生产力将农场发展为现代企业，来实现农业现代化，同时加强农场与其他经济部门之间的联系。第二，通过农产品加工支持制造业。与其他经济部门有着密切联系的现代化农业部门将有助于整体经济转型。这一目标可以通过以下方式实现：第一，促进主食的生产，以改善粮食安全，同时支持劳动密集型制造业。第二，支持以所需规模、所需质量和所需可靠性对初级农业产品进行加工。第三，通过购买产品和服务来支持农业企业，包括制造农业机械、工具以及提供农业运输和其他物流的企业。第四，提高农民收入，扩大整个价值链中非农业部门的市场和就业机会。第五，扩大非农业部门的市场，例如生产非食品或耐用消费品的市场。第六，通过扩大和多样化出口，并且以非洲国家能够生产的产品来替代进口粮食和其他进口农业产品，来改善国际收支。第七，通过提高农业收入来增加政府收入和个人储蓄，这些收入可以转化为国家投资以实现增长。基本上，农业转型必须利用农业和产业政策来推动经济转型。"非洲转型报告"ATR（2017）广泛讨论了所有这些途径。

在过去30年中，非洲在减贫方面取得了一些进展，但在重组经济以实现真正和可持续的影响方面还需要做更多工作。非洲应该克服商品价格暴涨，萧条，挪用公款，依赖进口（尤其是食品），生活和工业用电不足以及技术应用不足等困难。在这方面，经济转型可能会大有裨益。

二　非洲可以吸取同行的教训

非洲经济转型中心在制定了两份转型报告（ATR 2014 和 2017 年）之后，认为有必要建立一个非洲国家同行间相互学习的论坛来延续这一势头。爱因斯坦曾经说过："想象力比知识更重要。因为知识是有限的，而想象力概括着世界的一切，推动着进步，并且是知识进化的源泉"。想象一下，非洲各国政府与发展伙伴、学术界和民间社会组织齐聚一堂，共同开发各自国家的发展道路，同时相互学习，监督进展。非洲转型联盟（PACT）于 2016 年 3 月在首届非洲转型论坛（ATF）上启动，该论坛吸引了来自近三十个国家的 270 名参与者。会议主要内容包括：通过共同努力，非洲国家转型政策可以更快地实现更多目标。非洲转型联盟是非洲国家政府和地方政策制定者在设计和实施支持经济转型战略的政策时获取信息和支持的一种方式。这一模式的基本原理很简单但很有力：非洲政府可以在一起完成更多的工作。这就是为什么各国需要一个定期平台来利用倡议、知识、政策和改革，并将个人成功转化为集体进步。非洲有许多发展计划，但迄今为止，它缺乏一种机制来连接推动经济转型所需的所有利益相关者。非洲转型联盟将以经济转型为中心在各个层面创造这些联系。

非洲转型联盟的工作分为三个层次。第一个是在大陆或全球层面，催化行动，开展对话，其主要平台是非洲转型论坛，每两年一届。第二个是区域层面，非洲转型联盟的分会正在运作：农业、轻工制造、青年就业和技能、资源调动和管理以及采掘。在这里，促进同伴学习，分享知识，并在进行特定分析研究的分会成员国之间交换最佳实践。第三个是国家层面，制订国家工作计划以影响政策改革。

本文将深入研究非洲转型联盟每一分会的关键内容。农业是非洲经济转型的基石。但整个非洲大陆的农民生产率低下，价值链薄弱且分散，对粮食进口的依赖程度正在上升。非洲转型联盟农业分会着眼于亟待解决的最紧迫挑战，以及抓住机遇。农业分会着眼于非洲农业的现代化，以改善粮食安全，并为各国提供最全面的经济转型途径。

过去20年来，资源丰富的经济体一直在寻求积极推动本地发展并制定增值战略，以此利用宝贵自然资源带动经济增长和发展。但这一战略的核心是，投资者需要扩大就业机会，投资当地供应链，向当地合作伙伴开放股权，利用当地金融机构，并普遍刺激非资源部门的增长。本地发展和增值可以为加速经济转型提供一个成功的公式，但非洲国家能否正确按照这一公式行事？采掘分会特别关注这些问题。

国际发展融资的格局正在迅速变化。随着中国、印度和巴西等新兴参与者的崛起，传统官方发展援助（ODA）正在减少。越来越多的非洲国家正在向南看，并考虑新的融资工具和模式，同时认识到动员其国内资源的重要性。但是，一些新的融资机会可能会绕过政府系统，并在满足发展优先事项方面带来复杂的风险。非洲各国如何管理好这种不断变化的金融格局？资源调动和管理分会深入探讨这些问题。

工业化，特别是制造业生产和出口的扩大和复杂化以及相关的就业机会，仍然是非洲经济转型的重要组成部分。不幸的是，在过去几十年中，大多数非洲国家的制造业产出占国内生产总值的份额有所下降，但以绝对数值衡量时，制造业产出正在增长。随着新的发展（例如海外工资上涨和国内经济政策环境改善）提高非洲打入世界制造业市场的能力，各国如何提高对制造业的关注和承诺，并制定连贯一致的战略来推动制造业发展？轻工制造分会将阐述处理此类问题的明确方式。

非洲的劳动年龄人口以比世界上任何地区更快的速度正在增长。这种趋势对劳动力市场的影响是巨大的，如果劳动力技能与现有工作相匹配，那么前景广阔；否则，将存在危机。的确，非洲年轻人的受教育水平很低。但在许多情况下，即使是受过高等教育的人也缺乏雇主所需的技能或完成生产性工作所需的技能。我们如何才能提高非洲基础教育的质量，解决非洲劳动力数量大增但技能不匹配的问题？青年就业和技能分会在寻求解决这些问题的方法。

三 非洲也可以向其他发展伙伴学习

除了新的转型途径，向中国、马来西亚或新加坡等发展伙伴学习也是有益的。实际上，从大约40年前的中国经济改革中可以收获许多经验。2018年是中国改革开放40周年，40年来，改革开放步步推进，从农村开始，延伸到城市地区，最终包括整个经济体。制造业和出口导向型增长政策以及对外国投资的支持是改革的关键。开放的特点是基于实用主义，中国在全国范围内开展试点，并从别国的发展经验中学习。自改革开放以来，中国已向外国投资开放了1.7万亿美元的市场，并向海外投资超过1.2万亿美元。《外交官》（*Diplomat*）报告说，中国已经成为拥有世界上最大外汇储备（3.12万亿美元），第二大国内生产总值（11万亿美元）和第三高外国直接投资（1700亿美元）的经济巨头。中国在世界经济中的份额从1978年的1.8%增长到2017年惊人的18.2%。中国的年均增长率保持在9%以上，使全国8亿人摆脱贫困。中国驻英国大使刘晓明在最近接受《中国日报》采访时表示，中国40年来所取得的成就是西方工业化国家需要花费数百年才能实现的成就，这是人类历史上的一个奇迹。中国的改革不仅使中国人民受益，而且带来了可观的经济和全球利益。其中一个例子是带动了澳大利亚经济的发展，中国是澳大利亚最大的贸易伙伴，对华出口约占澳大利亚所有商品和服务出口的三分之一。

越来越清楚的是，经济转型，无论是中国模式还是非洲经济转型中心模式，都是减贫的关键。这两种模式都提出将转型作为国家议程并学习别国经验。共同努力，我们可以减少贫困；携手并进，我们必须继续保持。非洲国家需要做更多工作来促进经济转型。非洲国家必须制定和实施自己的转型战略，以适应其经济、政治、社会和文化环境。现在是非洲奋起直追的时候了，这需要创新的政策和持续的动力。我们必须清楚地知道从何处开始，让我们积极向上，乐观将指引我们。

白俄罗斯减贫政策

阿纳斯塔西娅·博布洛娃（Anastacia Bobrova）
白俄罗斯国家科学院经济研究所人类发展与人口学系

白俄罗斯共和国是一个提倡社会发展的国家。白俄罗斯旨在创造条件，确保人民享有体面的生活和自由发展。公民有权获得工作、医疗保健和教育，国家为有子女的家庭和其他需要支持的人提供支持。

白俄罗斯共和国总统亚历山大·卢卡申科（Alexander Lukashenko）说："白俄罗斯建立了最符合白俄罗斯人民需求的国家发展模式、有效运作的机构、最佳的经济体系和强大的社会保障水平。我们为取得的成果感到自豪。"

国家政策基于社会正义原则，体现在：

· 尊重人，人的权利和自由是最高价值，在法律面前人人平等；
· 确保公民参与重要活动的基本条件；
· 根据工作的数量、质量决定报酬，确保经济机会可得性；
· 对儿童、老年人、残疾人和穷人进行社会保障。

白俄罗斯是独联体国家中社会保障支出最高的国家，但其水平低于欧盟国家。2015年，白俄罗斯社会福利（养老金、津贴、奖学金）支出占国内生产总值的13.7%，而俄罗斯的这一比例为11.8%，摩尔多瓦为13.2%，哈萨克斯坦为4.1%，亚美尼亚为7.3%，乌克兰为8.9%。在欧盟，国家对社会保障的支出要高得多。2011年，白俄罗斯的邻国波兰的社会保障占国内生产总值的19.2%，立陶宛为17%，拉脱维亚为15.1%。2011年欧盟国家中这一比例最高的依次是法国（33.6%）、荷

兰（32.3%）、德国（29.4%）。(http://epp.eurostat.ec.europa.eu/)

白俄罗斯政策的关键方向一直是提供教育、医疗保健、住房和其他重要的社会服务。为了切实落实法律在社会服务领域确立的保障，白俄罗斯共和国部长理事会2003年5月30日第724号决议"关于实施国家社会标准体系为共和国人民服务的措施"获得通过。此项决议的实施处于持续的状态控制之下。

白俄罗斯正在定期实施一些国家计划，以确保实现社会重要服务无障碍，并为白俄罗斯公民提供支持，这些国家计划包括：2016~2020年"白俄罗斯共和国人民健康和人口安全"；2016~2020年"舒适的住房和有利的环境"和2016~2020年"住房建设"；2016~2020年"教育和青年政策"；2016~2020年白俄罗斯共和国体育文化和体育发展计划；2016~2020年"环境保护和自然资源的可持续利用"；2011~2015年以及到2020年之前克服切尔诺贝利灾难影响的国家计划等。

白俄罗斯优先考虑教育制度发展。白俄罗斯有8000多所教育机构，负责教育约200万儿童和学生。每年约有5%的国内生产总值资金投入这一部门，与发达国家的投入水平相当。

白俄罗斯是独联体国家学前教育覆盖率的领先者。学龄前教育在1岁至6岁儿童群体中的覆盖率为75%（2015年，73.5%），在3岁至6岁儿童群体中的覆盖率为93.9%，在处于入学准备阶段的学龄前儿童群体中的覆盖率为100%。学前教育机构容纳率达到97.6%。

幼儿园（托儿所）费用仅包括儿童的膳食费用。与此同时，有2个孩子上幼儿园的家庭可以享受30%的折扣，有3个或更多未满18岁孩子上学的家庭可以享受50%的折扣。而对于生活在放射性污染领域的家庭，以及监护人、养父母、家庭式儿童之家的父母教育者、儿童村（城镇），也可以享受学费折扣。对残疾儿童、患有肿瘤疾病的儿童、感染人类免疫缺陷病毒的结核病患者完全免除学费。

对于来自低收入家庭，抚养3个或更多未满18岁子女的家庭，父母一方为1级或2级伤残、处于社会危险境地家庭的学生，国家或地方政府拨款提供免费膳食。对于某些群体，还提供免费教科书；对于来自成员较多家庭的学生，减免50%的书籍费用。

白俄罗斯共和国有 42 所国立高等教育机构。表现良好的学生将获得奖学金。

白俄罗斯共和国保留了预算保健系统，确保为人们提供各种类型的医疗服务。白俄罗斯公共卫生支出规模占国内生产总值的 4.5%（在俄罗斯，这一比例不到 4%，在哈萨克斯坦，这一比例略高于 2%），考虑到其他资金来源，这一比例应该超过国内生产总值的 5%。平均而言，白俄罗斯每年为每位白俄罗斯人分配大约 400 卢布的医疗保健资金。

国家医疗保健系统由 7 个国家级科学和实践中心、13 个地区医院、120 个中心（地区）医院、129 个诊所、619 个综合诊所、2260 个医疗助理和助产站组成。

白俄罗斯的地域计划保障向公民提供免费医疗，该计划根据医疗类型、结构、条款和条件确定国家向各类公民提供免费医疗的义务，并且为儿童、孕妇、患者、残疾人和退伍军人实施医疗援助。

在白俄罗斯，所有妇女都可以获得产前和产后保健服务，98.9% 的妇女可以获得合格的产科援助。根据国际拯救儿童基金会每年编制的产妇指数，白俄罗斯是有利于儿童出生的 25 个国家（共 179 个国际参评）之一。在该方面，白俄罗斯是独联体中的领先者。

白俄罗斯社会政策的一个侧重方向是向居民提供住房和社区服务补贴。尽管近年来此类补贴成本有所增加，但国家仍然可以支付这些公民服务的费用。2016 年，住房和社区支付占所有家庭开支的 7%。相比之下，住房和公共服务在俄罗斯家庭总支出中的比例为 11%，立陶宛和乌克兰的这一比例约为 20%，波兰为 22%。目前，白俄罗斯共和国居民仅需偿还住房服务相关费用的 60% 多。

为了向社会弱势群体提供援助，自 2016 年 10 月 1 日起，白俄罗斯政府引入了非现金住房补贴，用于帮助公民支付住房和公共费用（前提是需支付金额超过城市居民家庭总收入的 20%，或者，对于农村人口而言，超过 15%）。

应该指出的是，白俄罗斯与其他国家在贫困方面的比较表明白俄罗斯的情况非常有利。在白俄罗斯，按购买力平价计算的每日生活费低于

4.3美元的人口比例仅为0.13%，该比例被认为是按收入水平划分的贫困阈值。这与捷克共和国、匈牙利、斯洛文尼亚和俄罗斯的水平相当。在亚美尼亚、格鲁吉亚、吉尔吉斯斯坦，有一半人口的每日生活费低于4.3美元。

在白俄罗斯，低收入家庭是人均可支配资源低于最低生活预算的家庭。根据白俄罗斯共和国2016~2020年社会经济发展方案，计划将这一数字减少到5.5%，计划到2020年实现。

然而，最近贫困人口增长的趋势和某些类别贫困风险的增加使白俄罗斯所有地区都面临贫困加剧问题（见表1）。

表1 白俄罗斯各地区人口的贫困程度

单位：%

	2000年	2010年	2015年	2017年
白俄罗斯共和国	41.9	5.2	5.1	5.9
布雷斯特地区（Brest region）	46.1	7.6	7.4	8.4
维捷布斯克地区（Vitebsk region）	40.8	6.5	6.0	7.1
戈梅利地区（Gomel region）	38.9	6.4	7.5	8.1
格罗德诺地区（Grodno region）	45.5	4.1	3.7	5.0
明斯克（Minsk）	24.1	1.0	1.0	1.6
明斯克地区（Minsk region）	35.5	5.6	4.7	5.3
莫吉廖夫地区（Mogilev region）	39.8	6.2	6.9	7.6

资料来源：作者整理。

在整个分析中，儿童和青年最易受贫困风险的影响，其中包括6.2%的18岁至24岁年轻人口。农村地区的人口面临着高度贫困风险。2015年，农村居民的贫困率为5.7%，而城市贫困率为2.8%。

有子女家庭的情况最糟糕（7.6%）。尽管近10年来有子女家庭的贫困率下降了2/3，但相对于平均水平来说仍是情况最差的。2015~2017年，贫困人口的增加主要来自有子女的家庭。贫困人口比例最高的是有3个或更多子女的家庭（见表2）。

表2 按类别划分的白俄罗斯低收入家庭比例

单位：%

低收入家庭	2015年	2016年	2017年
总计	3.6	4.1	4.2
没有子女的家庭	1.7	2.0	1.9
有18岁以下子女的家庭	7.6	8.4	8.6

资料来源：作者整理。

有18岁以下子女的家庭仍然是最脆弱的群体。

有子女家庭的贫困风险伴随着物质商品获取的有限和生活质量的恶化。根据对2016年有子女家庭的调查，超过一半的受访者表示难以支付巨额计划外费用。几乎5.5%的有子女家庭表示难以支付孩子参加文化活动和俱乐部的费用。根据家庭调查，有3个或3个以上子女的家庭遭受的物质匮乏风险高于其他所有家庭。在2016年，53.5%的成员较多家庭在支付计划外费用时遇到困难，8.8%的成员较多家庭难以及时支付住房和公共服务费用，8.9%的成员较多家庭难以支付子女参加学校（幼儿园）组织文化活动费用，7.1%的成员较多家庭难以支付至少一项子女学习费用。此外，8.1%的受访家庭表示，有3个或3个以上子女的家庭生活在极其恶劣的生活环境中（每人不到5平方米的生活空间）。

有子女家庭是社会政策的特殊援助对象。

亚历山大·卢卡申科在第五届白俄罗斯国民议会的报告中强调："家庭在白俄罗斯人的价值体系中占据领先地位。我们将采用家庭支持机制，如设立产妇援助资金，帮助广大家庭为子女入学作准备，为有子女家庭提供广泛的社会服务"。

白俄罗斯共和国为有子女家庭建立了发达的国家支持制度，包括各种类型的福利和保障。

今天，国家为年轻父母养育子女提供了有效的经济激励，这也给社会保障基金带来了更大的负担。20%以上的基金用于提供临时伤残津贴、产假津贴、家庭津贴、照顾子女和残疾人的福利（见表3）。

表3 社会保障基金中养老金和福利支出的动态及其占总额的百分比

单位：%

	2010年	2011年	2012年	2013年	2014年	2015年	2016年
总福利	17.0	18.0	18.6	20.4	19.5	20.8	21.2
临时残疾津贴	7.0	7.4	6.9	6.5	4.8	4.6	4.4
产妇、分娩和儿童保育福利	8.0	8.2	8.9	11.9	12.6	13.0	13.2

资料来源：作者整理。

公民从国家预算中获得的国家福利补偿金的份额正在增加。

2013年，社会保障基金的预算首次出现赤字。

对白俄罗斯有子女家庭提供的一种重要社会支持是产妇、家庭和暂时丧失能力福利金

表4 白俄罗斯为抚养子女的家庭提供的国家福利

	产妇		家庭
怀孕和分娩	126个或140个日历日的平均每日收入	孩子出生	1-10 MSB 2+-14 MSB
从登记到怀孕12周	MSB	照顾3岁以下儿童	平均工资的1%~35% 平均工资的2%+-40% 残疾人-平均工资的45% 在切尔诺贝利地区-福利金额的150%
暂时丧失能力		在抚养3岁以下儿童期间，为3~18岁儿童提供福利	50% MSB
照顾14岁以下的患病儿童，18岁以下的残疾儿童	在所有病假期内，按每日收入的平均值计算	有3~18岁儿童的各类家庭（父母残疾人、服兵役、残疾儿童、艾滋病毒感染儿童）	50% MSB 残疾儿童和艾滋病毒感染儿童-70% MSB
照顾14岁以下的儿童，18岁以下的残疾儿童，照顾孩子的人生病		为18岁以下的残疾儿童提供护理（如果父母没有工作或仅有兼职工作）	1~2级伤残-100% MSB 3~4级伤残-120% MSB
医疗康复治疗，医疗康复服务，为18岁以下的残疾儿童提供护理			

注：MSB——人均最低生活预算（2018年5月1日，206.58白俄罗斯卢布，约合85欧元）。
资料来源：作者整理。

2016年间，政府实施了养育子女家庭的社会保护措施，包括2016~2020年国家计划"白俄罗斯共和国人民健康和人口安全"子项目"家庭和儿童"规定的措施。国家福利制度（11种）覆盖551.7万名儿童（占儿童总数的30.2%）。3岁以下儿童（347.2万名儿童）享受国家福利的比例为97.1%。

定期审查和增加福利。最重大的变化发生在2013年1月1日，因为"关于养育子女的家庭福利"的法律生效了。据此，为3岁以下儿童提供的每月福利金额显著增加。早些时候，这类福利金额规模是最低生活预算的100%（根据1992年10月30日第1898-XII号法律第13条"关于有子女家庭的国家福利"），即880万卢布，新的法律将福利与该国的平均月薪联系起来。因此，对于家庭中的第1个孩子，福利金额增加了60%（月平均工资的35%）；对第2个及以后孩子的福利金额增加了80%（月平均工资的40%）。

这有效刺激了二胎及多胎，特别是在农村地区。2013年，达到了21世纪以来记录在案的最高农村出生率。

目前，国家为家庭中第1个孩子提供的保育金额为127欧元，第2个孩子为145欧元，残疾儿童为163欧元。

新法还规定了有权享受国家福利的人员范围。永久居住在白俄罗斯共和国并获得难民身份的外国公民和无国籍人，暂时居住在白俄罗斯共和国的白俄罗斯共和国公民，外国公民和国家社会保险所涵盖的无国籍人士也被列为该国的永久居民。

一项创新是取消用于照顾3岁以下儿童和3岁以上儿童的国家福利津贴，以前，单身母亲、残疾儿童的父母和其他人都可以申请这项福利。但是，一般而言，取消津贴并没有导致家庭经济状况恶化，因为实际上福利金额增加了。

当3岁以下的儿童被安置在学前教育机构时，该福利金将从2013年1月1日起全额支付（2013年1月1日以前只支付50%）。同时，如果照顾3岁以下儿童的人有全职工作，则只能保留50%的福利。

为了向低收入公民和家庭提供物质支持，自2001年以来，白俄罗斯共和国一直有针对性地开展社会援助。任何由于客观环境处于困境的公民都有权申请社会援助。白俄罗斯共和国总统承诺,"国家援助不会遗漏任何一位陷入困境的人。"

2017年,社会福利按月分发的平均额度为每人每月40.42卢布。一次性福利的平均额度是105.95卢布,用于尿布报销的社会福利是257.94卢布。2岁以下儿童食品的平均成本为131.35卢布。

每月和一次性社会福利的主要接受者是传统的成员较多、不完整的、抚养未成年子女的家庭,2017年这样的家庭占比为67%。在接受食物援助的家庭中,成员较多家庭占比较大,为42%。

总的来说,2017年国家有针对性的社会救助计划为310.2万人提供了8790万卢布:每月为91.3万人分配了2220万卢布的社会福利资金;为45.6万人分配了480万卢布的一次性社会福利资金;为报销尿布的131.3万人分配了3390万卢布的社会福利资金;为28000名儿童提供了价值为2210万卢布的食物。

白俄罗斯政府意识到出生率下降可能使国家面临新的挑战,于是寻找额外的激励措施来支持有子女的家庭。从2015年1月1日起,为有3至18岁子女的家庭提供养育3岁以下儿童的新的月度福利。

对成员较多家庭实施长期支持的基本新措施——(第3个及以后)子女出生时享受1万美元的家庭资本。这是家庭政策的一个突破。2018年1月1日,白俄罗斯银行开设了47405个"家庭资本"存款账户,金额为47405万美元。当孩子达到18岁时可以使用该资金以改善生活条件;接受社会教育或服务;为健全家庭的母亲(继母),单亲家庭的父亲或母亲积累(额外)养老金,以及提前接受医疗保健服务。

家庭资本政策的引入刺激了新生儿出生,但最重要的是,刺激了30~34岁的女性生养第3个孩子。第3个孩子的人数从2015年的30.7万增加到2016年的31.9万。

2017年7月1日,白俄罗斯共和国"关于修改和增加白俄罗斯共和国关于抚养子女家庭的国家福利的一些法律"生效。该法律将扩大为抚养残疾儿童的父母提供就业和儿童保育的可能性。

有子女家庭的社会服务体系正在发展。父母需要儿童保育社会服务——保姆服务、社会赞助、临时住所、工作休息等。

虽然立法提供了各种形式的福利支持，并有助于提高成员较多家庭的生活质量，但这些家庭群体最容易面临贫困风险。在社会救助领取者中，成员较多的家庭占比最大就证实了这一点。

研究证实，就白俄罗斯而言，直接转移支付是保障有子女家庭财务可持续性的最有效形式。国家提供的分娩津贴和每月儿童保育福利显著抑制了有子女家庭的贫困加剧。然而，有子女家庭的贫困趋势尚未完全停止。

在预算紧张的情况下，增加直接转移支付额以支持有子女家庭可能是一个难以实现的目标。考虑到收入的主要组成部分是工资，有子女家庭的经济可持续性与就业机会和父母的工资水平直接相关。白俄罗斯平均工资增长的目标决定了增加人口收入的可能性。

灵活就业形式的发展是确保和支持家庭收入的关键因素。家庭收入的主要来源是劳动收入，劳动收入占有子女家庭总收入的71.3%，"福利"项目收入仅占7.6%。因此，父母参与就业是有子女家庭幸福的保障。此外，现代家庭认为工作不仅仅是一种收入来源，白俄罗斯88%的人口认为工作是他们生活中重要或非常重要的一部分。

增加收入的有效方式是发展非标准就业形式——兼职工作、临时劳动、自营职业等。替代就业将使人民能够独立创造条件，确保体面的收入水平和福利。

经济发展与国家可持续发展条件下的扶贫

博伊科·奥莱娜（Boiko Olena）

乌克兰国家科学院经济与预测研究所首席研究员

在可持续发展的现代条件下，最重要的问题之一是贫困问题。人们通常把贫困理解为无法为大多数人提供最简单和最容易获得的生活条件。当今，全世界有12亿人生活在极端贫困之中。

谈到贫困，我们需要考虑多种类型的贫困：

——绝对贫困（不具备确保体面生活所必需的物品和财产）。根据联合国标准，每日购买力为5美元的人被认为处于绝对贫困（乌克兰-2.2美元）。世界银行使用了另一个指标，即购买力平价约为1.9美元的人处于绝对贫困。不同的国家也使用各自的指标，一些国家将绝对贫困标准设定为某一数字，计算消费者购买商品和服务的成本（乌克兰-1777格里夫纳，约合67.8美元）。

——相对贫困（生活条件处于收入和福利金字塔的较低水平）。这一理论的创始人是汤森德（P. Townsend），他认为贫困是由于一国缺乏经济资源，从而使一些人不可能过上与大多数人相同的生活。贫困分析的基础是一系列剥夺的概念。科学家认为剥夺的概念是个人、家庭或群体在社区、社会背景下观察到的和可证明的不利状态。

目前，贫困的定义有两个方向。第一个方向与生计、购买商品的能力有关。极端贫困家庭收入的三分之一用于食品消费，如果50%收入用于食品消费，那么这表明处于极度贫困（恩格尔模式）。根据研究结果，人们注意到日本人的食品消费支出占收入的15.5%，德国人的这一比例为

12.4%，瑞典人的这一比例为11.8%，美国人的这一比例为8.7%。因此，当食品消费支出占比不到收入的30.0%时，才算是一个体面的家庭。

收入中位数指标用于判定相对贫困线。中位数指标可以定义为人均工资，而不是一个人的平均工资。在斯堪的纳维亚半岛，相对贫困线位于收入中位数的60.0%，而在大多数欧洲国家，相对贫困线位于收入中位数的50.0%，在美国，相对贫困线位于收入中位数的40.0%。

第二个方向是贫困的民法理论，贫困是通过广义的剥夺来衡量的。这个方向影响着人口群体，其中包括失业者、移民、退休人员、没有受过教育的人和其他人群。根据欧盟统计局的数据，2017年在欧盟国家，失业总人数为2370万人（9.8%）。希腊的失业率最高，为25.7%，西班牙的失业率为23.0%。

作为结论，我们可以说，绝对贫困可以消除，但相对贫困将永远存在。

贫困的主要原因往往也是其后果。例如，自然灾害和自然环境的破坏；破坏性的流行病和感染病，人力资本开发程度低（马拉维共和国、布隆迪共和国、中非共和国）；战争（由于政治不稳定，种族冲突）；不公平的地理结构（农业土地在农业企业中的作用越来越大，小土地所有者的土地和资源短缺）；国家缺乏对小企业发展的支持；卫生、科学和教育领域的国家主导系统不完善；存在严格的等级基础（拉丁美洲农业部门的封建秩序）；在州一级缺乏现代化计划；经济第二产业部门缺乏工作岗位；大贸易国采取保护主义措施阻碍农产品和原材料出口；偿还外债的比率很高，导致预算支出减少，牺牲了最贫穷群体的利益；在提供人道主义援助方面缺乏协调；没有为穷人提供贷款，没有促进穷人生活条件改善；政府忽视针对贫困家庭子女的教育制度；童工和依靠童工养活的家庭数量增加。根据诺贝尔奖获得者约瑟夫·斯蒂格利茨（J. Stiglitz）的理论，"贫困作为一种因素"会"减少垂直流动性，特别是从长远来看，并降低整个人口的生产力"。

国际社会在减贫方面积累了一些经验。对一些国家而言，消除贫困的斗争重在预防，而对其他国家而言，消除贫困则是社会导向政策最重要的战略任务。对于有能力保障基本最低收入（工资和养老金），提供高生活水平和社会保障的发达国家来说，消除贫困的第一种方法最为典型。法国积极预防贫困，国家在其中发挥的作用很大，对劳动人民的社会保障很重要（强制性社会保险，劳动养老金，高质量的市政服务，失业救济金）。消除贫困的第二种方法是向处境最差的人提供有针对性的社会援助。这种方法在发达国家作为附加政策使用，专门用于帮助处于极端境况下的人们。消除贫困的第三种方式与国家方案的实施有关。例如，中国正在实施国家计划："国家八七扶贫攻坚计划"（1994~2000），"中国农村扶贫开发纲要"（2001~2010），"中国农村扶贫开发纲要"（2011~2020）等。

基于中国的经验以及目前欧盟各国克服贫困的趋势，在此可以提出一些在国家政策框架内全面克服贫困的建议：

— 评估区域一级的实际贫困状况，并确定导致贫困的因素；

— 暂停国有和市政财产的私有化，为私有化物品的归还创造必要的法律条件；

— 采取国家建设市政住房计划并发展租房市场，以解决人口住房问题；

— 修改预算机制，以提高市政当局，特别是农村地区人口的生活质量；

— 在立法层面批准人口福祉等社会标准体系。

斐济的贫困

倪莱斯·刚德尔（Neelesh Gounder）
斐济南太平洋大学经济学院高级讲师

· 在斐济，消除贫困的概念并不新鲜。斐济签署了千年发展目标（MDGs），现在又签署了联合国可持续发展目标（SDGs）。斐济也是《蒙特雷共识》（Monterrey Consensus）和可持续发展问题世界首脑会议的缔约国，这两者都旨在促进消除贫困。

· 事实上，自斐济独立以来，消除贫困的概念一直是发展问题的中心。

· 我们如何衡量贫困？
 o 收入贫困：基本需求贫困线（BNPL）
 o 粮食贫困
 o 多层面贫困

· 虽然斐济的人类发展指数（HDI）稳步上升，但同时贫困却在加剧。笔者称之为"贫困悖论"。斐济在1970年独立时的贫困率为7%，现在这一比重大约为28.1%。据估计，2003年为35%，2009年为31%，2014年为28%。

· 2003~2009年，斐济农村贫困率从43%下降到37%，城市贫困率从18%上升到20%。

· 斐济有四个行政大区，分别是中央大区、西部大区、北部大区和东部大区。西部大区的贫困人口减少了12%。然而，其他三个大区的贫困率却在上升。

- 贫穷的性质和特点（2008/2009年调查）：
  o 家庭收入份额：
    ■ 44%来自固定工资。
    ■ 10%来自临时收入。
    ■ 5%来自补贴。
    ■ 4%来自国外汇款。
  o 家庭收入分配的中位数：
    ■ 前20%的家庭从固定工资中获得全部收入的59%。最底层20%的家庭从固定工资中获得全部收入的20%~2%。
    ■ 前20%的家庭收到国外汇款总额的67%。最底层20%的家庭收到国外汇款总额的20%~4%。
  o 最底层20%家庭的主要收入来源是什么？
    ■ 临时收入（9%）
    ■ 农业经营（17%）
    ■ 补贴（20%）
    ■ 本地汇款（8%）
  o 按行业划分的贫困率（劳动力中贫困者所占的百分比）：
    ■ 农业（60%）
    ■ 制造业（12%）
    ■ 酒店和零售（14%）
  o 按劳动力现状分列的贫困性别发生率：
    ■ 家庭工作者：女性=37% 男性=28%
    ■ 个体经营者：女性=22% 男性=30%
    ■ 工资：女性=20% 男性=23%
  o 按教育程度分列的贫困率（在劳动力中所占百分比）：
    ■ 未接受学校教育=67%
    ■ 小学教育=56%
    ■ 中学教育=39%
    ■ 获得学位者=5%
- 毫无疑问，斐济无法独立应对国内贫困。

- 成本包括额外的福利和服务支出，以应对贫困、税收损失和个人收入损失的后果。此外，贫穷还会带来社会影响，它也影响个人生活和人际关系。
- 成功地、可持续地减少贫穷需要清楚地了解贫穷是什么，谁可以在解决贫穷方面发挥作用，以及找到合理的解决办法。
- 传统的减贫办法在很大程度上依赖于税收和福利制度以及国家的作用。两者都将始终发挥重要作用，但它们必须结合起来才可以取得成功。没有哪种应对措施可以在没有其他因素配合的情况下取得成功。
- 战略还必须认识到以下几点：
  o 人们生活在哪里？
  o 个人是否能够发挥自己的潜力？什么因素限制着他们发挥自身潜力？
  o 他们有什么选择和激励措施？有没有不正当的动机？
  o 劳动力市场最底层的工作性质是什么？
  o 人们生活必需的产品和服务的成本是多少？
  o 税收和福利制度是否运转良好？
  o 公共服务的运作如何？
- 新的证据表明，这些制度比传统的税收和福利制度更加强大。
- 新的证据表明，劳动家庭中的人们处于贫困之中。这不仅是低工资的结果——低工作强度（如兼职或非正常工作）也会产生影响——而且低工资是一个重要因素。
- 此外，财富确实重要，你是否在一个有资产的家庭中长大确实重要，这些家庭的孩子可能在健康、教育、经济机会和福利方面得到更多。

通过技能开发和社会保护解决非洲的青年贫困问题

亚历克西斯·哈比亚雷木叶（Alexis Habiyaremye）

南非人类科学研究理事会研究员

一 引言：非洲青年失业和贫困的挑战

在许多非洲国家，青年失业和贫困问题错综复杂。非洲人口非常年轻，减贫措施不可避免地涉及为年轻人创造就业和创业机会，以便将人口规模庞大的青年转化成国家繁荣的力量。然而，在整个非洲，青年失业仍然是一项艰巨的挑战，大多数非洲国家的青年失业率超过25%。在非洲，失业青年占失业总人数的60%；这代表非洲青年失业率相当于大多数非洲国家成人相应失业率的两倍以上（非洲开发银行，2012年）。南非的青年失业率与成人失业率之比达到2.5∶1，北非达到3.8∶1。这远远高于Blanchflower（1999）所建议的作为发达国家一般经验法则的2倍基准比率。

青年就业很重要，因为青年就业是后续就业轨迹的最重要决定因素之一，因为雇主在决定招聘时非常重视应聘者之前的工作经验（Rankin和Roberts，2011；南非国家财政部，2011）。南非的青年失业问题特别严重，根据劳动力调查（Labour Force Survey）（2017年），15~24岁黑人青年的失业率（采用扩大化的失业定义，包括丧志工人）在70%以上。国际劳工组织（ILO）的统计数据显示全球青年失业人数惊人，而且没有任何改善的迹象。

由于普遍存在的青年失业问题，大多数非洲国家的贫困现象普遍存在。在21世纪头10年的大部分时间里，超过70%的撒哈拉以南非洲青年的生活费不到2美元（世界银行，2009年），此后情况几乎没有改善。大部分失业的非洲青年的贫困和不稳定程度令人惊讶，这意味着需要采取适当的解决办法。即使在设法找到全职工作的年轻人中，也仍有70%的人口处于严重贫困（国际劳工组织，2015年）。根据世界银行的数据估算，撒哈拉以南非洲93%的年轻人仍然处于贫困之中。因此，正如国际劳工组织在《世界就业和社会展望报告》（2016年）中指出的那样，年龄在15岁至29岁之间的撒哈拉以南非洲青年中有38%倾向于出国寻求更好的生活机会。

二 影响青年失业和就业不足的因素

打击贫困战略假设彻底了解造成失业的主要劳动力市场因素及其对贫困脆弱性的影响。在通常提出的解释青年失业率高的因素中，就业机会减少常常被归咎于严苛的劳动力市场法规，因为它们使雇主面临风险。事实上，当劳工法规为年轻和缺乏经验的员工提供工作保障时，雇主会发现，雇用年轻人的风险和成本都很高（Rodgers，2007；Rankin和Roberts，2011；Soko和Balchin，2014）。首先，雇主认为，如果年轻雇员没有按照预期进行工作，那么这些法规就会限制他们解雇年轻工人的能力。其次，年轻工人的生产率与实际工资之间的差距是创造就业机会的另一个重要制约因素。最后，社会人口特征，如种族背景、性别、教育水平和空间位置也直接影响失业的可能性。在南非，受教育程度较低的青年、女性和非洲人可能在教育方面处于不利地位，进而在就业机会中处于边缘地位（Makiwane和Kwezira，2008）。

尽管越来越多的大学毕业生无法在一些非洲国家找到合适的工作，但技能缺陷仍然会导致已经因就业疲软而加剧的劳动力供需差距继续变大。这种就业疲软主要是非洲大陆许多地区的新自由主义紧缩政策的遗留问题引起的（Honwana，2012）。缺乏技能和经验的年轻人就业的可能性低于掌握技能且经验丰富的年轻人，绝大多数失业青年没有接受正规的继续教育或高等教育，也没有工作经验（Asaad和Roudi-Fahini，2007；Cunningham和Salvagno，2011）。这就解释了为什么大多数非洲国家青年就业的主要来源仍然是非正规部门,且面临着收入的不确定性和风险(Barrientos,2010)。这就是为什么教育和技能培训应成为各国政府的优先考量事项,以便解决非洲青年失业和贫困问题。

三 通过社会保护措施解决青年贫困问题

《非洲青年宪章》第15条的重点是可持续的生计和青年就业,该宪章开头条款规定每个年轻人都有权获得有酬职业(非洲联盟,2006年)。在性别方面,政府有义务确保青年男女有平等的就业机会,同时鼓励女童和青年妇女获得教育,从而让她们参与到所有经济部门。解决青年失业和贫困问题需要采取短期和长期措施,包括增加对劳动力的需求,改善教育和技能,以及积极的劳动力市场干预措施,以提高青年人的就业能力。短期措施可以提供救济,使弱势群体能够应对冲击和突发事件,而长期措施的效果更加重要,例如增强能力,使人们能够永久地摆脱脆弱性、社会排斥、失业风险或贫困,继而不再需要保护(Babajanian等,2014)。

政府为缓解获得就业机会的限制而实施的积极的劳动力市场干预政策,可以缓解许多非洲年轻人面临的问题,包括长期失业、社会排斥、贫困和几乎不可能成功过渡到成年阶段等(Honwana,2012)。针对弱势群体的劳动力市场干预措施旨在提高政府管理经济和社会风险(例如长期贫困、失业、疾病和残疾)的能力(Barrientos 和 Hulme,2009;世界银行,2011)。社会保障还会对年轻人找工作的能力产生直接影响:对符合年龄的家庭成员提供养老金补助,增加了受过教育的年轻人迁移至远方并找到工作的可能性(Ardington 等,2013;Ranchhod,2017)。

四 通过提高技能来解决青年贫困和失业问题

不幸的是,非洲大陆的一些最大经济体,如南非和埃及,正是2018年报告中青年失业率最高的国家。在2015年至2017年,15岁至25岁年龄组的青年失业率平均为51%,25岁至34岁年龄组的青年失业率为

35.5%（STATS SA, 2017）。农村地区的青年失业率更高。鉴于这些高失业率导致的普遍困难和严重贫困，各国政府已制定了不同的社会保护方案，旨在降低青年人在其社会经济地位面临冲击时的脆弱性。

由于失业率惊人，大量农村青年成了社会弱势群体，而南非政府一直试图解决由此产生的困境。为此，农村发展和土地改革部（DRDLR）制订了一项名为"国家农村青年服务公司"（NARYSEC）的青年发展计划，目的是为失业的农村青年提供技术和职业技能，并为他们提供所需的支持，提高他们的就业能力或帮助他们建立自己的企业。该计划还为参与学习的人提供为期两年的月度津贴，以应对失业带来的困难。为了将计划目标与农村地区的扶贫联系起来，该计划还包括一个社区服务阶段。在此阶段，"国家农村青年服务公司"的参与者返回各自的社区，实践在职业和技术技能培训阶段获得的技能。"国家农村青年服务公司"自2010年9月成立以来，已招募了17393名青少年，其中约有11000名青年已完成该计划并返回其社区。然而，作为一项就业和创业发展计划，"国家农村青年服务公司"的实施也面临各种困难，因而效果有限。退出该计划的人中，只有一小部分人能够在劳动力市场上获得可持续的就业机会，或者创造自营职业。

制订"国家农村青年服务公司"计划的主要理由在于，假设缺乏资质和技能是大规模农村青年失业的主要原因，那么为青年人提供这些技能和资格将使他们能够就业。除了开发针对商业环境和劳动力市场的技术和职业技能外，"国家农村青年服务公司"计划还提供领导力和品格养成培训，以促进当地社区的社会凝聚力和嵌入性。"国家农村青年服务公司"于2010年招募了第一批成员，开展最初为期48个月的综合性技能提升计划。在完成技能培训后，青年人缺乏适当的支持战略，导致项目周期从2014年起由48个月缩短到24个月。

2013/2014年政策审查后，2015年"国家农村青年服务公司"重组，项目周期为24个月。随后，农村发展和土地改革部确定了在参与者准备离开项目时为其提供正式和简化支持的必要性，并为此起草了"国家农村青年服务公司退出战略框架"文件（2016），旨在将这种支持形式化和结构化。该框架文件确定了退出"国家农村青年服务公司"后参与本国主流经济生活的三条过渡路径：一是企业发展；二是可持续就业；三是继续教育和培训。

五 通过促进农村企业发展解决农村贫困问题

企业发展是制定充满活力和可持续的农村社区战略的重点。该战略的目的是为那些希望利用所获技能的"国家农村青年服务公司"毕业生提供足够的支持，以使他们通过发展自己的企业或组建合作社来创造自营职业。这种支持的形式可以是简化公司注册、监管合规相关的程序，提供业务管理和筹资方式培训以及资金支持，以及与现有价值链网络建立联系。这种支持的时限为毕业生退出"国家农村青年服务公司"计划后两年内。

然而，这项政策的实施方式给"国家农村青年服务公司"毕业生带来了实际的挑战。首先，尽管有一个旨在提供这种支持的连贯一致的政策，但实际上只有少数毕业生从中受益，因为缺乏强有力的结构来跟踪毕业生情况并监测他们的需求。其次，参与"国家农村青年服务公司"计划的学习者所表达的商业利益需求与他们实际接受的技能培训之间存在错位，因为技术和职业技能培训计划是供给驱动而非需求驱动。很多时候，学习者都在接受强制性课程培训，而这些课程并不一定能为他们感兴趣的事业做好准备。这反过来又导致毕业生通过该计划获得的实践技能无法满足他们获得商业成功的需要。另一个相当大的挑战是缺乏资金和土地等资源，以帮助具有企业家精神的毕业生获得启动资金。在激烈竞争的市场中，来自农村地区的大多数毕业生不可能在没有启动资金等具体物质支持的情况下与其他企业家展开竞争。农村地区缺乏商业网络以帮助新的初创企业融入价值链，这是来自农村地区的年轻人面临的另一个障碍。

现有的支持措施主要聚焦于为寻求克服建立业务第一道障碍的毕业生提供行政和程序支持。目前仍然需要支持，以使业务实际运营并可行。此外，这种支持具有随意性，没有适当的程序，似乎是任意决定的。实施"国家农村青年服务公司"的官员与负责青年发展的其他利益攸关方［国家青年发展局（NYDA）］和企业支持方［如农村企业和工业发展（REID）、农村基础设施发展（RID）等]之间存在伙伴关系。然而，这些不同利益攸关方之间的现有安排尚不明确，无法对企业发展产生足够的影响，无法对实现战略成果产生明显影响。

要使企业发展支持战略取得成功，必须优化农村企业发展的各利益相关者之间的协调，以获得协同效益，减少冗余，提高效率。同样重要的是，必须系统化支持，并加强负责实施该战略的"国家农村青年服务公司"办事处的人员的能力，并提供必要的资源，确保所需的资源得到充分利用，并确保人员供应。对于该战略的成功，同样重要的是根据每个地区的比较优势，使学习者获得的技能与期望和所需的职业一致。

最后，政府不仅需要提供业务辅导和初创企业孵化，还需要提供足够的支持，例如土地和启动资金等必要的物质资源，以增加创业和成功的可能性。为充分和系统地提供这种支持，至关重要的是拥有一个具有强大数据库的跟踪系统，使政策支持人员能够实时了解哪些毕业生何时何地需要何种帮助，以明确如何更好地组织并及时为需要帮助的人提供帮助。

六 支持毕业生更好地进入当地社区劳动力市场

在劳动力市场中支持毕业生的建议是，与农村发展和土地改革部任命的承包商或服务提供商合作，以吸引毕业生获得全职或合同工作，并与招聘机构建立伙伴关系，以便充分为毕业生安排工作（全职或兼职）。此外，该战略还设想通过就业门户提高毕业生的简历可见度。然而，这一战略没有解决主要的潜在挑战，即"国家农村青年服务公司"培训计划提供的技能类型和水平与目前劳动力市场的需求不匹配。

从培训向就业的过渡面临以下挑战："国家农村青年服务公司"旨在解决现有的青年失业问题，并试图通过提升技能，以提升就业能力。然而，这种过渡面临的最大挑战是，参与者在"国家农村青年服务公司"的培训计划中获得的技能/资格与当前劳动力市场需求之间的不匹配。

关键信息提供者也普遍认为，"国家农村青年服务公司"毕业生获得的技能和资格水平仍然太低，在以高失业率为特征的劳动力市场中，他们无法与来自技术和职业教育与培训（TVET）学院和大学的毕业生竞争。"国家农村青年服务公司"毕业生所获的资质甚至不能满足成为工人的标准,这无法在竞争中保护他们。"国家农村青年服务公司"毕业生的自我评估也表明,只有略超过四分之一的人认为所获技能可以帮助他们就业。另一个挑战在于,"国家农村青年服务公司"缺乏对毕业生的系统跟踪和结构化支持。这通常是由于负责计划执行的办公室人手不足。而且,官员对那些寻求与潜在雇主建立联系的毕业生的支持在政策框架之外运作,因而成果有限。这意味着大多数"国家农村青年服务公司"毕业生无法脱贫,因为技能培训和最低限度的支持不足以确保他们过渡到积极参与正规经济的状态。

七 关于南非青年就业和创业计划的建议

就业支持政策和以创业发展为基础的政策,其目标是成功应对农村贫困问题,因而必须对技能需求缺口进行全面统计,以解决潜在的不匹配和所提供技能培训的不足。更一般地说,由于"国家农村青年服务公司"被视为农村综合发展计划(CRDP)战略愿景的一部分,农村发展和土地改革部应将"国家农村青年服务公司"劳动力市场支持纳入更广泛的综合发展规划(涉及大规模农村基础设施发展和工业化项目)。

总体而言,本文提出了许多概念、结构和实施层面的建议,以提高实现战略目标的可能性,还提出了关于标准操作程序(SOP)的具体建议,以支持改进的程序。

在概念层面,有两项主要建议:

(a)确保"国家农村青年服务公司"技能发展计划与农村社会经济格局中吸收能力和技能偏向的技术变革保持一致。技能发展计划旨在作为长期战略的一部分,规划未来的劳动力市场及其技能需求。这些技能应成为更广泛劳动力市场吸收能力概念的一部分,此外还包括基础和工业基础设施,技术能力以及使新工业活动发展成为可能的人力和财政资源。调动这些技能和资源,以有利的体制框架内的适当激励制度为指导,从而促进向增值、高生产率经济结构的过渡。

(b)反思"退出"概念,并在可能的情况下从"退出"的概念转变为"过渡"。这意味着重新定位应该直接促进战略思考,并专注于促进和支持"国家农村青年服务公司"参与者在毕业后的全面过渡。

在结构层面，主要建议包括：

（a）针对参与"国家农村青年服务公司"的青年创建双轨制；我们的目标不再是关注满足特定行业劳动力需求的新员工人数，而要更加重视新员工的质量以及该计划所提供技能的充分性。

（b）完善精神-社会和生活技能发展干预措施，以提供技能多样化和流动性，从而充分帮助参与者为应对过渡到他们所选择的职业途径的挑战做好准备。

（c）在"国家农村青年服务公司"的每个省级办事处设立过渡途径管理中心，以帮助那些已经接近完成阶段的人员，为他们选择的职业生涯的下一步做好准备。

在实施层面，有五项主要建议：

（a）明确将过渡纳入"国家农村青年服务公司"招募阶段，并在整个方案的各个阶段予以加强；

（b）将技术和职业技能发展升级为迅速变化的地方、区域和国家经济所需的高端技能；

（c）将"国家农村青年服务公司"毕业生就业事项过渡为农村发展和土地改革部优先工作流程；

（d）精简"国家农村青年服务公司"信息管理系统，包括标准化省级数据库，以便为项目监测获取有意义的行政数据，并着眼于定期实施评估。

参考文献

African Development Bank（2012）. African Economic Outlook 2012：Promoting Youth Employment. AFDB, Abidjan.

Ardington, C., Bärnighausen, T., Case, A., Menendez, A.（2013）. Social protection and labour market outcomes of youth in South Africa. Southern Africa Labour and Development Research Unit Working Paper Number 96. Cape Town：SALDRU, University of Cape Town.

African Union（2006）African Youth Charter. AU, Addis Ababa. http：//

tisierraleone. org/African%20Youth%20Charter. pdf.

Asaad, R. and Roudi - Fahimi, F. (2007). Youth in the Middle East and North Africa: Demographic opportunity or challenge? Population Reference Bureau Policy Brief. http://www. prb. org/pdf 07/youthinmena. pdf.

Babajanian, B. , Hagen - Zanker, J. and Holmes, R. (2014). How do social protection and labour programmes contribute to social inclusion? Evidence from Afghanistan, Bangladesh, India and Nepal. London: ODI.

Barrientos, A. (2010). Social Protection and Poverty. Social Policy and Development Programme Paper Number 42. United Nations Research Institute for Social Development.

Barrientos, A. &Hulme, D. (2009). Social Protection for the Poor and Poorest in Developing Countries: Reflections on a Quiet Revolution: Commentary. *Oxford Development Studies*, 37 (4), 439 - 456.

Blanchflower, D. (1999). What Can be Done to Reduce the High Levels of Youth Joblessness in the World? ILO technical report.

Cunningham, W. and Salvagno, J. (2011). Youth Employment Transitions in Latin America. World Bank Policy Research Working Paper No. 5521. Available at SSRN: https://ssrn. com/abstract = 1736868.

Honwana, A. (2012). *The Time of Youth: Work, Social Change and Politics in Africa*. Boulder, CO: Kumarian Press.

ILO [International Labour Organisation] (2015). Global Employment Trends for Youth 2015: Scaling up investments in decent jobs for youth. International Labour Organisation, Geneva. www. ilo. org/wcmsp5/groups/public/dgreports/dcomm/publ/documents/publication/wcms_ 412015. pdf.

ILO (2016). World Employment Social Outlook Report. https://www. ilo. org/wcmsp5/groups/public/ - - - dgreports/ - - - dcomm/ - - - publ/documents/publication/wcms_ 443480. pdf.

Makiwane, M. , Kwizera, S. Soc Indic Res (2009) 91: 223. https://doi. org/10. 1007/s11205 - 0089279 - 7.

National Treasury, Republic of South Africa (2011). Confronting youth unemployment: policy options for South Africa. Discussion paper.

Ranchhod, V. (2017). Household responses to the cessation of grant income: The case of South Africa's Old Age Pension. Cape Town: SALDRU, UCT. (SALDRU Working Paper Number 213).

Rankin, N. and Roberts, G. (2011). Youth unemployment, firm size and reservation wages in South Africa. *South African Journal of Economics*, 79, 128 - 145.

Rodgers, G. (2007). Labour Market Flexibility and Decent Work. DESA working Paper no 47.

Soko, M. , and Balchin, N. (2014). Breaking the deadlock: tackling the South African unemployment crisis. GSB Business Review Online. #2, Summer 2014. http://www.gsbbusinessreview.gsb.uct.ac.za/breaking-the-deadlock-tackling-the-south-african-labour-market-crisis/.

Statistics South Africa (2017). Quarterly labour Force Survey. http://www.statssa.gov.za/?p=10658.

World Bank (2009). Youth and Employment in Africa: The Potential, the Problem, the Promise. World Bank, Washington DC.

World Bank. (2011). Resilience Equity and Opportunity: 2012 – 2022 Social Protection and Labor Strategy. Washington DC: World Bank.

实现《2030年可持续发展议程》：非洲的遥远梦想？

马特洛恩·马鲁（Matlotleng Matlou）
南非非洲研究所所长、加纳诺贝尔国际商学院教授

一 引言

2000年，联合国制定千年发展目标（MDGs），这是全世界旨在减少极端贫困、营养不良、各种健康问题，并将初等教育扩展到所有儿童，以及促进其他发展的共同目标。从1990年到2015年，超过10亿人摆脱了贫困；儿童死亡和失学儿童人数下降超过50%；自2000年起，艾滋病毒/艾滋病传染率下降了近40%；数百万人的饮水用水、环境卫生、个人卫生和营养得到改善。

在这些成就的基础上，189个国家于2015年通过了可持续发展目标（SDG），以便在2030年前应对持续存在的全球环境、政治和社会经济挑战。强调全球共生性的宏远的可持续发展目标意味着某一方面的失败或成功，会对所有其他方面产生影响。可持续发展目标涉及我们所有人面临的大多数问题；重申国际社会致力于永久和全面地消除贫困；推进全人类建设的繁荣、安全和可持续性。在实现可持续发展方面需要付出最大努力的仍然是撒哈拉以南非洲、东亚和南亚以及太平洋地区。本文主要关注非洲，尽管非洲拥有实现可持续发展目标的潜力，虽然有些国家正在稳步前进，但一些国家自2015年以来已经退步，而其他国家没有做出足够的承诺。因此，这些因素都构成到2030年实现目标的复杂图景，有些目标将被实现，其中有些目标实现程度甚至超过预期，而有些目标则无法实现。

二 非洲正在崛起吗?

自2000年以来,冲突和持续危机减少,通货膨胀率下降,公共部门债务减少,国有企业管理提升,公私伙伴关系增加,贸易壁垒减少,物质和社会基础设施增加,法治和治理情况得到改善,这些都促进了非洲宏观经济和政治稳定,从而促进增长和发展。这是20世纪80年代和90年代非洲生产力持续下降以来的逆转。2000~2013年间,非洲各国和各部门的年均增长率为2.4%。从2000年开始,非洲凭借其全球最大的钒、金刚石、锰、磷酸盐、铂族金属、钴、铝、铬、金以及其他矿储迎来了商品繁荣。目前,这些资源仍然是非洲其他社会经济部门,如批发和零售贸易、运输、电信和制造业发展的主要催化剂。麦肯锡非洲稳定指数旨在衡量非洲面临的风险,非洲是世界第二大洲,由55个物理、文化、政治和社会经济异质的国家组成。该指数划分出3个不同的群体。稳定的发展国:2010~2015年间年均国内生产总值增长率为5.8%;2015年对非洲总体国内生产总值的贡献率为19%;稳定性相对较高;竞争经济;不过度依赖资源。这些国家包括科特迪瓦、埃塞俄比亚、肯尼亚、毛里求斯、摩洛哥、卢旺达、塞内加尔、坦桑尼亚和乌干达。脆弱的发展国:年均国内生产总值增长率为5.1%;2015年对非洲总体国内生产总值的贡献率为35%;稳定性低;通常严重依赖资源;具有巨大前景,但必须推进安全、治理和宏观经济稳定。这些国家包括安哥拉、乍得、刚果民主共和国、赤道几内亚、尼日利亚和赞比亚。缓慢的发展国:2010~2015年间年均国内生产总值增长率为1.3%;2015年对非洲总体国内生产总值的贡献率为46%;不稳定;温和增长、高度不平等、失业和贫困等因素损害了发展机会。这些国家包括阿尔及利亚、埃及、利比亚、南非和突尼斯。基于这种多样化的情况,应该预期非洲可持续发展目标的实施情况将各不相同。

非洲还需要努力致力于制订区域一体化计划,而且还要实施这些计划,作为进一步实现可持续发展目标的战略。下文回顾了其中一些机遇和挑战。

三 可持续发展目标1：无贫穷

这是《2030年可持续发展议程》的核心。1990年，在全球53亿人口中，19亿人口（占全球总人口的35.8%）每天生活费不足1.90美元（根据2011年购买力平价定义为贫困人口），2013年贫困人口降至7.69亿人口，占全球72亿总人口的10.7%。然而，与1990年相比，如今在撒哈拉以南非洲有更多的穷人。

撒哈拉以南非洲极端贫困人口的比例有所下降，但该地区极端贫困人口的数量有所增加。2013年，撒哈拉以南非洲超过3.9亿人（占该地区总人口的41%）每天的生活费不到1.90美元。

在2017年世界经济论坛上，乐施会报告称，8名男子拥有的财富相当于全球半数人口（35亿人）所拥有的财富，这是不可持续的。在这个世界中，1%的人控制着比其余99%的人更多的财富，这是一个定时炸弹。在这个世界中，富者逃税；工人和生产者的工资和回报不断被压榨，大企业利润暴涨；环境被视为无足轻重，并且不断受到损害；裙带关系、金融和股东资本主义正在不公平地支持富人，情况正在失控。

2014年非洲发展新伙伴关系（NEPAD）和联合国非洲经济委员会的研究表明，非洲拥有消除极端贫困的资源，尤其是以下能力：2013年国内年均税收5200亿美元；矿产价值超过1680亿美元；国际储备超过4000亿美元；2012年侨民年均汇款超过400亿美元；以证券方式筹集100亿美元的潜力；1996～2007年间，股票市值从3000亿美元上升到1.2万亿美元①。其他资源包括：银行业收入超过600亿美元；10个国家的主权财富基金和私募股权市场价值300亿美元。加强法治可以为调集资源提供更多的国内机会，包括确保更好地管理这些财富，以实现更大的利益，并遏制非洲非法资金外流。Kar和Spanjers（2014）强调，从2003年到2012年，来自发展中国家的非法流动资金②达6.6万亿美

---

① Mobilising Domestic Financial Resources for Implementing NEPAD National and Regional Programmes and Projects – Africa looks within.

② 包括有预谋的贸易伪报，同时国际收支中的遗漏也被认定为非法热钱。绝大多数非法资金流动（77.8%）涉及贸易伪报。

元（撒哈拉以南非洲地区为8540亿美元），而流入的外国援助和直接投资则低于6.5万亿美元。基本上，非法提供资源获得的回报是所谓的援助和投资，而控制这些资源的人获得了巨大的财政回报，以及过度影响力，过度干涉非洲事务，并导致非洲大陆落后。尽管如此，正如非洲发展新伙伴关系和联合国非洲经济委员会所证明的那样，几十年的外国援助并未促进非洲的持续增长和发展，实际上，非洲国家利用国内资源实现了70%至80%的发展。

四 可持续发展目标2：零饥饿

营养不良对婴儿和幼儿的影响最为严重。然而，与1990年相比，2016年全球发育迟缓的儿童人数减少了9500多万人。然而，撒哈拉以南非洲人口的增长导致1990~2018年间发育迟缓的儿童人数从低于50万人升至近5500万人。

全世界每10人中就有1人缺乏营养，营养供给不足，撒哈拉以南非洲、南亚和东亚及太平洋地区最容易受到此类伤害。

1990~2015年间，撒哈拉以南非洲的粮食缺口（营养不足的人口所需的粮食数量）从250亿公斤减少到1.25亿公斤。

1979年11月联合国粮食及农业组织（FAO，以下简称"粮农组织"）成员国将10月16日定为世界粮食日（WFD），目前全球每年有150多个国家参与这一纪念日，以提高关于饥饿和贫困原因和挑战的认知，以加强全球粮食安全，这与可持续发展目标2具有相关性。

发达国家和发展中国家浪费全球食物的三分之一，约13亿吨，其中发达国家浪费6800亿美元（6.7亿吨食物），发展中国家浪费3100亿美元（6.3亿吨食物），全球食品分配效率低下，大量人口营养不良或忍受饥饿，而其他人却因过度饮食而变得肥胖甚至患病。撒哈拉以南非洲的人均食物浪费量每年在6~11千克之间，考虑到非洲大陆每天都有人忍受饥饿，必须大力解决食物浪费问题。

粮农组织强调，零饥饿的目标是每年让310万儿童摆脱饥饿；受过良好教育的母亲往往可以孕育免疫系统更强壮的健康婴儿；消除儿童营养不良可使发展中国家的国内生产总值增加16.5%；消除饥饿的支出会产生 15 美元到 139 美元的收益；良好的早期生活可以将未来的终身收益提高 46%；消除缺铁问题可以使工作场所的生产力提高 20%；制止因营养相关问题的儿童死亡可以使劳动力增加 9.4%；最终，为所有人创造一个更安全、更富裕的世界。

五 可持续发展目标3：良好健康与福祉

一般而言，当国家变得更富裕时，生育率会下降，预期寿命会有所延长，虽然人口急剧下降主要发生在低收入国家（主要是 20 世纪 90 年代艾滋病和其他流行病引发的）。与此同时，在高收入国家，大多数死者都是老年人，而在低收入国家，三分之一的死者是 5 岁以下儿童。

全民健康覆盖几乎需要为所有需要健康护理的人减去经济负担。然而，世界上几乎一半的人口被剥夺了至关重要的医疗保健服务。非洲国家的车辆持有率较低，但道路死亡率较高，这主要是因为车辆老化和维护不善，基础设施不足，驾驶缺陷和风险以及行人疏忽。

低收入和许多中低收入国家的专业外科医师严重短缺。尽管如此，发展中国家（特别是非洲）的众多高技能专业人员每年都向他国迁移，或者，那些在国外学习的人不回国，不愿为祖国所面临的挑战做出贡献。这些人为其他国家贡献技能并支出财富，而非为了祖国，虽然他们也会给祖国以经济支持。因此，非洲不得不花费几乎相同或更多的资金聘请外籍人员，这为其他国家的国民提供了就业机会。

六 可持续发展目标4：优质教育

全球数以百万计的人在从未接受过正规教育的情况下成长为成年人。社会化过程日新月异，而面临社会化问题的不仅仅是教育机构。在许多国家，即使有教育设施，这些教育设施也都是不充分的，质量参差不齐。这是非洲面临的一个主要问题，阻碍了非洲在全球竞争的潜力。教育是一种资产，每个国家都有义务为其提供资金。然而，撒哈拉以南非洲的许多小学都很破旧，教师缺乏执教资格。

重要的是，学前教育入学机制不完整，低收入国家只有五分之一的儿童接受学前教育，而中低收入国家只有三分之一。小学教育入学率很高，然而中级和高级教育入学率会下降。

在知识经济或第四次工业革命时代，繁荣的推动主要不是通过拥有初级商品，而是通过高技能人才、网络化社会资本、有效的机构和系统以及支持性的公共部门。缺乏必要的教育基础设施意味着落后，非洲大部分地区都对与当地地貌或环境有关的信息有所认知，但没有适应全球需求并将其转变为有竞争力的产品和服务。大多数基础设施，特别是教育系统，非常薄弱甚至缺乏。因此，非洲人在很大程度上仍然是其他国家附加值产品（包括自非洲的初级商品加工而成的产品）的消费者。

七 可持续发展目标5：性别平等

法律是加强性别平等的基本方法。大约一半的国家都制定了反对性别歧视的法律。但是，未成年人早婚、女童早孕、妇女工资不足、家庭暴力和性暴力的非法行为持续伤害着女性，最贫困的人往往遭受最严重的伤害。

在政治和其他生活领域，男性人数居多。在各地区，女性占议会席位的比例平均不到四分之一。

家庭和生活工作（往往被低估）主要由女性承担。然而，家务工作是家庭的基础，并可以对数百万人的未来发展产生重大影响。大规模贫困意味着这些女性在照顾家庭方面受到阻碍，因此，代际贫困的恶性循环仍在继续，这是非洲的一个突出特点。

八 可持续发展目标6：清洁饮水和卫生设施

生命高度依赖于优质水，只需要30分钟的循环机制①就可以将基本用水转化为质量升级的水，同时可以安全管理水，但无法确保完全无污染。缺乏优质水源或水资源匮乏以及缺乏卫生消毒会从整体上影响生活，特别是在大多数发展中国家。此外，农村居民和较贫穷的人主要使用基本用水，家中往往没有自来水。同样，他们的卫生设施要么匮乏，

---

① 服务水平最高的机制：改善水源，位于现场，需要时可用，并且没有污染。

要么根本不存在，特别是在不断增长的城市贫民窟中，这些贫民窟是发展中国家的永久性特征。

在全球范围内，只有71%的人获得安全管理的水，而在撒哈拉以南非洲，58%的人能获得基本用水，不到一半的人能获得安全管理的水。自1990年以来，已有26亿人获得改善饮用水，其中4.27亿人在撒哈拉以南非洲；2015年全球有6.63亿人无法获得改善饮用水，其中有3.19亿人位于撒哈拉以南的非洲。

许多国家，特别是撒哈拉以南非洲国家，获得基本卫生设施的机会很低，这需要发展家庭独立设施（即不与其他家庭共用）。在全球范围内，每10人中就有6人使用未经安全管理①的卫生设施，这会导致疾病传播。2015年，全球共有23.65亿人无法使用卫生设施，其中6.95亿人位于非洲撒哈拉以南地区。

九 可持续发展目标7：经济适用的清洁能源

缺乏能源或能源不稳定供应会影响生活的各个方面，并阻碍可持续发展目标中概述的人类和社会经济发展。到2016年，全球有30亿人使用不健康和危险的烹饪燃料，主要分布在撒哈拉以南非洲和南亚地区。撒哈拉以南非洲的人口增长超过了能源基础设施发展速度，与1990年相比，目前有更多的人无法获得电力，尽管有些国家大大减少了无法获得电力的人数（最明显的是南非和加纳）。

十 可持续发展目标8：体面工作和经济增长

过去10年中，发展中国家的社会经济增长水平各不相同，很少有最不发达国家实现可持续发展目标的年度经济增长目标，即7%。

撒哈拉以南非洲和南亚的失业率和就业不足率很高，尤其是青年人失业率，同时，依赖青年人养活的老年人口数量正在增加。因此，与受薪工人不同，这些失业人口享受的社会安全保障网很少，贫困和不平等

---

① 卫生要求包括使用不与其他家庭共用的水质改善设施，在现场或非现场安全处置排泄物。

问题根深蒂固。

到2012年，非洲劳动力中只有29%的人拥有稳定付薪的工作岗位，其他许多人在非正规和家庭企业以及小规模农业中工作，过着不稳定的生活。预计到2035年，非洲将拥有比中国或印度更多的劳动力，目前非洲70%的青年人（青年总人口数超过2亿）所从事的日薪不到2美元的就业岗位是否还将存在？现居住在全球城市化最快的城市地区的10多亿人中，40%以上的人能否实现可持续发展，发挥他们的最大潜力？如果不马上加强教育，培育青年人企业家精神和创新精神以传授终身技能，如果不以文化再生来灌输相关价值观，那么人们所希望的人口红利将变为社会动荡和功能失调社会的噩梦。

十一　可持续发展目标9：产业、创新和基础设施

诸如全季节道路、通信技术等基础设施不足，使人们在雨季期间不方便获得关键服务或去往市场。此外，有限的中高技术产业阻碍了多样化、技能开发和创新，特别是在非洲，这些因素阻碍了初级生产者的发展，削弱了乘数效应，导致了较低的就业率、较低的回报以及有限的社会经济和人类发展。跨境数据和通信的高速传输、高速互联网和国际电话呼叫推动了全球商品、服务、金融和人员交流，非洲在利用互联网和移动技术方面有巨大前景。2005~2013年，非洲的国际互联网流量增长了70倍，超过了中国和拉丁美洲。截至2013年，超过7.2亿非洲人拥有了移动电话，1.67亿人使用互联网，5200万人使用"脸书"（Facebook）。然而，非洲有可能在日益加剧的"数字鸿沟"中落后。互联互通正在蓬勃发展，然而大约2.5亿非洲人仍与设想的"全球"网络无关，互联网产值仅占非洲国内生产总值的1.1%，而发展中经济体的这一比例为1.9%，考虑到非洲的能源供应缺乏甚至不存在，这并不令人惊讶。

十二　可持续发展目标10：减少不平等

可以通过计算收入低于一国收入中位数的50%的人口比例来衡量不平等情况，这与基尼系数相关。最贫穷的40%人口的相对收入增长表明

不平等问题的变化。国家和地区内部以及国家之间存在巨大的不平等，即便是随着南亚和东亚及太平洋地区人均收入增长而略有减少，北美人均收入依然是全球标准的3.5倍。然而，非洲仍然落后。

解决非洲与全球其他地区内外不平等问题的途径是通过双边和多边协议，如金砖国家（巴西、俄罗斯、印度、中国和南非）、中非合作论坛（FOCAC）、印度非洲论坛、非盟欧盟峰会等。不幸的是，非洲（或非洲大部分地区）是这些举措的旁观者，它们没有努力去理解协议的复杂性，仅在狭隘的利益层面与合作伙伴、国家和次区域进行战略性谈判。非洲没有利用增值产品出口来发展经济，而是主要集中出口初级商品，增值产品出口在大多数协议规定下都不受关税限制。另一方面，来自其他地区的参与者以非常优惠的条件在非洲投资，从而确保就业，获得巨额利润，并享受其他溢出效应，获得压倒性优势。

例如，美国于2000年签署"非洲增长与机会法案"（AGOA），并将这项法案的有效期延长至2025年，旨在促进非洲与美国的贸易增长，同时允许美国投资者与非洲人合作实现这一愿望：实现共赢。"非洲增长与机会法案"为大约40个撒哈拉以南非洲国家的数千项产品提供了免关税和显著的成本优势。不幸的是，非洲和美国之间的贸易和投资主要集中在石油和其他商品上。随着过去10年中非洲对美国的劳务密集型出口每年下降6%，很少有非洲公司和国家利用这个机会。非洲与美国的贸易额不到非洲与欧洲贸易额的四分之一，比非洲与中国的贸易规模小40%。在外国直接投资方面，美国次于西欧、中东、金砖四国和亚洲其他国家，仅是非洲的第五大投资来源。实现"非洲增长与机会法案"所设想的前景需要非洲人做出更多和更集中的努力。然而，自2017年美国政府换届以来，全球化一直处于后退中。美国对中国、欧洲和其他地区发动的贸易战，加上目标国家的报复正在影响全球经济，致使生产力下降，股票和库存下降，资本外逃和各国压低汇率，"非洲增长与机会法案"不会幸免于难。

此外，非洲国家必须审查它们与众多跨国公司签订的扭曲的国际协议，其中一些跨国公司的价值比非洲所有国家的国内生产总值还高出许多倍，另外还有些不利于非洲国家发展的国家和国际组织。因此，根据具体情况，每个非洲国家必须以6个基本原则为中心：控制更多的国内资源；坚决扩展经济；加速基础设施发展；加强区域一体化；培养人才；保障动态城市化。从而在所有利益相关者参与和协作下，在有效治理和全面利用社会方法的基础上，全面解决生产力问题并推动增长。然而，自可持续发展目标确定3年之后，人们可以确定地说，按照非洲目前的发展速度，不太可能在2030年实现目标。

十三　可持续发展目标11：可持续城市和社区

可靠的基础设施有助于城市蓬勃发展，与贫困的农村居民相比，城市居民可以享受更好的服务，特别是在许多发展中国家，农村地区是大都市的廉价劳动力和食物的来源。

自2008年以来，除撒哈拉以南非洲和南亚外，全球大多数人口居住在城市地区。许多国家已经减少了城市贫民窟的规模，但仍有相当多的贫民窟居民。

城市是生产和社会经济发展的主要驱动力，数百个顶级城市的人口和国内生产总值大于许多发展中国家城市的人口和国内生产总值。然而，如果没有适当的规划，糟糕的实施和不受控制的发展可能会使城市变得难以治理、人口过多、成为污染中心等。在与可持续发展目标相关的所有问题中，城市问题会产生复杂的影响。但是，我们不应该认为其他可持续发展目标的实现必然会带来社区可持续发展。

特别是现在，当结果不断指向相反方向时，对市场的尊重始终是正确的，政府的有限作用被视为福音。市场越来越青睐富人和强国，他们制造和破坏规则以获得优势。必须有力地控制富人和强国，以确保更公平地分配回报。在政府管理薄弱的地方，穷人受到影响，因为公共服务被私有化，而那些没有资源的人则不得不勉强生活，这进一步加剧了不平等。伴随着国民生产总值和国内生产总值的增长，收益分配不公平会导致资源集中和利用不足；削弱了社会的进步，加剧了不稳定，仅促进增长而没有带来发展。在性别歧视的社会经济范式下，最大的输家是女性。社会和政府必须为更大的利益，而不是自私的少数人，而存在。

无限资源的思维导致地球走向枯竭。如果一个经济体无法支持每个人充分发挥其潜力,无法为弱势群体提供体面的职业,无法谨慎地管理环境,那么就不应该支持这种经济体。政府必须为更广泛的人民利益而存在,而不是为有特权的少数群体服务。因此,乐施会倡导"负责任且有远见的各国政府、为工人和生产者谋福利的企业、受重视的环境、女性的权益和强有力的公平税收体制等,都对建立更为人本化的经济体系至关重要"。

十四　可持续发展目标12:负责任的消费和生产

过度消费、过量的温室气体和巨大的浪费主要发生在高收入国家,另外,森林砍伐、冲突、污染、自然灾害和人口过多主要发生在一些发展中国家,这些都破坏了地球的稳定。目前,在许多国家,50%以上的城市垃圾倾倒在垃圾填埋场,这种情况在非洲尤为显著。

非洲大陆有机会通过非洲大陆自由贸易区(AFCFTA)于2018年3月21日在卢旺达实施负责任的消费和生产,非洲大陆自由贸易区是一个价值3.3万亿美元的单一商品和服务市场,覆盖10.7亿人口,是自1995年成立世界贸易组织以后最大的自由贸易区。在55个非洲联盟成员中,43个和44个国家分别签署了"宣言"和《非洲大陆自由贸易区协议》。经济强国尼日利亚和南非没有签署后者,直到2018年7月,南非才在毛里塔尼亚举行的非洲联盟峰会上签署了该协定。

非洲大陆自由贸易区提供了以下潜力:目前非洲内部贸易年增长10%(总额350亿美元,其中有57亿农业增长,279亿工业增长和1亿服务业增长),预计到2022年达到15.5%;每年减少进口100亿美元;每年国内生产总值提高6%;通过取消关税和降低成本,特别是过境成本,工业出口提高一半。非洲境内和境外的投资也将增加。此外,2018年1月28日,非洲联盟启动了非洲航空运输单一市场,旨在改善非洲国家内部的连通性,减少低效运输行为,改善非洲独立以来航空业基础设施和安全记录不佳的情况,减少不必要的漫长、昂贵和曲折的旅程。

至关重要的是,非洲更大的经济体扭转了与其他非洲国家的巨大贸易不平衡,特别是南非,2017年,南非的区域出口额为235亿美元,进口额为86亿美元。非洲与世界其他地区之间必然会出现类似的进程，非洲的全球贸易额为3%，且附加值贸易额最小。

为了实现增长，包括加深区域一体化和可持续发展，非洲需要发展基础设施，简化规则和程序，收集信息，制度化，改进税收，解决腐败问题，提高效率，保护特定行业和较小经济体，改善国内和外国资源，调动并平衡投资。

与此同时，非洲正在制定相关协议，有望在2019年1月的非洲联盟峰会上完成，协议将涵盖电子商务、知识产权、竞争政策和贸易便利化等方面的内容。目前的优先发展部门是商业服务、通信、金融服务、旅游和运输。朝向非洲经济共同体发展的这一重要协议将在22个成员批准后生效；协议加之其有效的实施将意味着非洲国家的政治意愿区域一体化，即将实现。

十五　可持续发展目标13：气候行动

不同收入群体导致的大气二氧化碳和其他温室气体人均排放量不同，而地震、干旱、多种抗药性害虫等自然灾害正在逐渐加剧，并且给贫困和脆弱人群造成了不成比例的伤害。

联合国政府间气候变化专门委员会（IPCC）特别报告强调了全球变暖高于工业化前水平1.5摄氏度及其影响，以及气候变化对实现可持续发展目标的威胁。联合国政府间气候变化专门委员会表明，人类活动显然导致全球变暖高于工业化前水平大约1.0摄氏度，可能变暖温度范围为0.8至1.2摄氏度，如果不加以控制，可能在2030～2052年间升高1.5摄氏度。从工业化前到现在的人为排放将在未来几个世纪持续上升，并继续导致气候系统的更长期转变。当全球温度上升将超过1.5摄氏度时，特别是当上升超过2摄氏度时，自然和人类系统的气候相关风险水平会更高，这取决于全球变暖的速度、峰值和持续时间。全球变暖正在改变许多陆地和海洋生态系统，这些变化体现在：炎热的极端气温、大雨、干旱、海平面上升将淹没低洼的沿海地区和岛屿、极地冰川融化的加速、物种的丧失和灭绝以及健康、粮食生产、人类安全和社会经济增长与发展风险增加。因此，升级和加速多层次及跨领域的气候变暖缓解措施，逐步转型以适应气候变化，将减少气候变化相关风险，同时为实现可持续发展目标提供更好的机会。

非洲的气候变化影响很明显，非洲大陆的土地从干燥到湿润；气候从热到冷；温度带从沙漠到赤道森林。非洲拥有大量地表和地下水资源，但几乎没有实施灌溉农业，数百万人没有安全用水，这导致了健康和营养方面的挑战。非洲还拥有世界上60%以上的可耕地和未充分利用土地，可以用于发展农业，摆脱无法养活非洲人民的境况。非洲正在实施的气候缓解和气候适应措施并不充分，这意味着联合国政府间气候变化专门委员会强调的一些由气候变化导致的社会经济影响没有被遏制或削弱。

十六 可持续发展目标14：水下生物

海洋受到工业过度捕捞、不规范捕捞和其他有害做法的破坏，这些做法影响了世界一半的海洋区域，几乎是陆地农业破坏覆盖比率的4倍。毫不奇怪，鱼类种群日益濒危或灭绝，因为目前工业鱼类捕捞量占75%，并且还在增长。

大气中的二氧化碳在海洋中散布，使海水酸度超出安全水平，影响海洋生物生存；气候变化使海洋变暖，自1901年以来大部分地区的地表气温都有所上升，而海平面上升威胁着岛屿和沿海地区。陆地活动造成的污染，尤其是塑料、化学品、污水等，对海洋造成了破坏，导致数百个海洋死区的氧气含量无法支持大部分生命存活。然而，世界上只有约7%的海洋区域被指定为海洋保护区，被持久保护。

非洲90%以上的国际贸易经由海上航行，其海岸线面积超过1300万平方公里，其中70%的非洲国家位于沿海，海洋对非洲大陆的发展至关重要。预计到2020年，非洲海洋经济（水产养殖、采矿、旅游和交通相关活动）产值将达到约2.5万亿欧元，目前，非洲海洋经济用工量超过1000万人，为2亿人保障粮食安全。距离实现预期目标还有不到两年的时间，而非洲实现预计目标将需要更长的时间。尽管2050年非洲综合海事战略计划为港口和相关基础设施、海洋能源和安全建设提供更多投资，同时应对污染、过度捕捞、跨国犯罪等问题，但仍未实现非洲需要的发展。非洲擅长制订值得称赞的计划和战略,却实施不力。

十七　可持续发展目标15:陆地生物

从 2000 年到 2010 年,非洲的实际国内生产总值以每年 5.4% 的速度增长,在 2010~2015 年间下降到 3.3%,这主要是因为受到北非"阿拉伯之春"运动的影响。此外,从 2000 年到 2013 年,非洲拥有世界上 15 个增长最快的经济体中的 8 个,吸引了 5450 亿美元的私人资本投资,由于外国直接投资的回报更高,其表现优于汇款和官方援助。然而,流入非洲的外国直接投资和其他资本已经趋于平稳,与 2005~2010 年间的情况大不相同。2005~2010 年间,此类资本流增长了两倍,而储蓄占国内生产总值的比例从 2005 年的 27% 大幅下降至 2015 年的 16%。

全球石油和天然气出口的 10% 来自非洲,全球铜矿的 9% 和铁矿石的 5% 也来自非洲。因此,虽然大宗商品出口在非洲出口中占据很大比重,但目前不足非洲商品出口的一半,与知识、资本和劳动力密集型制成品相比相形见绌。然而,还需要做出更多的努力,因为在许多非洲国家,过去 10 年里制造业对经济的贡献已经减少。2012 年,非洲的商品、服务和金融出口占国内生产总值的 82%(1.6 万亿美元),而且还在继续增长。另外,改善落后的物流、陈旧的基础设施并消除官僚主义的繁文缛节将能够确保非洲的竞争力,从而为农业加工、食品和饮料制造业、纺织品、皮革制品和木制品行业吸引投资和就业。根据世界银行 2016 年人均国民总收入(现值美元)评级,非洲有 27 个低收入国家(低于 1005 美元);15 个中低收入国家(1006~3955 美元);5 个中高收入国家(3956~12235 美元);一个高收入国家①(高于 12235 美元)②。共有 42 个国家属于低收入和中低收入国家,其中许多国家人口众多,面临着最大的发展挑战,这意味着它们需要在较长时期内投入最大努力,才能提高收入排名。然而,我们并没有看到这些国家对这一问

---

① 仅包括塞舌尔(以及马约特和留尼汪的法国领土)。
② 撒哈拉民主阿拉伯共和国不包括在内。

题抱有足够的紧迫性和关注度，这对其如期实现可持续发展目标的能力造成影响。本文通过分析可持续发展目标与非洲的关系来检验这一论点，并将重点关注某些方面。

葛马万（Ghemawat）和奥特曼（Altman）的报告称（2016），自2005年到2015年，从商品、服务、金融、人员、数据和通信跨境流动的广度和深度来衡量，非洲与全球经济的联系程度排名最后，联系最紧密的是经济更加多样化的国家。在140个国家中，与全球经济联系程度排名最靠前的是毛里求斯（排名第41），其次是南非（排名第47）和加纳（排名第79），而排名最靠后的10个国家中，有5个是非洲国家。①

尽管当今时代正在经历剧变，但非洲企业的营业以及消费支出都在强劲增长。到2025年，非洲企业将获得3.5万亿和2.2万亿美元的投资机会，推动非洲工业变得越来越具有竞争力，并在很大程度上满足当地的需求（当前这种需求都是由外国公司满足的），到2025年这一数字将增加至2.5万亿美元，并将努力消除公共和私营部门的低效问题。由于没有一家非洲公司进入财富世界500强，年收入分别超过5亿美元和10亿美元的700家和400家公司需要通过设想长期前景、增加内包、追求高价值行业以及培养和保留人才来扩大规模。

全球大部分土地被植被覆盖，许多地区森林遍布。然而，目前10个国家占全球森林覆盖率的三分之二，非洲等一些地区拥有大规模的干旱土地。许多物种濒临灭绝并遭到过度捕捞、偷猎或肆意破坏。冷酷无情且拥有丰富资源的跨国有组织犯罪集团通过买卖这些动植物物种获取了巨额利润。2010年至2016年，非洲和亚洲共承诺投入13亿美元来打击非法野生动物贸易，但由于对这些物种的自私需求和供应不断增加，兑现这些承诺受到了阻碍。

在全球范围内，国家公园、野生动物保护区和自然保护区约占土地总面积的14%，因此意料之中的是，超过75%的受评估动植物物种受到威胁。非洲对各种动植物的偷猎正在加速，造成物种的巨大损失和失

---

① 尼日尔（排名第131）、布基纳法索（排名第135）、卢旺达（排名第136）、马里（排名第138）和布隆迪（排名第140）。

衡，这些物种在生态系统中的作用也遭到破坏。因不断变化的环境和自然灾害的增加而导致的健康问题、作物减产或歉收以及给人类带来的不安全感正在造成乘数级影响。

十八　可持续发展目标16：创建和平公证且有力的机构

在一些国家，谋杀率急剧下降，而持续的战争及冲突造成的死亡率仍然很高。世界银行目前在全球范围内确立了36①个脆弱国家，这些国家大多位于非洲，其国内危机持续不断：危机持续时间超过5年，造成25000多民众流离失所。

冲突和暴力使非洲在财政、人力和物质资源方面损失惨重。数以百万计的人遭受酷刑，被折磨致残、杀害，被迫流离失所，面临贫困等问题。自1990年以来，冲突已使非洲23个国家损失超过3000亿美元，非洲平均每年损失约180亿美元，阻碍了这一地区的发展。绝大多数的弹药和武器都来自非洲以外（IANSA，OXFAM International and Saferworld，2007）。

国内外被迫流离失所的人还在以不可阻挡之势增加，2017年这一人数达到了前所未有的水平。造成民众流离失所的根本原因既包括人类自身的因素（不良的政策和行动），也包括自然因素（灾害——地震、飓风、虫害等）。寻求庇护者和难民是指那些由于其种族、国籍、性别和政治或宗教信仰而跨越国际边界寻求国际保护以免受迫害的人。

截至2017年底，全球约有7140万人受到关注，其中包括1990万名难民；3920万国内流离失所者以及390万无国籍人士。非洲有2533万人受到关注，包括610268名寻求庇护者，690万名难民；1470万名国内流离失所者；190万名回返者（难民和国内流离失所者）；711589名无国籍人士；510144名其他受到关注的人②。被迫流离失所给受害人造成了沉重的损失，同时使基础设施、机构、社会经济资本和其他资源遭到

---

① 如果一个国家在政策和机构的正式评估中被评为低级，或一个国家在过去三年中主持了维和任务，那么该国就被认为是脆弱国家。
② 虽然不是联合国难民事务高级专员办事处通常关注的类别之一，但仍是需要援助的群体。

浪费。此外，越来越严格的庇护政策、捐助者的心力不足以及资金的减少都对国际难民制度造成了损害。世界正在逐步努力从造成这一问题的根源着手，以使那些被迫流离失所的人过上更好的生活。联合国大会于2018年12月审议的《安全、有序和正常移民全球契约》是应对大规模难民和移民流动的主要文件。

薄弱的出生登记制度、落后的基础设施、低水平的识字率、贫困以及其他障碍剥夺了数百万人的合法身份和基本的人权，让他们无法参与到生产和其他日常活动当中。腐败、低效的机构，落后的基础设施使公民团体和企业在获得政府服务上受到阻碍。

然而，正如莫·易卜拉欣基金会（Mo Ibrahim Foundation）自2007年以来通过易卜拉欣非洲治理指数（IIAG）对非洲各地治理绩效的衡量和监测所凸显的那样，情况并不完全令人沮丧。易卜拉欣基金会将非洲治理绩效分为四个类别：安全和法治、参与和人权、可持续的经济机会以及人类发展。2017年的易卜拉欣非洲治理指数涵盖54个国家，使用了涵盖177个变量的36个数据源，并将其合并为100个指标，转换为14个子类型，最终转化为4个超类型，以此显示非洲治理的进展情况。

非洲治理情况的不断演变意味着，2017年易卜拉欣非洲治理指数通过放大2012~2016年这一时期的情况，来集中衡量2007~2016年的变化趋势。根据治理情况的不同，各国可分为6个类别：治理不断改善（18个国家），治理改善缓慢（13个国家），出现警告信号（10个国家），迅速恢复（3个国家），治理缓慢恶化（1个国家），治理不断恶化（8个国家）。在过去10年中，前三个类别国家的治理情况总体有所改善，但在过去5年里，这三类国家的治理情况分别出现提升、减缓和下降。而对于后三类国家来说，治理表现总体下降，但在过去5年里，治理表现分别有所提升、减缓和下降。当然，我们认识到，这一指数的弱点是，它只是泛泛而论，挖掘不够深入，衡量指标的选择反映了指数编制者或研究人员的偏见。不过，有些指数可能相比较而言更加有用。

整体治理水平提高了1.4个百分点。年增长率为0.16，但2012~2016年增速放缓至0.10。2007年总分为49.4分（满分100分），2016年总分为50.8分。过去5年取得进展的方面包括参与和人权（2.2分）、可持续的经济机会（1.3 分）和人类发展（4.4 分）；而安全和法治（-2.4 分）则显著下降。莫·易卜拉欣指数比全球物流巨头 DHL 或麦肯锡公司指数更加全面，因此处于不同类别中的国家更具流动性，该指数表明，一个国家的治理表现可以因类别和指标的不同而有所差异。此外，根据治理表现划分的 6 个国家类别并非一成不变，而是取决于国家所投入的努力。然而，2007～2016 年，非洲整体治理水平从 49.4 的低水平提高了 1.4 个百分点，这意味着非洲需要几十年时间才能克服发展和治理方面的挑战，或许到 2030 年还无法按时实现可持续发展目标。当然，个别国家也会如期实现甚至超前实现可持续发展目标，但落后国家才是令人担忧的，按照可持续发展目标 17，世界必须团结起来，与它们结成伙伴关系。

十九　可持续发展目标17：为达目标结成伙伴关系

千年发展目标 8 也包括发展伙伴关系，但这是实施程度最低的可持续发展目标之一。随着民族主义的强化以及一些重要国家将注意力转向国内，在国际层面采取单边行动、破坏多边主义，使伙伴关系的强化和深化变得更加富于变化且不可预测。

2016 年，官方发展援助达 1440 亿美元，只有 6 个国家兑现了援助额占其国家总收入 0.7% 的历史承诺。与此同时，双边债权人（政府及其机构）向中低收入国家提供的贷款达到 540 亿美元，创历史新高。然而，与总额约 1 万亿美元的外国直接投资和向中低收入国家的汇款相比，这一数字相形见绌。

二十　对可持续发展目标的批评

可持续发展目标的措辞意味着人们意识到，我们当前的发展模式严重偏离了方向——追求无限度增长已经危及人类的生存。然而，发展的倡导者仍在沿着老路前进，发展中国家仍在保持着 7% 的经济增长率，继续追求更高的生产力，以及不可抗拒的开采、生产和消费强度。不可阻挡的经济增长不可能是减贫的唯一出路，尽管全球国内生产总值自 1990 年以来增长了 271%，但每天靠不足 5 美元生活的人数却增加了

3.7亿多。没有带来进步的经济增长只让富人受益；最贫困的60%的人口仅仅实现了5%的收入增长。解决结构性问题以及日益加剧的不平等才是以可持续方式减少贫困的出路。出于对强国的言听计从，可持续发展目标的制定者对不公平的双边和多边贸易制度保持沉默。目前，世界贸易组织正处于这种不公平贸易体制的风口浪尖。这种体制对发展中国家及其国民存在偏见。可持续发展目标缺乏对金融市场、大型银行和企业的充分监管，导致每年有1.7万亿美元的非法资金从发展中国家流失，而且这一流失现象还在以有增无减的趋势继续（Kar and Spanjers，2014）。从2003年到2012年，共有5290亿美元非法资金从撒哈拉以南的非洲流出。发展中国家的债务问题被忽视，它们每年背负着7000亿美元的还款负担，许多贷款并不合理，而且有着令人窒息的高利率。

可持续发展目标继续维持着每天1.25美元的国际贫困标准，但这一标准并不足以满足人类的生存需求。为了满足《世界人权宣言》所概述的基本需要，贫困标准应提高到每天5美元，这一标准更符合实际，却被忽略，因为达到这一标准将需要做出更大努力来解决贫困问题，即让43亿人或60%的世界人口的生活水平得以提高。

二十一 结论

1990年，生活在贫困线以下的人每天只有1.90美元或更少的生活支出①，这一群体的数量为19亿，而到了2015年，这一人数降到了7.36亿。过去30年来，全球国内生产总值增长了一倍多，收入水平也有所提高。然而，仍有九分之一的人每天饿着肚子入睡。造成这一现象的原因是收入分配的不平等。

当前的经济发展模式阻碍了每个人充分发挥其潜力，它鼓励人们进行剥削并采取危险的做法，鼓励通过不体面的工作来实现繁荣，而不照顾弱势群体，也没有对环境问题进行谨慎管控。"资源取之不尽用之不竭"的心态正导致地球走向崩溃。因此，牛津饥荒救济委员会（OXFAM）提

---

① 被称为道德贫困线，指能保证人们活到70岁正常寿命的情况下，每人每天所需基本生活费。

倡："应该建立负责任和有远见的政府，对工人和生产者利益负责的企业，建立有价值的环境，尊重妇女权利，制定更公平的税收政策，等等，使经济更加人性化"。因此，如果非洲不进行内部改革，将善政和法治制度化，不对目前不平等的全球体系进行重新排序，其很可能将继续落后，到2030年势必无法实现可持续发展目标。

参考文献

Bughin J., Chironga M., Desvaux G., Ermias T., Jacobson P., Kassiri O., Leke A., Lund S., van Wamelen A, Zouaoui Y. (2016). Lions on the Move II: Realizing the Potential of Africa's Economies. September. McKinsey Global Institute, www.mckinsey.com/mgi.

Ghemawat P. and Altman S. (2016). DHL Global Connectedness Index 2016: The State of Globalization in the Age of Ambiguity. Deutsche Post DHL Group Headquarters, Bonn.

Hardoon D. (2017). An Economy For the 99%. Oxfam Briefing Papers, January. Oxfam GB, Oxford.

Hardoon D., Ayele S. and Fuentes – Nieva R. (2016). An Economy for the 1%. Oxford: Oxfam. http://policy-practice.oxfam.org.uk/publications/an-economy-for-the-1-how-privilege-and-power-in-the-economy-drive-extreme-inequ-592643.

Intergovernmental Panel on Climate Change. (2018). Global Warming of 1.5℃. Geneva http://www.ipcc.ch/report/sr15/ Accessed 10 October 2018.

International Action Network on Small Arms, OXFAM International and Saferworld. (2007). Africa's Missing Billions: International Arms Flows and the Cost of Conflict. Briefing Paper 107, October.

Kar D. and Spanjers J. (2014). Illicit Financial Flows from Developing Countries: 2003 – 2012. December. Global Financial Integrity, Washington D.C..

Mo Ibrahim Foundation. (2017). Ibrahim Index of African Governance. Mo Ibrahim Foundation. London.

Ostry J. D., Loungani P. and Furceri D. (2016) Neoliberalism: Oversold? Finance & 11Development, June 2016, IMF, Washington DC. https://www.imf.org/external/pubs/ft/fandd/2016/06/pdf/ostry.pdf.

Appleby L and Kerwin D. [eds] (2018). Perspectives on the Content and Implementation of the Global Compact on Safe, Orderly and Regular Migration. Scalabrini Migration Study Centers, New York. https://doi.org/10.14240/international migration rpt

2018.

World Bank. (2015). A Measured Approach to Ending Poverty and Boosting Shared Prosperity: Concepts, Data, and the Twin Goals. Policy Research Report. Washington, DC: World Bank. http://www.worldbank.org/en/research/publication/a-measured-approach-to-ending-poverty-and-boosting-shared-prosperity DOI: 10.1596/978-1-4648-0361-1.

World Bank, (2018). Atlas of Sustainable Development Goals: 2018. World Bank, Washington D. C. .

扶贫与中非合作：经验分享与新视角

布什拉·拉姆尼·本希达（Bouchra Rahmouni）
摩洛哥新南方政策中心高级研究员

一 引言

近几十年来，许多国际倡议、研习会和最高级别会议一方面提高了公众对气候变化所构成的严重风险的认知，另一方面也提高了对全球化造成的扭曲的认识。从这一角度来看，向所谓的"后碳"和"人本"社会过渡的想法正在逐渐形成，其主要目标是：减少温室气体排放，发展碳能源自给自足，除了实现更具包容性的增长之外，还要增强足够的适应气候变化的能力。2016年在摩洛哥举行的第22届缔约方大会上，辩论的重点是主导经济模式的替代方案，以鼓励形成另一种将盈利能力、社会福利和气候保护相结合的经营方式。一种将人、团结和环境置于所有项目核心的方式。而这正是联合国《2030年可持续发展议程》的可持续发展目标（SDG）所追求的。后者主张"绝不让任何人掉队"的政策。通过共享增长和确保彼此的增长，可以确保长期且可持续的发展，并以包容和共享的原则为基础。

在这种背景下，中国于2013年发起了"一带一路"倡议（BRI）。该倡议以"一带一路"文件为基础，旨在通过与两个主要议程的协同作用，促进共同发展，建立一个命运共同体。正如中国国家主席习近平在中非合作论坛期间所做的解释（FACC, 2018）："我们要抓住中非发展战略对接的机遇，用好共建'一带一路'带来的重大机遇，把'一带一路'建设同落实非洲联盟《2063年议程》、联合国2030年可持续发展议程以及非洲各国发展战略相互对接,开拓新的合作空间,发掘新的合作潜力,在传统优势领域深耕厚植,在新经济领域加快培育亮点。"

在2015年中非合作论坛约翰内斯堡峰会上,中国国家主席习近平宣布减贫计划为中非"十大合作计划"之一。他还指出,中国的扶贫经验可以帮助非洲国家实现减贫目标。但是,中国要想把"一带一路"建设成为一条和平、繁荣、开放、绿色发展、创新的幸福之路,就应该通过推动新一代社会创业,来探索扶贫领域合作的新道路。如果是这样的话,中国在哪些具体领域可以做出最大贡献?还有,应该优先考虑非洲哪些地区?

二 中国扶贫:在农村"下大力气"

1978年,84%的中国人每天的生活费用低于国际贫困标准的1.25美元。然而,世界银行的统计数据显示,改革开放以来,中国贫困人口明显减少。其贫困率从1981年的88.3%降至2013年的1.9%。"解放思想,实事求是,团结一致向前看"是邓小平同志40年前在中共中央工作会议闭幕会上的讲话。他推动的改革使中国成为世界第二大经济体,成为一个从低收入向高收入过渡的国家。

5年来,中国有6800多万人脱贫。中国今年的目标是进一步使1000万人脱贫,并到2020年消除贫困。事实上,根据中国国家统计局的数据,从1978年到2017年,中国农村贫困人口减少了7.4亿人,年均减贫人口规模接近1900万人。同期农村贫困发生率下降了94.4个百分点,年均下降了2.4个百分点。数据显示,中国过去40年对世界扶贫事业的贡献率超过70%。此外,2012~2017年,贫困地区农村居民年平均收入实际增长达10.4%,比全国农村平均增速快2.5个百分点。

1978年中国改革开放时,撒哈拉以南非洲人均国内生产总值是中国的3倍多。目前,非洲面临的挑战依然严峻,根据世界银行《崛起的非洲的贫困》报告,2016年,非洲贫困人口比1990年多,生活在赤贫中的人口大幅增长,非洲在各大发展地区中减贫速度滞后,极贫人口(按照每天1.9美元)比例仅有小幅下降,从1990年的56%降至2012年的

43%。报告还说,由于人口增长的主力是穷人,联合国估计,到 2050 年,全球约 86% 的赤贫人口将集中在撒哈拉以南的非洲地区。

三 非洲:不会带来就业机会的增长与青年失业

许多人都认为,非洲的发展模式正在失去动力。它没有创造足够的财富,因此,也没有产生足够的就业机会。非洲生产结构萎缩,该大陆的出口非常有限。此外,非洲在实现增长的同时并没有带来就业机会。尽管非洲大陆拥有世界上最年轻的人口,其中有 2 亿人属于青年(后者正好代表 15 岁至 24 岁之间的人口),但根据非洲开发银行的数据,青年人占非洲所有失业人口的 60%。此外,平均而言,70% 的非洲青年生活在国际公认的贫困线以下,每天生活费不足 2 美元。

另外,在全球范围内,非洲青年潜在企业家的比例最高,约占 60%。然而,必须指出的是,其中 32% 是迫于生计和由贫困驱动的。事实上,在非洲,创业被视为一种生存战略,而不是一个启动和发展企业的机会。非洲在经济发展中难以发挥人力资本的潜力,特别是在使青年人和妇女融入劳动力市场方面,这不利于其实现增长。尽管各区域在发展方面做出了共同努力,但生活水平的差异和贫困现象现在仍然大量集中于农村地区。气候变化、全球化和数字化的影响导致非洲联盟、国际劳工组织和"全球创业监测"(Global Entrepreneurship Monitor)等国际组织多次呼吁非洲关注:一是降低青年失业率;二是推动从加强青年参与这一发展模式,向更具包容性和可持续性的发展模式转变。

因此,这就是为什么《2063 年议程》指出:"将消除青年失业,保证非洲青年充分获得教育、培训、技能和技术、保健服务、就业和经济机会、娱乐和文化活动以及财政支持和一切必要资源,使他们能够充分发挥潜力。"解决问题的方法是促进非洲社会的企业家精神。毫无疑问,这将给非洲大陆带来巨大利益。

四 社会企业家:新时代、新一代

在深入探讨社会企业家的概念之前,本文首先要对其进行界定。社会企业家(SE)是个体企业家,通过社会创新,对社会需求做出新的反应，而这些需求在所有部门都得不到满足或完全得不到满足。因此，社会企业家将为国家因财政紧缩政策而忽视的部门或因盈利能力低下而被私营部门忽视的部门的复杂问题提供有效的解决办法。他（她）只有具备创造性才能扮演好这一角色。社会企业家使用的技能也将要求他（她）采取创新行动，并考虑到市场产生的负面外部性，同时使其业务繁荣。

社会企业家必须在组织层面上进行创新，或利用新技术为失业、排他性和歧视等问题提供解决方案。要成为一名成功的社会企业家，他（她）必须具备最低限度的创新能力并具备改变社会的愿景。在这个层面上，我们讨论的是一种特定类型的创新：社会创新。大体上，社会企业家必须有能力和潜力在一个私人倡议（aprivate solidarity initiative）的框架内将社会效用和经济活力结合起来。从社会角度来看，同样重要的是通过商品和服务展现社会企业和社会企业家的精神，维护穷人的尊严。

在非洲，卫生、教育、银行、可再生能源和农业等不同领域都有令人鼓舞的社会创新实例。值得注意的是，在农业领域，有三个典型的创业公司在其商业模式中以出色的方式运用了社会创新，它们分别是：

1 – iFarming：Agriculture 3.0 成立于 2017 年，为保护因气候变化而变得越来越稀少的水资源以及发展可持续和环境友好型农业提供了解决方案。这家初创企业被认为是突尼斯智能农业领域的先驱。iFarming 专注于发布和设计面向农业、农业综合企业和环境的网站和移动应用程序。

2 – Daral：互联农业技术。Daral 是为塞内加尔养殖业者提供服务的一个数字应用程序，由两个网站和短讯服务平台连接到一个集中式数据库。该系统允许养殖业者直接与兽医、其他养殖业者和政府进行交流，并为他们提供一个警报和识别系统，旨在减少动物疾病。人们认为该平台可以提供培训和认知支持，协助了小农的生产活动，并在农村地区宣传了动物疾病的预防。

3 – Biodôme Du Maroc：一家有机废物回收公司，该公司主要建造小型农业沼气厂。这是一种生态创新的解决方案，帮助农民在他们的农场生产沼气和肥料,同时减少温室气体排放。这家初创公司的主要创新是创建模型,提供废物最佳分解的物理参数。

五 农业、科技和社会企业家精神:中国在非洲的附加值可能是多少?

改革开放40年来,中国一直以创新为动力推进农业现代化。中国采取了一系列举措,在引进技术和本国研究成果的基础上促进创新。在这一过程中,中国积累了丰富的技术创新和开发经验。如今,中国几乎所有的主要农作物都使用了优质种子。中国农业的耕地、播种和收获机械化率已超过66%。科技进步对中国农业增长的贡献率为57.5%。

根据非洲开发银行的数据,非洲有大约6亿公顷的未开垦耕地,约占世界总耕地的65%。然而,许多非洲国家深受全球粮食不安全和农业生产力低下影响。此外,专家们认为,非洲农业体系的改革应该满足贫困农民获得技术支持的需要,改善他们获得农业知识的机会,并为他们提供进入市场的机会。非洲经济依赖农业,这一点从非洲大陆32%以上的国内生产总值来自农业就可见一斑。然而,在非洲,90%以上的农业生产依赖于降雨,而非洲用于培养土壤的技术与世界其他地区所采用的技术还相去甚远,市场准入和融资等基础设施供给方面也是如此。事实上,缺乏技能仍然是非洲农业发展的三大瓶颈之一,主要存在两个问题:(1)基础设施落后;(2)资金短缺,为帮助非洲克服这一缺乏技能的问题,中国已在19个非洲国家援建了20个农业技术示范中心。此外,自2006年以来,中国为非洲国家培训的农业官员、技术人员和职业教育学生达57000多人次。

此外,中国还决定通过与非洲共建"一带一路"倡议、联合国2030年可持续发展议程和非洲联盟《2063年议程》,制订一项与非洲国家的农业现代化合作计划。该计划将通过明确优先领域、任务、项目和方法,为中非农业合作建立一个框架。事实上,中国应该与非洲联盟更加紧密地合作,推动建立一种新型农业企业家精神,也就是基于社会创新的社会企业家精神。

中国已在杂交水稻、玉米、转基因抗虫棉等重大技术上取得突破。中国还开发出了150多种低毒、低残留的高效农药。有了这些成就,中国能够为非洲各种类型和规模的农业参与者提供多样化的服务，这应该被视为一个优先事项。

六 萨赫勒地区：社会创新需求旺盛的地区

中国一贯呼吁地区国家和国际社会加大对萨赫勒地区人类生存保障的投入。

萨赫勒地区人口约1.35亿，年人口增长率在2.5%至4%之间。这一增长是由于婴儿和儿童死亡率迅速下降，同时生育率并未下降，每名妇女生育4.1个至7.6个孩子。根据世界银行的预测，这些指数表明，萨赫勒地区人口在2050年可能增长到3.3亿，并最终在2100年达到6.7亿。如此规模的人口增长将使萨赫勒地区成为世界上人口最多的地区之一（占世界总人口的4.8%）。

由于一些萨赫勒国家地处沙漠，因此人口密度不是根据该区域的总面积计算的，而是根据农业用地计算的。据联合国粮食及农业组织（FAO）估计，萨赫勒地区30.4%的土地被用于畜牧业，约14%和7.1%被用于农业。这意味着萨赫勒国家的人口密度很高：每平方公里耕地上有213名居民，每平方公里农田上有51名居民。

萨赫勒地区的国内生产总值相对较低（人均370美元至3000美元）。与非洲其他国家相比，萨赫勒国家仍然非常贫穷。事实上，人口动态与以人均国内生产总值衡量的经济动态无关。在一些萨赫勒国家的经济发展中，它们甚至可能是一种消极因素，换言之，就尼日尔来说，其年经济增长率最高，但其人均国内生产总值在该地区最低（378.06美元）。

基于上述原因，在发展和加强合作方面，应该优先考虑萨赫勒地区。萨赫勒地区是非洲的贫困地区，社会创新对于激励农村地区的经济增长和社会发展至关重要。

七 结论

经济、社会和环境危机已经愈发尖锐，这一点从社会需求的急剧增长以及全球环境破坏的加剧中可见一斑。高效的经济秩序不应导致不平等、剥削和不公正。相反，可持续性、包容性、资源保护和生态是成功经济模式的关键组成部分。

全球化带来了新的社会问题。针对这些问题，社会企业家能够通过提供解决方案做出些许贡献。新兴技术为许多国家带来了平等的发展机会。通过学习中国在信息技术方面的经验，非洲国家可以直接受益于云计算和大数据等前沿技术。这有助于它们在自下而上的战略框架内推进农业现代化，同时支持它们融入全球经济。

例如，中国可以与非洲国家进行知识共享，合作发展信息技术驱动的"智能农业"。通过制定和部署有效的解决方案，农业、农田和畜牧业领域的社会创新有助于解决系统性的社会和环境问题，特别是在萨赫勒地区。由社会企业家支持的社会创新，代表着旨在满足健康、工作环境、社区发展、教育、城市化等社会需求的新战略、新思想、新理念和新组织。

中国应通过农业社会企业家精神帮助非洲脱贫。它可以为非洲开展农业品种、技术和设备的联合研究铺平道路，引进新的应用模式，提高农业质量和效益，促进农业转型。

参考文献

Transforming our world: the 2030 Agenda for Sustainable Development – UnitedNations 2015.

GUANGXI POVERTY REDUCTION PROGRAM FOR RESULTS May 17, 2018 – World Bank.

Agenda 2063: The Africa we want – African Union Commission 2015 edition.

African Development Bank Group – Annual Report 2017.

Out of Africa. Why People Migrate – ISPI, October 2017.

Poverty in a rising Africa – World Bank Africa poverty report 2016.

What is a social entrepreneur, Really? – Ashoka https://www.ashoka.org/en/node/3664.

Social Entrepreneurship in Sub – Saharan Africa – Academy of Management Perspectives, forthcoming.

Strategy for Security and Development in the Sahel – European Union External Action Service.

国际减贫合作：
构建人类命运共同体

中外联合研究报告（No.5）

International Cooperation on Poverty Reduction:
Building a Community with a Shared Future for Mankind

（下 册）

中国社会科学院国家全球战略智库、国家开发银行研究院／主编

社会科学文献出版社
SOCIAL SCIENCES ACADEMIC PRESS (CHINA)

目录
CONTENTS

上 册

主题报告

中国扶贫理念、实践及其全球贡献 ………………………………… 蔡 昉 / 3

专题报告一 改革开放：中国扶贫与可持续发展的驱动力

中国特色的扶贫开发道路 ………………………………… 吴国宝 / 13
中国式扶贫的历史意义与世界意义 …… 温铁军 刘亚慧 董筱丹 / 19
中国工业化与大规模减贫：40年回顾与展望 ……………… 黄阳华 / 27
识别中国农村贫困 ………………………… 唐 迈（Michael Dunford）/ 41
推动中国实现更加包容的增长 …… 玛吉特·莫纳（Margit Molnar）/ 53
中国精准扶贫的互联网经验 ………………………………… 曲 强 / 65
柬埔寨新时代的减贫 ……………………… 宋春奔（Sum Chhum Bun）/ 73
泰国减贫项目实施情况简要报告 …… 皮西·帕潘（Pisit Puapan）/ 85
斯里兰卡为减贫而实施的农业改革：借鉴中国的农业改革
……………………………………… 马诺伊·蒂布博图瓦瓦
（Manoj Thibbotuwawa Rajakaruna Mudalige）/ 100

撒哈拉以南非洲的贫困：驱动因素和补救措施
………………………… 恩朱古纳·恩东古（Njuguna Ndung'u）/ 108
博茨瓦纳的消除贫困战略 …… 乌托图恩·科雷亚（Uttum Corea）/ 118
21世纪解决撒哈拉以南非洲地区的贫困问题
………………………………… 唐纳德·马利（Donald Mmari）/ 125
劳动力市场监管、就业与贫困：寻求共识
………………………… 伊亚那土·伊斯兰（Iyanatul Islam）/ 135
通过应用共同评估框架，加强公共部门的社会责任
………………………… 德米特里·马斯洛夫（Dmitry Maslov）
尼克·泰斯（Nick Thijs）
让-马克·多科特（Jean-Marc Dochot）/ 145

专题报告二　新时代扶贫：中国的扶贫理念与创新实践

中国减贫的国际发展经验：多元目标体系与国家发展战略
……………………………………… 高宇宁　李轶瑶 / 159
用计量经济学评估中国财政政策对贫困的影响
………………………… 阿克巴·胡塞诺夫（Akbar Huseynov）/ 168
菲律宾公共住房供应的参与式管理
………………… 马里夫·巴列斯特罗斯（Marife M Ballesteros）/ 177
中国与别国的减贫对比 ………… 尼兰·德奥（Neelam Deo）/ 188
贫穷：尼泊尔的状况、原因、计划和成就
………………………… 皮尤什·什雷斯塔（Piyush Shrestha）/ 191
经济转型：一种新的减贫模式
………………………… 乔治·博阿滕（George Boateng）/ 203
白俄罗斯减贫政策
………………… 阿纳斯塔西娅·博布洛娃（Anastacia Bobrova）/ 210
经济发展与国家可持续发展条件下的扶贫
………………………… 博伊科·奥莱娜（Boiko Olena）/ 219
斐济的贫困 ………………… 倪莱斯·刚德尔（Neelesh Gounder）/ 222
通过技能开发和社会保护解决非洲的青年贫困问题
………………… 亚历克西斯·哈比亚雷木叶（Alexis Habiyaremye）/ 225

实现《2030年可持续发展议程》：非洲的遥远梦想？
　　……………………马特洛恩·马鲁（Matlotleng Matlou）/ 235
扶贫与中非合作：经验分享与新视角
　　……………………布什拉·拉姆尼·本希达（Bouchra Rahmouni）/ 256

下　册

专题报告三　国际减贫合作：全球开发性金融机构助力国际减贫发展

中国扶贫资金筹集和使用：特点与展望……………………傅志华 / 265
新结构经济学视角下开发性金融的市场培育作用…………徐佳君 / 272
跨越绝对贫困后的多维反贫困新目标……………………张　琦　孔　梅 / 281
中国通过改革开放实现减贫的经验：向斯里兰卡和南亚提供的借鉴
　　……………………阿图拉·塞纳拉（Athula Senaratne）/ 285
太平洋岛国关于减贫的视角
　　……………………易立亚·欧迪诺（Dr. Hiria Ottino）
　　……………………弗朗索瓦·马特尔（François MARTEL）/ 293
透过以埃及为重点的性别视角看融资渠道
　　……………………阿德尔·埃尔赫梅利（Adel Elhemaly）/ 305
秘鲁最近的减贫：趋势和驱动因素
　　……………………米格尔·哈拉米佑·巴南特（Miguel Jaramillo Baanante）/ 318
中非和农村扶贫模型………………马马杜·法尔（Mamadou Fall）/ 324
乌干达可从中国获得发展启发
　　……………………西德尼·米利亚（Sidney Miria）/ 335
国际减贫合作：开发性金融机构在国际减贫中的作用
　　……………………沙夫卡特·卡卡海尔（Shafqat Kakakhel）/ 338

特别报告　"改革开放与中国扶贫国际论坛"主旨演讲辑录

金墉（世界银行行长）……………………………………… / 351

阿奇姆·施泰纳（联合国副秘书长） ……………………… / 356
吉尔伯特·洪博（国际农业发展基金总裁） ……………… / 362
刘永富（中国国务院扶贫开发领导小组办公室主任） …… / 365
金立群（亚洲基础设施投资银行行长） …………………… / 369
朱鹤新（中国人民银行副行长） …………………………… / 373
卡马特（新开发银行行长） ………………………………… / 377
谢伏瞻（中国社会科学院院长） …………………………… / 381
邹加怡（中华人民共和国财政部副部长） ………………… / 385
林毅夫（北京大学新结构经济学研究院院长） …………… / 388

专题报告三
国际减贫合作：全球开发性金融机构助力国际减贫发展

中国扶贫资金筹集和使用：特点与展望

傅志华

中国财政科学研究院副院长

中国显著的扶贫成果与资金的大量筹集和有效使用密不可分。扶贫资金在扶贫过程中充当了不可或缺的输血造血功能。随着中国经济的飞速发展，扶贫财政投入与日俱增，同时筹资渠道不断扩充，逐步发展成为以政府资金为主导，撬动多元化资金共同参与的局面。当然，在扶贫筹资的发展过程中，也面临着诸多挑战，包括扶贫资金政策规定的可操作性及灵活程度、监管力度的把握、资金投向和运作中存在的风险及管理部门之间的协调沟通等，都存在进一步提升的空间。要实现更大的突破，需要对政府在扶贫筹资中的作用和职能进行重新定位和审视，并进一步明确政策对于扶贫筹资的指导意义。

一 中国扶贫资金筹集和使用的主要特点

（一）基于开发式扶贫融资，体现市场化导向

中国的扶贫融资是建立在开发式扶贫基础之上的，在经济发展取得长足进步的基础上，以市场需求为主导，在国家资金、技术及政策的支持下，促进生产型建设，以调动贫困地区的内在活力。开发式扶贫的思路，扩大了资金来源渠道。除财政资金外，还引入了银行资金，企业、社会资金，其他经济实体资金以及贫困地区和贫困户自我积累的资金。除了国内资金来源外，也纳入了多种形式的国际经济援助。多渠道的资

金来源，提高了扶贫资金投入的力度。扶贫的视野从单纯的经济扶助，扩大到扶贫项目持续发展所要求的人力资源、文教卫生环境等多方面综合因素的完善和发展，从而为社会全方位扶贫工作提供了坚实的资金支持。

（二）多渠道融资，体现财政的杠杆性

随着中国扶贫工作多元主体的参与，中国扶贫资金的筹措渠道也越来越广泛，构建了财政专项扶贫资金为主导，行业扶贫资金、金融扶贫资金与社会扶贫资金多位一体的格局。各种资金在扶贫工作中发挥着不同的作用。财政扶贫资金对于其他各资金起着引领及撬动作用，意在为扶贫投资指明方向，并为各资金的投入提供可靠的信息及搭建可信赖的平台，发挥启动资金的作用。例如，在金融筹资的领域，很多环节都充分发挥了财政资金杠杆作用。比如，助农融资担保公司直接实现了财政资金的放大效应；政府通过将扶贫贴息政策与小额信贷捆绑，几乎实现了零利率贷款，极大调动了农民贷款发展小规模生产的积极性。由此，政府及其他扶贫投资的主体的职能在资金使用和管理上也在发生变化。政府由资金发放者和执行者，更多成为资金管理者及协调者，这其中包括对资金使用办法的政策制定、监督及绩效考察等。

（三）基于瞄准使用资金，突出精准性

中国扶贫瞄准主要是由四个要素组成，即瞄准主体、瞄准对象、瞄准方法和瞄准绩效。瞄准主体是分配扶贫资源的主体，是整个瞄准过程的具体执行者；瞄准对象即受益人群；瞄准方法是指确定受益人群的过程，通常是通过某种数理模型或者相关机制确定的；而瞄准绩效则反映了实施扶贫项目或政策的减贫效果。瞄准主体通过一定的瞄准方法确定瞄准对象，并实施扶贫项目，其结果表现为瞄准绩效；评估瞄准绩效可以调整和修正瞄准方法，以进一步改善瞄准绩效。这四个环节彼此关联，形成一个可循环的反馈机制。中国扶贫资金的精准投入也需要这四个要素的综合配合，即利用合理有效的方法确定资金的收益人群，由合适的资金发放主体执行资金，以最终达到满意的扶贫绩效。

中国扶贫资金瞄准的对象范围呈不断缩小的趋势。资金的投入从区域、重点贫困县、贫困村，直到建档立卡的贫困户，逐步精确资金的使用单位。在贫困户资金的使用上，提高绩效的考虑尤其被放在首位，力求提高贫困人口自身的生产生活能力，以实现脱贫的可持续性。

（四）着眼于提高扶贫资金使用效果，体现创新性

创新可以说是中国扶贫资金在不同阶段发展的一个主题。各类扶贫资金在筹措、分配及使用上均有创新的举措，以提高资金使用的效果。以财政专项扶贫资金为例，一些地方"先建后补"等做法和创新举措，有利于建立激励机制，鼓励贫困户根据自己的需求开展生产活动。扶贫资金通过相关部门验收合格后，直接补发到贫困户，在一定程度上避免了贫困资金"养懒汉"的现象，从而提高了资金使用的效果。金融扶贫资金的设置中新元素的产生也层出不穷，包括半金融机构的产生（如中和农信公司）及其在金融筹资中在各个参与主体中突出的协调、管理及执行资金的作用。

二 中国扶贫资金筹集和使用面临的挑战与展望

（一）面临的问题与挑战

在中国扶贫筹资取得长足进步的同时，资金的使用与管理也面临着一些挑战。具体来说表现在以下几个方面。

第一，对于分配到贫困户的扶贫资金，目前以统筹安排使用为重点，支持发展村集体经济和农村合作社等。此举措在很多方面都发挥了积极的作用。但是这种集中的资金使用存在一定风险，易造成贫困户收入来源单一的结构，并在很大程度上受运营及市场供需关系的影响。虽然政策上有明确规定，以保证贫困户的基本分红及收益，但实际操作中，市场变幻莫测，很难预料，产业发展失败和资金的损失也常常无法挽回。

第二，对于扶贫资金的使用，目前在中央层面有明确详细的规定。虽然这些对于地方政府的工作提供了强有力的指导，但同时也大幅度减

少了地方政府使用资金的灵活度，致使很多创新的扶贫举措没有政策依据，无法得到资金的支持。过强的政策性也不利于因地制宜执行资金，使扶贫效果差强人意。因此，扶贫资金的权职在各级政府之间如何分配才能达到最佳效果，仍然需要进一步的讨论。

第三，当前对于扶贫资金的监管十分严格，这在很大程度上有效避免了资金的挪用和滥用。尤其扶贫资金使用的绩效与政府职员工作绩效考核相关联，也把对资金使用的关注提高到了一个新的高度。但同时，严密的监管也会起到反向的作用，有时候反而降低了资金使用的效率。因此，本意是建立积极激励的措施有时候反而成了消极的激励。这对如何重新审视和建立有效的资金监管措施提出了新的挑战。资金审查以何为目的，以及以何种标准和方式进行审查都亟待进一步的调整。

第四，在财政支出的压力下，政府自身运转的财政支出与扶贫支出存在矛盾。随着中国政府公共性职能的逐步拓展，治理任务不断加重，政府一般性财政管理支出与政府的扶贫专项资金之间的矛盾在逐步扩大。这在一些自身发展能力不足、扶贫任务繁重的地区更是如此。这一矛盾，如不能很妥善得到解决，很可能会影响扶贫项目及资金的执行与管理，从而直接影响扶贫目标的实现。

（二）未来展望

一是更加强调精准。中国扶贫筹资的未来发展方向须和精准扶贫战略有机结合。由于人口大规模流动，农村劳动力大量外出务工，乡村中缺乏年富力强的项目参与者，开发式扶贫的项目组织难度逐渐加大，因此减贫效益递减问题开始突出。在此背景下，精准扶贫战略日渐凸显其科学性和有效性。

对于扶贫资金来说，精准扶贫战略就是做好资金分配顶层设计、创新筹资方法，以及提高扶贫资金的使用效率。在资金分配制度设计方面，精准扶贫工作对完善基层治理体系有很高的要求。目前乡级村级是精准扶贫的实施主体，需要精准识别贫困户，还承担着设计扶贫项目和监督扶贫资金使用的任务，因此精准扶贫要求提升乡、村两级工作人员的工作能力，需要在提升村级干部能力和积极性方面进行系统的制度设计。在创新筹资方法方面，要鼓励各地发挥创造性，积极改革创新，探索更多适应地方扶贫发展的筹资方式，如建立贫困村村级扶贫资金项目用以扩大集体资产和发展集体经济，同时提升贫困地区特色明显、低资金成本的乡土经济的竞争力，实行有利于穷人的农业产业链政策，并加强与当地企业的合作，将扶贫资金引入企业，以鼓励企业更多雇用贫困户，提高贫困人口的就业率。

同时，扶贫筹资工作可以借鉴一些他国精准扶贫的经验。许多拉美国家在精准扶贫的对象识别机制中加入了对于贫困户其他社会标准的考量，如年龄、性别、健康状况、遭受自然灾害的风险、失业风险等社会性因素，从而更全面的衡量贫困程度并予以更完善的资金救助。例如，巴西的"家庭津贴"（Bolsa Família）扶贫项目中，贫困户识别机制由地理环境、收入程度和家庭构成共同决定，人均月收入在140雷亚尔（约相当于33美元）以下、有15岁以下儿童或孕妇的家庭可得到月津贴32～38雷亚尔（约相当于13～15美元）。

二是强化资金整合。由于我国贫困地区和贫困人口分布广泛，各地区情况各异，扶贫资金使用分散低效的问题显著。强化扶贫资金整合的目的在于实现对扶贫资金的存量优化和增量扩大，提高扶贫开发的深度和力度，提高群众的自我发展能力和自筹能力。一方面整合财政资金，有利于以重点项目为纽带、优势特色产业为载体、重点区域为平台等多种形式，提高财政资金使用效益，加大开发式扶贫的力度；另一方面，扶贫资金整合，可以确保增加对义务教育、社会保障等基本公共服务方面的资金投入，进一步实现公共服务的均等化。

三是积极运用新兴融资模式。随着中国多层次资本市场建设的进展，以及金融创新的逐步深化，新兴融资模式和扶贫方式也越来越受到扶贫工作者的关注和重视。比如PPP（公司合作伙伴关系）在引导社会资本参与扶贫开发过程中提供了合适的、可以复制的模式，对扶贫开发工作的顺利开展发挥了比较好的作用。通过资本市场等直接融资方式也在产业扶贫开发的理论实践中得到了持续的关注。同时，随着中国互联网＋的推广，以电商为代表的互联网企业在扶贫开发过程中发挥了独特作用，以互联网企业为基础构建的扶贫开发融资渠道也为中国的扶贫开发工作提供了具有创新意义的扶贫思路和融资创新方式。具体而言就是通过资产证券化和发行资管产品等方式来实现互联网企业的发展，从而间接实现贫困地区产业和其他扶贫主体的融资需求。其中，资产证券化是依靠项目本身的预期收益作为保证，或者在高科技、高成长性、独占性条件支持下，完成生产布局，通过政府或者生产组织机构的特性实现筹资；发行资管产品则主要是指通过投资非标产品、信托产品、资管产品、理财计划等方式实现直接融资。

三 有效筹集和使用好扶贫资金的几点思考与建议

（一）进一步发挥各类资金的互补优势

各种资金在扶贫工作中发挥着不同的作用，提高财政扶贫资金的使用效率，需要进一步发挥各类资金的互补优势。财政专项扶贫资金由政府主导，意在定点定向解决贫困地区存在的普遍性和特殊性问题，倾向性和目标性很强。行业扶贫资金由政府、行业协会以及一些代表性企业为主导，意在构建贫困地区综合性的社会经济循环系统，从而使贫困地区增强自我发展能力，融入整个经济社会大循环，通过调整与融入实现脱贫。金融扶贫资金由各种金融机构主导，旨在满足贫困地区信贷需求。社会扶贫资金则以企业、个人、非政府组织及国际组织等各种潜在主体为主导，目的在于号召全社会的力量，补充扶贫的资源，实现多层次及多覆盖面的综合扶贫机制。

（二）完善扶贫贴息贷款政策

充分发挥中央财政贴息资金的杠杆作用。支持各地根据自身实际需求增加财政扶贫贷款贴息资金规模。完善扶贫贴息贷款管理实施办法，依照建档立卡认定的贫困户，改进项目库建设、扶贫企业和项目认定机制，合理确定贷款贴息额度。优化扶贫贴息贷款流程，支持金融机构积极参与发放扶贫贴息贷款。加强对扶贫贴息贷款执行情况统计和考核，建立相应的激励约束机制。

(三) 加大下放扶贫资金使用权限

扶贫资金使用权责进一步下放，从而实现因地制宜的差异性扶贫政策。实行适应性管理方法，随时评估，随时调整。根据扶贫项目的经济属性和社会属性，适当地配置项目管理权限和监督权限。将国家级的扶贫项目有区别地下放到省级机构，将省级和地市级的扶贫项目下放到地市级和县级管理机构，提高扶贫项目运营的自主性和灵活性，提高扶贫资金运行主体和监管主体之间互动交流的效率，降低其沟通成本。

(四) 进一步提高扶贫资金使用精准度

在贫困户识别过程中，建档立卡应该考虑主观能动性脱贫的因素，针对不同类型的贫困户实施不同的资金使用办法。在今后的扶贫识别以及资金分配工作中，可以适当加入主观因素及定性化标准的运用，从而挖掘贫困户致贫的根本原因，对症下药，达到更好的资金使用效果。

加强财政资金使用的调查和研究，包括资金使用效率和效果的研究，建立一套完整的评估体系，有效发现资金运行低效的因素和政策环节，以提出相应的对策加以解决，优化资金精准使用。适当引入第三方机构参与评估的工作，包括参与扶贫资金备案及管理，鼓励创新的资金投向和使用，也有利于确保公开公平的资金审核过程。

(五) 建立"扶贫项目身份证"制度，强化财政性资金监管

建议建立全国性的扶贫项目库和扶贫项目在线审批监管平台，依托平台建立健全监管联动机制和约束惩戒机制，实现"制度＋技术"的监管。建立健全统一代码制度，旨在为申请办理审批、核准、备案相关手续的投资项目建"身份证"。一旦项目受理，由在线审批监管平台按照国家统一编码规则，即时生成作为该项目整个建设周期身份标识的唯一项目代码。届时，有关部门办理的审批信息、监管（处罚）信息，以及项目实施过程中的重要信息，统一汇集至项目代码，并与社会信用体系对接，作为后续监管的基础条件。以此为基础，实现各部门实时交换项目信息，实现协同监管。

新结构经济学视角下开发性金融的市场培育作用*

徐佳君
北京大学新结构经济学研究院助理教授、常务副院长

一 引言

开发性金融机构（Development Financing Institutions，DFIs）是介于政府与市场之间的一种金融安排。一方面，与私营的商业银行不同，开发性金融机构一般由政府创立、注资、持股和担保①，以国家信用为依托发放零风险权重的债券，以较低的成本来筹集资金，并以实现国家公共政策或战略性目标为宗旨，而非单纯地追求利润最大化。另一方面，开发性金融机构的准政府属性并不必然意味着它无法采取市场化运作的方式来开展业务；相反，为了实现机构的可持续发展而非单纯依赖于政府补贴或"输血"式的金融支持，开发性金融机构可以通过市场化发债

---

* 本文节选于徐佳君：《政府与市场之间：新结构经济学视角下重思开发性金融机构的定位》，《开发性金融研究》2017年第4期，第8~14页。感谢林毅夫教授等的反馈建议，文责自负。国家自然科学基金—北京大学管理科学数据中心智库项目"开发性金融与经济结构转型"（2017KEY06）、国家社会科学基金项目"新结构经济学视角下开发性金融促进中长期融资的机制比较研究"（17BJL124）阶段性成果。

① 主权担保并非仅仅狭义地理解为政府使用财政资金为开发性金融机构背负化解某些具体项目呆坏账的负担，而应从更广义上诠释为一旦开发性金融机构遭遇严重的信用危机，政府将提供最后的信用担保以维护债权人的利益。

来实现资金来源的多元化,通过市场化风险内控机制来有效抵制人情贷款降低不良贷款率,通过市场化标准管理财务状况实现保本微利的运营目标,通过担保等化解风险的手段来吸引社会资本的涌入。概言之,开发性金融机构力图在国家的扶持下通过市场化的运作方式实现公共政策的目标,使其成为介于政府和市场之间的金融安排,区分于追求利润最大化的商业银行和完全依赖于财政转移支付的援助机构。

介于政府和市场之间的开发性金融机构是当代金融体系不容忽视的组成部分[①]。第二次世界大战以后,在发展思潮的影响下开发性金融机构经历了勃兴——衰退——复兴三个发展阶段,折射出了国际发展思潮从强调政府干预到自由市场的转变,以及近期全球金融危机后关于政府在经济发展作用的再思考[②]。

虽然开发性金融机构在实践中扮演了重要的角色,但是主流的经济学界长期以来忽视了对开发性金融开展严谨系统的学术研究。[③] 经典的金融教科书往往主要关注于资本市场和商业银行的运作,对开发性金融机构的表述却寥寥无几。已有的实证研究多以国有银行为研究对象,聚焦讨论国有制对于银行绩效和经济发展的影响。但在研究设计上,主流的经济学文献尚未有效地区分国有商业银行和国有开发性金融机构。

由于缺乏严谨系统的学术研究,理论界和实践界对开发性金融机构的定位和作用缺乏基本的共识,陷入两极化的论争当中。对政府的作用持积极乐观的观点认为,由于"市场失灵"的普遍存在,比如社会公益项目的正外部性、金融体系的信息不对称、资本市场的顺周期和短视特

---

① 中国开发性金融促进会、北京大学国家发展研究院联合编写组:《全球开发性金融发展报告(2015)》,北京:中信出版社,2016。
② 徐佳君:《作为产业政策抓手的开发性金融:新结构经济学的视角》,《经济评论》2017 年第 3 期。
③ 国际主流经济学界关于开发性金融的现有研究,参见 R. E. Cameron, "The Crédit Mobilier and the Economic Development of Europe," *Journal of Political Economy*, 1953, 61 (6); De Aghion, B. Armendariz, "Development Banking," *Journal of Development Economics*, 1999, 58 (1)。

点，等等，政府需要在金融体系中扮演重要的角色。而且由于金融监管和引导性资金等政府干预方式不足以解决严重的市场失灵，因而需要设立国有银行来纠正市场失灵①。然而，这派乐观的观点遭到了"政府失灵"学派的质疑和批评。他们认为，即便从理论上讲政府应在金融发展中扮演重要的角色，但是在实践中政府自身会陷入寻租和腐败的泥沼，其失灵的代价比市场失灵的代价还要大②。

关于开发性金融机构定位的两极化论争存在两大盲区：一是，两极化论争的背后折射出关于政府与市场关系"非此即彼"的二元化思维，从而忽视了政府与市场之间潜在的相辅相成关系。二是，两极化的论争只停留在关于政府在金融体系中作用的一概性探讨，忽视了发展阶段的重要性，尚未深入细致探讨开发性金融机构在不同的发展阶段中所扮演的角色是否应有所差异。

为了纠正主流理论关于开发性金融机构定位两极化论争的误区，本文初步尝试从新结构经济学的视角出发来重新思考开发性金融机构的定位，希望这一理论初探可以启发更多的关于开发性金融机构定位的理论建模和实证检验的系统性研究。

二 新结构经济学及其最适金融结构理论

如引言所述，当前主流学界关于开发性金融机构定位的讨论忽视了政府与市场之间潜在的相辅相成关系，也忽视了从动态的视角来剖析不同的发展阶段开发性金融机构定位的演进。本节将着重阐述作为第三波发展思潮的新结构经济学的理论洞见，以期尝试弥补主流理论的不足，从而重新思考开发性金融机构的定位。

为了让金融发展更好地服务于实体经济，新结构经济学开拓了"最

---

① A. Gerschenkron, *Economic Backwardness in Historical Perspective: a Book of Essays*, Cambridge, MA: Belknap Press of Harvard University Press, 1962.
② R. La Porta, F. Lopez-De-Silanes, A. Shleifer, "Government Ownership of Banks," *The Journal of Finance*, 2002, 57 (1).

适金融结构"①的理论。新结构经济学分析的出发点是经济体在特定时点上的要素禀赋，以此甄别具有潜在比较优势的产业（即相对要素生产成本低的产业），建议政府因地制宜的发挥因势利导的作用以发展适合产业发展的软硬基础设施（包括金融制度安排）。现代主流金融理论，一般研究发达国家的金融安排，并以此种安排作为先进的制度推荐给发展中国家。不同现代主流的金融理论，新结构经济学认为金融的作用在于服务实体经济，在不同发展阶段产业结构所决定的资本规模和风险特性等都存在差异性，因而最适合的金融安排也就不同。在不同的发展阶段，要素禀赋结构不同，具有比较优势的产业不同，产业所需的资本规模和生产活动的风险特性也不同。与此同时，不同的金融安排具有不同的资金动员能力和风险化解能力。因此，合适的金融结构应当内生决定于发展阶段和产业的特性，而不能简单照搬发达国家的金融安排②。

关于发展融资，新结构经济学主张超越输血式的官方发展援助（Official Development Assistance, ODA），通过多元化的发展融资方式帮助发展中国家真正实现可持续、有竞争力的产业技术结构的转型升级，创造就业，减少贫困。从新结构经济学的视角出发，过去的发展援助之所以没有取得效果，主要原因在于援助国倾向于以自己的经验作为参照系来设计援助项目，早期的援助试图帮助发展中国家建立和发达国家同样的现代化产业，后来则侧重于帮助发展中国家建立现代化的市场制度。但这两种努力大多以失败告终，于是发展援助转而侧重教育、健康等人类基本发展需求的援助。新结构经济学主张改变国际发展援助的思

---

① 当前新结构经济学"最适金融结构"的研究主要关注于间接或直接融资（即银行或金融市场）、银行规模（大银行或小银行）等维度，尚未围绕开发性金融机构开展系统的理论和实证研究。所以，开展开发性金融机构的研究将有助于丰富和完善新结构经济学的最适金融结构理论。参见林毅夫、张一林、龚强：《企业规模、银行规模与最优银行业结构——基于新结构经济学的视角》，2017中国金融学术年会，2017。

② 林毅夫、孙希芳、姜烨：《经济发展中的最优金融结构理论初探》，《经济研究》2009 年第 8 期。J. Y. Lin, X. Sun, Y. Jiang, "Endowment, Industrial Structure, and Appropriate Financial Structure: a New Structural Economics Perspective," *Journal of Economic Policy Reform*, 2013, 16 (2).

路，应立足于发展中国家有什么（即其要素禀赋），聚焦于在有什么的基础上能做好什么（即其潜在比较优势），然后将能做好的做大做强，帮助发展中国家从根本上实现经济结构转型和产业升级，为经济增长和减贫提供持久的原动力。因此，发展融资在选择项目时不容忽视企业的自生能力（viability）①，这是实现造血式金融支持的关键：一方面，发展融资不可以揠苗助长，盲目地扶持违背比较优势的行业；另一方面，发展融资应该有针对性地为符合潜在比较优势的行业提供软硬基础设施，帮助孵化新兴行业，提升国际竞争力②。

三 重思开发性金融机构的定位

新结构经济学及其最适金融结构理论对于我们思考开发性金融机构的定位有哪些启发呢？第一，介于政府和市场之间的开发性金融机构可以通过政府的扶持起到培育市场的目标，实现政府与市场之间的良性互动。第二，开发性金融机构的定位不应仅限于一般性的探讨，而应深入剖析其定位如何适应不同的发展阶段的产业属性和发展目标的需求，以实现政府因势利导作用的与时俱进。

我们为什么需要开发性金融机构？现有的研究视角通常将这一本源性问题归结为市场失灵，以此来解释具有准政府属性的开发性金融机构的存在。市场失灵是一个宽泛的概念，具体可以体现在金融体系中的垄断现象、信息不对称、正外部性的存在、资本市场的顺周期特征等。这一理论视角固然重要，帮助解释了开发性金融机构所发挥的某些重要作

---

① 企业自生能力指的是在开放竞争的市场中，一个正常管理的企业在没有外来保护补贴的情况下，具有获得市场上可接受的利润率的能力，其前提是企业所在的产业符合要素禀赋结构所决定的比较优势。参见 J. Y. Lin, *Economic Development and Transition: Thought, Strategy, and Viability*, Cambridge University Press, 2009.

② 林毅夫、王燕：《超越发展援助：在一个多极世界中重构发展合作新理念》，北京：北京大学出版社，2016。Y. Wang, J. Y. Lin, "Going Beyond Aid: Development Cooperation for Structural Transformation," Social Science Electronic Publishing, 2017.

用。比如，开发性金融机构多关注于农业等强位弱势领域，因为这些领域在垄断性的金融体系中往往得不到亟须的金融支持；有些开发性金融机构的设立专门针对中小企业，因为这类企业往往由于信息的不对称无法获得来自商业银行的贷款；开发性金融机构还承担了诸多（准）公益性的基础设施建设，类似污水处理等市政基础设施建设；开发性金融机构在金融危机时期发挥了逆周期的作用，帮助平抑了资本市场的波动①。这类市场失灵现象不仅发生在发展中国家，也发生在发达国家。这也有助于我们理解为什么譬如美国、加拿大、德国等发达国家虽然具备完善发达的金融体系，但仍保留了开发性金融机构②。

但是上述关于市场失灵的传统解释忽视了开发性金融机构可以扮演的一个关键角色——市场培育。市场培育指的是从无到有培育新的产业，孵化市场主体，健全行业发展所需要的微观市场经济制度的过程，而且市场培育离不开政府的引导和推动。这里关于市场内涵的认知体现了著名的经济史学家卡尔·布兰尼（Karl Polanyi）关于现代市场经济形成的历史考察，他挑战了把市场抽象地理解为脱离于政府而自发形成的迷思，证实了现代市场经济的出现与发展离不开政府的推动和培育③。市场培育不同于市场失灵，后者暗含了市场发育已健全但是运转缺乏效率，而前者强调了市场从无到有的形成过程。而介于政府和市场之间的开发性金融机构所扮演的角色就是使得尚不存在的市场成为可能。

相比于位于技术前沿的发达国家，后发的发展中国家的企业通常容易对下一个有前景的产业产生共识④。但是在早期发展阶段，虽然企业希望进入到相对要素生产成本低、具有潜在比较优势的新产业，但是落

---

① M. Brei, A. Schclarek, "A Theoretical Model of Bank Lending: Does Ownership Matter in Times of Crisis?" *Journal of Banking & Finance*, 2015, 50.
② 白钦先、王伟：《各国开发性政策性金融体制比较》，北京：中国金融出版社，2005。
③ K. Polanyi, *The Great Transformation: The Political and Economic Origin of Our Time*, Beacon Press, 1957.
④ 林毅夫、巫和懋、邢亦青：《"潮涌现象"与产能过剩的形成机制》，《中国经济学》2010年第1期。

后的软硬基础设施会导致企业承担较高的交易成本，以至于要承受收支相抵甚至亏损的风险。换句话说，企业此时虽具备了自生能力，但尚未实现盈利能力。为了化亏损为盈利孵化新的产业，政府需要发挥因势利导的作用改善软硬基础设施以此降低交易成本，将产业的潜在比较优势转化为竞争优势，使得具备自生能力的企业实现盈利。为了实现政府因势利导的作用，开发性金融机构可以发挥两方面的作用：一方面，它可以有针对性地提供某一行业所需的硬性基础设施，比如电力、道路、港口或工业园区建设，这类基础设施的投资往往具有周期长、金额大、风险高等特征，在金融市场尚未发育成熟的发展中国家不容易吸引到社会资本的投入[1]。另一方面，发展中国家的市场经济制度发育尚未成熟，缺乏契约文化，政策波动大，导致投资新行业的风险被加倍地放大。为了完善这些软性基础设施，具有准政府属性的开发性金融机构可以通过作为先行者投资于某一新的行业领域，帮助建立起市场信心，化解政策风险，吸引社会资本的涌入，并在与企业深度合作的基础上帮助建立起健康的市场主体。

那么，随着软硬基础设施的完善，发达国家是否就不需要开发性金融机构承担起市场培育的职能？流行的观点认为，当金融市场发育完备后，开发性金融机构的作用有限，应该被私有化甚至关闭[2]，位于技术前沿的发达国家可以通过私募投资等市场化的手段来实现技术革新和产业升级。然而，这一观点忽视了发育成熟的金融市场仍有可能存在短视等弊端追逐短期套利，不愿意投入到风险大、资本密集度高的新兴实体领域，在这种情形下开发性金融机构可以进军未知的技术领域，将高风险的技术孵化成为社会资本后续可以涌入实现大规模市场化运作生产的

---

[1] 林毅夫、王燕：《新结构经济学：将"耐心资本"作为一种比较优势》，《开发性金融研究》2017年第1期。

[2] E. Torres, R. Zeidan, "The Life-Cycle of National Development Banks: The Experience of Brazil's BNDES," *The Quarterly Review of Economics and Finance*, 2016, 62.

领域①。以绿色能源为例，有学者揭示了私人风险投资在孵化绿色能源产业方面所面临的局限性，由于享有市场垄断地位且很少面临终端用户技术革新的压力，风投资金很难像投入到通讯领域那样适时退出②。案例研究也表明德国复兴信贷银行（KfW）在绿色能源技术和产业的培育方面发挥了重要的作用③。这类投资不同于国家对具有正外部性的基础科研领域的投入，因为市场培育的风险投资需要一定的指向性和行业的选择性，体现了产业政策的内涵，以孵化培育新的"蓝海"市场领域。

概括而言，介于政府和市场之间的开发性金融机构有助于发挥市场培育的作用，促成政府与市场间的良性互动。而且，市场培育的内涵随着发展阶段的不同而相应地演进，从早期发展阶段提供软硬基础设施将潜在比较优势孵化成竞争优势实现产业升级，到后期发展阶段提供风投资金孵化培育新的市场领域。

最后需要说明的是，本节从新结构经济学的视角出发对开发性金融机构的定位进行了初步的理论探索，但这并不表明开发性金融机构在实践当中已经扮演了市场培育的角色。实践中的可行性取决于多方面的因素，包括开发性金融机构的内部治理结构、组建和运营具有相对经营自主性的开发性金融机构的国家能力等。但这一初步的理论探索有助于我们从全新的视角来重新审视开发性金融机构的定位，激发更多深入的理论建模和实证检验研究，进而启发我们如何在实践中更好地发挥开发性金融机构在促进经济结构转型方面的作用。

---

① M. Mazzucato, C. C. R. Penna, "Beyond Market Failures: The Market Creating and Shaping Roles of State Investment Banks," *Journal of Economic Policy Reform*, 2016, 19（4）; M. Mazzucato, "From Market Fixing to Market–Creating: a New Framework for Innovation Policy," *Industry and Innovation*, 2016, 23（2）.

② S. Ghosh, R. Nanda, *Venture Capital Investment in the Clean Energy Sector*, Harvard Business School, 2010.

③ M. Mazzucato, C. C. R. Penna, "The Rise of Mission–Oriented State Investment Banks: the Cases of Germany's KfW and Brazil's BNDES," Science Policy Research Unit Working Paper Series. University of Sussex, 2015.

四 结语

本文旨在从新结构经济学的理论视角出发重思开发性金融机构的定位。不同于主流学界仅将开发性金融机构的作用定位于纠正市场失灵，本文认为开发性金融机构可以承担起市场培育的功能。在早期发展阶段，发展中国家的开发性金融机构着重于改善软硬基础设施以此降低交易成本，将产业的潜在比较优势转化为竞争优势，使得具备自生能力的企业实现盈利，实现产业升级；在后期发展阶段，位于技术前沿的发达国家可以通过开发性金融机构对风险大、资本密集度高的新兴领域进行投资，孵化培育新的"蓝海"市场领域。这一全新的视角有助于我们克服传统的将政府和市场看成是对立面的两极化观点，片面地认为只要政府退出市场就可以自发形成，有助于我们深入思考如何在不同的发展阶段促成有效市场和有为政府的良性互动，实现经济结构转型的发展目标。

跨越绝对贫困后的多维反贫困新目标

张 琦

北京师范大学中国扶贫研究院院长、教授

孔 梅

北京师范大学中国扶贫研究院博士

2013年以来,中国政府采取超常规举措,以前所未有的力度推进脱贫攻坚。最近的中央经济工作会议继续将脱贫攻坚作为2019年三大攻坚战之一,放在突出位置进行安排部署,足以看出国家对于扶贫工作的高度关注,同时也保证了到2020年,我国现行标准下农村贫困人口必将完成如期全部脱贫,贫困县也将会全部摘帽,绝对贫困基本消除。那么这是否意味着2020年后我国就告别贫困了?答案是否定的,贫困依然是未来相当一段时间内中国仍须关注和着力解决的关键问题之一。不同之处在于,跨越绝对贫困门槛后,中国扶贫工作将面临新的目标、新的要求、新的对象等一系列新问题,更多复杂性也叠加进来,逐渐走向质量提升和现代化发展的新时代,即须采取以新战略应对多维贫困时代新挑战,提早制定多维反贫困的新目标和新使命。

一 多维贫困时代中国减贫的新目标

2020年全面建成小康社会,标志着我国长期存在的农村收入型绝对贫困的基本终结,以缩小区域与城乡收入差异、社会公共服务不平等、多维贫困等为主要特征的相对贫困的缓解将成为未来我国扶贫工作的重点。

第一,缩小收入差距,促进收入分配更加公平。这里所讲的差距不仅包括城乡收入差距，还包括区域间以及农村内部的差距。尽管通过脱贫攻坚等农村发展战略的拉动，我国农村居民的收入水平得以快速提升，城乡差距扩大趋势得到了初步遏制，但是城乡差距仍处在较高水平上。2018年上半年的数据显示，我国城乡差距最大的省份中，城镇居民人均可支配收入是农村居民可支配收入的近10倍。此外，中西部与东部沿海地区农民收入差距逐步扩大的同时，农村内部收入不平等也在加剧，收入不平等已经成为农村贫困的主要问题之一。因此，缩小城乡之间、地区之间的发展差距，实现平衡性和包容性的发展将成为未来我国减贫工作新的目标。

第二，解决能力贫困，提高减贫的可持续性。跨越绝对贫困门槛后单一的收入贫困便无法客观反映我国农村真实的贫困情况，因此，衡量贫困的标准应该从多个维度进行定义和考量，能力贫困是其中一个非常重要的方面。如果贫困人口没有掌握摆脱贫困的能力，未来他们依然需要救济；如果脱贫的人口没有掌握创造财富的能力，未来他们极有可能会返贫；如果低收入的非贫困人群没有掌握提高收入的能力，未来他们可能会跌入贫困的陷阱。能力贫困是决定扶贫成效是否具有可持续性的关键因素。因此，在多维贫困时代，解决能力贫困问题，提高相对贫困人口应对贫困和抵御风险的能力是扶贫工作的重要目标。

第三，消除生态贫困，实现人与自然共生共荣。自然环境脆弱以及生态破坏导致的贫困，极易衍生出其他贫困，如收入贫困、信息贫困，严重阻碍区域的可持续发展。越来越多的证据表明，生态贫困已经成为我国大部分地区贫困的区域性特征。尽管目前我们在生态减贫方面已经做出了一定的成绩，但是这些探索尚不完善，未来解决多维贫困问题必须将消除生态贫困作为重要任务，进一步完善社会发展、经济发展和生态环境改善的全方位综合监测体系以及考核评价标准，定量客观地综合监测和评估各个地区的生态贫困状况，从国家层面对各个地区生态贫困的程度及其原因进行全方位的分析，从而全面消除生态贫困，实现人与自然的和谐发展。

二 多维贫困时代中国减贫的新对象

第一，未来中国减贫的对象是相对贫困人口。十八大以来的脱贫攻坚战略将实现现行标准下的绝对贫困人口全部脱贫。随着绝对贫困人口的消失，未来我们减贫的对象将转向相对贫困人口。与此同时，中国将进入到一个新的反贫困阶段，这个阶段的主要矛盾就是相对贫困问题。目前，我们应该考虑设置合理的相对贫困线，确定2020年后一段时期内的相对贫困人口。

第二，教育薄弱的群体是未来减贫的重要帮扶对象。在知识经济时代，信息科技的发展一日千里，社会急剧变化，有的人会因为跟不上时代的要求而落伍。对比贫困和非贫困人口的结构性特征，教育程度低始终与较高规模的贫困程度联系在一起。受教育程度较低容易丧失在市场中的竞争优势，从而影响到家庭的整体增收，甚至影响到下一代的发展。因此，教育薄弱的群体尤其是儿童将是未来减贫的重点对象。

第三，生态脆弱地区的贫困人口是未来减贫的重点人群。良好的生态环境是人类赖以生存的根基，也是人类发展的前提。相关研究也证明，生态脆弱性与贫困存在较强的相关性，生态环境越脆弱的地区，其经济贫困程度越深。十八大以来，我国对生态环境差、贫困程度深的地区加大扶贫投入力度，并取得了显著成效。但是，这些地区是难啃的"硬骨头"，2020年只能保证实现基本的脱贫目标，进入多维贫困时代以后，生态脆弱地区无疑是减贫的重中之重。

三 多维贫困时代减贫的战略重点

第一，继续坚持精准扶贫的思想。在习近平精准扶贫思想的指导下，我们定会如期完成2020年打赢脱贫攻坚战的目标。那么，未来精准扶贫还需要继续坚持吗？当然，2020年以后扶贫工作必须继承精准扶贫的思想，并根据新阶段的特点不断调整和完善。以贫困人口的识别为例，在多维扶贫时代，对相对贫困人口的识别要相应地引入更多维度，在现有维度基础上，将生活质量、平等机会等多种要素纳入考量范围，提高识别的精度。

第二，建立新型的减贫治理体系。进入多维贫困时代，减贫治理体系应该随着整个贫困形态的变化进行相应的变革，以适应贫困的新特点。一是减贫职能常规化，从中央到地方、从省到县将减贫纳入政府日常职责序列中。二是减贫职能由分散型向集中型转化,将城乡减贫融为一体,将减贫与社会保障和救济融为一体,兼顾地区之间协同、城乡之间协同、政府和社会的协同,打破碎片化的贫困治理状态。

第三,重点优化教育帮扶政策。教育是提高贫困人口基本文化素质和脱贫致富内生能力的根本手段,是阻断贫困代际传递,并最终实现稳定长久的脱贫的重要保障,也是多维贫困时代减贫战略的迫切需要,必须摆在首要位置。未来教育扶贫政策应在促进教育均等化的同时,继续重视并强化对相对贫困家庭儿童的教育和相关群体的教育培训。

第四,全面推进绿色减贫。绿色减贫是破解生态贫困难题的根本手段。因此,2020年后的减贫战略依然要把坚持绿色发展作为重要的指导思想,把绿色发展理念贯穿到扶贫减贫的全过程。依托乡村振兴,充分发挥贫困地区天然的自然禀赋优势,并转换为贫困地区发展的现实动力源泉,将绿色发展理念全面推行。

中国通过改革开放实现减贫的经验：
向斯里兰卡和南亚提供的借鉴

阿图拉·塞纳拉（Athula Senaratne）
斯里兰卡政策研究院研究员

2018年是中国发展史上具有里程碑意义的一年，截至此年，中国改革开放已经走过了40年。许多关于中国改革经验的文章已经出现在大众媒体和学术刊物中。中国改革取得的成就之大、效益之高，在世界经济史上独树一帜。尽管当时我们无从知晓中国改革未来将会取得怎样的成就，但在美苏冷战的国际秩序下，中国改革还是因其政治影响力引起了世界关注。许多发展中国家的政策制定者看到了中国在过去40年取得的成功，因此现在将中国的经验视为可以效仿的榜样，或许还需要进行适当的修改。

南亚的首次改革比中国的伟大冒险早了一年，但并没有引起与中国改革相同程度的关注。斯里兰卡是首个实施改革的南亚国家，其改革后来逐渐受到南亚其他国家的欢迎，并取得了不同程度的成功。大约在中国共产党开始执政的同一时期，南亚各国从大英帝国获得了政治独立。在此后近30年间，南亚所有经济体都奉行了封闭、内向型的进口替代战略。与更开放的出口驱动型的东亚和东南亚经济体相比，南亚经济体仍相对停滞不前，人口贫困率较高。东亚和东南亚经济体催生了第一波"亚洲奇迹"。斯里兰卡在采取了近30年封闭的进口替代战略之后，采取了开创性举措，通过推行改革，打破了这一僵局。1977年统一国民党领导下的斯里兰卡政府提出了全面的改革议程，通过采取出口驱动型和开放市场的经济战略取代了原有经济发展模式，从而在斯里兰卡推行开放型经济。斯里兰卡是一个拥有 2100 万人口的小岛经济体，尽管它为该地区提供了新的发展经验，但其改革开放无法与中国这样的经济大国相提并论。南亚各国开始纷纷效仿斯里兰卡推行改革，南亚整体的改革经验为其与中国的改革进行比较提供了合理的基础，特别是在减贫方面。

这篇短文试图将中国和南亚的改革经验进行比较，以便为可持续发展和减贫提供广泛的经验教训。众所周知，中国的改革在许多方面都取得了卓越的成果，这可以为整个南亚以及个别国家提供启示和广泛的经验。本文首先简要介绍了斯里兰卡与中国的经济关系。随后概述了中国的改革，尤其是改革对减贫的影响。本文接下来对南亚的改革进行了简要的介绍，重点介绍了斯里兰卡的改革经验。最后一节集中讨论了斯里兰卡和南亚经济体可以从中国的政策中汲取的经验。

一 斯里兰卡与中国：历史关系

斯里兰卡和中国的文化、贸易和外交关系源远流长，两国建交已有 2000 多年。斯里兰卡和中国的现代关系始于 1952 年的《关于橡胶和大米的五年贸易协定》（SLCRRP，以大米换橡胶），该协定甚至在两国 1957 年正式外交关系开始之前就已签署。《关于橡胶和大米的五年贸易协定》延续了 30 多年，直至 1982 年才终止。该协定给中斯两国都带来了巨大好处。在这一成功的贸易关系基础上，两国经济、社会和文化关系多年来不断发展。2005 年以来，两国关系上升到了新的合作水平。2009 年，中国为斯里兰卡结束北部和东部地区长达 30 年的冲突提供了军事援助。中方不仅向斯里兰卡提供军事援助，还与斯里兰卡开展了充分的合作，以帮助其应对冲突期间和冲突后面临的国家安全和外交挑战。在 2009 年以来的冲突后时期，中国对斯里兰卡的发展援助上升到了新的高度，中国超越其他双边和多边援助国，成为斯里兰卡主要的官方发展伙伴。中方近期对斯里兰卡的发展援助主要集中在基础设施建设领域。尽管斯里兰卡与中国的贸易和投资关系有待提升，但中国最近对科伦坡汉班托塔港和港口城市项目的重大投资可能会改变这一局面。自

2013年以来,两国也开始就自由贸易协定进行谈判。斯里兰卡已被确定为"一带一路"倡议,特别是海上丝绸之路倡议的重要一环。中斯经济关系的发展给斯里兰卡带来了机遇。

二 中国对全球减贫的贡献：改革开放的独特经验

中国自1978年以来推行的改革议程取得了显著成功,使中国对斯里兰卡和其他发展中国家日益增长的经济支持成为可能。中国的经济成就为斯里兰卡等发展中国家和南亚国家提供了许多经验和启示。改革的巨大成果使中国在不到40年便成为世界第二大经济体。因此,中国的改革经验及其在扶贫方面取得的无可比拟的成功引起了全世界的关注。

中国的改革目标是实现经济体制和社会的整体转型。它既包含许多改革议程中共有的主流内容,也包含具有中国特色的独特内容。两者都可以为南亚和世界其他地区提供借鉴。改革引进了计划周密的、有针对性的减贫干预措施,并已在该国最贫困地区实施。减贫改革的一些重要举措包括：

·成立国务院扶贫开发领导小组；

·确定贫困县,划定国家贫困线,设立扶贫专项资金；

·启动"七年期扶贫攻坚计划",力争在1994～2000年的7年内使8000万人摆脱极端贫困；

·实施2001年和2011年两个十年扶贫攻坚计划,继续推进扶贫攻坚。

中国的改革带来了惊人的经济增长,改善了10多亿人的生活水平,同时以多种方式改变了中国的经济体制和中国社会。按可比价格计算,中国经济的平均增长率保持在9%以上,自2002年以来对世界经济增长的贡献率达到30%。1978年至2017年,中国的人均年收入从100美元左右提高到了8000多美元,帮助8亿多人摆脱了贫困。这相当于同一时期全球减贫总人数的70%。中国人的人均预期寿命从1978年的67岁提高到了2017年的76.7岁。

除了在减贫方面的成就显著外,改革也提升了中国在世界经济格局中的地位，成为仅次于美国的世界第二大经济体。2017年，中国对全球经济的额贡献率接近15%。中国也已经成为全球贸易的主要参与者，对世界进出口总额的贡献率也分别达到了10.2%和12.8%。中国是世界上120个国家的主要贸易伙伴，拥有世界上最大的外汇储备。中国实现了基础设施的大发展，已拥有世上最长的高速铁路网。到2020年，中国高铁里程将达到3万公里。

总的来说，中国从全球经济一体化中获得了巨大的利益，也做出了巨大的贡献。中国通过改革开放，用相对短的时间达成了西方工业化国家在过去几个世纪所取得的成就。

尽管中国的减贫工作取得了显著进展，但截至2015年底，中国仍有5000多万贫困人口。这些贫困人口散布在中国的多个县和乡，让这些人脱贫仍需要做出特别的努力，其中一些贫困人口生活在极端贫困的状态下。中国政府计划在"十三五"（2016~2020）期间采取措施，到2020年实现农村贫困人口和贫困县全部脱贫。这就要求中国政府在规划期间每年帮助1000万人脱贫。

三 斯里兰卡、南亚的改革和贫困状况

南亚共包括8个国家：斯里兰卡、巴基斯坦、印度、尼泊尔、马尔代夫、不丹、孟加拉国和阿富汗。阿富汗、尼泊尔和不丹是内陆国家，而斯里兰卡和马尔代夫是岛国。截至2015年，该地区总人口约为18亿，占世界人口近四分之一。该地区名义国内生产总值合计约4万亿美元，相当于中国国内生产总值的三分之一。尽管印度人均国内生产总值排名第四，但它仍是该地区最大的经济体。巴基斯坦（人均国内生产总值排名第六），是该地区第二大经济体，其次是孟加拉国和斯里兰卡，分别是该地区第三和第四大经济体。南亚国家共同成立了南亚区域经济合作联盟。马尔代夫是该地区人均国内生产总值最高的国家。马尔代夫和斯里兰卡是本地区唯一达到中等收入水平的国家，在人类发展指数（HDI）中也比其他国家排在更靠前的位置。然而，马尔代夫的经济可以被认为是该地区的异类，因为该国人口很少，而且分散在以旅游业和渔业为主的许多小岛上。

斯里兰卡是该地区人均国内生产总值第二高的国家。与马尔代夫不同的是，尽管斯里兰卡是一个岛国，但它与该地区其他国家有着许多共同点，拥有大量的农业人口，主要的服务业由流动劳动力的汇款支撑。它还与南亚次大陆国家有着紧密的文化、经济和政治关系，以及大英帝国统治留下的共同殖民遗产。

斯里兰卡是南亚经济改革的先驱。该国的发展有时会被视为一个特例，因为其以相对较低水平的国家收入实现了相当高水平的人力发展。另外，斯里兰卡也被视为一个错失发展机会的典型案例，导致几十年前许多其他远远落后的国家取代了斯里兰卡的地位。最近斯里兰卡跨入了中上等收入经济体行列，具有里程碑式的意义。

20世纪70年代末，斯里兰卡经济改革的设计者们设想通过外国直接投资来实现以出口为主导的经济增长。当时，这一发展战略已经在东亚和东南亚成功了10年，并成为斯里兰卡改革的灵感来源。这一战略的主要目标之一是创造就业以及吸收现代技术。1977~1979年，斯里兰卡实施了包括贸易改革在内的第一轮改革，旨在促进非传统出口。关税取代了贸易配额，关税结构也做出了重大修改。此外，斯里兰卡还对外汇制度和金融部门进行了改革，包括调整利率以管理通货膨胀率，向外国银行开放本国银行业，并允许信贷市场决定利率。与其他亚洲国家一样，斯里兰卡吸引投资者的关键是廉价劳动力。斯里兰卡还在本国大力发展基础设施并建立招商机制，以吸引外国直接投资通过出口加工区（EPZs）助力本国工业出口。斯里兰卡政府还推出了包括减税在内的一揽子激励措施。在推动经济自由化的同时，斯里兰卡政府还在捐助者的支持下对农业灌溉和水电基础设施进行了大规模投资。这一投资举措的主要目的是实现粮食生产的自给自足、创造农村就业和确保能源安全。

尽管在吸引对服装生产等劳动密集型企业的投资方面取得了初步成功，但改革的势头却是短暂的。由于对国内外政治事务管理不善，这个国家迷失了方向。在由此引发的政治动荡中，斯里兰卡基本上失去了与东南亚和中国竞争以吸引外国直接投资的能力。随之出现的情况非但没有吸引那些希望利用斯里兰卡廉价劳动力的投资者来到该国，反而导致本国工人大规模向外迁移,在中东和其他亚洲经济增长中心寻求工作机会。久而久之,移民工人的汇款成为斯里兰卡的主要外汇收入来源。移民的汇款使经济得以维持,同时推动了全面减贫。工业设施和基础设施的有限发展不能创造足够多的就业机会,无法使斯里兰卡的减贫率达到中国和其他东亚经济体的水平。自2010年以来,斯里兰卡的经济出现了显著增长。这显然得益于战争结束后的和平环境。即使外部经济环境不利,斯里兰卡在2009~2013年间仍保持了显著的经济增长,这主要是由于受战争影响的地区经济活动的扩大、政府启动的战后建设热潮以及游客人数的显著增长。

尽管在一定时期内,斯里兰卡的经济发展包含着与战争相关的复杂情况,但该国的改革经验同样概括性地反映了南亚改革经验的一些基本特征。该区域所有主要经济体在经历了近3~4年进口替代经济战略带来的惨淡经济增长后,从20世纪70年代末走上了改革之路。改革在不同程度上开放了这些国家的贸易和投资,它们希望通过吸引外国直接投资来实现以出口为主导的经济增长。虽然在许多情况下,改革未能使这些国家吸引到足够的投资,但经济的开放鼓励劳动力向外迁移,到中东和东南亚的经济增长中心寻找就业机会。移民工人通常来自这些南亚国家贫困的农村地区。因此,汇款收入成了这些国家对外收入的主要来源,在一定程度上缓解了落后地区的贫困现象。由此带来的消费热潮和对服务的需求,帮助零售贸易、交通、通信、能源和卫生等服务业加速发展。因此,该地区的贫困水平从20世纪90年代开始显著下降,到2017年贫困率下降到略高于10%。因此,与中国和东亚的"投资驱动型"减贫相比,南亚的改革推动产生了"汇款驱动型"减贫。另外,尽管在20世纪90年代初至2008年的全球经济下滑期间,南亚地区经济增长加速,但仍未达到与中国以及东亚经济体相同的经济转型水平。这在很大程度上是因为制造业增长不足。尽管服务业出现了一些增长,但制造业增长的不足阻碍了南亚国家向出口导向型经济的转型。这种"增长模式"的脆弱性暴露在不利的全球经济发展之下,给所有南亚经济体带来了困难。因此,关于南亚采取"基于服务业的增长模式"这一错觉似乎正在消失。

四 中国改革开放经验为斯里兰卡和南亚提供的借鉴

中国改革开放的经验为斯里兰卡和南亚其他国家提供了借鉴。中国的减贫是由经济的快速增长带动的,而经济的快速增长又离不开以出口为导向的制造业的发展。制造业的发展同样受到了由农民发挥主要作用的农业部门的支持。以下是中国改革的一些重要特点,可以为南亚提供有益的启示。

- 中国改革最初主要集中在农业和农村,目标是提升吸纳最多劳动力的农业部门的经济条件。这些改革主要在农村地区进行,其中两个突出的例子是农村家庭联产承包责任制和乡镇企业改革。这些干预措施大大提高了农村地区居民的收入水平以及中国的农业生产水平。数据显示,贫困县人均收入增速高于全国平均水平。此外,改革大大改善了基础设施、公共服务、教育和医疗保健水平。这些改革项目的成功显著增加了公众对落实后续改革议程的支持。

- 在试点基础上逐步推进改革。这允许改革措施先在试点范围内进行试验,以确保改革措施的成功率,而后再使这些措施得到更广泛的应用。每次只走一步,并选择实施那些最有可能取得成果的措施,这种渐进式的试验性改革方式有助于让改革者在之前改革成果的基础上取得新的成果。

- 在初步改革取得的成就能够为进一步改革提供必要支持的情况下,在相对较晚的阶段推出旨在开放贸易和投资的宏观经济改革。这些措施包括逐步开放对外贸易,建立经济特区,改革金融业和国有企业,为外商投资创造有利环境。这与南亚的改革经验形成了某种对比,在南亚,宏观经济改革是在相对较早的阶段进行的。

- 改革进程分散,对省级和地方政府一级的整体改革进程实施强有力的中央控制。权力下放已经成为实施成功且有力改革的强大工具。这有助于在更大范围内进行试验,将地方经济体转变为"改革实验室",同时在省级、地方政府一级和乡村一级开展福利分配。

- 采取对改革进行设计和落实的双轨制,在中心继续实施计划体制,同时鼓励边缘地区实行非计划性的市场经济制度。让市场经济逐步从中央计划手中接管生产体系。然而，在市场力量尚未壮大到足以控制生产之前，实施计划性生产和定价有助于避免生产体系的崩溃。

·针对扶贫项目，中国的经验包括：

－将扶贫工作纳入到国家发展战略当中，在建立社会保障体系的同时，有针对性地实施以妇女、儿童、残疾人、少数民族等为目标的扶贫项目。

－坚持以发展为导向，着力增强贫困人口自力更生的能力。

－实施工业反哺农业的城乡协调发展战略。

－组织调动资源，发展公路、饮水卫生、电力供应、住房等农村基础设施。

参考文献

Athukorala P and Rajapathirana S (2000), *Liberalization and Industrial Transformation: Sri Lanka in International Perspective*. Oxford University Press, New Delhi.

Athukorala P (2012), "Sri Lanka's Trade Policy: Reverting to Dirigisme?" *The World Economy* 35: 1662 – 1686.

Dunham Dand SKelegama (1995), Economic Reform and Governance: Second Wave of Liberalization in Sri Lanka – 1989 – 93. Institute of Policy Studies of Sri Lanka, Colombo.

Hofman B (2018), Reflections on Forty Years of China's Reforms. East Asia and Pacific on the rise, World Bank.

Kelegama S (2014), "China – Sri Lanka Economic Relations," *China Report 50* (2): 131 – 149.

Osmani S R (2018), "Socio – economic Development in South Asia: The Past 50 Years," *WIDER Working Paper* 2018/105, UNU – WIDER, Helsinki, Finland.

Rana P B and W Chia (2015), "Economic Policy Reforms in South Asia: An Overview and Remaining Agenda," *RSIS Working Paper* No. 289, Rajaratnam School of International Studies, Singapore.

Saith A (1994), "Reflections on South Asian Prospects in East Asian Perspective," *Issues In Development Discussion Paper* 07, International Labour Office, Geneva.

太平洋岛国关于减贫的视角

易立亚·欧迪诺（Dr. Hiria Ottino）
太平洋－中国友好协会主席
弗朗索瓦·马特尔（François MARTEL）
太平洋岛国发展论坛秘书长

一 太平洋及其地区

（一）太平洋

太平洋是地球上最大和最深的海洋分区。它北起北冰洋，南至南极洲，西与亚洲接壤，东与美洲接壤。太平洋覆盖了地球水面①的46%。太平洋占地球总面积的三分之一，比地球所有陆地面积加起来还要大。

（二）太平洋地区

大约3500年前，波利尼西亚人的祖先进行了人类历史上一次独特的开发：到世界上最大的海洋——太平洋进行大规模定居。

从那时起，这个海洋就发展成了交换和贪婪的中心。两个世纪后，

---

① 太平洋水面面积16525万平方公里（6380万平方英里），海岸线135663公里，平均水深4280米（14040英尺），最大水深10911米（35797英尺），水量7.1亿平方公里（1.7亿立方英里）。

太平洋成为一个人口稠密的地方，有 41 个国家①和 24 个地区②与之接壤，并围绕在其周边。太平洋岛屿为各国提供了主要资源（动物皮毛、捕鲸、渔业、珍珠、珍珠贝、木材、檀香木、椰子油、椰干、糖、香草、可可、镍、黄金、铝土矿、磷酸盐等），它们完全依赖外国船只进口各种资源，从建筑材料到衣服、食物，甚至水，可谓无所不包。

二 太平洋地区的多样性

太平洋地区非常多样化。国家、民族、农村、城市、主要岛屿、外岛层面的总数据包含着广泛的区域差异。

（一）土地面积

太平洋拥有世界上最多的岛屿，大约有 25000 个。岛屿面积从 46284 平方公里（巴布亚新几内亚）到 12 平方公里（托克劳群岛）不等，每个国家（地区）的平均面积为 3000 平方公里③（详见附表 I）。

（二）人口

人口从 855 万人（巴布亚新几内亚）到 49 人（皮特凯恩）不等，

---

① 41 个国家：澳大利亚、文莱、柬埔寨、加拿大、智利、中国、哥伦比亚、哥斯达黎加、厄瓜多尔、萨尔瓦多、密克罗尼西亚联邦、斐济、危地马拉、洪都拉斯、印度尼西亚、日本、基里巴斯共和国、朝鲜、韩国、马来西亚、马绍尔群岛、墨西哥、瑙鲁共和国、尼加拉瓜共和国、新西兰、帕劳共和国、巴拿马、巴布亚新几内亚、秘鲁、菲律宾、俄罗斯、萨摩亚、新加坡、所罗门群岛、泰国、东帝汶、汤加、图瓦卢、美国、瓦努阿图、越南。

② 24 个地区：美属萨摩亚群岛（美国）、美属贝克岛（美国）、克利珀顿岛（法国）、库克群岛（新西兰）、珊瑚海群岛（澳大利亚）、复活岛（智利）、法属波利尼西亚（法国）、关岛（美国）、香港（中国）、美属豪兰岛（美国）、贾维斯岛（美国）、约翰斯顿岛（美国）、金曼礁（美国）、澳门（中国）、中途岛（美国）、新喀里多尼亚（法国）、纽埃（新西兰）、诺福克岛（澳大利亚）、北马里亚纳群岛（美国）、美国巴尔米拉环礁（美国）、皮特凯恩群岛（英国）、托克劳群岛（新西兰）、瓦利斯和富图纳群岛（法国）、威克岛（美国）。

③ 相比之下，沙特阿拉伯达曼法赫德国王国际机场占地 780 平方公里，迪士尼世界占地约 120 平方公里。

平均每个国家（地区）有 124000 人，平均密度为 130 人/平方公里，平均年龄为 23 岁（详见附表 II）。

（三）人均国内生产总值

人均国内生产总值从 34177 美元（关岛）到 1647 美元（所罗门群岛）不等。平均增长率为 0.66%，最高的是瓦努阿图（+2.5%），最低的是 -1.2%（纽埃岛）（详见附表 III）。

三　界定贫困和贫穷

尽管太平洋各国正在走向城市化，但它们仍然非常注重农村和外岛自给自足的生活方式。传统上，太平洋各国人民几乎不需要现金收入，随着家庭扩大，他们开垦土地（传统作物），开展渔业（鱼类）。直到最近，太平洋人民在某种程度上才摆脱了贫困。

这一切都在改变。许多岛民传统的生活方式和安全网正在日益恶化，现代安全网并没有取代传统的安全网。

对于农村（外岛居民）来说，日常生活开支（教育、学校伙食、保健、电力、通信设施、天然气、消费品需求、对进口食品的偏好、政府服务……）都导致了对现金的更大需求。对于城市居民来说，很少或根本无法使用土地和/或海洋，因此他们对现金收入的需求更大。

四　太平洋地区贫穷的原因

太平洋岛国（PICs）普遍面积小，自然资源有限，距离主要市场过远，因此特别容易受到外部危机的影响。这在大多数增长的经济体中尤其如此，太平洋地区并不鲜见。

太平洋岛国继续努力实现收支平衡，并在减贫[①]方面面临结构性障

---

① 2015 年，太平洋地区报告了在联合国千年发展目标（MDGs）下实现减贫的最大困难。尽管各国政府做出了努力，但收入和粮食贫困以及在获得基本服务方面的不平等现象依然存在。在缺乏经济机会和社会排斥方面，贫困和贫穷在许多太平洋人民当中普遍存在，不平等现象日益严重，特别是在边缘化人口群体中，尤其是生活在偏远社区的人中。据估计，太平洋岛国四分之一（转下页注）

碍。在太平洋地区，生活在国家（地区）基本需要贫困线以下的人口比例从瓦努阿图的13%到斐济的35%不等。太平洋各国（地区）的贫困情况各不相同，例如，斐济、帕劳群岛、萨摩亚和汤加的农村地区的贫穷率明显高于城市中心，而所罗门群岛、基里巴斯、图瓦卢和瓦努阿图的城市地区则处于不利地位。贫穷的原因也在不断变化，通常与缺乏教育、人口过剩、糖尿病等非传染性疾病[①]、艾滋病和疟疾等流行病以及自然灾害等环境问题有关。

面临挑战的同时，大多数太平洋岛国的经济增长也很缓慢，它们主要依靠旅游业的发展、农业的多样化和海外汇款。然而，由于人口增长率高，各国（地区）国内生产总值增长率深受拖累[②]，因此，生活水平

（接上页注①）的人生活在国家（地区）基本需要贫困线以下。这一贫困线不仅考虑到保证最低食物摄入量所需的金额，还考虑到住房、交通、教育、服装和水电等其他基本支出。仅通过增长和创造就业机会来消除太平洋地区的贫困受到以下几个因素的制约，包括经济增长水平普遍偏低或呈现负增长、缺乏就业前景和物价上涨，而岛国所固有的地理劣势和脆弱性也加剧了这种情况，正如小岛屿发展中国家（SIDS）的特殊情况所表明的那样。艰难推进的城市化、两性不平等和社会排斥是该区域脆弱性和不安全的一些持久驱动因素。〔小岛屿发展中国家太平洋快速行动方式中期审查太平洋区域筹备会议（萨摩亚），努库阿洛法，汤加，2018年6月19日至21日，《太平洋区域报告草稿》（Pacific Regional Preparatory Meeting on the Mid - Term Review of the SIDS Accelerated Modalities of Action（SAMOA）Pathway in the Pacific，Nuku'alofa, Tonga, 19 -21st June 2018, "Draft Pacific Regional Report"）。〕

① 非传染性疾病（NCD）是一种身体状况或疾病，不是由传染源（非传染性）引起的，但某些风险因素现在往往使其成为"传染病"。

② 太平洋地区人口结构的变化正导致老年人在总人口中所占比例的提高和残疾率的上升。2015年，估计有60万60岁及以上人口，其中老年人的比例从纽埃的18%到瑙鲁的4%不等，太平洋岛国老年人的平均比例约为8.5%。假设每年以3.5%左右的速度持续增长，到2050年，太平洋岛国老年人口将达到200万左右。同时，非传染性疾病的流行正导致老年人保健需求的频率、持续时间和成本增加。随着人口老龄化，在个人和家庭层面上存在贫困加剧的风险，家庭和政府的卫生支出也在增加。(太平洋区域报告草稿）

7个太平洋岛屿国家的家庭调查表明，老年人在贫困人口中的比例过高，或极易陷入贫困和贫穷。例如，在基里巴斯，39%的老年人属于贫（转下页注）

在下降。由于重大自然灾害,例如 2016 年席卷太平洋岛国斐济的热带飓风"温斯顿"(Cylcone Winston)。大多数太平洋岛国的通货膨胀率都很高。

在按国内生产总值计算的年平均灾害损失最高的 20 个国家(地区)中,有 8 个是太平洋岛国(2012,世界银行①)。这些国家(地区)包括:瓦努阿图、纽埃、汤加、密克罗尼西亚联邦、所罗门群岛、斐济、马绍尔群岛和库克群岛。

太平洋岛国在发展水平和每个国家(地区)各自存在的不同情况方面也有差异。亚洲开发银行(ADB)的《太平洋新千年发展战略》(Pacific Strategy for the New Millennium)将这些国家(地区)分为不同的类别,其中包括:美拉尼西亚(巴布亚新几内亚、所罗门群岛、瓦努阿图);中等收入国家(地区)(库克群岛、密克罗尼西亚联邦、斐济、萨摩亚和汤加)以及环礁国家(地区)(基里巴斯、马绍尔群岛、瑙鲁和图瓦卢)。

(接上页注②)穷和高度脆弱的群体,而在图瓦卢,这一比例达到 40.4%。密克罗尼西亚联邦(39.3%)和帕劳(38.6%)紧随其后。这些群体中只有萨摩亚和汤加的老年人在贫困人口中的占比较低。(**太平洋区域报告草稿**)

当存在着妨碍两性平等的文化和社会障碍时,妇女也更容易陷入贫穷。全国人口普查和家庭调查的数据表明,总体而言,妇女的劳动参与率低于男性,就业和创收机会更少。就业领域:妇女大多在非正规部门工作,包括自给农业、手工艺和当地市场;往往不受劳动法保护;被排除在社会保险计划之外。(**太平洋区域报告草稿**)

以女性为户主的家庭往往极易因变故而陷入贫困,如家庭成员的死亡或残疾,或自然灾害。随着太平洋人口老龄化,寡妇人数远远超过鳏夫,以寡妇为户主的家庭往往集中在最贫穷的十分之一人口。年轻妈妈特别脆弱,在一些社会中,她们面临着严重的歧视和排斥。气候变化继续加剧极端气候事件和灾害的频率和强度,影响生计和环境可持续性,考验着太平洋地区人民的恢复力,并给不同性别带来了不同影响。在极端天气事件中,妇女、老人和儿童更容易死亡。例如,萨摩亚(2009 年)和所罗门群岛(2013 年)海啸中 70% 的死亡人口是儿童或女性。(**太平洋区域报告草稿**)

① http://www.worldbank.org/content/dam/Worldbank/document/EAP/Pacific%20Islands/climate – change – pacific.pdf.

这些群体都面临一些具体问题，但太平洋地区与贫穷有关的共同问题是传统生活方式衰败、教育和医疗服务不足、谋生机会有限和缺乏金融服务。

（一）弱化传统生活方式

太平洋岛国可能面临的共同问题之一是传统体制与现代经济发展需要之间的过渡或平衡。经济增长缓慢在一定程度是因为传统的以自给自足为基础的经济在向以市场为基础的经济缓慢过渡。这加剧了不平等①。

在大多数太平洋岛国，大多数人生活在城市中心以外（除了斐济等一些国家），与土地有着非常紧密的联系，资源高度共享。在这些社区，其经济是自给自足和现金交易的混合体。在一些太平洋岛屿上，个人在传统的土地所有制下有保障地获得土地可能是个问题，然而，习惯法所有权与传统的原住民权利密切相关，并防止了资源的过度开发和土地投机。

（二）教育和保健服务不足

大多数太平洋岛国的中小学教育体制很不完善。许多学生在离开学校时没有掌握基本的识字能力、计算能力和生活技能。识字率是太平洋岛国普遍关注的一个问题。在所罗门群岛，只有 65% 的成年人（33 万人）具备阅读能力。为了吸引投资和刺激经济增长，太平洋各岛国需要一支受过更高教育的劳动力队伍。但是，在太平洋岛国受过培训的劳动力大多倾向于去海外务工，而这也导致太平洋岛国未将教育投资放在首

---

① 18. 根据《太平洋可持续发展报告》（PSDR），该区域的不平等现象正在加剧，城乡之间的不平等现象越来越显著。不平等通常由基尼系数来衡量，其中基尼系数在 0.3 到 0.4 之间被认为是不平等的"合理"水平。根据家庭调查数据，萨摩亚、基里巴斯、斐济、瑙鲁、库克群岛和所罗门群岛在过去 10 年中的基尼系数记录达到上限，甚至高于这一"可接受"范围。另一种考察太平洋地区不平等的方法是衡量生活在国家贫困线以下的人数，根据《太平洋可持续发展报告》的数据，这一数字大约为四分之一。（**太平洋区域报告草稿**）

要位置。

随着该地区努力通过人口增长来改善经济增长,太平洋各岛国必须提供迎合劳动力市场需求的优质教育和技能培训。

(三) 卫生服务不足

医疗保健仍然是穷人和弱势群体无法获得的重要服务。太平洋岛国面临的主要挑战是在公平的基础上向散居在众多岛屿上的人口提供医疗服务①。在偏远的外岛上,确保可靠、不间断和高质量的初级医疗卫生的后勤问题主要包括不同运输方式的衔接不畅、通信费用高昂和运营成本高。在一些国家,医疗服务的推广可能绕过贫穷或最贫困的地区,而且服务(如果有的话)质量很低,特别是对穷人。物流落后是造成服务提供不平等的原因之一。例如,基里巴斯由 33 个珊瑚环礁组成,包括 3 个岛屿群,它们的跨度约为 5000 公里。

(四) 有限的谋生机会

在大多数太平洋岛国中,大多数生活在农村地区的人口依靠现金或

---

① 25. 社会保护战略是减少贫穷和脆弱性以及确保包容性的关键。社会保护通常以向个人和家庭以可预见的方式直接调拨现金以及免费向其提供必要基本服务的形式发生,是一项行之有效的减少贫穷和脆弱性的战略。有证据表明,养老金减少了老年人的贫困和脆弱性,并为多代家庭的经济和更广泛的社区带来净贡献。2012 年的一项研究表明,在基里巴斯、萨摩亚和所罗门群岛,向所有 5 岁以下儿童提供普遍现金补助的费用约占国内生产总值的 1.7%,在瓦努阿图,这些费用则占国内生产总值的 0.7%。据估计,这将导致生活在国家基本需要贫困线以下的家庭比例减少 10%。(**太平洋区域报告草稿**)

27. 正规的社会保护制度只覆盖一小部分人群,这些人口通常包括那些在正规部门就业并已经过上富裕生活的人。这些制度包括国家公积金,通常为在一定年龄退休、永久性移民、死亡或伤残等情况的人口提供一次付清的大笔钱款。太平洋小岛屿发展中国家在社会保护制度方面的政府支出有很大差异。大多数太平洋岛国的社会保障支出约占 GDP 的 1%~2%,而密克罗尼西亚联邦和图瓦卢分别占 GDP 的 10% 和 4%,巴布亚新几内亚仅占 GDP 的 0.1%(国际劳工组织,2016c)。政策强调与正规就业有关的社会保护,忽略了与妇女高度相关的无偿护理提供者的作用。(**太平洋区域报告草稿**)

自给经济。农业部门在太平洋岛国生产总值中所占比例很小，这削弱了自给自足生产方式的价值。满足土著岛民基本食物需求的自给农业在所有太平洋岛屿上迅速消失了（Kakazu，1994）。

在进口远大于出口的大多数太平洋岛国中，贸易逆差巨大。贸易成本高是由于规模大且与主要市场隔绝。太平洋岛国依赖进口商品，使它们面临自然灾害和全球贸易市场变化等冲击时更加脆弱。农业在经济发展中起着至关重要的作用，提高农业生产力，不仅是支撑农村贫困人口的重要条件，也是一个经济体追求工业化的必要条件。

斐济较其他太平洋岛国而言，拥有一个较大的工业部门，包括强大的旅游业和食品加工业。其食品加工业能将产品出口到其他太平洋岛国。斐济也是向其他太平洋岛国再出口的枢纽。农业投资很重要，因为它可以成为太平洋地区人民收入和就业的重要来源。斐济、巴布亚新几内亚、所罗门群岛和瓦努阿图等国拥有丰富的土地资源，需要注重农村发展。尽管投资数据有限，但可以看出，吸引投资也是太平洋地区面临的一个重大问题。

（五）有限的金融服务

农村地区的大多数人仍然被排除在金融服务之外，也无法获得银行服务。对穷人来说，这种排斥加剧了靠极低收入维持生活的挑战，也阻碍了他们摆脱贫困的努力。

通过增加消费者获得存款、贷款、支付和转账服务以及赔偿金的机会，政府可以为穷人提供机会。通过金融服务，穷人可以建立小企业，为农作物损失投保，并进行储蓄以备疾病或灾难之需。斐济已经开始考虑向农村地区推广金融服务。

金融体系的发展可以直接影响到人民的生计和减贫努力。金融部门发展有助于减贫和缩小收入差距。而且，金融服务的普及对经济增长可能产生积极影响，收益增长可以用于减少贫困和不平等。

储蓄、现金调拨和贷款等金融服务，包括资产转移、基本保健、实用培训和社会融合，都能帮助人们摆脱贫困。

创新的融资机制还可以促进医疗保健，包括小额医疗保险服务。

五 改善谋生之道

库克群岛、密克罗尼西亚联邦和马绍尔群岛等经济体的失业率较高，萨摩亚和汤加的就业率较低。但这些数据或许不能反映真实的情况，原因可能是大量移民涌入，且人们对在当地（就萨摩亚和汤加而言）找工作缺乏兴趣。就基里巴斯甚至瓦努阿图而言，大量人口居住在农村地区，这两个国家的低失业率可能意味着在正规部门就业的人数减少。法属波利尼西亚建立了一个机制，允许最贫穷的家庭满足吃饭需求[①]。

在太平洋岛国，大部分劳动力从事半自给活动，在大多数太平洋岛国中，大量农村人口来到城市生活，以为其子女寻求更好的教育机会，改善医疗条件，同时也可能受到城市生活的吸引。由于移民涌入和高人口增长率，农业产量正在下降，而且农业人口越来越难以维持生计。即使搬到城市中心也无法保证这些农村人口的正规就业，他们最终只能通过非正规就业维持自己和家人的生活。这就导致了就业不足。

一些太平洋岛国的人口很容易移民到国外从事正式工作（如库克群岛、密克罗尼西亚联邦、马绍尔群岛、萨摩亚和汤加），而一些国家（如巴布亚新几内亚、所罗门群岛和瓦努阿图）的人口则不能。在后一种情况下，人们主要生活在农村地区，技能有限，必须依靠半自给的经济作物活动谋生。

---

① 1992年，塔希提政府建立了一个机制，满足最贫穷家庭的食物需求：作为波利尼西亚人饮食基础的产品变成了"基本必需品"（PPN）。对基本必需品免除所有关税和税款，将这些产品运往外岛的费用也由法属波利尼西亚的预算支付。基本必需品帮助抑制了物价上涨，并帮助了最不富裕的家庭。基本必需品分为两类：一类是在法属波利尼西亚分散的131个岛屿（大米、面粉、糖、咖啡……）以单一价格出售的；另一类是受最大整体销售利润限制的。对于塔希提岛以外的岛屿，当地价格乘以1.02便是塔希提的销售限价。基本必需品价格由经济事务部（Economic Affairs）仔细监控。无论是由于税收折旧还是补贴，基本必需品系统目前都造成了社区每年近22亿太平洋结算法郎（2200万美元）的支出。

六 投资于更优质的公共服务

基础设施、人力资源和投资环境有待加强。高成本的公用事业和糟糕的交通基础设施是太平洋岛国普遍存在的问题。太平洋岛国的电信业多是垄断的，往往是公私合营的垄断。这导致了不具竞争力的高成本电信。然而，体量过小的国家由于对正常的市场力量没有吸引力，所以这些国家几乎没有其他选择。

对斐济、巴布亚新几内亚、所罗门群岛和瓦努阿图等土地资源丰富的国家而言，必须提高农业生产力，以改善农民收入和福利。这可以通过改善农村产品的市场准入、改善基础设施和畅通市场信息渠道来实现。这还需要加强研究，以提供改良的作物品种和农作制度。

此外，还需要改善投资环境，政府应集中精力在不影响旧有的习惯权利的前提下发展有保障的土地产权；在有利于当地社区的情况下，取消对货物和服务自由流动的限制；促进投资、劳动力和技术的可持续性；为清洁运输提供可靠的基础设施；降低公共服务的成本；改善对自然垄断的管制；扩大人们获得优质教育和健康的机会。

七 结论

太平洋区域的各岛国（地区）已经认识到，该区域是多种多样的，有必要根据各国和次区域的需求制定倡议。到2050年，太平洋人口将翻一番，从而对资源造成额外压力。太平洋地区在可持续发展方面仍然存在重大挑战和"分歧"，需要一个广阔且包含多方利益攸关者的空间，使太平洋岛屿国家和地区的政府、私营部门和民间社会领导人能够就绿色经济和倡议进行对话并达成一致意见，以同时实现包容性和可持续发展。

因此，各国（地区）赞同设立太平洋岛国发展论坛（PIDF），《太平洋岛国发展论坛宪章》在减贫领域规定了以下具体作用：

· 实施可持续发展，特别是消除贫穷的政策，应对气候变化和全球化带来的挑战；

· 做好南南集团及其他区域和国际安排的太平洋地区实施方工作，

这些安排侧重于太平洋岛屿的可持续发展，特别是消除贫穷，以确保各级政策的一致性；

·通过有关技术援助和财政资源的正式协定，确保发展伙伴的支持，以实现可持续发展和消除贫穷的成果。

在太平洋岛国发展论坛发挥其在可持续发展和减贫领域的作用方面，中国是一个基础性伙伴，这就是为什么与太平洋-中国友好协会（PCFA）的新伙伴关系将提供一个创新的实施平台的原因。

援助无法发挥作用的情况时有发生，自1970年以来，1万亿美元的援助流向了非洲，但非洲大陆大部分地区的平均收入停滞不前或下降了。

许多国家的成功，关键在于强大的企业家精神和政府参与。这些国家扶持工业，引导本国精英们对自己的国家进行投资。

这就是我们希望与中国合作的原因。在与中方的合作中，我们看到的绝不会是自命不凡的举措和出于内疚的解释。你永远不会看到中国人带着任何古板的思维来到一个社区，他们和当地人坐在一起，而不是待在办公室，我们在餐厅、在各种场所见面……我们成为朋友，一起研究人们想做什么或能做什么。

最重要的是激情。在这次谈话中，我们提出一些想法。有这些灵感的人可能没有相关的专业知识，但我们可以从其他地方找到这些专业知识并加以利用。这些谈话帮助我们去寻找专业知识。这种一对一的方式，创造了一种前所未见的社会基础。

附注：

1. 太平洋-中国友好协会（PCFA）是一个地区性组织，成立于2016年10月，旨在加深太平洋国家及地区与中国的友谊、促进双边人文及经贸交流、推动各成员国之间的相互理解。其宗旨是与各国友好协会就不同的文化价值观进行交流和学习，为促进成员之间的友好交流和理解奠定基础。该协会声称它是独立的，并支持建立一个独立自主、公平公正的太平洋。它提出了实现这一目标的双重办法：一种针对个别国家的办法，以更好地识别具体国家的优先事项；一种区域办法，以更好地认识太平洋地区的共同挑战和机遇。

2. 太平洋岛国发展论坛（PIDF）是一个太平洋岛屿多边和多方利益相关者机构，成立于2015年9月，是一个以行动为导向的平台，汇聚了来自公共、私营部门和民间社会的领导人，以应对区域发展挑战，其使命是通过包容性战略、多方利益相关者治理和真正的伙伴关系，实现绿色-蓝色太平洋经济（Green-Blue Pacific Economies），并作为太平洋区域的南南合作平台。

透过以埃及为重点的性别视角看融资渠道

阿德尔·埃尔赫梅利（Adel Elhemaly）
埃及公共政策研究中心研究员

一 引言

融资渠道被认为是世界上许多国家和市场实现经济增长的关键因素之一，"融资渠道"一词可以广义地被定义为以合理成本获得金融产品和服务、存款和贷款等金融产品以及保险和股票挂钩型产品等服务。鉴于获得融资、增加收入和减少贫穷之间的联系，增加个人获得金融服务的机会已成为全球各个国家的目标，而金融包容的概念也已成为联合国为建设包容性金融部门委员会向银行机构提出的一个建议目标。此外，金融包容这一术语已经超越了传统及早期的微型融资方法，开始创造包括面向所有部门和人口的广泛服务和产品的一揽子计划（Narain，2009）。

虽然除了研究发展中国家的经济服务政策和提供服务过程中的实际障碍之外，很少有人系统地分析发展中国家为哪些人提供经济服务，以及哪些人被排除在经济服务之外，但国际金融机构最近做出了一些努力，以衡量各国在获得资金方面的差异，并从以下三个具体来源确定获得资金的障碍：

·金融服务监管机构；
·金融机构；
·用户，包括个人或家庭。

然而，这些跨国数据并没有提供按性别分列的数据，通常使用的是对有机会获得这些融资的成年人占总人口百分比的估算数据。一般证据表明，发展中国家有大量低收入者被排除在金融服务之外，而且发展中国家与发达国家之间存在显著差异。一些欧洲国家的调查显示，89.9%的人口有银行账户，其中意大利的这一比例最低，为70.4%，丹麦的这一比例最高，约为99.1%，但发展中国家这一比例目前估计仅为6%至47%不等（Narain，2009）。

  这就意味着，穷人，特别是女性，通常获得资金的机会会更弱、更有限。这一点得到了这一方面一些相关文献的支持，即获得资金和获得金融服务的限制，往往是基于性别的。Holt 和 Ribe（1991）认为，尽管捐赠者和政府机构已投入大量资金，以大规模的受监管计划的形式为穷人发展金融服务。但事实证明，这些提供信贷的计划收效甚微，因为所提供的受管制和补贴的信贷往往流向了更富有的人，而且信贷无法创造收入，因为市场和基础设施不足以满足这些计划所关注的农民的需要。

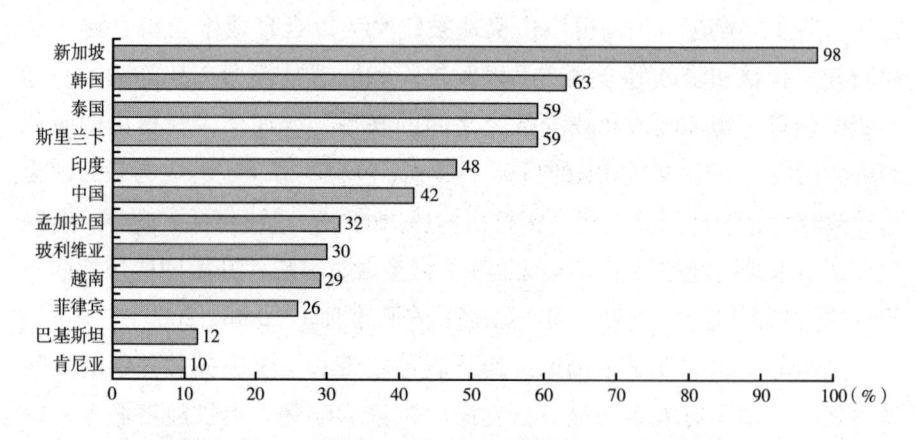

国家	百分比
新加坡	98
韩国	63
泰国	59
斯里兰卡	59
印度	48
中国	42
孟加拉国	32
玻利维亚	30
越南	29
菲律宾	26
巴基斯坦	12
肯尼亚	10

图1 可以获得金融服务人口的百分比：选定国家 I

资料来源：2018年世界银行《世界发展报告》。

二 对低收入者的金融排斥

  应当从供给侧和需求侧两个方面来解释发展中国家贫困人口遭受金融排斥的原因。在供给方面，Nenova、Niang 和 Ahmad（2009）认为，金融机构往往将其服务范围局限在收入高且可预测的个人身上，而不喜欢那些低收入者、非正式就业人士、农村人口或女性。此外，为因农村生活条件而分散、不方便使用基础设施的小额借款人提供服务的高昂成本通常会造成障碍。最近的研究表明，每 10 万人或每 1000 公里范围内银行分行和自动取款机（ATM）的数量或基础设施和通信手段与更好的当地条件有关（Beck，2007）。另一点是，缺乏竞争，正如研究表明，集中市场缺乏竞争会降低金融机构缩小规模和进入新细分市场的动力。此外，缺乏支持替代产品开发（如租赁）的法律框架，不仅会影响针对传统抵押品的贷款，也会影响产品创新（Narain，2009）。

　　还有一点是，低收入者和小企业人员缺乏信用记录或任何可靠和有组织的财务记录信息，因此金融机构往往会忽视他们，以尽量减少可能面临的风险。如果他们决定承担风险，金融机构通常要求许多借款人提供他们往往不具备的大型抵押物，如土地或财产。供给侧的最后一点是，需要获得资金的个人数量较多的欠发达国家通常有法律和执法机制，以减少借贷人无法偿还贷款的风险，而贷款机构倾向于减少较小和非正规借款人的数量（亚洲开发银行，2000）。

　　这种供给方与需要信贷或贷款的人之间的关系可以从按地区划分的工作贫穷人口分布和这些地区银行分行的相反分布中看出。

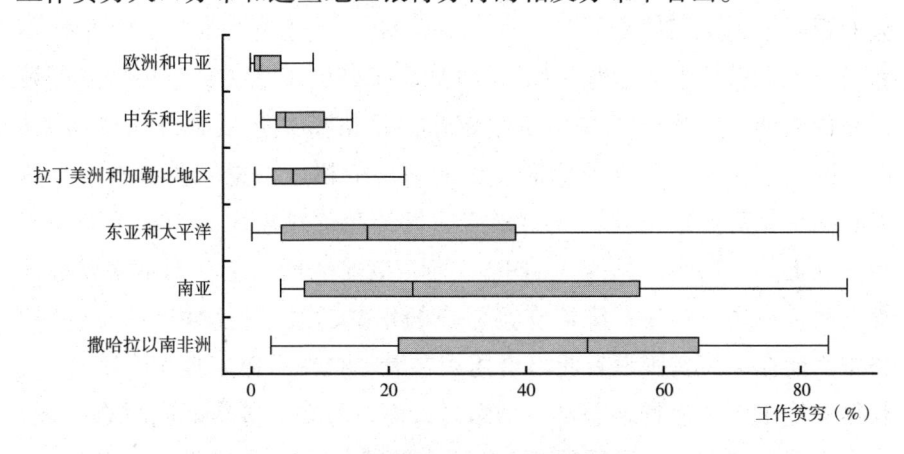

图 2　按地区划分的工作贫穷分布

资料来源：国际劳工组织 2015 年第 9 版劳动力市场主要指标数据库（不包括外部值）

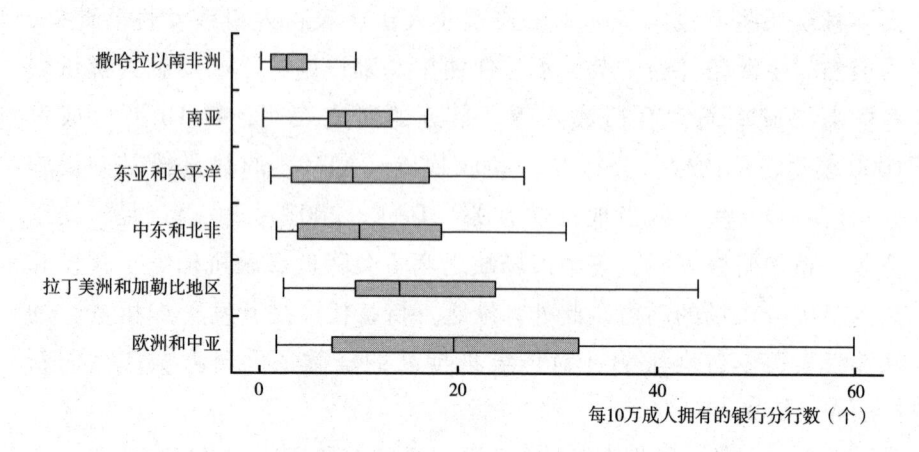

图 3　按地区划分的银行分行分布情况

资料来源：全球金融发展数据库，世界银行（不包括外部值）。

在需求方面，一些研究人员认为，知识的缺乏影响了消费者的需求。Jones（2004）认为，有关银行产品和服务、申请程序等方面的信息匮乏，以及人们普遍认识到，银行永远不会向低收入客户提供贷款，而且他们缺乏抵押品和偿还能力，这将使他们的贷款申请被银行拒绝，这让人们感到沮丧，所有这些都影响了需求。事实上，无论是发达国家还是发展中国家，金融排斥的一个主要原因是，人们收入微薄或没有足够的资金来让他们感觉到自己需要一个账户，这是无银行账户家庭不参与主流金融体系的最常见原因（FDIC，2009）。因此，融资壁垒既可以是价格壁垒，也可以是无价格壁垒。价格壁垒包括缺乏物理接入，由于缺乏书面材料和其他所需文件而缺乏资格。根据一些调查，在喀麦隆的一家商业银行开设支票账户，最低存款额需超过 700 美元，高于该国人均国内生产总值（GDP），而在南非或斯威士兰则不需要最低存款额。在塞拉利昂，维持支票账户的年费超过人均国内生产总值的 25%，而在菲律宾则没有此类费用。在孟加拉国、巴基斯坦、菲律宾，获得一笔小额企业贷款需要一个多月，而在丹麦，等待时间只有一天。在多米尼加共和国，向国外汇 250 美元需要 50 美元，而在比利时，这只需要 30 美分。发展中国家的大部分人口很难克服这些障碍（Narain，2009）。

三 女性获得融资的机会

由于女性约占全球劳动力的40%，世界上许多国家都依赖女性，特别是欠发达国家。女性拥有的中小企业约占新兴市场所有中小企业的30%，然而许多文献表明，与男性同行相比，女性在获得金融服务以满足其需求方面往往遭遇阻碍。Ongena 和 Popov（2015）的研究表明，与男性同行相比，女性拥有的公司申请或获得银行信贷的可能性要小得多。根据全球普惠金融指数数据库，在148个国家，女性拥有正式银行账户的可能性低于男性，在发展中国家，这一点更为明显。在这些国家，女性拥有银行账户的可能性或获得正式借贷的可能性比男性低20%。此外，女性进入其他金融部门的机会也受到限制，如储蓄、数字支付、保险和开立银行账户的能力，甚至有时需要获得男性家庭成员的许可（世界银行《工作场所性别平等报告》，2014）。

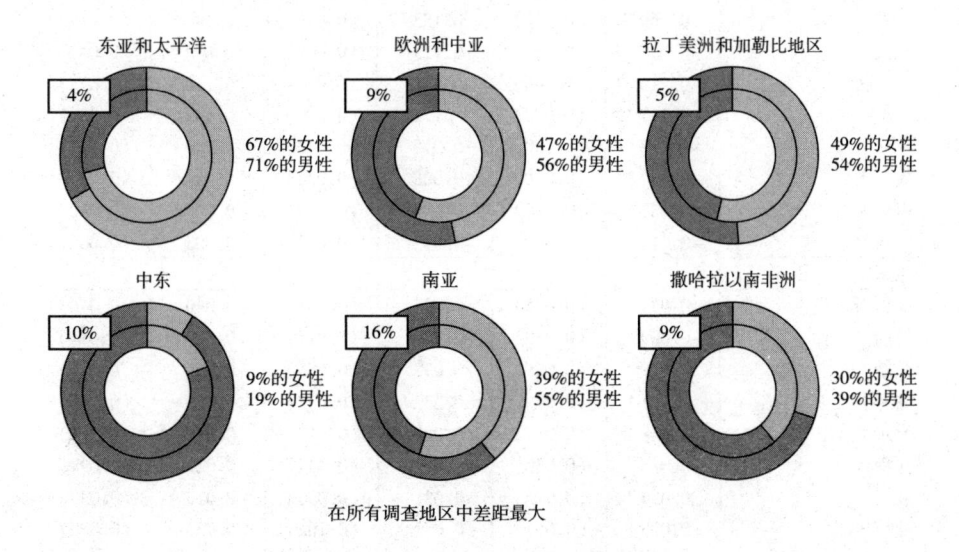

东亚和太平洋　4%　67%的女性　71%的男性

欧洲和中亚　9%　47%的女性　56%的男性

拉丁美洲和加勒比地区　5%　49%的女性　54%的男性

中东　10%　9%的女性　19%的男性

南亚　16%　39%的女性　55%的男性

撒哈拉以南非洲　9%　30%的女性　39%的男性

在所有调查地区中差距最大

图4　各地区男性和女性的账户所有权

资料来源：Global Findex, 2014。

因此，如果有实证数据显示女性获得金融服务的机会确实较少，那么了解这种障碍的根源是很重要的。很自然的假设是，由于女性被认为是脆弱群体的一部分，妨碍穷人获得资金的一些原因在此问题上也适用，但女性似乎在社会和文化方面面临更具体的障碍。从定量方面来看，Ongena 和 Popov（2015）的工作成功地捕捉到了各种性别偏见，然后他们成功地将这些偏见与获得信贷、贷款和女性创业联系起来。在一些国家和所有三个类别中，社会偏见似乎是向女性提供金融服务的主要障碍。

表1 按国家分列的性别偏见表

	传统性别角色					
	所有样本		男性受访者		女性受访者	
	系数(1)	标准误差(2)	系数(3)	标准误差(4)	系数(5)	标准误差(6)
人口学特征						
年龄	0.003 **	(0.001)	0.001	(0.002)	0.003 **	(0.002)
年龄平方/100	0.005 ***	(0.001)	0.007 ***	(0.002)	0.003 *	(0.002)
教育	-0.033 ***	(0.001)	-0.032 ***	(0.002)	-0.034 ***	(0.002)
男性	0.110 ***	(0.007)	—		—	
天主教	0.145 ***	(0.014)	0.159 ***	(0.019)	0.122 ***	(0.021)
新教	0.169 ***	(0.012)	0.183 ***	(0.016)	0.146 ***	(0.018)
犹太教	0.025	(0.033)	0.119 ***	(0.047)	-0.074 *	(0.042)
穆斯林	0.215 ***	(0.045)	0.244 ***	(0.054)	0.156 **	(0.078)
其他	0.157 ***	(0.022)	0.174 ***	(0.030)	0.133 ***	(0.032)
就业人口	-0.118 ***	(0.010)	-0.015	(0.023)	-0.140 ***	(0.011)
失业人口	-0.103 ***	(0.020)	0.008	(0.034)	-0.146 ***	(0.027)
退休人口	-0.083 ***	(0.015)	0.008	(0.030)	-0.096 ***	(0.018)
收入类别	-0.010 ***	(0.002)	-0.015 ***	(0.003)	-0.008 ***	(0.002)
原籍国						
捷克斯洛伐克	-0.032	(0.035)	-0.022	(0.055)	-0.040	(0.046)
德国	-0.009	(0.010)	-0.010	(0.015)	-0.007	(0.014)
希腊	0.019	(0.059)	0.033	(0.085)	0.004	(0.081)
匈牙利	0.131 **	(0.059)	0.232 ***	(0.082)	0.051	(0.079)
爱尔兰	-0.048 ***	(0.012)	-0.049 ***	(0.019)	-0.048 ***	(0.015)
立陶宛	-0.028	(0.080)	-0.034	(0.134)	-0.022	(0.098)
波兰	0.035 *	(0.024)	0.081 **	(0.036)	-0.013	(0.033)
葡萄牙	-0.005	(0.067)	-0.071	(0.102)	0.053	(0.090)
罗马尼亚	0.122 **	(0.062)	0.146 *	(0.091)	0.100	(0.082)
俄罗斯	-0.049	(0.038)	-0.111 *	(0.056)	0.004	(0.053)
西班牙	0.098 ***	(0.038)	0.186 ***	(0.054)	0.019	(0.051)
南斯拉夫	0.238 **	(0.095)	0.195	(0.162)	0.271 **	(0.120)
观察值	21073		9396		11677	
R^2	0.12		0.11		0.13	

资料来源：Ongena and Popov, 2015。

如果我们能够更深入地探讨这一问题，以考察直接对女性产生经济影响的社会方面，我们会发现，有几项研究已经证实了这一点。也许Ongena和Popov所做的研究在设法将这一点与实验性证据直接联系起来。然而，Cavalluzzo和Wolken（2005）、Muravyev、Schafer和Talavera（2009）等人所得出的其他证据，也确实产生了类似的结果。

例如，在中东和北非地区，女性通常会寻求非正式的融资来源，以取代她们通常会面临障碍的正式融资渠道。然而，那些不通过非正式渠道获得融资的女性会通过债务融资寻求支持，但她们获得这种支持的能力往往因无法提供抵押品而面临阻碍，因为即使在法律上，女性也可以拥有财产，但契据的所有权通常掌握在她们丈夫的手中。此外，遗产通常不平等地分配给子女。在子女中，男性获得的遗产比女性多，这意味着女性获得的资本比男性少。其他障碍还包括与法律无关的制度障碍，如政策规定，如果丈夫缺乏金融资源且不参与这项业务，女性必须将丈夫作为共同签署人。此外，银行支持的投资项目的利率非常高，女性主导的项目可能面临更高的利率。为了解释女性在申请贷款时遇到的困难，也有人认为，女性企业家可能缺乏业绩记录，因此面临更大的困难。女性主导的项目往往是小额信贷的主要受益者。尽管这类支持无疑是一种宝贵的发展工具，但一旦女企业家的公司规模扩大，其融资需求超过小额信贷上限，她们将面临挑战，然后她们可能会面临上述障碍，这些障碍可能会阻碍公司的扩张。在中东和北非地区，女性将面临有限的融资选择，这对女性在创业和发展阶段都有影响（中东和北非地区-经合组织议题文件，2011年）。

从女性的角度来看，女性团体可能会尝试创办一家兼职或全职企业，作为通过就业赚取收入的替代手段，而且她们很可能想把经营企业和管理家庭结合起来。也许正是这一群体影响了总体观察结果，即女性在金钱方面更穷、更保守。经营企业和家庭的双重责任可能会降低女企业主对风险的承受偏好，因此她们可能更喜欢资本要求较低的小型项目。一些研究人员声称，女企业家通常缺乏适当的市场营销和金融教育，因此在向银行家或投资者介绍其投资的项目时面临特殊困难。此外，妇女可能对与当局和金融机构打交道缺乏信心，因此难以令人信服地表达她们的商业建议。

撒哈拉以南非洲女性在获得金融服务方面也存在这种障碍。就企业而言，性别差距的关键驱动因素正是这些企业的特征。特别是规模：女性持股的企业往往规模较小，而规模较小的企业获得外部融资的机会通常较少。此外，我们还提供了一些足以证明选择性偏见的证据，即女性企业家首先必须克服更多的障碍。这一点可以从她们在非洲国家比男性同行更倾向于创新和背负着更重的法律负担中得到证明。

四 埃及女性获得融资

埃及投资与国际合作部长萨哈尔纳斯尔（Sahar Nasr）牵头的为世界银行进行的一项研究（2010）充分讨论了埃及获得融资的机会和经济增长情况。研究中提到，在宏观经济层面上，提升女性对创业活动的参与度，能使她们充分进入市场，特别是金融市场。这是至关重要的，因为这会使从事经济活动的人数增加，从长远来看还会推动经济繁荣和增长。因此，根据这项研究，必须确保无论是男性还是女性投资者都能不受阻碍地平等进入金融市场，此外，必须为效益最高的用户分配资金。为了实现这一目标，必须消除所有性别偏见。

对埃及人民而言，获得融资虽然仍然是一个制约因素。但有证据表明，根据投资环境评估（Investment Climate Assessment），埃及女性更难获取金融服务。这些困难包括融资成本过高和获得融资批准过难等。此外，在法律纠纷方面，银行在与女性投资者打交道时对抵押品的要求非常严格，就抵押品要求提起投诉的女性数量是男性的两倍。法律确实赋予妇女财产所有权，但她们通常很少有机会获得生产性资产。她们在管理这些资产方面也缺乏独立性（在家庭成员的监护下）。在许多情况下，妇女无法将其资产用作贷款的抵押物，这在很大程度上受到了女性传统家庭角色的影响。尽管埃及17.8%的家庭由女性领导，但男性仍然被认为是唯一养家糊口的人（埃及中央公共动员与统计局，2014年）。

该研究称，与男性相比，女性在非正规信贷市场上更为活跃，她们更有可能从家人和朋友那里获得资金，而只有大约20%的女企业家求助于商业银行获得信贷。而那些求助于商业银行的女企业家通常面临更高的被拒绝率，与男性相比，被拒绝率约为6%，而男性为4.5%。埃及的银行数量有限，专门为埃及的微型和小型企业服务，且以女性为目标客户的银行数量更是稀少。通常，银行没有任何按性别分列的银行和金融需求数据，因此它们通常没有能力估计特定群体（如女性）的需求（Nasr，2010）。

五 埃及银行对女性的拒绝率和女性面临的经济限制

国际金融公司对埃及社会性别创业市场进行评估时发现，女企业主需要接受融资和技术培训，但通常女性不被视为此类培训的目标。通常，除了社会和家庭责任外，社会和文化方面的因素也会阻碍女性参加这些课程。商业银行开始看到提供商业技能培训以提高女性管理技能的好处，这些技能不仅有助于女性获得更好的财务管理技能，而且使银行能够根据女性的具体需要进行互动，帮助女性获得信誉，这有助于降低信贷风险。

中小型企业约占埃及总就业人数的38%，而埃及约640万个中小型企业中，只有406000个是正规企业，妇女在这一数字中约为40000个。据估计，埃及女性拥有的中小型企业的信贷需求约为2.38亿美元，潜在存款约2.46亿美元（埃及女性银行业务，研讨会报告，2012年）。

在埃及，女性的经济融入率也相当低，与男性相比，女性的经济融入率约为9.3%，男性约为14.1%。

表2 关键事实：埃及金融包容性统计

数据点	2014年
账户-所有成年人(% 15+)	14.1
账户-女性(% 15+)	9.3
从金融机构借款(% 15+)	6.3
从金融机构借款-女性(% 15+)	4.9
向家人和朋友借款	21.5
向家人和朋友借款-女性	26.5
信用卡	1.9
信用卡-女性	0.7
去年使用的信用卡	1.4

续表

数据点	2014 年
去年使用的信用卡 – 女性	0.4
借记卡	9.6
借记卡 – 女性	5.6
借记卡本名	8.3
借记卡本名 – 女性	4.9
移动账户(15% +)	1.1
去年在一家金融机构的存款	4.10%
去年在一家金融机构的存款 – 女性	3.90%

资料来源：2014 年世界银行全球普惠金融指数。

由国家妇女委员会发起的"2030 年埃及妇女赋权战略"（国家妇女委员会，2017）提供了一些非常有趣的数据，并对 2030 年赋予妇女经济权力的前景进行了预测，其目的是通过制定有效的政策和立法改革来消除影响妇女参与经济的结构性障碍、消除歧视妇女的传统并提供社会保护来支持妇女。在与妇女获得经济资源有关的特定领域，制定了三个主要目标：

- 为包括边缘化群体在内的女性提供培训和能力建设；
- 促进女性创业文化；
- 提供获取金融服务的机会。

六 "2030 年埃及妇女赋权战略"经济赋权计划的影响指标

最后，埃及财政部发表的一份名为"埃及对性别问题敏感的中小企业政策（2008）"的研究报告总结了埃及妇女面临的主要障碍，共 8 个方面，下述 8 个方面可用于收集建议政策，以帮助理解和重新认识埃及妇女如何获得金融服务和建立自己的创收活动，这些要点是：

- 缺乏支持性的体制和法律框架；
- 信用担保和审批中对申请人性别的不当考虑；
- 妇女缺乏经验；
- 缺乏按性别分列的数据；
- 缺乏信息传播；

·无法获得非金融业务发展服务；
·无法进入商业网络；
·无法进入市场。

七　建议

　　从我们设法审查的资料和研究来看，显然，埃及妇女获得金融服务的机会还有待提升。尽管妇女几乎占总人口的一半，但她们的劳动力参与率却很低，而且她们的经济参与仍然受到压制。但在经济困难的情况下，妇女仍需要为家庭提供收入，同时还要料理家务。特别是在获得资金方面，妇女面临一系列障碍；要么强迫她们像往常一样在非正规部门工作，要么限制埃及妇女拥有的企业数量。为此，我们可以采取许多措施以改善现状。

　　第一，必须对现行立法进行性别影响评估，以找出对妇女有偏见的政策，并对这些政策进行修正。比如家庭成员委托贷款或复杂的贷款获取流程就需要变革。

　　第二，埃及的金融机构和中小企业管理机构必须发布按性别统计数据，以说明银行和金融部门对妇女的特定和具体需求，并保留关于妇女所有的企业的生产价值和信贷需求的具体数据。

　　第三，必须向女企业家提供中小企业的信息，使她们充分了解中小企业部门可能存在的机会；这可以通过宣传运动、民间社会组织、为农村地区的女性领导人举办讲习班以及学校和公共部门等机构来实现。

　　第四，必须重新评估信用拆借的贷款程序，妇女的需求有助于这些程序的形成，因为从所观察到的文献和研究来看，显然，妇女获得金融服务的难度更大。一般来说，她们可以投资的资产和资本也更少。因此，针对妇女的计划可以为试图创业或获得融资的妇女提供额外的帮助。

　　第五，必须为妇女提供商科和技术教育，以提升她们的能力。特别是在妇女经验最少或以前接受培训最少的贸易和服务部门。与男性拥有的企业相比，女性经营的中小企业缺乏基本技能和技术技能，这使得它们缺乏竞争力，无法满足不断变化的市场需求。

第六，可以建立商业中心，允许妇女掌控的中小企业与能够与这些妇女合作的市场利益相关者和企业主建立联系。这样妇女就不会被孤立在与潜在市场机会没有联系的市场中。

第七，让男性参与这一进程，或通过教育计划赋予妇女权力，使她们能够理解为家庭提供收入的巨大重要性，这对男性和女性都有利。

最后，必须定期进行影响评估，以了解新政策的有效性。

参考文献

Holt, S. Ribe, H. (1991). Developing Financial Institutions for the Poor and Reducing Barriers to Access for Women. World Bank Discussion paper. The International Bank for Reconstruction and Development, The World Bank, 1818 H Street, N. W. Washington, D. C. 20433, U. S. A. ISSN: 0259 - 21OX.

Narain, S. (2009). Gender and Access to Finance. Journal Article, Analytical Paper, World Bank.

Strengthening Access to Finance for Women Owned SMEs in Developing Countries. (2011). International Finance Corporation, 2121 Pennsylvania Avenue, N. W. Washington, DC 20433.

World Bank Development Indicators Report. (2009). International Bank for Reconstruction and Development, The World Bank, 1818 H Street NW, Washington, D. C. 20433 USA. ISBN 978 - 0 - 8213 - 7829 - 8.

Nenova, T. Niang, C. Ahmad, A. (2009). Bringing Finance to Pakistan's Poor: Access to Finance for Small Enterprises and the Underserved. Washington, DC, World Bank.

Beck, T, Kunt, A. Levine, R. (2007). Finance, Inequality and the Poor. Kluwer Academic Publishers - Plenum Publishers. ISSN: 1381 - 4338.

Asian Development Bank Annual Report. (2000). Asian Development Bank. ISSN: 306 - 8370.

Jones, H, Williams, M. Thorat, Y. Thorat, A. (2004). Attitudes of Rural Branch Managers in Madhya Pradesh, India, toward Their Role as Providers of Financial Services to the Poor. Finance for Growth and Poverty Reduction: Experience and Policy, University of Manchester.

National Survey of Unbanked and Under - banked Households. (2009). Fedral Deposit Insurance Corporation.

Ongena, S. Popov, A. (2015). Gender Bias and Credit Access. European Central

Bank, Working Paper Series No. 1822.

Morton, M; Klugman, J. Hanmer, L. Singer, D. (2014). Gender at Work A Companion to the World Development Report on Jobs. Report NO. 89273. Washington, DC: World Bank Group.

Global Findex. (2014). World Bank Group.

Cavalluzzo, K. Wolken, J. (2005). Small Business Loan Turndowns, Personal Wealth and Discrimination. *The Journal of Business* Vol. 78, No. 6 (November 2005), pp. 2153 - 2178k DOI10. 1086/497045.

Muravyev, A. Schafer, D. Talavera, O. (2009). Entrepreneurs' Gender and Financial Constraints: Evidence from International Data. Working Paper Series. Kiev School of Economics.

Women's Access to Finance in the Middle East and North Africa (MENA) Region. (2011). Draft Issues Paper. MENA - OECD Working Group on SME Policy, Entrepreneurship and Human Capital Development.

Nasr, S. (2010). Access to Finance and Economic Growth in Egypt. The World Bank Group.

Egypt Economic Profile and Statistics. (2017). The Egyptian Centre for Economic Studies.

Banking on Women in Egypt (2012). Innovations in the Banking Industry. Workshop Report. International Finance Corporation. The World Bank Group.

Towards Gender Sensitive SME PolicyIn Egypt. (2007). Ministry Of Finance in Egypt.

Women Strategy 2030. (2017). National Council for Women.

秘鲁最近的减贫：趋势和驱动因素

米格尔·哈拉米佑·巴南特（Miguel Jaramillo Baanante）
秘鲁发展分析组织高级研究员

一 现状评估

在过去的15年中，秘鲁在拉丁美洲和加勒比地区①的减贫率最高，从2004年的58.7%到2017年的21.7%，13年来下降了37个百分点。哪些因素推动了这一显著下降？人们提出了两个驱动因素：经济增长和政府政策。我们将讨论为何将这一显著下降归因于经济高速增长，而政府支出的影响有限。图1显示了2004~2017年间的贫困率和国内生产总值增长的情况。显然，在经济高速增长的背景下，这种下降是持续的，尽管在后期，下降有所减缓。

上述减贫率下降的三分之二发生在2004~2009年。减贫率的急剧下降与经济高速增长齐头并进，平均年增长率为5.1%（若不包括受国际金融危机影响最严重的2009年，则平均年增长率为7.1%）。金融危机后，国内生产总值增速保持正增长，但增速有所放缓。同样，贫困率也在继续下降，但速度较慢。

是什么因素促成了这些高经济增长率？至少我们应关注三个因素。第一，出口商品价格走高，贸易条件改善，创造了十分有利的国际环境。第二，开放型经济使外部融资和外国直接投资成为可能。第三，稳健的宏观经济政策管理，特别是秘鲁银行审慎的财政政策和稳健的货币

---

① 使用世界银行针对20个国家的可比数据。

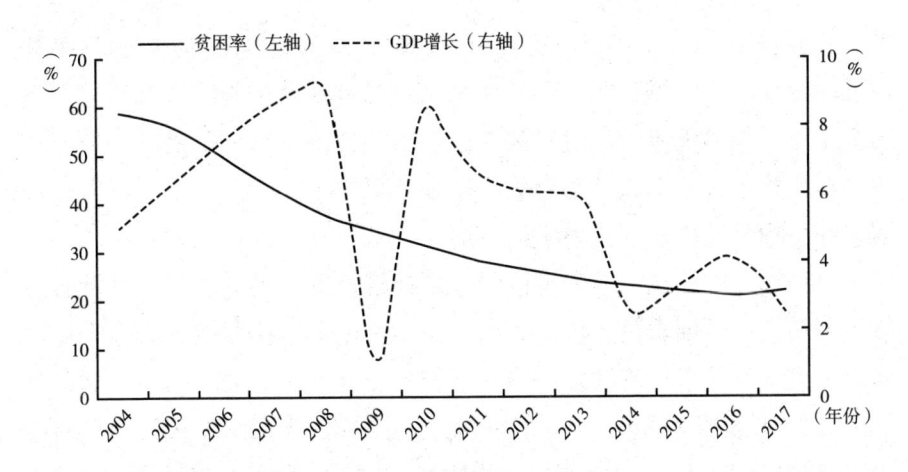

图1 2004~2017年秘鲁贫困率和国内生产总值增长

资料来源：作者基于秘鲁国家统计信息局（INEI）和秘鲁中央储备银行（BCRP）信息进行的阐述。

政策。这些措施形成了稳定的价格、推动了外汇储备的积累（在经济衰退期间稳定经济的重要因素）以及信贷条件的改善。

如果传播通道也非常有效，那么把经济增长作为降低贫困率的驱动因素的假设是合理的，也就是说，如果各个部门都充分推动了经济增长，特别是如果经济增长发生在劳动密集型部门，并且工人获得了部分利润。这一点尤其重要，因为贫困是以消费支出来衡量的，消费支出与主要从工作中获得的收入高度相关。事实上，从2004年到2016年，秘鲁的国内生产总值（以2007年为基础）和工作收入翻了一番，秘鲁传统上的高就业率一直保持高位，甚至略有上升（从同期的94.6%上升到95.8%）。此外，以非正式率衡量的就业质量也有所改善。

人们普遍认为，秘鲁的增长在很大程度上是由初级部门的发展带动的。因此，秘鲁经济增长相当依赖商品价格，特别是矿产价格。然而，在本报告所述期间，增长的主要驱动因素是非初级和劳动密集型部门的扩张。就占比而言，服务业（46%）、工业（16%）、采矿业（15%）和商业（10%）对国内生产总值的贡献更大。这些部门在就业中也占有很大比例：服务业占总就业的31%，商业占18%，工业占10%。矿业是一个例外，它是一个高产出、低就业率的行业。因此，毫不奇怪的是，服务业生产（6.4%）、商业（8.3%）和工业（7.9%）的高平均增长率发挥了通过增加收入和就业来帮助秘鲁减贫的作用。换言之，贫困率之所以能够下降，不仅是因为经济增长速度加快，更是因为所有产业都在增长，包括那些劳动密集型产业。事实上，在此期间，秘鲁国内需求的平均增长率高于国内生产总值。

第三产业的增长，或者说向服务型经济发展的趋势，是一种社会经济现象的结果，即农村人口向城市移民。实际上，秘鲁在过去半个世纪经历了大规模的人口流动。1940年，只有略多于三分之一的人口居住在城市。到20世纪60年代初，这一比例还不到一半（47.4%），只有在1970年的全国人口普查中，城市人口才占到总人口的一半以上（59.5%）。当今，如图2所示，城市人口占总人口的80%，比2004年高出10个百分点，换言之，尽管20世纪秘鲁的城市化进程极为活跃，但它仍然与经济和就业的空间结构以及贫困的分布有关。

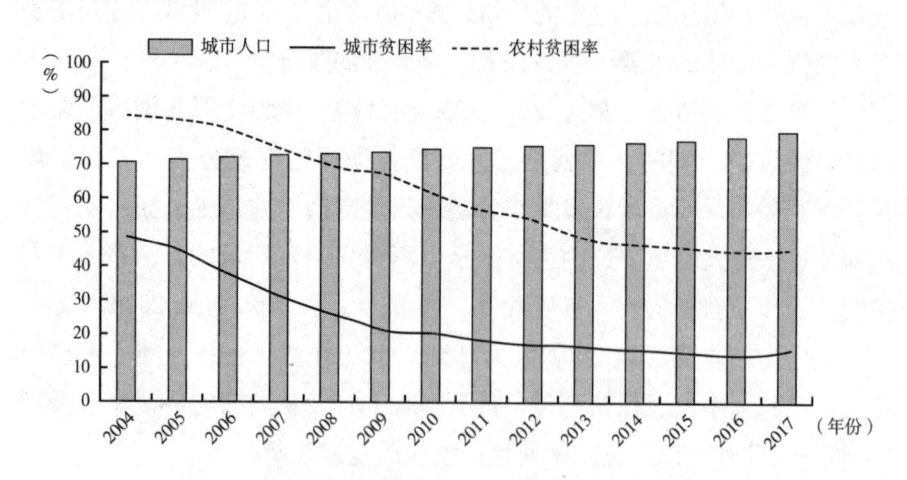

图2 2004~2017年秘鲁城乡贫困率和城市人口所占比例

资料来源：作者基于秘鲁国家统计信息局（INEI）信息进行的阐述。

在图2中，我们还看到了城市和农村贫困率。显然，农村贫困率始终都高于相应的城市贫困率。2004年，生活在农村地区的10人中有8人是穷人，这一比例到2017年已减少至之前的一半。同样，在2004年，大约一半的城市人口是穷人，而现在这一比例为15%。尽管如此，农村贫困人口下降率仍高于城市，为 39 个百分点，而城市为 33 个百分点。然而，农村人口的贫困比例仍然高得惊人。城乡获得教育、保健和基础设施（水、电、路、电话和因特网）等服务机会不同，是造成城乡贫困率差距的关键因素。此外，秘鲁的城市化无疑推动了第三产业的扩张，并可能继续发挥此类作用。

经济的扩张也通过增加税收对政府的收入产生了直接而非微不足道的影响。事实上，政府收入已经从 2004 年占国内生产总值的 12% 上升至 2016 年占国内生产总值的 18%，对于一个中等收入国家而言，这一比例仍然较低。所得税不成比例地增长，特别是由于工人和公司缴纳的税款的增长。因此，我们可以合理猜测，财政收入的增长与公共投资的数量和质量（主要是基础设施）或提供社会项目方面的财政支出并不相关。有证据表明，秘鲁财政政策对减贫的影响很小，这主要是因为财政支出较低，而非财政支出效率低下。

更具体来说，直接的转移支付对减贫有积极作用（特别是对赤贫者）：它们将赤贫者和总贫困人数分别减少了 1.2 和 0.8 个百分点。此外，秘鲁在农村地区设有有条件的现金转移支付（Conditional Cash Transfers）项目，叫作"Juntos"。该项目针对有 14 岁以下儿童或孕妇的农村贫困家庭，每月为其提供 100 索尔（四口之家的购买力平价为 60 美元或 50 美分/天），条件是他们的孩子必须上学，并在公共卫生机构进行定期检查。如果受益人是孕妇，那么现金转移支付的条件是她在当地公共卫生机构参加产前检查。事实证明，这一项目在减少极端贫困和中等贫困方面是有效的，但是，由于预算很少，它对减贫的影响有限。事实上，秘鲁在其现金转移支付项目上的花费很少，不到巴西的三分之一，也不到巴拉圭的一半，而巴拉圭更小也更穷①。

二 观点和挑战

过去 10 年中，秘鲁的减贫进程在加速。有证据表明，一半以上的

---

① CEPAL, *Panorama Social de América Latina*, 2010. Santiago: Naciones Unidas, 2011.

贫困率下降主要是由于同期的高经济增长率，并在一定程度上是由于财政支出。这对秘鲁人民来说是一个积极且有益的进程，然而，仍有许多工作要做。

就推动这些高经济增长率的社会环境而言，秘鲁必须继续维持宏观经济的稳定，并营造有利于投资的环境，以刺激减贫所必需的经济增长。这不仅关系到货币供应量或汇率等政策工具的稳定性，也关系到外国投资等因素，而且关系到建立适当的机构，为当地的经济增长提供良好的环境。

与经济增长相关的是就业（及其质量）和工资的增长。尽管扶贫工作已经取得实质性进展，劳动指标也有所改善，但工人们并没有强烈感受到经济增长带来的好处。如果劳动最密集型行业更多地投资于替代劳动力的物质资本，这一现象可能会更加严重，正如技术趋势所暗示的那样。因此劳动力在总生产中所占份额将出现更明显的下滑。秘鲁的工薪阶层所占比例仍然相当低，甚至不到就业人口的一半，其中自营职业者占成年人口的比例也高于预期。事实上，秘鲁工薪阶层的比例低于拉丁美洲的平均水平，因此，鼓励增加有薪就业可能会提高生产率，从而改善一些工人的福利。

另一个重要方面是，必须通过结构性投资（特别是卫生和教育）和行之有效的社会项目，提高财政支出的效率。卫生和教育是提高劳动生产率的关键因素，也是降低贫困水平的关键因素。秘鲁在这两个方面确实取得了一些进展。例如，一半以上的人口已获得了完全由政府补贴的医疗保险。这里的挑战不来自于已经相当可观的覆盖面，而是所提供服务的质量。秘鲁的贫血率仍然很高，结核病等疾病的发病率也很高。这些疾病会导致该国永远无法摆脱贫穷。与此类似的缺陷也出现在教育领域。

基础设施投资是经济发展和减贫的关键。它在连接城乡以及缩小城乡之间的基础设施差距方面具有战略意义，更将使向农村地区提供基本社会服务变得更容易且效率更高。这显然可以成为南南合作的优先领域。

将贫困率降低30个百分点是一个很好的成绩，但就最近才摆脱贫困状态的人口来说，他们仍是脆弱的，秘鲁应该谨慎对待这一成就。事实上，许多脱贫者仍处于弱势状况，任何冲击都可能使他们返贫。这与不稳定的就业和缺乏保护他们免受这些冲击的保险密切相关。此外，大量个人没有存款，且未被纳入养老金体系，也令人极为担忧。这不仅关系到公民的福祉，也关系到秘鲁未来财政的可持续性。21%的贫困率不应被视为理所当然，它表明秘鲁在消除贫困方面取得了重大进展，但这只是实现终极目标的漫长道路的开始。

最后，我们应该记住，减少农村贫困的挑战与减少城市贫困的挑战大不相同。农村贫困人口占总人口的44%，这一比例与13年前的城市贫困人口比例相当。秘鲁人民对基础设施投资的需求极其强烈。秘鲁土地破碎化程度较高（人们不愿意组建合作社）、缺乏创新、对固定资产的投资不足以及信贷获得困难，所有这些不足都有待于我们投入更多的努力。

中非和农村扶贫模型

马马杜·法尔（Mamadou Fall）
塞内加尔谢赫·安达·迪奥普大学教授

从欧洲现代性（European modernity）开始，整个世界经历了欧洲领土扩张与亚洲和非洲农村社区固有发展（proper dynamics）之间的跨文化不对称。这些社会自食其力，努力维持着其高度均衡的发展轨道的可持续性。在这一长期进程中，它们发展了以谷物为基础的农业，在潮湿富饶的土地上种植了稻田，最重要的是创造了生产系统、机构和治理形式之间相互对应的传统。

如果人们要讨论中国模式，那就一定要探讨其历史发展轨迹的独创性和它在减贫方面经验的灵感源泉。

孔子[1]认为，在太平盛世，贫穷是一种耻辱，他呼应了"天命"（heavenly mandate）的理念，天命召唤中国的君主来维持自然和社会的平衡。

中国的整个历史是一场英勇斗争，这场斗争旨在恢复自然与社会之间的平衡。

因此，在公共领域一直存在着一种关切和决心，即解决和减轻贫困，以作为仁政的象征。

世界一半的人口生活在受亚洲季风影响的地区。人们聚居在山谷和三角洲，人口密度达到每平方公里1000人。这一人口集中的地区仅是非洲

---

[1] Confucius（551–479 av. JC）– Livre des sentences.

大陆面积的1/5，而非洲平均农村人口密度仅为每平方公里50人①。

这种不对称性是一个关键，需要对非洲和中国之间的减贫进行历史交叉研究。

一 历史遗留问题

在亚洲，几千年来，政府当局进行中央集权。其他农村或城市力量共同维护权威、共同治理国家机构，但往往蔑视或忽视国家权威。

与之相对应的是，欧洲从近代开始就将公共权力机构与教会、封建主义和皇室相并列。查尔斯·蒂利（charles tilly）将这一过程描述为不同规模国家之间对贸易和领土的永久性和侵略性竞争，这使得战争成为欧洲历史②上的一种常态。

这就是为什么欧洲提出了一种基于关键政治生存需要的国家建设模式：

1. 控制不断增长的人口；
2. 对紧张的城乡交通征税；
3. 中央公共财政的构成；
4. 招募士兵，发展必要的后勤和基础设施，以便与不断威胁领土完整的贪婪邻国作战并取得胜利。

为了保护"诸侯的财富"③，一个强大的国家必须拥有广阔的领土。

国家集团越强大，国家的地理和经济基础越强，领土扩张的机会就越大。因此，领土及对领土的控制是政策和国家建设的基础。

法国、英国和西班牙成为激烈竞争的主要参与者，竞争是它们在非洲大陆④立足的条件，这导致了非洲农村贫困程度的上升。

---

① Yves Lacoste in Hérodote, Géopolitiques en Asie des Moussons 2_{eme} Trimestre 1988, no. 49/70F.
② Charles Tilly, *Coercion, Capital and European States AD. 990 – 1992*, Cambridge MA: Blackwell, 1990, p. 54.
③ Dessaix P., *Montchrestienet l'Économie Politique Nationale*, Genève, Stakeline, 1970.
④ Claude Mettra, *La France des Bourbons. D'Henri IV à Louis XIV*, Edition Complexe Bruxelles, 1981, p. 18.

表1 人口密度比较

单位：居民人数/平方公里

地区	
日本	46.4
南亚	15.2
欧洲	13.7
中国	13.4
拉丁美洲	2.2
北非	1.6
撒哈拉以南非洲	1.9
原苏联	0.6

二 非洲与农村贫困的挑战

与欧洲国家面临的问题相比，非洲的政治地理构成了一系列完全不同的政治挑战。正如赫布斯特（Herbst）所指出的，非洲国家建设者面临的根本问题，无论是沦为殖民地前的国王、殖民统治者，还是独立时代的总统，都是如何在人口密度相对较低①和基础设施短缺的情况下，将权力投射到不适宜居住的地方，减少贫困的问题。

撒哈拉以南非洲约占世界陆地总面积的18%，一直人口稀少。1750年，非洲人口仅占世界人口的6%至11%。

与欧洲和世界上其他人口众多的地区相比，各国对一定数量的人口行使政治权力、收取版税和确保持久合法性的代价更高。

西非大草原上的加纳、马里和桑海帝国（Songhay Empires）说明了中央政府必须面对的一系列经济和社会障碍，以确保对其外省的控制。

纵观非洲帝国的总体分布，可以看出沿河、山谷、湖泊、高原等人口密集地区与中央政治建设之间存在着明显的关联。人口密度越高，政治集中化程度就越高，如五大湖地区、埃塞俄比亚高原、尼罗河、塞内加尔、尼日尔、赞比西和林波波谷地（Limpopo Valley）等。

---

① Jeffrey Herbst, *States and Power in Africa: Comparative Lessons in Authority and Control Princeton*, University Press, 2000, p. 13.

生态条件极大地影响了人口密度水平,因为非洲50%的大陆降水较少,不适宜人类居住,只有8%的大陆是热带气候;世界上三分之一的旱地在非洲。

然后,对比鲜明的生态系统导致了显著的区域失衡,对任何自上而下的政策都构成了挑战。

几乎在非洲大陆的每一个地方,不同的空间形态蓬勃发展,并催生了管理和控制空间的不同方式。沿海平原、山谷或沼泽、山脉、森林、热带和亚热带草原或沙漠,几乎所有的自然多样性形态,仍然是前殖民地、殖民地或后殖民地非洲政治建设的条件。地方生态系统为地区、省份的差异带来了高昂的成本和权力形式的变化,从而催生了不同的政策。因此,将中央权力投射到边远地区是一个巨大挑战。

这一压倒性的挑战使当地社区在形成其日常生活方式、发展轨迹和塑造自身命运方面处于优先地位。

三 发展轨迹中的农村动态

在非洲,自第二个千年以来,谷物种植区和人类生活社区形成了一场"南北运动",带来了畜牧和农业文明。正是这一运动以及几乎所有撒哈拉以南非洲地区的地形①推动了人类社区的演变②。

由于热带锋区减弱,在土壤干燥和降水减少的共同作用下,塞内加尔和尼日尔的种植业和动物驯化活动开始从河谷及其他地区转移至森林中,以适应这种气候变化③。

几个世纪以来,在游牧民族的推动下,以种植谷物为生的人口定居在似乎事先为他们准备的农耕文明发祥地上。这是撒哈拉以南非洲国家

---

① M. Fall, Les Terroirs de la Sénégambie entre l'Épée et le Croissant: $X_{ème} - XX_{ème}$ Siècles, Harmattan Sénégal, 2016, 591 pages.

② "New Light on Early Food – Production in the Central Sudan", Lech Krzyzaniak, *Journal of African History*, xix, 2 (1978), 159 – 172.

③ The Pulse Model: "Genesis and Accommodation of Specialization in the Middle Niger Roderick McIntosh", *The Journal of African History*, vol. 34, No. 2. (1993), pp. 181 – 220.

和文化的地方结构，塑造了身份和人类学构成。

当他们来到森林时，那些不知道如何处理他们祖先遗产和成为草原农场主的人，以及那些被命运所迫，在他们培育的谷类无法生长的赤道森林里待了几个世纪的人，发现自己被迫种植有地下淀粉储备的植物①。

生态和雨情是决定非洲两种生产制度的自然和社会平衡的关键因素。

1. 从热带稀树草原到草原农业的生态区域，只生产谷类（高粱、谷子、水稻等）和豆类。

2. 另一种是赤道森林区域，这里有着深耕农业，人们采用堆土法种植，只生产淀粉、水果、块茎、根茎和根，辅以大量的可食叶。

这些传统的生产系统受到了大西洋系统的巨大冲击。

四 欧洲在非洲的遗产——一个结构性致贫系统

殖民时代颠覆了整个非洲农村地区的结构。

从现在起，城乡关系是一种组织空间及其社会动力的关系。

收入的分配以及为维持生计而进行的生产，采用的是由经济作物出口赚取的货币所维持的市场规律。

农民正日益摆脱传统的互惠制度，进入一种新的体系。4月至5月间的粮食短缺迫使农民将未来的收获抵押给进出口公司或其他高利贷者和中介机构②。

这种新情况的必然结果是，与欧洲③的劳动报酬相比，农民购买力低下，饮食不均衡。在农村人口外流之后，随着城市人口压力的增加，

---

① Roland Portères, "Berceaux agricoles Primaires Sur le Continent africain," *The Journal of African History*, Vol. 3, No. 2, Third Conference on African History and Archaeology: School of Oriental and African Studies, University of London, 3 – 7 July 1961. (1962), pp. 195 – 210.

② Samir Amin, Le développement inégal, Essaisur les Formations sociales du Capitalisme périphérique Paris; Edition de Minuit, 1973, p. 338.

③ A. Vanhaerverbeke, Rénumération du Travail et Commerce extérieur: Le Cas du Sénégal; Louvain; 1970, p. 196.

土地所有权和农村税收也出现了不平衡。这些新的动态打破了农村地区将城市作为公共领域焦点的传统平衡。

五 非洲与关于贫困问题的公共政策的死胡同

后殖民时期的非洲主要有三套公共政策。

1. 通过赋予他们现代功能来维持传统结构（酋长制、兄弟会）。

2. 为传统职能（土著福利协会、合作社、社区发展、农村激励）建立新的结构①。社会主义者往往将这种模式贴上非洲社会主义的标签。

3. 以自由主义或马克思主义的观点改变结构和功能（由欧洲公司、合作社控制的种植园系统、生产者协会、一个地区的社区发展或建立区域范围的农村综合发展中心）。

在热带和亚热带草原地区，季节性农业和自给型经济有利于以集体形式占有土地、占用劳动力和货物。而在象牙海岸南部、尼日利亚、加纳和喀麦隆之间的森林地带，种植园经济以更加个人化的互惠形式为主。外国专家经常寻求通过更多地使用化学品、新技术来优化产量、选种、社区组织和促进分销网络来刺激农业生产②。

在高呼民族主义言论之后，一旦获得独立，就到了与现实谈判的时候。对于无法实现科技进步的农村人口来说，真正的挑战仍然是：如何大规模地适应欧洲、美洲或亚洲繁荣的技术。

刺激技术进步的唯一途径是通过国家及其行政机构。

所考虑的一般职能是生产、加工、分销和消费。技术进步的手段是合作和激励③。

在欧洲人和其他当地专家的帮助下，信仰自由主义、马克思主义甚

---

① Gouvernement du Sénégal；Circulaire 32 du 21 mai 1962.

② L. J. Walinsky, *Selected papers of Wolf Ladejinsky*, "Agrarian Reform as Unfinished Business", Oxford University press, 1977, pp. 279 – 280.

③ Dia Mamadou, Contribution à l'Étude du Mouvement coopératif en Afrique noire；Clermond – Ferrand；Société nationale des entreprises de presse, 1952.

至宗教的现代精英将齐心协力,共同推进这些目标的实现①。

代表每个村庄传统王室税收的集体土地成了穆斯林部落的土地,穆斯林部落实际上取代了传统的土地所有者。他们的影响力和领导力使他们可以自由地从事艰苦的工作,而不必投资于新设备。

总的结果是,几十年来,一系列国家变成了粮食产品的净进口国。大多数贫困人口生活在农村地区,大多数人以"刀耕火种"的方式过着自给自足的生活。

由于很少灌溉和降雨不规律,非洲农民长期缺乏粮食保障。因此,非洲农业对灌溉发展提出了现代化、生产力和良好的水管理等方面的严重挑战。

尽管如此,数十年的政策仍然围绕着几个强制性的主题:宏观经济稳定、增长和减贫。在宏观经济稳定的范围内创造财富是解决贫困问题的唯一途径。随后,尽管欧美经济稳步增长,但整个体系在不对穷人造成影响方面仍显示出局限性②。

相反,贫困差距表明,贫困如何能增加不安全感、加剧社会和政治不稳定,然后抑制消费和投资,破坏资源配置,导致经济增速下滑。这种方法是布雷顿森林机构所青睐的垂滴说经济学(trickle down economy)的基础。

到1990年,减贫战略显然不能仅仅基于改善妇女的状况或缩小城乡差距,而是基于农村生产力的实际增长和农村人民收入的实际增长③。

每个贫穷国家都必须解决一个相当大的难题:如何在增加基本社会

---

① Paquet, J. La Politique du Développement rural du Sénégal in Société d'études pour le développement économique et social (SEDES); Le Développement rural dans les Pays d'Afrique noire d'Expression française; Paris Délégation générale à la recherches cientifique et technique (DGRST) 1965, p. 78.

② Gaye Daffé et AbdoulayeDiagne, le Sénégal Face aux Défis de la Pauvreté. Les Oubliés de la Croissance. CRES – KARTHALA – CREPOS, Paris, Dakar, 2008, p. 11.

③ CNUCED 2002, Le Développement économique en Afrique. De l'Ajustement à la Réduction de la Pauvreté: qu'y a-t'il de nouveau? Nation Unies, New York et Genève.

部门的公共资源拨款和用于促进增长和减贫的必要公共投资之间取得平衡。到那时，甚至贫穷的概念也有了多层面的含义。它不再是一种低收入模式，而是在就业、住宿、保健、教育和获得公共基本服务方面无法行使或被剥夺基本权利①。

六　中国与农村减贫模式

在非洲，传统的旱农比合作生产系统更占优势，这是国家干预的长远影响的结果之一。这与中国的儒家传统形成了鲜明对比，在中国，国家通过官僚体系缓解了农村地区反复出现的问题。

中国通过水稻种植，找到了一种解决长期以来人口与生产之间激烈竞争的方法②。

在中国南部，随着农牧业技术的发展，移居者、农民、工匠、商人和学者发起了一场南迁运动。

模型的性质和环境条件似乎决定了国家的形态和轮廓。人们建造堤坝网，以控制冲积堤坝上的洪水，因为洪水可能危及平原地区③。此外，人们还修建了堰，将雨水排入大海，并修建了道路、桥梁和灌溉渠。所有这些工作只能在村庄以外的范围内大规模进行，因此需要一个中央国家机构来进行协调。

七　公共土地与集体劳作

已经建立的模型表明，在人口压力大、土地资源相对薄弱的地区，从一开始，生产发展就有可能比人口增长更快④。尽管社会组织的集体形式持续存在，但土地保有制的特点是极度分散。简言之，社会动态

---

① Daffé op cité pp. 12–15.
② René Dumont ; Finis les Lendemains qui Chantent… La Chine décollectivise. Paris, Seuil 1984, pp. 323.
③ Long-xuyen, Cantho and Chau Monographies des provinces de in La Revue Indochinoise, Saigon 1907.
④ Pierre Brocheux, The Mekong Delta , Ecology, Economy, and Revolution, University of Wisconsin-Madison center for South Asian Studies, 1995.

的特点是在殖民地化和有待开发的最小空间内最大限度地利用人类劳动。水稻土富含腐殖质和有机质，雨水和洪水可以为其补充氮，使其富含钾。

这是真正创造生产力的港湾，需要不断的准备、种植、灌溉、道路和运河修复以及收获活动。这是一种艰苦、重复和紧张的工作，需要在土壤、种子、水、太阳、肥料和工具之间保持永久的平衡。这些要求似乎形成了一种传统，即耕作方法与水稻种植社区特有的社会网络之间的对应关系[1]。

这无疑是儒学经久不衰地巩固士绅、农民、工匠、磨坊主和商人之间关系的关键所在。

国家在军队的支持下，推动着自下而上整个运动的发展。

定居者开发并将周围的土地用于水稻种植，当这一片新开发的土地能够自给自足时，它就可以从皇帝那里获得公社的地位。皇帝还任命一位官员来保护这个村庄，以确保和平与繁荣。在引入任何外来模式之前，这些地方程序是经济和社会生活的真正模型。

施坚雅（G. William Skinner）提出了中国的9个区域系统，他称之为以自然地理（为基础的）大区域（physiographic macro-regions）[2]。它们以河流的流域为分界线。每个大区域在生态上都是不同的……每个大区域都有自己的社会、文化、经济和政治资源。每个大区域都可以与中国不同地区一起自力更生地减贫。

中国模式通过乡绅和省、区、市镇的等级制度来投射社会和经济权威，这是非洲和亚洲的一个明显区别。亚洲"水力社会"大力发展和协调土地灌溉工程，这与殖民前非洲的土地供应和粗放农业背道而驰。

空间组织、水稻种植的地方、国家的作用、通过地方治理调动集体

---

[1] Koichi Mizuno, The Social Organization of Rice-Growing Villages in Yoneo Ishii Eds: *Thailand A Rice Growing Society*; The University Press of Hawaii; Honolulu; 1975 pp. 89-90.

[2] G. William Skinner (1977), The City in Late Imperial China, Studies in Chinese Society. Standford University Press. Stanford CA. p. 214.

力量，以及生产、工艺和社会道德之间的对应关系，似乎是中国减贫模式的基础。

八　结论

非洲和中国惊人地相似。在非洲大陆深陷贫困的同一时期，中国在 1981~2001 年间成功地将贫困人口比例从 53% 降至 8%。

中国以世界 8% 的耕地养活了世界 20% 的人口，并用 1.2 亿公顷的耕地满足大约国内 95% 的粮食需求。中国一半的耕地是灌溉耕地，有些农田早在帝王时代便已存在。产量通常至少是非洲的 3 倍。

中国与非洲分享了它的历史传统，以及它在低成本技术和高产种子方面的经验，最重要的是，它为农村城市化指明了道路，而不是将农村边缘化以服务城市。

参考文献

M. Fall, Les Terroirs de la Sénégambie entre l'Épée et le Croissant: $X_{ème} - XX_{ème}$.

Tilly, Charles., *Coercion, Capital and European States AD. 990–1992*, Cambridge MA: Blackwell, 1990, p. 54.

Dessaix P., Monchrestien and l'économie National Policy, Geneva, 1970, Stakeline.

Claude Mettra, *La France des Bourbons. D'Henri IV to Louis XIV*, Complex Edition Brussels, 1981, p. 18.

Aron R, *Peace and Wars Between Nations*, 1962, p. 296.

Jeffrey Herbst, *States and power in Africa: Comparative Lessons in Authority and Control*, Princeton University press, 2000, p. 3.

John D Durand "Historical Estimates of World Population: An Evaluation" *Population and Development Review*, 1997, 3 September, p. 259.

John Liffe, *Africans, The History of a Continent*, Cambridge: Cambridge University press, 1995, p. 70.

Karl Wittfogel, *Oriental Despotism, A Comparative Study of Total Power*, New Haven: Yale University press, 1957, p. 34.

Goran Hyden, *Beyond Ujamaa, in Tanzania: Underdevelopment and an Uncaptured Peasantry*, Berkeley: University of California press, 1980, pp. 9–18.

Robert Bates, *Essays on the Political Economy of Rural Africa*, Cambridge University Press, 1983, p. 35.

Igor Kopitoff, "The Internal African frontier: The Making of African Political Culture", in *The African Frontier: The Reproduction of Traditional African Societies*, ed. Igor Kopytoff, Bloomington: Indiana University Press, 1987, p. 10.

Thomas Hodgkin, "Diplomacy and Diplomats in the Western Sudan", in *Foreign Relations of African States*, ed. , K. Ingham, London: Butterworths, 1974, p. 22.

乌干达可从中国获得发展启发

西德尼·米利亚（Sidney Miria）
乌干达经济政策研究中心研究员

40年前，中国曾是一个"经济侏儒"。如今，它是一个"经济巨人"，是世界第二大经济体。外界对中国有着各种各样的描述，将其称为全球制造业中心，许多产品都贴着"中国制造"的独特标签。然而，经济上的步步攀升并非偶然。中国领导层的政策发生了重大转变，实施了一系列经过深思熟虑的举措，精心策划了中国经济逐步向世界的开放进程。

今后几年，中国的转型发展经验将继续为乌干达的经济增长和发展愿景提供宝贵的经验和启示。从经济上讲，中国可以说是乌干达最好的教科书，40年前，乌干达曾从资源受限的新加坡获得了发展灵感，从而取得了现在的进步。

有一个故事讲述了中国领导人邓小平（他因于1978年实施了改革开放政策而备受中国人民尊敬）在早些时候访问新加坡时，如何被这个岛屿国家取得的进步所吸引。东道主新加坡领导人李光耀（Lee Kuan Yew）告诉邓小平："中国有潜力取得比新加坡更大的成就。"

显然，新加坡成功的秘诀在于营造了一个足以吸引跨国公司在其国家投资的环境。邓小平吸取了这一经验，其他的就是我们现在所看到的历史了。推而广之，考虑到大自然赐予乌干达的不可估量的资源，乌干达也可以在同样的时间范围内（如果不是更快的话）取得中国在过去40年里所取得的成就。

然而，乌干达缺乏的是资本、资源开采的能力和扭转经济局面的尖端专业技能。该国还受到腐败的困扰，这是乌干达经济发展面临的一个主要威胁。然而，乌干达目前遇到的与腐败相关的挑战曾经也是中国受到新加坡启发，实施发展愿景的过程中所面临的挑战之一。

在对腐败恶行持零容忍态度的同时，中国并没有屈服于这种潜在挑战所带来的压力，这一事实意味着，如果采取某些纠正措施，乌干达仍有希望扩大规模并实现不同寻常的增长。腐败在很大程度上会增加经营成本，并且是跨国公司和享有盛誉的金融机构面临的一个主要障碍，因为这些公司和金融机构都是按规矩办事的。

然而，毫无疑问，乌干达拥有最好的触及国家治理所有层面的政策和法律，而这些政策和法律的执行不力仍然是应对腐败问题的一个主要挑战。因此，乌干达政府要想实现经济的迅速转型发展，就必须使腐败成为一种低回报和高风险的行为，这一点十分重要。

政府在处理贪腐问题时应采取零容忍态度，这一讯息应该自上而下在治理和行政体系中得到清晰传递。当然，乌干达也应该同时强化法律和制度。在除其他惩罚性制裁外，法院还应被赋予没收公职人员和公众人物非法所得或来路不明财产的权力。

在2018年反腐日之前举办的以"公民参与反腐败斗争是乌干达实现转型的可持续之路"为主题的论坛上，乌干达总统约韦里·穆塞韦尼（Yoweri Museveni）发表讲话称，为相关机构配备廉正的工作人员可以遏制腐败。在这方面，采取逐步或不同机构各个击破的措施将是监测和评估在反腐败斗争中所取得进展的最佳战略。

由于乌干达政府的目标是实现指数级增长，要想感受到这种激进任命所带来的立竿见影的影响，首先应该把那些能够促进投资的关键机构作为目标。这将更接近于中国和新加坡吸引跨国公司投资的战略，即有意营造有利的投资环境。

根据乌干达银行2017年8月的政策说明，"中非关系具有许多潜在的长期利益，例如将制造业价值链转移到劳动力供应充足的国家，获得其他形式的发展融资，并以那些之前融资不足的部门（如基础设施和能源）为中心，以及增加贸易和外国直接投资。"

这一政策声明进一步补充说，"要获取这些利益，乌干达必须实施正确的政策和激励措施，为潜在投资创造有吸引力的环境，并确保走上一条能够实现工业化和结构转型的互利道路。"

为实现这一目标，乌干达投资局（UIA）已经制定了明确的指导方针和慷慨的激励措施，以吸引外国资本和投资。然而，按照乌干达总统的理念，乌干达投资局需要配备能够理解这一宏大愿景的廉正的工作人员和投资方面的专业人士。

事实上，乌干达投资局最近发生的冲突（最终导致局长被罢免）应该会促使政府迅速采取行动，下决心整顿和精简该机构。通过采取迅速措施解决冲突，堵住乌干达投资局的漏洞，制定明确政策以减少繁文缛节，而不是损害投资者的信心，乌干达作为投资目的地的评级势必会得到提升。此外，最近乌干达议会对投资法进行的修订也可以被视为乌干达为将自身打造成一个具有吸引力的投资中心所采取的措施。

与此相关的是，政府制订的在全国建立22个工业园区的宏伟计划，是朝着正确方向发展的催化剂。这些工业园区已经刊登在报纸上，其中至少有四个园区已经开始运作，大多数园区中都有中国的企业入驻。

因此，如果实施得当，这些工业园区将预示着乌干达进入制造业中心俱乐部，一些商品将开始贴上"乌干达制造"的标签。

位于卢韦罗区的中乌辽沈工业园目前是禾木缘（Ho&Mu）食品有限公司和"Goodwill"陶瓷有限公司两大新兴产业的基地，凸显了园区在短时间内所能实现的目标。例如，最近开始运营的"Goodwill"陶瓷公司在园区拥有3500万美元的投资组合。

据该公司称，它们90%以上的产品都是由当地原材料制成的。目前，公司日生产能力为4万平方米，其中至少1.5万平方米用于对外出口。除了直接和间接创造的数百个就业机会外，政府还能够节省迄今为止用于进口瓷砖的外汇，而建筑业对瓷砖有着很大的需求。

然而，在工业园区愿景的实施方面，还需要做更多的工作，或许还需要采取不同的方式。对政府来说，最好的办法是把资源集中在一个示范性工业园区内开发道路、电力和水源等主要基础设施，而不是同时将它们分散在几个园区内。一旦完成，随着更多资金的到位，这种模式将在其他领域得到复制。

国际减贫合作:开发性金融机构在国际减贫中的作用

沙夫卡特·卡卡海尔(Shafqat Kakakhel)
巴基斯坦可持续发展政策研究所理事会主席

一 引言

在过去的50多年里,国际社会越来越重视促进可持续发展,并将重点放在减少和最终消除发展中国家的赤贫问题上。世界各国在减贫和消除贫穷的紧迫性问题上达成了共识。世界银行和区域开发银行等国际金融机构(IFIs),又称开发性金融机构(DFIs),在实现减贫和消除贫穷的目标方面发挥了关键作用。

本文回顾了联合国在促进国际发展合作和就减贫和消除贫穷达成全球共识方面日益重要作用的演变。报告审查了发展金融机构,特别是世界银行集团在发展中国家努力减少赤贫方面提供的支持。

二 国际合作体系的演变

第二次世界大战后不久,美国主办了两次国际会议,会议成果为各国在维护国际和平与安全、促进社会经济发展方面的合作奠定了基础。1944年7月在美国新罕布什尔州布雷顿森林举行的第一次会议——联合国货币金融会议(又称布雷顿森林会议),批准成立国际复兴开发银行(IBRD),通过为基础设施项目提供贷款,加快二战后受战争蹂躏国家的重建,同时完善国际资本市场,并解决国际货币基金组织(IMF)在促进汇率和资金流动方面的不稳定问题。

1945年4~6月在旧金山举行的第二次会议通过了《联合国宪章》，联合国是维护和平与稳定的主要国际组织，并采取有效集体措施，以防止且消除对于和平之威胁。《联合国宪章》第九章"国际经济和社会合作"宣布了联合国"促进更高水平的经济、社会进步和发展"的目标。第十章设立了联合国经济和社会理事会（ECOSOC），就有关国际经济、社会、文化、教育、卫生及其他相关事项进行研究并向联合国大会、会员国及有关专门机构提出建议案。国际合作架构包括世界卫生组织（WHO）、国际劳工组织（ILO）、世界气象组织（WMO）、联合国粮食及农业组织（FAO）、联合国教育、科学及文化组织（UNESCO）等已有和新成立的专门机构以及多年来为促进关键部门领域的合作而设立的基金和方案。

联合国系统在过去80年中呈指数级扩大。联合国的发展体系现在由许多政府间组织组成，例如在联合国经济和社会理事会主持下于不同时间设立的世界所有五个区域的区域社会和经济委员会、1964年成立的联合国贸易和发展会议（UNCTAD）、1965年成立的联合国开发计划署（UNDP）以及1966年成立的联合国工业发展组织（UNIDO）等。

联合国贸易和发展会议和联合国开发计划署在全球范围内处理发展问题的同时，各区域社会和经济委员会努力将全球议程转化为区域合作和一体化倡议，包括为适应全球共识而成立的可持续发展区域论坛，也包括2015年根据地区情况通过的《2030年可持续发展议程》。联合国各专门机构、基金和方案也设立了区域分支机构，特别是在发展中国家地区，以满足这些地区的具体需要。

三 全球发展和减贫议程的演变

北美和西欧的几十个发达国家在工业革命中获益匪浅，而亚洲及太平洋、非洲、拉丁美洲和加勒比地区的几十个新独立国家大多遭受了外国、殖民地控制和统治剥削，由于发达国家与这些新独立国家之间差异巨大，因此，从一开始，国际社会经济格局便以所谓的南北分化为标志。20世纪60年代，联合国大会的审议工作生动地反映了南北差距，随后，发展中国家要求采取深思熟虑的国际举措，提供财政和技术援助,并使其产品更容易进入发达国家的市场。

在1964年召开的第一届联合国贸易和发展会议上,发达国家同意以优惠条件提供援助,并提供相当于其国民总收入(Grand National Income)0.7%的赠款。这使发达国家对发展中国家的年度财政支持从1960年的80亿美元增加到1970年的150亿美元。20世纪70年代联合国大会特别会议呼吁建立一个新的世界经济秩序,促使国际社会就减少发展中国家广泛存在的赤贫或极端贫困问题的必要性达成共识。

有关解决发展中国家社会经济挑战(包括人均收入低、普遍贫困、健康状况不佳和易受流行病影响)的呼吁,在20世纪70年代联合国关于人类环境、人类居住地、人口、粮食等重大全球问题的系列会议上也得到了回应。不结盟国家(NAM)和代表发展中国家的七十七国集团召开会议,也要求改善援助和贸易条件,并向发展中国家提供技术援助和进行技术转让。

联合国大会通过观察1960~2000年间联合国40年的发展,对发展中国家日益增长的关切做出回应。大会商定的十年期行动计划是指导联合国各机构、基金和方案、布雷顿森林体系(Bretton Woods Institutions)和各国政府为促进发展中国家和小岛屿发展中国家的社会经济发展而开展协调一致活动的国际倡议的有用框架。

20世纪90年代,联合国大会召开了一系列首脑级会议,讨论重大的全球挑战。其中包括1992年在里约举行的联合国环境与发展会议(UNCED),重点讨论发展与环境之间的关系;1993年在维也纳举行的联合国人权大会;1994年在开罗举行的国际人口与发展大会;以及1995年在哥本哈根举行的社会发展问题世界首脑会议。在这些会议之前,联合国开展了广泛的筹备工作和细致的研究,发达国家和发展中国家之间也进行了旷日持久的谈判。它们通过了行动计划,为解决重大的非政治性全球问题制定了综合全球议程。联合国环境与发展会议的成果,特别是名为《21世纪议程》的全面行动计划和社会问题首脑会议(Social Summit)核准的行动计划,是可持续发展模式演变过程中的历史性里程碑,其中包括可持续经济增长,环境保护与社会发展的综合。里约首脑会议推动设立了可持续发展委员会(CSD)。联合国在哥本哈根社会发展问题世界首脑会议上设立了社会发展委员会（Commission for Social Development）。

20世纪90年代的首脑会议扩大了联合国经济及社会理事会的活动——联合国亚洲和太平洋经济社会委员会（UNESCAP）；联合国拉丁美洲和加勒比经济委员会（UNECLAC）；联合国非洲经济委员会（UNECA）；联合国西亚经济社会委员会（UNESCWA）。区域委员会提供了区域平台，例如可持续发展区域论坛；产生多部门的、与政策有关的知识和数据；促进区域经济一体化与合作。它们的活动，特别是制定宏观经济和社会发展框架、区域一体化和贸易、自然资源管理、创新和技术、将性别观点纳入主流和在治理方面发挥的作用，对发展中国家的减贫工作产生了积极影响。

1996年，联合国大会宣布"消除贫穷是人类在道德、社会、政治和经济上的一项必要任务"，并发起了联合国消除贫穷的第一个十年（1997~2006），以支持更长期的持续努力，全面有效地履行各项承诺、建议和措施，包括在联合国社会发展问题世界首脑会议和联合国第四次世界妇女大会上商定的承诺、建议和措施。联合国社会发展问题世界首脑会议宣布，国际社会承诺在每个国家确定的目标日期之前消除绝对贫困。它认识到，发展中国家在消除贫穷方面的进展取决于充分的国际技术和财政支持。联合国大会呼吁联合国系统为消除贫穷的目标做出贡献，包括支持制订消除贫穷国家行动计划（National Plans of Action on Poverty Eradication）。在联合国几十年的发展中，人们多次呼吁减少和消除贫穷。

新千年的到来为国际社会商定一项新的全球可持续发展计划提供了机遇。2000年，联合国大会通过了《千年发展目标》，其中包括8个目标，每个都包含可衡量的目标和明确的实施期限。第一个目标（千年发展目标1）是到"2015年消灭极端贫穷和饥饿"。使用2005年购买力平价，以每人每日消费1.25美元的贫困标准界定赤贫。目标1的具体目标1A是在1990~2015年间，使每日收入低于1美元的人口比例减半。与千年发展目标1相关的目标包括使所有人包括妇女和青年人都享有充分的生产就业和体面工作，并在2015年之前减少挨饿人口的比例。

据联合国称,千年发展目标帮助10亿多人摆脱了赤贫,战胜了饥饿,并使更多的女孩能够上学。然而,该组织承认,极端贫困仍然存在,特别是在撒哈拉以南非洲和南亚。1990年,半数发展中国家人口的生活费不足1.25美元。2015年,这一数字下降了一半以上,从1990年的19亿下降到2015年的8.35亿。全球发展中地区的营养不良人口比例从1990~1992年的23.3%下降到2014~2016年间的12.9%。

2015年9月举行的联合国大会特别会议通过了17项可持续发展目标(SDGs),各国政府就这些目标进行了谈判。这些可持续发展目标构成了联合国《2030年可持续发展议程》。可持续发展目标1是"到2030年消除一切形式的贫困"。到2030年,与可持续发展目标1有关的6个子目标包括:

a. 将生活在赤贫中的所有年龄段的男性、妇女和儿童的比例至少减少一半;

b. 执行适合本国的社会保护制度和措施,使穷人和弱势群体得到充分的保护;

c. 确保所有男性和女性,特别是穷人和弱势群体,在获取经济资源、基本服务、自然资源以及适当的新技术和金融服务(包括小额融资)方面享有平等权利,并在享有土地和其他形式财产的所有权和控制权、继承权方面具有平等权利;

d. 到2030年,增强穷人和处境弱势者的复原力,减少他们面临易受与气候有关的极端事件以及其他经济、社会和环境冲击和灾害影响的风险;

e. 确保从各种来源大量调动资源,包括通过加强发展合作,以便为发展中国家,特别是最不发达国家提供充分和可预测的手段,执行从各个方面消除贫穷的方案和政策;以及

f. 根据扶贫和性别敏感发展战略,在国家、区域和国际各级制定良好政策框架,支持加快对消除贫穷行动的投资。

四 国际发展金融机构在促进减贫和消除贫穷方面的作用

主要的国际发展金融机构(IDFIs)是组成世界银行集团的机构;

区域开发银行；欧洲复兴开发银行；国际货币基金组织（IMF）和联合国为支持特定部门领域的方案和项目而设立的供资窗口。其他国际发展金融机构包括欧洲投资银行、国际农业发展基金（IFAD）、伊斯兰开发银行、北欧发展基金和北欧投资银行以及石油输出国组织的国际发展基金。最近成立的国际发展金融机构包括中国设立的丝路基金（SRF）、亚洲基础设施投资银行（AIIB）和南南合作援助基金（AFSSC）以及巴西、印度、中国和南非设立的金砖国家新开发银行。

国际发展金融机构在减贫和消除贫穷方面的最重要目标是：（a）减少全球贫穷，改善人民的生活条件和标准；（b）支持可持续的经济、社会和体制发展；（c）促进区域合作和一体化。

减贫的主要手段是：（a）向各国政府提供贷款、信贷和赠款；（b）向借款国提供技术援助，研究发展问题和采购机会；（c）以优惠条件直接向非国有企业提供贷款，也称为非主权担保行为体（NSGAS）。

国际发展金融机构的活动通常在其基于发展中国家自身愿景和长期发展战略的国家战略（Country Strategies）中加以阐述。越来越多的国家战略是在与政府和非国家利益相关者进行广泛协商和实证研究之后制定的。

五 世界银行集团的倡议和活动

世界银行集团包括诸多银行和组织，其中有：向中等收入国家和发展中国家提供优惠贷款的国际复兴开发银行（IBRD）；成立于1960年的国际开发协会（IDA），其是向发展中国家和最不发达国家提供无息贷款的最大单一机构；成立于1960年的国际金融公司（IFC）为发展中国家的私营部门项目提供资金；成立于1988年的多边投资担保机构（MIGA）提供政治风险保险和信用增强担保，保护外国直接投资免受发展中国家政治和其他非商业风险的影响；以及1966年成立的国际解决投资争端国际中心（ICSID）负责仲裁缔约方之间的争端，包括国家与国际公共和私营部门投资伙伴之间的争端。

世界银行研究所（WBI）是世界银行的能力建设分支机构，在多个领域向发展中国家的决策者和民间社会组织提供培训、咨询和技术援助,包括促进包容和公平的社会经济发展和减贫方面的良好治理经验。世界银行研究所和世界银行支持的倡议已经推动开发了减贫和适应气候变化方面的工具,以减少穷人对气候相关灾害的脆弱性。

世界银行集团成立以来,其工作重点经历了重大的、动态的转变。在20世纪50年代和60年代,世界银行主要资助大坝、电网、灌溉系统和道路等大型基础设施项目。20世纪70年代,世界银行开始特别重视通过资助遏制人口过度增长有关的项目和给予技术援助来减少贫困,并在以提高粮食生产水平和改善贫困农民生活条件为目标的农业发展、城市发展、健康和营养领域提供帮助。世界银行行长罗伯特·麦克纳马拉（Robert McNamara）将这些方案描述为提高"发展的质量目标"和促进公平增长、造福于所有人的方式。麦克纳马拉将大规模贫困和绝对贫困描述为"对人类尊严的侮辱",并强调要解决"人们的基本需求,如降低儿童死亡率、保健、扩大基础教育、提高农业生产水平、提高妇女地位、公平分配收入等"。

自20世纪70年代以来,世界银行还协助发展中国家制定政策和投资方案,以支持其穷人提高生产力。世界银行对发展中国家的贷款从10亿美元猛增到1980年的120亿美元,这种上升趋势一直持续到现在。

20世纪90年代,世界银行的减贫战略旨在通过能够利用市场激励、社会和政治机构、基础设施和技术的政策,促进有助于劳动（这是穷人最重要的资产）的生产性利用的增长模式;增加人们获得教育、营养、保健和其他社会服务的机会,使穷人能够利用基础广泛的增长（broad-based growth）机会;以及为那些受到经济转型不利影响的人提供安全网。

除了强调基础广泛的增长和公平提供社会服务的必要性外,世界银行的战略还强调了治理、体制建设以及穷人和其他利益攸关方参与发展进程的相关性和贫困重点。这导致农村和城市基础设施、教育、卫生等方面的贷款增加,占其总贷款的20%。

世界银行和其他国际发展金融机构在21世纪头10年调整了其减贫战略,以期促进实现千年发展目标,包括与消除贫穷有关的千年发展目标1。因此,从2002年到2011年,它们在贫穷国家的贷款总额增加了

1700%以上，借款人的数量增加了400%。世界银行2013年的报告提到，到2030年，要将日均生活费低于1.25美元的人口比例降低到3%以下。

最近，在2015年通过《2030年可持续发展议程》后，国际发展金融机构还努力使其贷款和资助政策与可持续发展目标保持一致。世界银行2017年的报告题为"消除贫困和极端贫困：促进共同繁荣"。世界银行行长宣称，在2016～2007年间，世界银行集团用于支持发展中国家及私营企业的贷款、赠款、股权投资和担保资金承诺额突破610亿美元。值得注意的是，在2017年，世界银行支持的所有项目中，45%在符合国际开发协会要求的国家，20%在脆弱及受冲突影响的国家。

六 区域发展金融机构

（一）亚洲开发银行（ADB）

亚洲开发银行是最大的区域性发展金融机构，于1999年正式将减贫作为其首要目标，并宣布其减贫战略，其中包括三个社会支柱，即扶贫可持续发展、社会发展和善政。这一战略的实施是为了支持亚洲及太平洋区域的千年发展目标。

亚洲开发银行《2020战略：亚洲开发银行2008～2020年长期战略框架》的灵感来源于"亚洲摆脱贫困"（Asia Free of Poverty）的目标，而促进善政则是其中的一块基石。亚洲开发银行于2018年5月批准的《2020战略》旨在使该行的战略与可持续发展目标保持一致，并通过与政府和其他利益相关者建立伙伴关系，将其业务与《2030年可持续发展议程》联系起来。新战略的十个优先事项中的第一个是"通过创造优质就业机会、促进优质教育、扩大全民医疗保健和根据相关可持续发展目标加强社会保护，解决亚洲及太平洋地区的长期贫困和日益加剧的不平等问题"。亚洲开发银行希望到2020年消除该地区的极端贫困。与减贫有关的预估数据包括：到2020年为基础设施建设投入7500亿美元；为消除贫困投入3000亿美元；以及为未实现的千年发展目标提供资金1000亿美元。

（二）非洲开发银行（AfDB）

非洲开发银行由三个实体组成，即银行本身、非洲开发基金（African Development Fund）和尼日利亚信托基金（Nigeria Trust Fund）。非洲开发银行活动的主要重点是：提高生活质量（52%）；能源（19%）；农业和农村发展（11%）；工业化（12%）；非洲区域一体化，包括通信和运输（6%）。非洲开发银行的次区域拨款分配是：西非（25.8%）；中部非洲（7.8%）；东部非洲（17.3%）；北非（25.5%）；跨国公司和国家（17.4%）。

1999年，非洲国家通过了非洲开发银行关于非洲社会经济挑战的愿景声明。声明指出，减贫是非洲开发银行的首要目标。2002年非洲开发银行减贫战略（The 2002 AfDB Poverty Reduction Strategy）的目的是落实该愿景声明。该战略的指导原则包括：关注贫困；国家主导权和参与；国家主导的伙伴关系；考虑贫困的经济和非经济层面的更广泛的概念框架；宏观经济稳定；出口；人力资源开发，包括教育、保健和营养；人口规划；消除艾滋病毒/艾滋病以及私营部门在减贫中的作用。

非洲开发银行的2030年战略包含其"2013~2022年十年战略"，重点是：基础设施发展；区域经济一体化；私营部门发展；治理和问责制；技能和技术。

（三）美洲开发银行（IDB）

美洲开发银行成立于1959年，专注于水和卫生、能源（包括水电）和基础设施。美洲开发银行2010~2020年体制战略（Institutional Strategy for 2010–2020）旨在促进更具包容性的增长、减少和消除贫穷，并协助拉丁美洲和加勒比地区国家适应气候变化的负面影响。美洲开发银行的五个主要目标是：满足小国和脆弱国家的需要；通过私营部门促进发展；应对气候变化、促进可再生能源和环境可持续性；促进区域合作和一体化。

七 结论

2017年，联合国大会指出"国际社会在消除贫穷、饥饿和营养不良方面已经落后",并呼吁加强国际合作,实现这一目标和其他可持续发展目标。根据联合国2017年的报告,全球有8亿赤贫人口;2亿人失业,7.83亿人从事普通工作,但工资很低。长期贫困的表现形式是饥饿、无家可归、疾病、文盲、冲突和暴力的持续存在。

  一些发展专家对以下几个方面提出批评,其中包括:美国主导的世界银行治理体系;世界银行对所谓华盛顿共识的支持削弱了国家在促进发展和强调市场力量和私营部门的首要地位方面的作用以及世界银行对资金的严格要求。发展专家建议世界银行采取特别行动,促进发展中国家的技术开发和应用,以加速可持续发展和减贫,以及消除贫困。

特别报告
"改革开放与中国扶贫国际论坛"
主旨演讲辑录

金墉（世界银行行长）

一 引言

早上好，我很荣幸出席这一重要庆典。

今年12月是邓小平以他的著名讲话："解放思想，实事求是，团结一致向前看"开启中国改革开放的40周年。这一讲话启动了40年改革进程，使中国达到了今天的地位：世界第二大经济体，从低收入国家迈入高收入行列的少数几个国家之一。在过去40年里，8亿多中国人摆脱了贫困。中国在世界经济中的占比从1978年的1.5%提升到今天的15%。日均收入增加了25倍，从1978年的300美元达到2017年的7300美元。

中国距离消除极端贫困已经不远，40周年是思考中国改革开放和记录减贫历程的好时机：

- 第一，我们必须理解中国的历史进程，正确认识历史记录。
- 第二，我们需要理解中国过去的改革，因为其对未来的改革具有重要意义。
- 第三，越来越多的国家将中国看成是一个发展典范，因此理解中国的改革对于世界其他国家日益重要。

在2017年10月召开的中共十九大上，中国政府将自己定位为一个可以效仿的榜样。习近平主席的讲话标志着一个与中国过去愿望的不同之处。他说，中国模式"给世界上那些既希望加快发展又希望保持自身独立性的国家和民族提供了全新选择，为解决人类问题贡献了中国智慧和中国方案。"

那么，中国是怎样取得如此巨大的减贫成就的呢？有两个突出的要素：

● 第一，中国的改革开放规划，这是实现快速增长使人民得以摆脱贫困的基础。

● 第二，有针对性和持之以恒的努力，瞄准减贫并贯穿整个改革时期。

二 改革开放

在很大程度上，中国的减贫成就可以归功于改革释放出的强劲经济增长，并采纳了主流经济学家推荐的药方：

● 开放贸易、外国投资和经济管理新理念。
● 逐渐放开价格，实行所有制多元化，允许私营部门发展壮大。
● 强化财产权，兼顾投资基础设施和人力资本。

然而，这样的说法掩盖了中国经验的重要启示。对国家经济体制的渐进式、实验性、分散化的改革，尤其是在初期阶段，与东欧和前苏联的"休克疗法"式改革截然不同，"摸着石头过河"成为中国的经济改革模式。

中国的改革思路也是务实性的，为国家自身特有制度的出现提供空间。一个例子就是"双轨制"，允许农户和企业"交够国家的，留足集体的，剩下自己的"。这种思路既避免了计划经济崩溃，又允许市场经济崛起。

三 中国的减贫战略

随着改革开放逐渐巩固，"开发式扶贫"成为中国增长政策的旗帜。我们可以从中国扶贫工作的主要特点上汲取一些重要经验。

第一，从一开始，扶贫就得到政府最高层强有力的政治支持，这始于邓小平执政时。习近平主席近年来将消除绝对贫困作为三大攻坚战，就体现了这种领导力。这种强有力的领导力为各级政府在所辖地区或职责范围内开展扶贫定下了基调。

第二，中国建立了扶贫的专门机构。扶贫开发领导小组和地方贫困地区开发办公室始终是减贫的关键倡导者。他们设计扶贫政策,并因地制宜地实施这些政策。扶贫开发领导小组从20世纪90年代初以来一直是我们的合作伙伴,从第一个贫困评估开始,我们在很多扶贫项目上合作,我们也为西南扶贫和黄土高原治理等项目提供资金。

第三,大部分贫困人口过去和现在仍居住在贫困地区,所以农业发展是最有效的扶贫方式。在1981年至2017年,GDP每增长1%,贫困发生率就降低0.97%。

第四,中国刻意瞄准最贫困和最脆弱的人群。中国的扶贫规划开始时规模较小,如"三西"扶贫,但是,随着20世纪90年代的八七扶贫攻坚计划、2000年代的建设和谐社会和2012年以来扶助剩余极端贫困人口提高生产力和增收的最后一公里规划,使扶贫获得了越来越多的重视和资源。随着时间推移,中国细化了贫困瞄准政策:从一开始的全国范围推进,到西部大开发战略等广泛的区域性政策,以及先选择贫困县、再到贫困村、最后到贫困户。在过去5年里,以7000万贫困户的数据库为基础的"精准扶贫"指导政府在最后一公里瞄准剩余贫困人口的工作。

第五,不平等上升是政策制定者和广大公众关心的问题。近年来,底层40%人口的收入增长超过平均水平。在2012年之前的10年,底层40%人口的消费增长达到年均8.1%,略高于7.9%的全国平均水平。

第六,中国重视人力资本建设。1979年采用拼音作为语言教学大大提高了识字率,在改革期间逐渐扩大义务教育改善了劳动力素质。2000年以来高等教育的快速扩大为中国目前作为创新国家的崛起奠定了基础。到2000年代,医疗保险快速扩大,目前已基本覆盖所有公民,2009年以来的医疗卫生服务改革改善了中国人民的健康状况。我们最近发布了首个"人力资本指数",用于衡量各国在人民健康和教育方面的投资。中国排名第46,高于大多数中等收入国家,逼近经合组织国家的水平。

四 世界银行与中国的伙伴关系

世界银行集团在中国改革进程中始终是中国坚定的合作伙伴。邓小平为这一伙伴关系定下了基调。他在1980年会见时任世界银行行长的罗伯特·麦克纳马拉时说："中国下定决心要实现现代化和发展经济。有了世界银行的帮助，中国能够更快更有效地实现这个目标。没有世界银行的帮助，中国也能做到，但可能要慢一点。"

《社会主义经济发展》（1981）、《长期展望与选择》（1984）、《2020年的中国》（1997）和《2030年的中国》（2014）等报告影响了中国国内围绕改革方向的辩论，不仅是因为世界银行员工和中国的合作团队一起撰写了这些报告。我们还提供了三份《贫困评估》，分析了中国贫困性质的变化，提出了最适合解决这些问题的政策和规划建议。

"西南扶贫项目"、"黄土高原项目"、"贫困农村社区发展项目"和"广西扶贫结果导向性规划"等项目引进了新理念和新技术。跨部门综合扶贫、环境恢复与减贫、社区参与以及扶贫规划的预算管理等在全国推广。

五 未来展望

中国现在是一个中等偏高收入国家，不久会成为一个高收入国家。然而，中国的收入水平只有经合组织国家平均水平的四分之一。虽然两位数增长的日子已成过去，但中国仍然需要强劲的增长来实现双百目标。对于中国来说，保持快速增长的难度增大了，现在来自农村的剩余劳动力几近枯竭，人口结构不再提供红利。中国的增长将需要更多地依靠生产力提升和创新。这一新方向将需要进一步的改革开放。改革必须继续加强有利于中国混合型经济运行的机制。进一步开放不仅会为中国提供所需要的市场，还有技术、管理人才和进一步追赶更先进国家的思想理念。

中国有望到这个10年末消除极端贫困，但是，随着中国日益富裕，贫困的概念将会改变。世界银行采纳全球贫困委员会的建议，现在采用两个新增标准来衡量中国的贫困率：

● 每天生活费3.2美元，这是中等偏低收入国家典型的贫困率。中国有7%的人口、即9600万人处于这个标准之下。

● 每天生活费5.5美元，这是中等偏上收入国家典型的贫困率。中国有 27.2% 的人口、即 3.73 亿人生活在这一贫困标准之下。

随着中国不断变化，与世界银行集团的伙伴关系也在变化。中国的经济实力不断增强，使其对全球增长的贡献日益重要。中国在气候变化等关键问题上发挥出领导作用，成为国际舞台上代表发展中国家的重要声音。中国通过越来越多地参与国际开发协会事务以及建立新的开发银行的倡议，在发展融资中发挥了领导力。中国是通过南南交流和分享中国发展经验、利用知识促进发展的关键推动者。其他国家将中国看成是知识和经验的来源，世界银行将继续支持中国在国际上发挥日益重要的作用。我们将继续在最重要的国际问题上合作，学习中国 40 年改革开放的经验。

在中国的帮助下，我们将与所有的客户分享这一知识，运用过去 40 年的经验帮助其他国家增进繁荣。在过去的基础上再接再厉，着眼未来，我们共同努力给每个人实现自己愿望的机会，最终从地球上彻底消除贫困。

世界银行行长
金　墉
2018 年 11 月 1 日

阿奇姆·施泰纳*（联合国副秘书长）

很荣幸参加这个以中国改革开放和国际减贫合作为主题的论坛。感谢论坛主办方给我机会在这一重要活动上发言。

2018年是中国改革开放40周年，也是《2030年可持续发展议程》通过的第三年。因此，现在是我们反思当前全球在消除极端贫困方面已经取得的成就和不足，并为共同实现可持续发展目标进行下一步规划的极好时机。

众所周知，中国在1978年就开始了这一进程。这是一段非凡的进程——在此期间，中国从一个高度贫困的低收入国家转变为一个极端贫困率保持在极低水平的中等收入国家。这一进程不仅能在中国国内感受到，而且同样能在世界范围内感受到，这是中国对全球减贫和发展做出的巨大贡献。因此，全世界都正在将目光投向中国，学习中国的经验，并看到了中国在可持续发展的全球努力中所发挥的越来越大的作用。

女士们、先生们：

请允许我对中国取得的一些成就做出评价。过去几十年，中国对世界减贫进程的贡献令人瞩目。1990年是衡量联合国千年发展目标实现情况的基准年，千年发展目标的提出时间早于联合国可持续发展目标（SDGs）。自1990年以来，全球有近11亿人摆脱了极端贫困。[①] 极端贫困率减少了50%，可持续发展目标1的实现取得了历史性进展。其间，

---

* 原稿为英文，翻译稿未经作者本人审阅。

① https://www.worldbank.org/en/topic/poverty/overview#1.

阿奇姆·施泰纳（联合国副秘书长）

8亿多中国人民摆脱贫困，为世界减贫事业注入了强大动力。①

中国是如何做到的呢？中国经济持续快速增长发挥了核心作用，国内生产总值以美元计算增长85倍以上，占世界经济的比重从1.75%提高到15%以上。但增长只是一个方面；中国经济增长的包容性和全体人民共享发展成果的方式更加令人印象深刻。与某些发展中国家不同的是，中国的增长不集中在大城市，也不完全产生于工业和贸易的发展。中国一贯高度重视改善农村贫困人口的生活。

中国的改革起步于农业，从1978年到1985年的前7年，以不变价格计算的中国农村居民收入每年增长15.8%。随后，中国启动了一系列新政策，继续改善农村居民的生活，建设基础设施，改善公共服务，允许并推动农村劳动力向有着更好谋生机会的城市地区迁移。

我想强调的重点是，中国在追求经济快速增长的同时，也高度重视确保让全体人民共享经济增长成果，并为此采取了行动。这一点之所以重要，是因为我们看到世界各地、国家之间和国家内部的不平等正在加剧。

但无论是在中国还是在全球，挑战远未结束。

全球极端贫困人口仍有7.83亿，其中大部分在撒哈拉以南的非洲地区和南亚。② 中国制定了在2020年前消除极端贫困的宏伟目标，中国自己划定的国家贫困线略高于世界银行设定的每日1.9美元的贫困线。在过去的4年中，中国的贫困人口减少了5700万，降至约3000万，占总人口的比重略高于2%。与世界其他地方一样，由于地理方面的障碍、歧视和排他性，最后剩下的贫困地区往往最难脱贫。这是减贫目标的最后"一英里"，也体现了各国在2030年可持续发展议程中做出的脱贫路上不让一个人掉队的承诺。

如果我们使用多维贫困定义，那么贫困人口的数量会更高。联合国开发计划署和牛津大学发布的2018年全球多维贫困指数（MPI）显示，全球约有13亿人生活在多维贫困中，占2018年根据这一指数计算贫困

---

① https：//www.business-standard.com/article/international/china-lifting-800-million-people-out-of-poverty-is-historic-world-bank-117101300027_1.html.

② 根据"2018年可持续发展目标报告"

人口的104个国家总人口的近四分之一。另外还有8.79亿人有陷入贫困的危险，如果他们遭受冲突、疾病、干旱、失业等问题，就可能很快陷入贫困。

根据这份报告，中国约有5600万人，即总人口的4%生活在多维贫困当中。按照发展中国家的全球标准，这一比例并不高。但中国贫困人口的绝对数量仍然令人生畏。城市地区尤其具有挑战性。城市地区居民的现金收入往往更高，但是他们的生活条件，包括住房、安全和环境以及获得公共服务的成本往往比农村地区更高。中国越来越多地认识到城市贫困这一新问题，这些问题很可能成为2020年之后中国和世界下一波贫困浪潮中的一部分。

不平等已成为处于任何发展水平的国家都将面临的挑战。世界上最富有的人和最贫穷的人之间的差距一直在扩大，从1980年到2016年，1%的最富有的人所获得的收入增长是50%的最贫穷的人收入增长的2倍。① 贫困对妇女的影响不成比例，对儿童的影响更大。在新兴国家和发展中国家，18岁以下的儿童中有一半以上生活在极端贫困或中度贫困中。② 在发达国家，20%的儿童生活在相对贫困线以下。③ 平均而言，在任何国家，少数民族成员更有可能生活在贫困中。这些社会障碍使消除贫困成为一项复杂而艰难的工作。

以国际标准衡量，中国的收入不平等程度也很高，尽管近年来政府的积极干预已经带来一些改善。在改革开放的头几十年里，不平等现象迅速加剧。在2009年达到0.5的峰值之后，中国的基尼系数下降到了0.468。中国强调，在这个新时代，分配公平必须是一个优先事项。中国已经为实现这一目标采取了具体措施，特别是实施了包括征收更多累进税在内的财政改革，中央政府也将对贫困省份的社会服务成本予以更大比例的资助。

自然资源管理和气候变化一直是解决贫困问题的主要障碍。随着经

---

① https://wir2018.wid.world/.
② 根据"2018年度全球多维贫困指数"
③ https://www.unicef.org/media/media_96452.html.

济的快速增长以及土地和水资源面临压力日益增加，环境正在以前所未有的速度恶化。加上气候变化的影响，环境退化对穷人产生着持续有害的经济和社会影响。显然，如果要使脱贫的成就不因环境恶化而受到损害，就必须同时减少资源的使用并恢复环境。

在中国，经济增长如此迅速，人口集中在一个相对较小的地区，这些地区环境压力非常严重。空气、水和土地资源都受到污染。中国的目标是实现"生态文明"，现在体现在国家宪法中，这是一个克服环境问题的非凡承诺。把环境问题视为增长和进步的障碍的传统做法在这里和其他地方被这样一种认识所取代，即只有以合理管理我们稀缺的自然资源为基础的可持续增长才能满足中国人民的长期需求。

展望未来：2030年可持续发展议程

各位来宾，在我们努力克服当今的发展挑战、努力实现可持续发展的过程中，中国和世界各国有着惊人的共同之处。在当今的发展形势下，世界各国首次达成了一致的言论和共同的愿景。这就是2030年议程及其可持续发展目标。2030年可持续发展议程为发展提供了一种新的全球理解，在发展中，社会、经济和环境需求同等重要，缺一不可。这是一项雄心勃勃的议程，提供了指导我们合作的共同言论和愿景。这是第一次，这一发展议程具有普遍性——这是所有国家的共同理想——无论其发展背景如何。

联合国开发计划署（UNDP）认识到各国面临的不同发展现实。这就是为什么我们努力工作并调整我们的建议和解决方案——在那些存在极端贫困的国家终结极端贫困；减少不平等，并在需要时寻求结构性改革；增强应对危机和冲击的能力——所有这些都是为了帮助各国实现2030年可持续发展议程。联合国开发计划署发挥的最重要作用之一是作为各国之间的桥梁，促进经验和知识的交流。中国过去40年的发展经验，以及新的扶贫开发和生态文明建设规划，引起了各国的高度重视，各国都希望从中吸取经验。中国也可以借鉴其他国家的经验，特别是其他已经形成了先进的社会保障等制度的中高收入国家。

发展援助的有效性和责任制将永远是发展的一部分。但单靠援助越来越难以解决问题。实现可持续发展目标的一个关键挑战是，以符合可持续发展目标的方式调动公共和私人资源。在全球经济治理的讨论中出现了新的前景,以促进新的投资来源,并以有利于平衡经济、社会和环境优先事项的方式促进贸易机会和技术进步。

中国在全球发展和南南合作中发挥着重要作用,以身作则,支持世界各国的发展努力。中国的支持包括通过双边渠道和多边手段,从建立南南合作援助基金到在二十国集团等平台上发挥主导作用。以二十国集团领导人杭州峰会为例,通过了《二十国集团落实2030年可持续发展议程行动计划》,首次将二十国集团传统金融议程与促进可持续发展目标紧密结合起来。中国在为可持续发展融资方面的作用在未来可能变得更加突出,这要归功于中国的一些举措,包括建立新的多边开发银行,如亚洲基础设施投资银行(AIIB)和金砖国家新开发银行(NDB),这些银行都包含着可持续发展的"基因"。中国的"一带一路"倡议可以为加速实现可持续发展目标提供更多的资金和创新。"一带一路"倡议主要针对发展资金缺口较大的其他发展中国家,是全球发展议程中新的、极具前景的组成部分。

自"开放进程"启动以来,联合国开发计划署一直在中国开展工作。我们在中国的工作既支持中国自身的能力,最近又越来越侧重于支持中国与其他发展中国家分享自己的经验。自2010年与中国政府签署新谅解备忘录以来,联合国开发计划署与中国在南南合作和多边合作方面更加积极。联合国开发计划署长期以来一直是南南合作的有力支持者,我们响应了2030年可持续发展议程关于扩大南南合作的呼吁,例如通过我们的"南南知识平台"(SSMart for SDGs),这是一个展示和交流地方发展解决方案的全球平台。点对点交流使许多国家可以复制这些解决方案。

联合国开发计划署还积极参与建立和发展多方利益攸关方的伙伴关系,特别是帮助支持企业利益与可持续发展目标相一致。联合国开发计划署发起了一项伙伴关系《商业行动呼吁》,其中包括200家承诺在全球范围内实施具体的包容性商业倡议的公司。联合国开发计划署通过中国基金会中心与洛克菲勒慈善顾问合作的可持续发展目标慈善平台,在国家层面支持慈善机构及其受资助者进行可持续发展目标的规划和实施。联合国开发计划署还支持有效发展合作全球伙伴关系，这是一个自愿、多种利益攸关方平台的重要例子。它汇集了致力于加强国际发展合作的各国政府、双边和多边组织、民间社会和私营部门。

此外，自2016年以来，联合国开发计划署与"一带一路"倡议建立了战略伙伴关系，在中国开展工作，为参与"一带一路"倡议的国家提供解决方案和支持，促进可持续发展。联合国开发计划署是于2016年9月第一个签署"一带一路"国家级谅解备忘录的国际组织，去年又签署了一个具体的行动计划作为合作框架。

今天，"国际减贫合作：构建人类命运共同体"论坛在这一全球背景下显得尤为及时和重要，因为消除贫困的承诺是可持续发展的核心。我祝愿论坛在这次讨论中取得成功，并在帮助制定全球发展议程方面取得成功。

联合国副秘书长
联合国可持续发展集团副主席
联合国开发计划署署长
阿奇姆·施泰纳
2018年11月1日

吉尔伯特·洪博[*]
（国际农业发展基金总裁）

各位嘉宾，女士们、先生们：

  首先我要感谢会议的中方主办方，邀请我参加今天如此重要的会议，我非常能够有幸来参加今天重要的论坛，我们的论坛将回顾中国改革开放的经验，尤其是在减贫方面的经验。刚才很多发言人已经指出，中国在减贫方面的努力和成就是不同寻常的，中国已经成为世界上第二大经济体，在人类发展的各个方面，中国都取得了举世瞩目的成就，我们很难想象在1981年的时候，中国还有88％的人口生活在国际贫困线之下，实际上中国在1990～2005年间减贫方面的成就也帮助国际社会成功地实现了千年发展目标中关于将绝对贫困消除一半的这一具体目标。中国之所以取得这样大的成就，很大的一个原因是从80年代开始对于农业持续不断地投资和投入，我认为这是很大的一个成就，这也充分表明中国的国家领导人有充分的智慧和远见卓识，在数年来一直持续不断地加强对农业的开发和投资。就我的组织，国际农业发展基金来说，我非常荣幸地告诉大家，今年也是国际农业发展基金成立40周年，所以我们也非常高兴能够利用这个场合和中国的朋友一起共同的庆祝。

  我们的组织成立于1974年，这是因为在一年前，也就是在1973年的时候，在欧洲和亚洲出现了非常严重的干旱和饥荒，因此在1974年的世界粮食大会上，世界上各国的领导人聚集一起形成一个共识，就是

---

  [*] 原稿为英文，翻译稿未经作者本人审阅。

吉尔伯特·洪博（国际农业发展基金总裁）

应当成立一个国际的基金来促进发展中国家的农业发展。自1978年以来，国际农业发展基金在各国的农业和农村发展方面投资总计共204亿美元，使得超过四亿八千万的人民受益，我们也积极支持了中国的发展和减贫努力，我们为中国提供了总计10亿美元的优惠融资，使2000万中国人民受益。我们的一个主要的目标一直是促进农业和农村发展，消除饥饿和贫穷。

在过去的几十年，国际农业发展基金的理念也在不断地发生变化，今天我们的基金是在非洲积极活跃的一个非常重要的多边机构，同时我们也大力地提倡要转变农村经济的性质，增加农村经济的附加值。国际农业发展基金同中国的合作可以追溯到1981年，中国是1981年加入了我们的组织，成为正式的成员国。当时国际农业发展基金也是在中国为数不多的开展工作的国际组织，我们看到中国在农村减贫方面为世界的其他国家提供了很多的经验，在这里我也想特别强调的一点是，中国的对外发展援助从2003年的六亿三千一百万美元，增加到2015年的30亿美元，从农业发展方面，中国为非洲等世界其他的发展中国家提供了大量的发展援助和投资，包括经济上的援助和技术上的支持。我们认为国际农业发展组织同中国的合作能更有效地开展农村的减贫工作。

在今年的早些时候，国际农业发展基金同中国共同建立了南南合作与三方合作基金，我们这一基金旨在为发展中国家提供更多的资金支持和资源支持，并通过公司合营等方式加强对发展中国家的投资，我希望中国能够一如既往地支持像国际农业发展基金这样的多边机构来促进发展中国家的发展，我们通过共同的努力能够增强粮食安全，加强架构建设，更好地开展减贫工作。通过这种方式我们能够更有效地实现联合国提出的可持续发展目标。

女士们、先生们，众所周知，中国提出了一个雄心勃勃的目标，那就是在2020年之前消除绝对贫困，这比联合国的2030年发展日程中的目标还提前了10年，这一目标的实现使取决于中国能否成功地使农村地区的人口脱离贫困，因为在农村地区贫困往往是根深蒂固的。国际农业发展基金非常欢迎中国已经成为我们的一个战略伙伴，我们也将一如既往地共同合作，帮助中国开发农村地区，实现农村振兴。我们认为中国是国际农业发展基金能够实现消除农村贫困和饥饿这一目标的战略伙伴，我们今天共同庆祝，我们也期待着在未来的岁月里和中国继续合作。谢谢！

国际农业发展基金总裁

吉尔伯特·洪博

2018年11月1日

刘永富
（中国国务院扶贫开发领导小组办公室主任）

尊敬的各位嘉宾，女士们、先生们：

上午好！

今年是中国改革开放40周年，本次论坛以"国际减贫合作：构建人类命运共同体"为主题，很有意义。作为本次论坛主办方之一，我代表中国国务院扶贫办对各位代表的莅临表示热烈欢迎！向长期致力于中国消除贫困、促进发展的各界人士和国际组织表示崇高敬意！

改革开放是中国繁荣发展的必由之路，是中国现代化建设不断取得新成就的重要法宝。消除贫困是全人类的共同目标，是当今时代发展的重要课题。发展是减贫的基础，但发展不能自动减贫。中国共产党和中国政府始终把消除贫困、改善民生、实现共同富裕作为执政宗旨。40年前，做出了改革开放的伟大决策，启动了有组织有计划大规模的扶贫行动，中国经济社会每发展前进一步，扶贫标准就提高一次，扶贫工作就推进一步，保持了经济发展与减贫的同步推进，较好避免了两极分化的扩大，有效防止了掉入中等收入陷阱。40年来，中国有7亿多农村贫困人口脱贫，对全球减贫事业做出了重要贡献。

中国共产党第十八次全国代表大会以来，中国根据全面建成小康社会的新要求和贫困状况的变化，提出脱贫攻坚的目标任务和基本方略，改革创新扶贫体制机制，全面打响脱贫攻坚战。这几年，贫困地区新建改建农村公路50多万公里，解决了1400多万贫困人口饮水安全问题，改造700多万贫困农户危房，对870万贫困人口实施易地扶贫搬迁，为

1300万贫困户累计发放扶贫小额信贷5200亿元，自然村通电接近全覆盖，71%的自然村通了宽带，完成9.7万所义务教育薄弱学校改造任务，累计救治420多万大病和慢性病贫困患者，在生态扶贫等方面也做了大量工作。5年累计减贫6853万人，连续保持每年1000万人以上的减贫规模，创造了中国扶贫史上的最好成绩。到今年年底，现行标准下的农村贫困人口将减少80%以上，贫困村将退出60%以上，贫困县将摘帽50%左右，续写了中国扶贫故事的新篇章。中国脱贫攻坚取得的历史性成就，充分体现了中国共产党领导的政治优势和制度优势，具有以下新的时代特征。

第一，中国有一个坚强的领导核心。中国共产党和中国政府高度重视脱贫攻坚，习近平总书记作为党和国家的领导核心，始终把脱贫攻坚摆到治国理政的重要位置，亲自研究亲自部署亲自督战。他走遍中国所有集中连片特困地区，40多次国内考察涉及扶贫，每年都召开专题会议研究扶贫。中共十九大以来的一年多里，习近平总书记每月都对扶贫工作提出要求。一个大国大党的领导核心，对贫困有真切体验，对扶贫有丰富经验，对脱贫有使命担当，成为激励和引领脱贫攻坚的关键。

第二，中国有一个明确的减贫目标。脱贫攻坚的目标，就是到2020年现行标准下农村贫困人口实现脱贫、贫困县全部摘帽、解决区域性整体贫困。贫困人口脱贫的标准，就是人均纯收入稳定超过国家扶贫标准且吃穿不愁，义务教育、基本医疗、住房安全有保障。实现这一目标意味着中国将历史性地消除绝对贫困，提前10年实现联合国2030年可持续发展议程确定的减贫目标。

第三，中国有一个精准的基本方略。实施精准扶贫精准脱贫基本方略，是习近平总书记40多年长期探索的结晶，是中国扶贫理论和扶贫实践的重大创新。改革开放初期，中国农村普遍贫困，需要通过普惠性的政策措施，使大部分地区和群众受益。现在，情况发生了很大变化，需要因地制宜，分类施策，精准帮扶。我们组织几百万人逐村逐户采集核实贫困信息，统一建档立卡，把扶持对象找出来，解决"扶持谁"的问题。我们选派数百万干部到贫困村驻村帮扶，把"谁来帮"、"怎么帮"定下来，现在有过百万的党政机关、企事业单位的工作人员驻在贫

刘永富（中国国务院扶贫开发领导小组办公室主任）

困村进行帮扶，解决"谁来扶"的问题。我们加强基础设施和公共服务建设，让贫困地区的生产生活条件逐步好起来，我们根据贫困人口致贫原因，让帮扶措施实起来，解决"怎么扶"的问题。我们对贫困人口退出和贫困县摘帽进行专项评估检查，注重脱贫质量，解决"如何退"的问题，确保脱贫实效经得起实践和历史检验。精准扶贫精准脱贫方略的贯彻实施，促进了农村全面深化改革，培养锻炼了大批干部，提升了农村的治理能力和工作水平。

第四，中国有一套超常规的政策举措。我们建立脱贫攻坚的责任体系，实行中央统筹、省负总责、市县抓落实的工作体制，中西部22个省份党政主要负责同志向中央签署脱贫攻坚责任书、立下军令状，攻坚期内贫困县党政正职保持稳定，省市县乡村五级书记抓攻坚。我们建立脱贫攻坚政策体系，制定超常规的政策措施，打出组合拳，不断改善贫困人口生产生活条件，支持发展产业和就业扶贫，对生活在一方水土养不活一方人地方的贫困人口实行搬迁。我们建立脱贫攻坚的投入体系，加大财政资金、金融资金和土地政策支持力度，现在每年有过万亿元资金投向贫困县乡村用于攻坚。我们建立脱贫攻坚动员体系，广泛动员全党全社会力量参与扶贫。我们建立脱贫攻坚监督体系，促进责任落实、政策落实、工作落实。我们建立脱贫攻坚考核体系，对省级党委和政府扶贫开发工作成效每年进行考核，对做得好的进行表彰奖励，对做得不好的进行执纪问责。

女士们、先生们：当前，中国还有3000多万现行标准的贫困人口，都是贫中之贫，困中之困，还有一些深度贫困地区，贫困发生率较高，脱贫难度很大。不管有多大困难，我们已下定决心，坚决全面打赢脱贫攻坚战，确保到2020年中国全面建成小康社会。我们清醒地认识到，中国将长期处于社会主义初级阶段，发展不平衡不充分是社会主要矛盾，打赢脱贫攻坚战，只是消除了绝对贫困，相对贫困将长期存在，减贫仍然是中国一项长期而艰巨的任务，我们将持续不断做好减贫工作。

习近平总书记发出了共建"一个没有贫困、共同发展的人类命运共同体"倡议。我们愿与世界各国和国际组织，加强减贫交流合作，互学互鉴，共同推动全球减贫事业发展。

最后，祝本次论坛圆满成功！祝各位朋友身体健康、工作顺利！谢谢大家！

中国国务院扶贫开发领导小组办公室主任

刘永富

2018 年 11 月 1 日

金立群*
（亚洲基础设施投资银行行长）

嘉宾们，女士们、先生们！

我非常荣幸能够受邀在今天大会上发言，今天的论坛对于我的祖国和我们的发展伙伴来说都是非常重要的一次会议，我们也感谢我们的发展伙伴，在中国的快速经济发展过程当中所发挥的重要作用。对我本人来说，我也非常荣幸，因为我有幸参与了中国的改革开放进程，并且亲眼看见了在过去的40年中国所取得的巨大成就。从人类发展的角度来看，40年的时间只是白驹过隙，中国所取得的发展成就如果在正常的环境下，可能要用100年的时间才能实现。因此，今天我们共聚一堂，总结中国的发展经验是具有特别重要的意义的。因为中国的发展经验对于其他的有志于实现同中国同样的发展成就的国家有着重要的借鉴意义，我也希望这些国家能像中国一样成功或更加成功。

邓小平先生开启了中国改革开放的进程，在全国性的发展目标制定之后，中国全国上下一致努力，不遗余力地推动中国各方面的经济社会进步和发展。中国的政策使得在过去的40年当中有7亿~8亿人脱离了贫困。从中国改革开放一开始，中国就非常注重借鉴其他国家的经验，无论是发达国家还是发展中国家，同时我们也注重在使用这些经验的时候要能够因地制宜，与时俱进。中国的这些发展政策之所以能够取得成功，是因为我们秉承了一个重要原则，就是自力更生。这是中国人的一

---

* 原稿为英文，翻译稿未经作者本人审阅。

个显著的特征，在改革开放进入新的时代之后，我认为自力更生也具有了新的意义。一方面，坚持自力更生，另一方面中国也非常注重利用国际组织所提供的帮助。可以说中国的成功经验是建立在自力更生与国际合作达成平衡的基础之上，从一开始中国的改革开放就是一个自主的进程，这是一个非常重要的经验，这也是我们取得成功的一个法宝。

  回顾过去，我们会看到有很多基本的原则是对很多国家都适用的，这就包括一个国家的发展模式必须是与时俱进的，必须永远去敢于尝试一些新的做法。国家要想发展，必须进行改革开放，必须进行经济重组，以更好地适应世界经济的发展。一个国家在发展的过程当中要时刻关注国际经济大环境，在这里我还想强调，对于那些暂时处于欠发达程度的国家来说，更应当抓紧时间进行经济重组，这是进行经济转型不能够越过的一个台阶。当然这样的变化不会在一夜之间实现。这将要求国家进行逐渐的机构建设，能力建设，不断地对基础设施和其他的公共领域进行投资。同时，国家应当与多边的国际金融机构进行合作，从中国的经验来看，与国际的金融机构合作扩大了我们的视野，为我们的工作人员提供了国际视野和更多的经验。比如说世界银行就为中国的经济转型过程当中提供了很多的借鉴和帮助，无论是从推动环境标准、加强社会政策等方面都是如此。这些帮助也使得中国在宏观和微观的经济政策方面能够少走弯路。比如说在中国的卢布格水电站的建设过程当中就采取了国际招投标的做法，这当时还是第一次。同时世界银行等各级组织也建议中国在项目的进行过程当中要不断进行监督，现在这些都已经成了惯常的做法。从 20 世纪 80 年代到 21 世纪初，国际货币基金组织和世界银行为中国政府提供了大量的咨询，无论是从宏观经济的制定，还是从五年发展计划的制订方面都得到了大量的支持。每一年，国际货币基金组织都会同中国政府进行关于第四条款的磋商，这都帮助中国为中国的宏观经济政策提供了很多借鉴。从那时开始，中国政府就非常重视采取谨慎性的宏观经济政策，并且实时对货币和财政政策进行监控。这使得我们的改革是以一种非常稳健的方式开展的，我们会在一些重点的领域进行一些有着非常良好规划的改革措施，如果成功的话，再将这些经验在其他的地方加以推广，这就减少了一些在新的经济政策实行过程当中的阵痛。

改革初期所取得的很快的成效也使得人们相信改革，愿意推动和支持改革，这也就形成了一个良性循环，能够更容易地进行下一轮的改革。也就是说，改革很重要，但更重要的是如何推动改革，推动改革的方式是我们成功的一个重要的原因。我想这一点可以为很多的其他的发展中国家提供借鉴，同时中国的成功也是进行多边主义的一个成功的案例。我们奉行，我们贷款是为了投资，而不是为了支持消费。可以说，中国和国际开发机构之间建立了一种真正的伙伴关系，这也是为什么中国今天仍然大力支持多边主义和多边机构的发展。在中国刚刚加入世贸组织的时候，自由贸易在很多的领域受到了攻击，而且当时中国的农业和金融领域是远远没有竞争力的。中国政府进行了有决心的改革，包括要更好地与国际经济进行联合，实现推动国际经济一体化，推动社会保障政策，等等。当然，我们的成功并不意味着这一过程是没有痛苦的，在经济转型的过程当中，会不可避免地触动一些人的利益，在一些领域出现了失业，当然也创立了新的就业机会。在农民工从农村到城市的转移过程当中也伴随着很多的痛苦，包括政府在社会的基础设施建设和社会政策保障方面不可能第一时间地进行完善，但是改革的长期利益是得到了人民的大力支持。因此，他们不遗余力地支持政府的政策，他们愿意拥护改革，并为此做出短期的牺牲。在建立一个完善的市场经济的过程当中，所有扶贫部门在中国发挥了重要的作用，不断增强中国在国际价值链中的地位，在这方面我们有非常宝贵的经验，在发展中国家逐渐发展的过程当中，他们应当更加支持多边机构，当然，更多的实力意味着更多的责任，发展中国家应当勇于在多边机构当中扮演领导者的角色。

亚投行是习近平主席 2014 年提出的，在 2015 年末的时候，51 个创始成员国就亚投行的目标和宗旨进行了谈判，并且共同签署了亚投行成立协议。在今天的会议上，大家会从不同的角度分析中国的改革开放和减贫经验，在这里，我也想从亚投行的角度来谈一谈。

亚投行是一个新形式的多边发展机构，正如我刚才所说，我们有 57 个创始成员国，现在我们已经有 87 个正式成员国了，他们覆盖除南极洲以外的各大洲，中国之所以要成立这样的一个多边发展机构，是希望能够借此来推动国际发展的有效合作。亚投行成立之时，很多人对全球化提出了质疑，这也产生了一些负面的影响。在那时，人们对于自由贸易和商品的自由流动也提出了质疑。单边主义有通知世界的威胁，幸运的是，亚投行作为一个新型的国际多边机构创立了，它是一个21世纪的多边发展机构，致力于推动多边主义和国际合作。我们亚投行的成立是有非常重要的原因和宗旨的，在过去的40年当中，像世界银行、亚洲发展银行等等这些多边机构在中国和亚洲其他国家发展过程当中发挥了重要的作用，很多国家从这些多边机构所提供的支持共享和技术共享方面受益匪浅。在亚投行的成立过程当中，我们也很多地借鉴了日本、韩国和中国的经验，因为这些国家都非常注重对基础设施的投资来拉动经济增长。同时，我们也非常注重借鉴其他的国际组织的经验。我们可以说是一个从亚洲的视角成立了亚投行，我们是一个适应21世纪全新环境的多边发展机构，随着中国经济的发展，中国也越来越多地愿意回馈国际社会。亚投行的发展得到了中国的大力支持，我们也非常有幸在过去的几年时间里取得了巨大的成就，我也期待在未来能够有更多的国家实现中国这样的成功故事。我们看到现在世界上无论是人口红利在发生变化，新的科技革命方兴未艾，很多新的经济体包括发展中国家的经济体已经准备好发挥更多的领导作用，在这些经验之上，他们可以重新定义发展，他们可以更好地推动共同繁荣。我们在一起能够创造一个更好的未来！谢谢！

亚洲基础设施投资银行行长

金立群

2018年11月1日

朱鹤新（中国人民银行副行长）

各位嘉宾，女士们、先生们：大家上午好！

中国非常重视金融扶贫方面的国际交流和经验借鉴，长期和世界银行等国际组织开展密切沟通合作，在2016杭州G20峰会期间，中国推出了《数字普惠金融高级原则》。今天的论坛为我们提供了进一步加强与世界银行等国内外组织和朋友交流合作的平台，借此机会和大家分享对金融扶贫的几点认识。

一 金融在扶贫减贫事业中发挥了显著作用

减少和消除贫困是全人类共同的使命。金融支持扶贫减贫的机制，主要是通过促进经济增长，增加就业，提高收入水平，间接带动贫困人口脱贫，使普惠金融的理念形成和普及，金融平权日益受到重视，人们更加重视如何让金融直接惠及贫困人口，也就是提高金融服务获得率的问题。顺应这种趋势，小微金融在发展中国家快速发展。孟加拉格莱珉银行、印尼人民银行乡村信贷的小额信贷模式广受推崇，被称为"穷人的银行"。这些经验对中国有着重要的启发和借鉴意义。在农村改革金融发展中，我们始终保持农村合作金融机构县域法人地位和数量稳定，积极发展村镇银行等新兴农村小微机构，这些机构的数量目前已达到4000家左右，投放的贫困户及产业带动扶贫贷款在全国占比接近30%，成为金融扶贫的重要力量。

党的十八大以来，在习近平新时代中国特色社会主义扶贫思想指引下，中国金融扶贫进入了新的历史阶段，我们在汇聚国际经验和中国智慧的基础上对顶层设计、政策工具等进行了创新和完善，逐步形成了中国特色金融扶贫模式，也就是"金融精准扶贫"。近几年，中国扶贫贷款保持高于各项贷款10多个百分点的增速，直接获得银行贷款的贫困人口接近2000万，基础金融服务在贫困乡村逐步普及。可以说金融精准扶贫的政策力度、取得成效都是前所未有的，为脱贫攻坚做出了应有的贡献。

二 中国金融精准扶贫的实践经验

总结中国金融精准扶贫实践，我认为经验主要有：

第一，坚持金融扶贫与产业带动密切挂钩。金融精准扶贫旨在帮助贫困人口提升内生发展能力，这是开发性扶贫的应有之义。为此，我们建立了相应的机制，激励金融资源投向与贫困人口建立劳务和交易关系的龙头企业、合作社和致富带头人。这类扶贫贷款余额已经超过9500亿元，带动了近1000万人融入就业市场和产业增值链条。他们逐步提高就业技能和生产经营水平后，可以脱离扶贫政策支持，独立增收致富。我们走上了把"输血式扶贫"变成"造血式扶贫"的发展之路。

第二，坚持金融资源与扶贫对象精准对接。金融支持扶贫减贫，首先要创造良好的货币金融环境，促进经济发展。面对发展不充分、不平衡的问题，还需要差别化政策和相应技术给予定向帮扶。"精准"的要义就在于此。我们开发了金融精准扶贫信息系统，已经在全国2900多家金融机构及其分支机构上线，系统收录了全国贫困人口、贫困村、贫困县等扶贫基础信息，共8640万条，金融机构可以通过系统精准掌握扶贫对象的信息。这项技术的应用有效缓解了信息不对称，促使放贷过程更加高效，帮助信贷资金"穿透"中间环节，迅速准确地投向扶贫领域。

第三，坚持市场运作与政府扶持有机结合。金融扶贫需要正确处理好政府与市场的关系，以培育市场化机制为着力点，合理发挥政府作用。我们坚持尊重市场规律，由金融机构发挥主体作用，依据商业评价和信用评价结果，自主选择放贷对象。同时，人民银行向金融机构提供扶贫再贷款，财政建立风险补偿和贴息制度，帮助降低资金成本和风险,达到商业可持续的目的。目前,全国扶贫贷款余额已突破10万亿元,风险总体可控。

第四,坚持集中攻坚与长效普惠同向推进。我们当前所做的工作既作用于2020年的集中攻坚,也有长远的考虑。在这一轮金融精准扶贫过程中,我们既注重阶段性目标的实现,也注重长效机制设计,我们已经推动中国农业发展银行和国家开发银行专设扶贫金融事业部,推动大型金融机构成立普惠金融事业部,这些机构将在金融扶贫扶弱方面长期发挥作用。现在,数字普惠金融发展很快,据调查,2017年农村地区有60%以上的成年人使用过电子支付。我在四川工作期间,我也去过很多贫困乡村,看到越来越多的商户年轻人学会了使用手机支付,这也有助于贫困地区金融服务的持续普及。此外,我们在金融生态、消费者保护方面也做了长远规划。

金融对中国的脱贫事业提供了坚实支撑,贡献了金融方案。要在2020年打赢脱贫攻坚战,中国金融扶贫还有大量任务。2020年后相对贫困还将继续存在,普惠金融工作永远在路上。下一步,我们将围绕决胜脱贫攻坚以及实施乡村振兴等国家战略,纵深推进中国特色社会主义扶贫事业和普惠金融发展。

一是进一步完善农村普惠金融体系,推动大中型金融机构加快完善扶贫或普惠金融事业部,大力推进发展市场和农村经济主体的小型金融机构,支持设立普惠金融服务站,延伸乡村服务触角,完善大中小金融机构并存的普惠金融机构体系,降低金融服务成本和费用,创新普惠金融市场体系,支持农业产业化企业依托多层次资本市场融资,建立多渠道、广覆盖、高效率的股权融资市场,鼓励和引导创业投资基金、支持小微企业,有效扩大中小企业,发行各类债券的规模,增强保险对三农和小微的覆盖面和保障能力。

二是进一步打通金融资源回流农村的渠道。深入推进农村产权制度改革,参与农村产权制度改革,推动农村承包土地的经营权和农民住房抵押贷款业务加快发展,稳妥推进集体经营性建设用地使用权抵押贷款试点,进一步创新基于农村产权的金融产品,有效拓宽贷款抵质押范围,盘活农村存量资产,开辟金融资源回流农村的新渠道。大力发展供应链金融，扩大农户信用贷款范围，进一步丰富农村金融供给，加大货币政策供给支持，继续对农村金融机构这些较低的存款准备金率，鼓励农村产业化龙头企业上市或发债融资。

三是全力做好乡村振兴金融服务。摆脱贫困是乡村振兴的前提，实施乡村振兴有利于提高脱贫质量、巩固脱贫成果。我们将贫困地区作为金融服务实施乡村振兴战略的重点，在金融资源配置、优惠政策实施等方面给予倾斜，加快培育更多特色产业，提升产业竞争力，形成可循环的造血机制，实现脱贫攻坚与乡村振兴相互促进的良好局面。深化农业供给侧结构性改革，金融服务，统筹支持小农生产和现代农业发展，促进一二三产业融合发展，大力发展绿色金融，支持农村基础设施提升，促进农村绿色发展，农业绿色发展，保护并改善农村生态打造美丽中国乡村样板。

四是大力发展数字普惠金融。推进数字普惠金融创新，加强云计算等数字技术运用，提高交易效率，降低服务成本，消除弱势群体面临的金融服务壁垒，建设全国统一的数字化征信平台，打破信息孤岛，推进金融信用信息和政务信用信息结合、共享。进一步推进金融基础设施建设，夯实商业基础创新条件，深入研究数字普惠金融的业务模式，技术属性，风险特征等特点，积极应对其风险治理、数字鸿沟等问题，有效构建数字普惠金融的监管规则、消费者保护等政策体系。

五是加强金融扶贫风险防范。坚持金融支持和风险防范两手抓，在增加金融资源投入的同时，高度关注普惠金融，特别是金融扶贫潜在风险，加强金融扶贫业务监管，规范金融扶贫资金使用，防止违规放贷和违规举债，消除寻租空间，防范道德风险，确保金融扶贫在商业可持续机制下运行。进一步推进农村信用体系和中小企业信用体系建设，持续加大非法集资、金融诈骗等违法活动的监管和打击力度，优化农村金融生态环境。我的发言完毕，谢谢大家！

中国人民银行副行长
朱鹤新
2018 年 11 月 1 日

卡马特*（新开发银行行长）

各位嘉宾，女士们、先生们：

大家上午好！两周以前的10月17日，全世界共同庆祝了第26个国际消除贫困日。今天我非常荣幸受邀同大家共同分享我对减贫这个重要课题的思考。

在过去40年的时间当中，全世界一半的贫困人口摆脱了贫困。全球生活在极端贫困中的人口比例已从1990年的逾三分之一降至如今的不到十分之一。在亚太地区，中国和印度的贡献尤其巨大。今天我的发言主要关注中国经验。

在全球减贫方面，中国一直表现突出。中国所取得的成就独一无二。40年来，中国有7亿多人口摆脱了贫困，占同期全球减贫人口的70%以上。中国是第一个实现联合国减贫目标的发展中国家。现在，中国为自己设定了一个更加雄心勃勃的目标，即在2020年之前消除绝对贫困，这将使3000万中国人脱离贫困，从而在通往繁荣的道路上不让任何一个人掉队。

中国如何取得这些成就？这些成就对世界其他国家有什么借鉴意义？

我认为中国的发展成就和经验对于其他国家有非常大的借鉴意义，我总结了以下几点：

第一，中国非常关注基础农业改革，并在农业、畜牧业、渔业、水

---

* 原稿为英文，翻译稿未经作者本人审阅。

资源和洪涝管理方面都进行了大量投入，同时采取措施推动农村的非农经济的发展，这些都对减贫至关重要。

第二，中国在全国范围内大力改善基础设施，而不仅限于富裕的沿海地区。中国对公路、铁路、电信和电力等基础设施进行大规模投资，使得贫困人口能够更好地接触市场，为他们脱离贫困提供了极大的机遇。

第三，中国非常重视制造业和工业的发展。从1978年到2015年，中国的非农业就业人数占总就业人数的比例从29%提高到70%。低收入农村家庭从快速工业化和城市化的双重进程所引起的国家就业模式的变化中受益良多。

第四，中国正在利用技术发展服务业。中国很多地方政府帮助农业实现了跨跃式发展，利用数字技术提高了获取动植物疾病等关键信息的能力，并提高了生产技术和质量标准。由于像阿里巴巴这样的科技巨头的存在，电子商务现在将更多的偏远地区与市场连接起来，促进了收入的提高。偏远地区人口现在可以在当地诊所通过视频聊天咨询医生，从而省去了前往大城市的麻烦。

第五，中国的义务教育、新型农村合作医疗、农村社会养老保险、最低生活保障等制度，在帮助低收入家庭分享中国整体经济增长成果方面发挥了重要作用。这解决了对人力资本的需求，提高人力资本是消除贫困的关键。

当然，在实现这些成果方面，强有力的领导和持续努力的重要性不可低估。很少有其他国家像中国一样，做出如此一致且明确的减贫政策努力。中国这种致力于减贫的决心也被转化为很多具体的政策和行动。

虽然中国的这些经验非常鼓舞人心，但同时我们也看到，还有很多工作要做。时至今日，全球仍有近7亿人生活在极端贫困中，联合国的可持续发展目标是到2030年消除一切形式的贫困，这是摆在我们面前的一大挑战。为了在减少贫困方面取得进一步进展，并为世界上最贫困的人民提供更好的生活，需要解决几个方面的问题。

其中最关键的是为所有部门提供高质量的基础设施，在有些国家，维护和更新现有基础设施也非常迫切。基础设施在投资阶段推动经济增长,并在投产后产生乘数效应。它创造了长期的生产力增长,促进了减贫并创造就业。如果我们想要实现一个让所有人共享成果的减贫议程,首先需要让每个人都有机会享受高质量的基础设施。

然而,未来基础设施的前景正在迅速改变。如今,我们正处于一场新的工业革命的黎明,在这场革命中,以技术为主导的转变正在颠覆我们对产品、服务和物理空间的认知。智能电网、自动驾驶汽车、共享单车、绿色建筑、远程医疗、大规模离网系统和超级高铁都有潜力在网联和带宽时代迅速发展。这些发展将对我们如何看待和思考扶贫产生重大影响。我们今天需要建设的供未来几十年使用的基础设施,与我们过去建设的基础设施有根本的不同。日益明显的是,技术的发展将彻底改变经济发展和提供服务的方式,因此有可能在减贫方面取得指数级的进展。

在这方面,也有几个来自中国的例子。平安好医生,中国最大的在线医疗平台,为近2亿用户提供基于人工智能的医疗服务,并正在对医疗服务进行改革。通过共享单车平台,"最后一公里"的出行难题已经得到了一定程度的解决。共享单车平台提供各式各样的自行车,供人们使用,就像你们今天在中国主要城市看到的那样。这些变革已经远播世界各地。支付宝和微信支付平台对金融交易和普惠金融有着巨大的贡献。尊敬的中国人民银行副行长在前面的发言中谈到了金融机构为扶贫开发带来的机遇。如果用传统的银行技术为穷人提供小额信贷,由于贷款规模较小,中间成本在8%到10%。这对穷人形成了沉重的负担。但利用数字技术,中间成本将降至1%至2%。这能给穷人带来直接的收益,也让还款变得容易得多。此外,在信用风险监控中,使用数字技术可以更容易地跟踪供应商,因为现在可以实现对其业务进行虚拟的在线跟踪,而在过去,必须在不同的时间点进行跟踪,跟踪成本也更加高昂。这些创新,以及更多类似的创新,将继续以不断加快的速度改变世界,为未来的减贫做出巨大贡献。我们需要做的是确保一个全面的生态系统,包括基础设施,使这些创新成为可能,就像中国所做的那样。

金砖国家新开发银行(NDB)将在这方面发挥作用。新开发银行的业务是为了应对快速增长的基础设施需求，以减少贫困和不平等，提高生活质量，并为发展中国家数十亿人扩大经济机会。作为创建仅三年的新机构，我们的优势是没有历史包袱，一切从零开始。我们相信，我们在正确的时间、正确的地点。我们将重点为可持续、智能和绿色基础设施提供融资。

最后，我在中国生活了三年，亲眼目睹了中国转型的成果。回首过去，我们认识到，中国改革进程中采取的系统步骤是经过深思熟虑的，并得到了很好的贯彻实施。中国的主要成就是举世瞩目的。我们也相信，中国的经验可以在全球范围内得到推广，为全世界的减贫努力做出贡献。中国已经为全球减贫制定了一个蓝图。

在这里我们祝贺中国政府主办本次重要论坛，并承诺，在未来经济发展的道路上，新开发银行将是中国可以信赖的伙伴。

谢谢。

新开发银行行长
卡马特
2018 年 11 月 1 日

谢伏瞻（中国社会科学院院长）

尊敬的蒋建国部长，尊敬的各位嘉宾，女士们、先生们：大家上午好！

今天很高兴与来自世界各地的代表相聚北京，共同探讨全球减贫事业的新发展和为合作的新路径，我谨代表中国社会科学院对"改革开放与中国扶贫国际论坛"的召开表示热烈祝贺！

人类波澜壮阔的发展史，既是一部从愚昧走向文明的历史，也是一部不断同贫困斗争、由落后走向繁荣的历史。反贫困是古今中外治国理政的一件大事，是一个永恒的主题。消除贫困、改善民生、逐步实现共同富裕是社会主义的本质要求，也是我们党和国家的重要使命和重要目标。

改革开放40年来，特别是党的十八大以来，以习近平同志为核心的党中央，统筹推进"五位一体"总体布局、协调推进"四个全面"战略布局，坚定不移地推进改革开放，聚精会神搞建设，一心一意谋发展，在全面提高人民生活水平和增进民生福祉的同时，坚持精准扶贫、精准脱贫的基本方略，动员全社会力量成功走出了一条中国特色扶贫开发道路。按照现行贫困标准，中国的农村贫困人口从1978年的7.7亿人，下降到2017年的3046万人，使7亿多农村贫困人口稳定脱贫，为全面建成小康社会打下了坚实基础。中国成为世界上减贫人口最多的国家，也是世界上率先完成联合国千年发展目标的国家，为全球减贫事业做出了重要贡献。

中国减贫脱贫事业取得的巨大成就，一是源于党中央坚定不移地推进改革开放，大力发展经济。改革开放是决定当代中国命运的关键一招,也是决定实现"两个一百年"奋斗目标、实现中华民族伟大复兴的关键一招。40年来,我们党始终坚持以经济建设为中心,坚持改革开放,中国经济保持了高速发展。1978~2017年,中国国内生产总值按不变价计算增长了33.5倍,年均增长9.5%,平均每8年翻一番,远高于同期世界经济2.9%左右的年均增速,在全球主要经济体中名列前茅,为大规模减贫奠定了重要基础。中国的改革开放还极大地解放和发展了生产力,极大地激发了全社会的经济活力。40年来,大量富余农村劳动力从农村向城市、从欠发达地区向发达地区流动,进城务工人员超过2.8亿人,优化了整个社会的人力资源配置,为脱贫减贫提供了必要条件。可以说,没有改革开放就没有中国经济的快速发展,中国的减贫就不可能有今天的局面。

二是源于党中央采取了精准扶贫的战略措施。所谓贫有百样、困有千种,必须采取更精准的措施。党的十八大之后,习近平总书记深入贫困地区,坚持看真贫、扶真贫、真扶贫。在充分调研的基础上,党中央出台并实施打赢脱贫攻坚战的一系列重要文件,坚持"六个精准"的扶贫策略,即扶贫对象精准、项目安排精准、资金使用精准、措施到户精准、因村派人精准、脱贫成效精准,确保各项政策落到扶贫对象身上。在专项扶贫、行业扶贫、社会扶贫"三位一体"的格局下,各级政府、社会、企业与贫困群众齐心合力,对照不同原因、不同类型的贫困,因地制宜、对症下药、精准滴灌、靶向治疗,真正扶到点上、扶到根上,大大提高了扶贫措施的有效性。

"行百里者半九十"。脱贫攻坚虽然成效巨大,但困难和挑战还不少,要解决的突出问题不少,未来的任务仍然很重。一是部分地区特别是民族地区、边疆地区、革命老区、连片特困地区贫困程度深、扶贫成本高、脱贫难度高;二是部分人群特别是因病致贫、因残致贫的家庭,缺少劳动能力,一般性的扶贫措施很难支撑这一部分人稳定脱贫。这些都是脱贫攻坚的短板,需要采取更有针对性的措施,以更大的政策支持力度,在更长时期内攻坚拔寨,巩固成果。

到2020年,中国现行标准下农村贫困人口将实现全部脱贫,意味着中国绝对贫困问题将得到历史性解决,也意味着中国将提前10年实现联合国2030年可持续发展议程确定的减贫目标。这不仅是中华民族伟大复兴进程中彪炳史册的大事，而且是对人类进步事业的重大贡献，我们也要清醒地认识到，消除现行标准下的绝对贫困只是完成了阶段性任务。相对贫困问题还会长期存在，在一个近14亿人口的发展中国家，减贫始终是一项重大课题。

党的十九大明确提出中国特色社会主义进入新时代，我国社会主要矛盾已经转化为人民日益增长的美好生活需要和不平衡不充分的发展之间的矛盾。我国仍处于并将长期处于社会主义初级阶段的基本国情没有变，我国是世界上最大发展中国家的国际地位没有变。这是当代中国的最基本国情和最大实际，解决中国的贫困问题必须从这一实际出发，做到尽力而为，量力而行，我们必须毫不动摇地把发展作为党执政兴国的第一要务，坚持新发展理念，推动经济更平衡、更充分、更可持续的高质量发展，为扶贫打下更坚实的物质基础，消除绝对贫困，降低相对贫困，朝着共同富裕的方向迈进。

女士们、先生们，摆脱贫困是各国人民追求幸福生活的基本权利和共同理想，是各国政府和国际组织的共同使命，也是广大发展中国家面临的重要任务。今天的世界物质基础水平已经高度发达，但发展不平衡不充分问题仍然普遍存在，南北发展差距依然巨大，世界上还有很多国家的民众生活在困境之中，贫困和饥饿依然严重。消除贫困面临着许多全球性挑战，特别是当前逆全球化和贸易保护主义抬头，是世界经济增长的重大威胁。解决贫困问题的根本出路在于发展经济，只有长期稳定均衡发展才能为缩小南北差距，缩小不同人群之间的贫富差距创造条件。单边主义、保护主义与减贫目标背道而驰。

当今世界正处在大发展大变革大调整的时期，各国利益深度融合，合作共赢成为时代潮流，没有哪个国家能够独自应对人类面对的各种调整，也没有哪一个国家能够退回到自我封闭的孤岛。中国今后仍将是全球发展的贡献者和正能量。我们将坚定不移地奉行互利共赢的开放战略，推动建设公平公正、包容有序的国际经济体系，建设人类命运共同体才能为世界减贫事业做出应有的贡献。各国国情不同，发展水平、发展阶段、发展模式不同，在减贫方面都积累了不少的经验，各国应当互学互鉴，加强交流与合作，吸取有益的社会经验。

中国社会科学院是国家级高端智库，我们将发挥好党和国家思想库、智囊团的作用，围绕我国扶贫开发的理论与实践，开展战略性、全局性、前瞻性、综合性的研究，拿出有价值的研究成果，为打赢脱贫攻坚战建言献策，为减贫事业发展提供重要的理论支撑。

中国社会科学院愿与国内外研究机构和智库密切合作，加强减贫领域的共同研究，加强智库间的研究人员的互访，深化国际减贫经验的交流互鉴，为建设一个远离贫困、共同繁荣的美好世界贡献智慧和力量！

祝本次论坛圆满成功，谢谢大家！

中国社会科学院院长
谢伏瞻
2018 年 11 月 1 日

邹加怡
（中华人民共和国财政部副部长）

各位嘉宾，女士们、先生们：上午好。首先请允许我代表中国财政部对改革开放与中国扶贫国际论坛表示热烈的祝贺，对莅临的国内外嘉宾表示诚挚的欢迎。

今年是中国改革开放40周年。40年来，中国人民在中国共产党的带领下艰苦奋斗，锐意进取，开启了从经济体制改革到全面深化改革的历史征程，极大地解放和发展了中国的社会生产力，推动中国发生了翻天覆地的变化。经过40年的改革开放，中国已经成为世界第二大经济体，第一大工业国和货物贸易国，对世界增长的贡献不断提升。作为一个发展中国家，中国通过改革开放和实施大规模的扶贫开发，走出了一条中国特色的减贫发展道路。按照现行的联合国标准，中国有7亿多贫困人口成功脱贫，占同期全球减贫人口总数的70%以上，财政改革是中国经济体制改革的重要组成部分，40年来，我们通过实施财政体制改革构建起与社会主义市场经济相适应的，具有中国特色的分税分级财政体制框架，各项财税改革取得重大进展。

党的十八大以来，我们全面推行财政预决算公开，构建与共享税为主的中央和地方收入分配格局，启动中央与地方财政事权和支出责任划分的改革，建立了更为规范的政府间财政转移支付制度，现代财政制度建设取得重要的阶段性成果。经过40年的锐意改革，国家财政的面貌发生了巨大的变化，我国的财政收支分别从1978年的1132亿元和1122亿元增加到1987年的17.3万亿元和20.3万亿元，40年间，增长了150

多倍和 180 多倍，通过财税政策纠正地区发展不平衡、改善民生、调节收入分配的能力大大增强，我们全面贯彻落实党中央国务院关于脱贫攻坚的决策部署，充分发挥财政职能作用，不断强化脱贫攻坚的投入保障。为脱贫攻坚提供了强有力的支撑，仅仅财政专项扶贫资金这一项，党的十八大以来，中央财政每季安排补助地方专项扶贫资金 3848 亿元，年均增幅 21.7%，全国 6000 多万贫困人口稳定脱贫，贫困发生率从 2013 年的 10.2% 下降到 2017 年的 3.1%，脱贫攻坚战取得了决定性进展。我们与世界银行等国际开发性机构的合作，同中国的改革开放同步。1980 年，中国恢复在世界银行的合法席位，开启了与多边开发机构近半个世纪的合作，中国获得的多双边开发机构的贷款和投资承诺超过 1673.7 亿美元，支持建设的项目超过 3692 个，世界银行等国际机构为促进中国改革和发展提供的宝贵资金和治理支持，也为推进全球减贫发展发挥了良好的示范作用。女士们、先生们，当前中国经济已经由高速增长转向高质量发展的阶段，但中国仍然是一个发展中国家，防范化解重大风险、经污染防止三大攻坚战的任务仍然非常艰巨，特别是帮助 3000 万左右的农村贫困人口到 2020 年达到现行扶贫标准下的脱贫目标，仍然面临许多需要解决的突出问题。

下面我想结合当前形势，谈几点看法。

一是坚定不移推进全面深化改革，努力实现高质量发展和包容性增长。中国开发式扶贫的宝贵经验和巨大成就表明，改革是发展的动力之源，而通过全面深化改革实现高质量发展和包容性增长是今后实现脱贫攻坚任务的基础和保障。中国政府正按照建设现代化经济体系的要求，深化供给侧结构性改革，加快实施创新驱动、乡村振兴、区域协调发展等国家战略，财政将加快推进财税改革，以更大的力度实施减税降税措施，以降低企业运行成本，增加居民消费能力，激发经济社会的发展活力。同时，持续增加民生投入，完善教育卫生和社会保障各项相关支出的政策和机制，让发展更加平衡，发展机会更加均等，发展成果人人共享。

二是发挥政府投入和融资促进作用，推进实施精准扶贫和精准脱贫。党的十八大以来，中国政府在脱贫攻坚工作中采取了重要举措，就是实施精准扶贫方略，找到贫根，对症下药，靶向治疗，我们将按照现行扶贫标准，聚焦深度贫困地区和特殊贫困群体，有针对性地大幅增加财政投入，全力以赴支持打赢脱贫攻坚战。2018~2020年，中央财政将在保证现有扶贫投入不减的基础上，新增安排深度贫困地区脱贫攻坚资金2140亿元，同时我们将在发挥政府主导作用的基础上，支持和鼓励全社会采取灵活多样的形式参与扶贫。

三是加大扩大开放力度，全方位推进国际减贫发展合作。面对当前世界经济领域面临的重大挑战，正像刚才郑永年教授所说的那样，修墙是不起作用的，面对经济全球化过程当中出现的单边主义、保护主义倾向，我们的回应是反其道而行之，实施更高水平的开放和更加广泛的国际合作。我们将落实好大幅度降低关税等一系列重大举措，支持办好首届国际进口博览会，以实际行动推进经济全球化，造福世界各国人民。同时，中国将继续支持和倡导多边主义，深化与世界银行等国际机构的全球发展伙伴关系，推动落实2030年可持续发展议程，促进全球消除贫困和共同繁荣目标的实现。我们倡导创新、协调、绿色、开放、共享的发展理念，深入推进共建"一带一路"，对非三方合作和南南合作，促进发展中国家的基础设施建设，增强可持续发展能力，为国际减贫合作不断注入新活力。

女士们、先生们，当前，中国的发展已经进入全面建成小康社会的新阶段，习近平主席指出，小康路上一个都不能少，我们将全力以赴，发挥财政在国家治理中的基础和支柱作用，继续加大对深度贫困地区脱贫支持的力度，支持完成2020年脱贫攻坚任务。

女士们、先生们，在世界银行的大厅里，有一行醒目的大字，叫作"我们的梦想是一个没有贫困的世界"，中国的实践表明，这样的一个梦想并不是遥不可及，我们将以打赢脱贫攻坚战的行动，为全球减贫事业做出贡献！我们也将同世界各国人民一道，深化国际减贫与发展领域的务实合作，推动人类命运共同体建设，让人类共享一个免于贫困的世界，谢谢大家。

中华人民共和国财政部副部长
邹加怡
2018年11月1日

林毅夫
（北京大学新结构经济学研究院院长）

各位领导，女士们、先生们，大家上午好。

作为一名研究发展的学者我感到特别荣幸，在今天改革开放40周年的时候，来跟各位交流一下我对改革开放和中国扶贫事业的一些经验的交流。今年是中国庆祝改革开放40周年，如果从减贫事业的角度来看，过去这40年是一个奇迹，因为在1978年改革开放刚刚开始的时候，中国是世界上最贫穷的国家之一，按照世界银行的指标当年中国人均GDP只有156美元，现在我们一般认为世界上贫困问题挑战最多的在非洲大陆，但在1978年的时候，非洲撒哈拉沙漠以南，国家人均GDP的平均数是490美元，中国连当时撒哈拉沙漠以南非洲国家平均数的三分之一都没有达到。像世界上其他贫穷的地区和国家一样，当时81%的人生活在农村，以农业为生，84%的人生活在国际贫困线一天1.25美元的标准之上。但从1978年开始，到去年2017年，连续39年，中国取得的平均每年9.5%的增长，在2017年的时候，也就是去年，中国的人均GDP达到8640美元，变成一个中等偏上收入的国家。同时中国还成为一个工业大国，中国现在的出口产品当中97%是制造业产品，所以中国也被称为世界工厂。在这段时间里面，有超过7亿人摆脱了贫困，对过去这40年世界减贫的努力，中国的贡献率超过70%。从中国改革开放这40年的经验，我想给在座的每一位一个信心，也就是一个国家不管多贫穷，只要思路正确，政策到位，即使长期深陷贫困陷阱，也有可能在一代人两代人不到的时间里面改变命运，走向繁荣。信心是重要的，

林毅夫（北京大学新结构经济学研究院院长）

但怎么样来实现这个信心，我想从中国改革开放的经验来提出三个观点跟各位一起探讨。

第一，农业必须实现现代化。因为在一个贫穷的国家，绝大多数的人是生活在农村，以传统农业作为生产的方式，在那种状况之下，生产力水平非常低，贫穷就不可避免，要改变多数贫穷人的命运，必须从农业开始，提高农业生产力，从传统农业转向现代农业，这也是我在芝加哥大学读书的时候我的导师舒尔茨教授提出的观点，只要把现代科技提供给农民，让农民能够把沙变成黄金，你要用现代的科技，也必须要有现代的灌溉，因为通常现代科技它必须有水，有日光的供应，才能够把它科技的权利发挥出来。在农村贫穷的地方普遍是看天吃饭，现在的品种就很难生存，这种状况之下要用现代科技也必须改善农村的水利条件，除了要有水利条件之外，现代的科技还要有良种，要有化肥，要有机器设备，在这种状况之下，在农村也必须跟市场连接在一起，一方面从市场上必须能购买到这些现代化的生产手段，同时使用的现代的农业科技以后，生产力的水平会提高，产品也必须进入到市场，才能够克服"谷贱伤农"，生产力水平提高，但收入水平不提高的问题。所以要改变贫困的命运第一个必须是农业现代化，在这个方面中国讲起来应该在世界上也是做得最好的国家。

除了要农业现代化之外，第二必须要有工业化，因为世界上任何国家，不管它今天的收入水平多高，开始的时候都是贫穷的国家，在贫穷的时候任何国家看起来都是一样的，都是以传统农业为基础的国家，从一个贫穷的国家变成中等收入国家，甚至进入到高收入，农业在国民经济当中的比重就要下降，工业在国民经济当中的比重就要不断提高，比如说现在世界上农产品的主要出口大国，包括像美国，或者欧洲的丹麦，等等，它是高收入，而且是主要的农产品出口国，但它农业人口在总人口的比重一般是少于5%的，农业劳动力在总劳动力的比重一般也是少于5%的，甚至只有达到1%或者是2%。要把大量的农村人口转移出来，工业化是必要的条件，对工业化促进一个国家的繁荣的重要性，我想每个人都了解，但是怎么样才能够让工业化能够成功呢？非常关键的是在发展的早期必须发展符合当地比较优势的劳动密集型的制造业，因为劳动密集型的制造业所需要的资本比较少，我们知道在贫穷的地方资本都是短缺的，只有这种不需要太多资本的劳动密集型的产业才能够符合当地的比较优势，并且发展这种劳动力密集型的制造业，可以最大量地创造就业机会，让农村的劳动力可以从农业转移到现代制造业，这对减贫来讲是很关键的，因为要减少贫困最关键的是就业。而且符合比较优势的产业才能变成竞争优势，有了竞争的优势以后才能够积累资本，创造外汇，增加税收，不断地改变，比较优势让一个国家能够从附加价值比较低的劳动密集型产业，逐渐往附加价值比较高的资本技术密集的产业去转型，所以我的第二个观点是工业化，而且要符合当地比较优势的工业化。

第三，处理好市场跟政府的关系。市场的重要性我想在现代社会里面大家都了解，只有市场有了竞争，资源才能够得到比较有效的配置。从使用率比较低的地方往效率比较高的企业产业去配置，也只有市场竞争才会提高大家的积极性，因为在市场竞争当中优胜劣汰，每个企业，每个工作者都必须提高他的努力程度，掌握比较好的技术，进入比较好的产业，这样才能在市场竞争当中取得优胜。同时有了市场才能够让企业家发挥他的企业才能，发现新的机会来推动产业技术的进步跟整体经济的发展，但是要把经济发展好，政府也不可缺少，最主要的原因我前面提到，要改变农村必须有现代化的技术，也必须有现代化的基础设施，这些技术的提供跟基础设施的提供必然会出现一些所谓市场失灵的问题，必须由政府来克服市场失灵，提供新的农业技术，改善农村的这些水利等的基础设施。而且不仅是在农业上面，在工业化的过程当中，也要把符合比较优势的，比如说劳动力密集型的制造业发展起来，劳动力要素生产成本低，要从市场当中从比较优势变成竞争优势，还要改善基础设施、营商环境，等等，来降低交易费用。我们知道在一个贫穷的国家通常基础设施普遍不好，营商环境普遍不好，也需要由政府来克服这些基础设施、营商环境不好的条件，给符合比较优势的这些产业提供它能变成竞争优势所需要的一些基础设施跟相关的制度安排，然而在一个发展中国家，政府可动用的资源有限，执行能力也有限，因此也需要政府有策略性和战略性地使用有限的资源，集中优势兵力打歼灭战，在一个地区针对特定的产业发展他所需要的基础设施跟营商环境。一个有效的

林毅夫（北京大学新结构经济学研究院院长）

办法就是像中国在改革开放以后，成立了经济特区，或是加工出口区、工业园区，在全国普遍的基础设施差，营商环境不好的条件下，现在那些经济特区、加工出口区、工业园区里面把基础设施、营商环境搞好，能够很快地把符合比较优势的产业发展成具有竞争优势的产业。

除了这些经济发展的需要政府，我们也知道在任何社会里面都有一些鳏寡孤独废疾者，以及一些在产业发展、经济结构变程中临时失业的人群，这些人群需要有政府的帮助才能够不会掉进贫困的陷阱，对于一个需要有为的政府，尤其是在一个像中国这样，从计划经济向市场经济转型的国家更是需要，因为在原来的转型之前必然存在着一大批资本很密集，技术很贫穷，但是跟这个国家的比较优势不符合，在开放竞争的市场当中没有保护补贴，就很难生存的这种大型的，而且这些大多数是国有企业，如果政府不发挥有为的作用，在转型期给这些产业必要的保护补贴的话，可能这些产业都会在转型的过程当中崩溃，造成大量的失业。同时这些产业有很多跟国际民生有关，如果没有这些产业，生活也不会好，经济也难以发展。所以在这个过程当中，中国以解放思想，实事求是的方式，在改革开放初期推行的是老人老办法，给这些传统的产业给予必要转型期的保护补贴，但同时放开符合中国比较优势的这些劳动密集型产业的发展，设立工业园、加工出口区，积极招商引资，让它们能够把比较优势变成竞争优势，不仅是在中国的国内市场有竞争力，也在国际市场有竞争力，这也是在转型期当中政府所不可或缺的一个角色。

中国的经验非常多，但时间有限，我就提供这三点我个人粗浅的认识，跟大家作为参考，一个是农业现代化，一个是工业化，一个是处理好市场跟政府的关系。

我们这次的会议开得非常成功，交流了经验，但同时也提高了我们的信心，我相信经过这次会议，对一个没有贫困的人类命运共同体的这个目标的建设，只要大家一起努力，一定可以实现，谢谢！

北京大学新结构经济学研究院院长
林毅夫
2018 年 11 月 2 日

图书在版编目(CIP)数据

国际减贫合作：构建人类命运共同体：中外联合研究报告.No.5：上下册／中国社会科学院国家全球战略智库，国家开发银行研究院主编.--北京：社会科学文献出版社，2019.11

ISBN 978-7-5201-5662-2

Ⅰ.①国… Ⅱ.①中… ②国… Ⅲ.①扶贫-国际合作-研究报告-世界 Ⅳ.①F113.9

中国版本图书馆CIP数据核字(2019)第222493号

国际减贫合作：构建人类命运共同体（上下册）
——中外联合研究报告（No.5）

主　　编／中国社会科学院国家全球战略智库
　　　　　国家开发银行研究院

出 版 人／谢寿光
组稿编辑／祝得彬
责任编辑／祝得彬　刘学谦
文稿编辑／李　妍　刘燕婷　朱天睿

出　　版／社会科学文献出版社·当代世界出版分社（010）59367004
　　　　　地址：北京市北三环中路甲29号院华龙大厦　邮编：100029
　　　　　网址：www.ssap.com.cn
发　　行／市场营销中心（010）59367081　59367083
印　　装／三河市龙林印务有限公司
规　　格／开本：787mm×1092mm　1/16
　　　　　印　张：25.75　字　数：388千字
版　　次／2019年11月第1版　2019年11月第1次印刷
书　　号／ISBN 978-7-5201-5662-2
定　　价／128.00元（上下册）

本书如有印装质量问题，请与读者服务中心（010-59367028）联系

▲ 版权所有 翻印必究